Pensée dialogique, langage et intersubjectivité dans la philosophie de Franz Rosenzweig

Ouverture philosophique

Collection dirigée par Aline Caillet, Dominique Chateau, Jean-Marc Lachaud et Bruno Péquignot

Une collection d'ouvrages qui se propose d'accueillir des travaux originaux sans exclusive d'écoles ou de thématiques.

Il s'agit de favoriser la confrontation de recherches et des réflexions qu'elles soient le fait de philosophes « professionnels » ou non. On n'y confondra donc pas la philosophie avec une discipline académique ; elle est réputée être le fait de tous ceux qu'habite la passion de penser, qu'ils soient professeurs de philosophie, spécialistes des sciences humaines, sociales ou naturelles, ou… polisseurs de verres de lunettes astronomiques.

Dernières parutions

Tahir KARAKAŞ, *Nietzsche et William James, Réformer la philosophie*, 2013.
Mounkaila Abdo Laouli SERKI, *Rationalité esthétique et modernité en Afrique*, 2013.
Olivier DUCHARME, *Michel Henry et le problème de la communauté. Pour une communauté d'habitus*, 2013.
Simon HAGEMANN, *Penser les médias au théâtre. Des avant-gardes historiques aux scènes contemporaines*, 2013.
Alain SAGER, *L'Homme sans dieu ? De Cicéron à Marc-Aurèle*, 2013.
Reza ROKOEE, *Le rêve et l'éveil dans les écrits de Husserl*, 2013.
Jean-Marc ROUVIERE, *L'homme surpris. Vers une phénoménologie de la morale*, 2013.
Marita TATARI, *Heidegger et Rilke, Interprétation et partage de la poésie*, 2013.
Jorge Augusto MAXIMINO, *Philosophie et modernité dans l'œuvre poétique d'António Ramos Rosa*, 2013.
Roger TEXIER, *Ré-créations cartésiennes*, 2013.
Marcel NGUIMBI (dir.), *Penser l'épistémo-logique*, 2013.
Joël BALAZUT, *Heidegger une philosophie de la présence*, 2013.

Alain MULLER

PENSÉE DIALOGIQUE, LANGAGE ET INTERSUBJECTIVITÉ DANS LA PHILOSOPHIE DE FRANZ ROSENZWEIG

Préface de Bernard Forthomme

L'Harmattan

5-7, rue de l'Ecole-Polytechnique, 75005 Paris

http://www.harmattan.fr
diffusion.harmattan@wanadoo.fr
harmattan1@wanadoo.fr

ISBN : 978-2-336-00746-5
EAN : 9782336007465

Mes remerciements vont à mon directeur de thèse, le professeur Heinz Wismann de l'EHESS pour l'aide précieuse qu'il m'a apportée et les conseils pertinents qu'il m'a donnés. Cette thèse n'aurait pas pu arriver à son terme sans le soutien et l'encouragement des professeurs Bernhard Casper et Ludwig Wenzler grâce auxquels j'ai pu travailler à la bibliothèque du Centre théologique de l'université de Freiburg-im-Breisgau.

À ma mère, à mon épouse, à ma fille

PREFACE

Malgré l'importance accordée à la pensée de Franz Rosenzweig par Emmanuel Lévinas – au point de se dispenser de le citer, tellement il serait partout dans son *opus magnum* –, la réception du penseur de l'universalité propre à la singularité qu'il reconnaît au judaïsme, une telle réception est loin d'être achevée. Peut-être est-ce lié non seulement aux aléas des traductions ou aux fondamentaux culturels très distincts, mais aussi à une bonne raison, déjà mise en relief à propos d'autres penseurs comme M. Henry : le discutable *tournant théologique* de la phénoménologie auquel certains philosophes, Paul Ricœur notamment, se sont toujours explicitement refusés, ce qui est d'ailleurs conforme à la tradition réformée.

À vrai dire, il s'agit peut-être d'un tournant plus spirituel que théologique, prolongeant le tournant expérimental de la philosophie passant outre aux critiques structuralistes. Ce qui ne serait pas le premier tournant du genre, lorsqu'on songe aux diverses métamorphoses du platonisme tardif, et notamment chez des penseurs du style du syrien Jamblique ou de Proclus, très attachés à donner une profondeur spéculative aux liturgies antiques.

En outre, il faut considérer que la prise de distance entre la pensée et la pratique religieuse s'est d'abord produite dans le contexte non seulement de la philosophie grecque, mais de la théologie universitaire médiévale. Les plus grandes découvertes, que l'on nommerait aujourd'hui philosophiques, se sont effectuées durant plusieurs siècles à l'intérieur même du discours théologique, comme on pourrait le constater aisément si l'on dépassait enfin l'ignorance où sont encore maintenus des penseurs de premier ordre comme Bonaventure, Thomas d'Aquin, Olivi, Duns Scot ou Ockham.

Mais pour cela, il faudrait peut-être d'abord cesser de considérer la philosophie telle qu'elle s'est articulée effectivement, en passant sous silence son rapport séminal à la pensée latine et romaine, et abandonner l'*a priori* à la fois rabbinique et romantique (assumé depuis la nostalgie de la Grèce à l'aube de l'idéalisme allemand jusqu'à Heidegger) son aveuglement sur la situation présente, opposé à la *voie romaine*, son sens unique de la mémoire vive. Mémoire comme *pietas* ou sens aigu des originaux – qui ne se suppriment ni dans les traductions ni dans une tradition interprétative, orale ou écrite, massorétique ; occasions incessantes de renaissances, de réformes, de renouvellements, de visitations critiques des sources. Voie comme sens de la rationalité du droit humain, de la science sociale qu'est le droit - avec son sens admirable de la circulation réglée des biens et des personnes de l'univers ; facteur cardinal d'une citoyenneté délocalisée et d'une intersection unique des civilisations, autrement que sous la forme d'un *eschaton* promis ou d'un universel abstrait qui parle de la citoyenneté universelle sans la pouvoir réaliser ni peut-être la désirer vraiment, de par son élitisme.

Quoi qu'il en soit, ce n'est pas le moindre mérite de l'effort déployé par Alain Muller de vouloir interroger la pensée dialogique de Franz Rosenzweig d'un point de vue rigoureusement philosophique. Et cela, en visant peut-être moins à mettre en relief la pertinence ultime de son *système subjectif* dans sa formulation la plus élaborée, que l'approfondissement bien documenté de la dynamique d'une pensée directement héritière du courant kantien et hégélien qui porte un tel système ; héritage réapprécié non seulement par la pensée chrétienne comme celle de Kierkegaard, mais précisément par la pensée allemande nourrie non seulement de théologie réformée et d'une configuration chrétienne de la charité, mais en l'occurrence de la liturgie juive et des Écritures hébraïques.

Une caractéristique majeure de la réception de Rosenzweig effectuée ici par Alain Muller, c'est peut-être justement son humilité par rapport aux différentes sources et références convoquées. Grâce à une telle approche, se manifeste avec brio une grande liberté par rapport au système philosophique à expliciter. Système soumis sans doute à ses exigences propres, mais chevauché par une tradition religieuse voire par une appartenance communautaire, parfois jusqu'au recoupement intime et inquiétant, mais parfois aussi jusqu'au chiasme, là où les lignes divergent sévèrement, où le malentendu éclate, même s'il a été fructueux à un moment donné ! Certes, il y a un risque majeur pour la rigueur philosophique : le recoupement fructueux pourrait n'être qu'une sorte de ruse de la révélation ou de la *dialogique* scripturaire et liturgique – et non plus une ruse de la raison identifiée à la grande logique historique, où l'eschatologie affirmée risque toutefois de se muer en idéologie du progrès indéfini. D'entrée de jeu, Alain Muller met bien en évidence le glissement à la fois philosophique et théologique opéré par Rosenzweig : le centre de la problématique n'est plus seulement celui de la tension, devenue traditionnelle, entre la raison et la foi, ni celui de la tension, plus ancienne, entre la loi et la foi, la lettre ou l'esprit, mais entre la révélation et la foi. Or, un pareil déplacement est-il encore philosophique dès lorsqu'il ne s'agit pas seulement d'accentuer la portée du langage ou du dialogue, mais du logos biblique (avec ce concept polémique de Bible forgé au XVIIIe siècle prétendant remplacer la notion d'Écritures) et liturgique ? Ce qui est censé mettre en cause non seulement l'idéalisme philosophique, mais la tradition rationnelle occidentale, son emphase de l'autonomie et même de la totalité.

Le malaise est perceptible lorsqu'Alain Muller déplace le point focal de sa recherche minutieuse du concept de révélation vers celui de pensée dialogique plus acclimatée, semble-t-il, à l'esprit philosophique. Il est vrai que le dialogique ne peut absorber complètement la révélation comme concept et comme outrepassant le concept, dès lors qu'elle est décapement de l'histoire, découvrement de la tension *eschatologique*. Il reste bien une dimension temporelle orientée – la dimension du *futur* – déterminée historiquement, et qui n'est pas nécessairement impliquée dans le concept de *dialogique*. Dimension d'un temps contracté dans l'instant, lequel anticipe la transformation du monde et d'autrui en *prochains* ; temps qui ne se déploie pas suivant une dialectique historique.

Instant („*Augenblick*“) dont la force critique de l'idéalisme historique hégélien a été pour la première fois mis en relief par Kierkegaard, et qui se comprend ici comme rapprochement d'autrui et, par lui, rapprochement du monde (ce qui satisfait à l'exigence païenne de Goethe et de ses affinités électives) ! Ce qui constitue le foyer même, l'instant salutaire d'autrui, irréductible à l'identité d'une nature ; instant salutaire d'autrui et du monde rapproché, irréductible à la logique ; instant salutaire d'autrui, du monde rapproché, et du soi amoureux, *méta-éthique* ! La dimension de l'instant n'est toutefois pas détachée de sa force temporelle : non seulement comme répétition subjective du juste ou du *serviteur souffrant*, – thème au fond marginal dans le corpus scripturaire hébraïque, et mis en relief puissant par le christianisme missionnaire, pour se mieux faire entendre des nations –, juste qui éprouve l'excès du mal et qui refuse d'identifier à chaque fois sa peine croissante à une faute proportionnée, individuelle ou collective, mais comme répétition liturgique, temps liturgique spiralé qui fait du monde un prochain de l'éternité, proximité qui se trouve articulée, non par hasard et par excellence, grâce à la dimension lyrique et dialogique, mais également liturgique, sociale et cosmique des psaumes ! Proximité qui prend tout particulièrement la forme d'un dialogue d'amour, d'un rapprochement amoureux, avec sa dimension festive, corporelle et *tactuelle*, comme dans le *Cantique des Cantiques*.

Cette accentuation sur le dialogique et le temporel ne signifie pas toutefois que la terre et même l'espace cadastral des tribus ne jouent pas un rôle puissant dans les Écritures, mais cela éclaire effectivement le sionisme, plus spirituel que politique, dans l'optique de Rosenzweig. Cette sensibilité liturgique ou festive, si remarquable et si peu cultivée, et pour cause, par la philosophie idéaliste, son activisme éthique et politique, autorise non seulement une prise de distance par rapport à l'historisation radicale du temps, mais un sens aigu des rythmes temporels que sont les fêtes religieuses (à fort retentissement événementiel) non seulement juives mais chrétiennes.

Plus que sur le mystère de la Résurrection, Rosenzweig insiste sur la fête de Noël, sur l'incarnation du logos : racine de la résistance à l'idéalisme, mais également des prétentions idéalistes de réduire toute chair au logos ; la proximité chrétienne inouïe rendant possible cette ambivalence. Mais il ne s'agit pas de mésestimer la Résurrection simplement pour éviter la dérive gnostique : le penseur allemand s'intéresse plus au mystère natal de la vie du « Christ », qu'à Jésus lui-même. Pas plus que Lévinas, il ne rencontre Jésus comme un véritable rabbi. Ses paraboles et ses signes ne leur parlent pas, suivant certaines expressions forcées, mais que d'autres autorisent à nuancer fortement.

Sans doute est-ce aussi parce que la critique du Temple par Jésus reporte inévitablement à la chute du premier Temple, ce qui rend structurellement possible l'émergence du corps individuel (et non plus seulement collectif) comme temple vivant et, d'une certaine manière, un judaïsme ancien où le christianisme s'enracine et se rend possible avant la vie de Jésus lui-même et, bien entendu, avant la formation du judaïsme tardif et du rabbinisme – lequel opère sciemment un choix herméneutique et inévitablement partial dans le corpus hébraïque. Car Jésus a toujours été soumis à la loi civile et à la pratique religieuse de son peuple, mais il insiste tout particulièrement sur l'esprit qui doit les inspirer. Il n'y a ni doctrine ni communauté dissidentes chez Jésus. Son mouvement croissant n'est pas une secte qui a réussi, car son esprit est tout sauf sectaire, coupure insolente. Même le radicalisme de Paul en tient compte, car il ne met jamais en cause la singularité de son peuple ni la réalisation, le moment venu, des promesses dont il a été, un temps, l'héritier majeur !

En outre, il est essentiel de comprendre l'absence de sectarisme dans le lien entre l'expérience de la résurrection (qui ne nie pas la mort réelle, mais la dépasse librement) et la manière dont la première communauté chrétienne s'est formée et justifiée. Cette expérience proprement spirituelle est cela seul qui peut faire comprendre en profondeur non seulement la relation à la personne de Jésus justifié, mais la source de la communion ecclésiale. Et cela, autrement que sous la forme d'une modalité chrétienne de la *fraternité humaine*, comme semble le vouloir Rosenzweig.

C'est une communion qui bouleverse le concept même de *frater* : lequel ne désigne plus seulement le rapport aux membres de sa famille, de son ethnie, de sa religion, mais la relation aux étrangers, et même aux animaux, voire aux éléments et aux astres les plus lointains. Ce qui prolonge la dialogique des psaumes, mais en osant qualifier le fleuve de frère, la montagne de sœur... Manière précisément unique de faire du monde un prochain où qu'il soit. Non par panthéisme mais au contraire en tant que toute créature est en rapport direct à la paternité créatrice. Cette relation est source de fraternité sans hiérarchie ontologique. Sans oublier la dimension d'obéissance : l'écoute pratique de la volonté divine exprimée par ses lois et ses réveils, voilà ce qui fait que nous sommes frères et sœurs en vérité : même le bœuf et l'âne d'Isaïe en tant qu'ils font la volonté de Dieu, en tant que créatures animales écoutantes (mieux qu'Israël), en obéissant aux lois de leur être, voilà bien des frères ! C'est pour cela que la pratique populaire a mis un bœuf et un âne aux grandes oreilles pour veiller à la naissance de Jésus dans sa mangeoire, pour écouter la parole vive et singulière *ab ovo* ! Dès les cris de l'*infans*...

Il est vrai, toutefois, qu'une telle fraternité ne se manifeste ni immédiatement ni aisément. C'est l'expérience de la *résurrection*, confiance dans la vie *plus* forte que la mort (et pas seulement *aussi* forte que la mort comme dans l'amour jaloux suivant le Cantique), confiance dans la justification du juste, plus forte que la mort injustement infligée mais librement soufferte pour les autres, c'est une pareille expérience qui ose surmonter la nécessité de transmettre sexuellement la vie, de conjurer ainsi par la procréation la terreur de finir, l'effroi du défaut de descendance, la panique de la stérilité ; c'est la même expérience de vie qui ose surmonter le sentiment du manque compensé par l'esprit d'accaparement, qui permet de mettre les biens en commun, de viser d'abord le bien commun; c'est une telle expérience de force vivifiante qui ose surmonter la peur d'autrui non plus par un exercice du pouvoir comme domination autoritaire, mais par un service qui autorise le pouvoir du prochain et l'écoute.

Bref, c'est une telle convergence audacieuse qui fait dire librement qu'une nouvelle fraternité est possible et qu'elle provoque sa mise en œuvre : animé par l'expérience de la force de résurrection, il s'agit d'instaurer une forme de fraternité inouïe, d'une audace incomparable, d'une ouverture illimitée. Ce lien entre résurrection et naissance de la communion ecclésiale est explicitement exprimé dans les Actes des Apôtres (4, 32 ss.). C'est pourquoi il y a bel et bien un artifice spéculatif à réduire la pensée chrétienne première à la triade pétrinienne (autoritaire), paulinienne (libertaire et missionnaire) et johannique (spirituelle et mystique). La tradition lucanienne (à laquelle les Actes appartiennent), ne peut être réduite à la tradition pétrinienne ni même à une conception paulinienne de l'Église et de la mission. La tradition paulienne, à son tour, celle dont se revendique le plus activement les protestants, ne peut échapper à cette contingence historique : non seulement elle s'est ouverte tardivement à la mission, mais a même argumenté longtemps contre l'activisme missionnaire lequel aurait été opposé à la grâce salvifique de Dieu, quitte à considérer les sauvages comme des indigènes sans élection.

Quant à l'expérience de la liberté spirituelle comme expérience mystique, elle s'est tout particulièrement développée dans le contexte des réformes médiévales ou modernes, et de la Contre-Réforme ; déploiement facilité par l'intensification antérieure de la subjectivation affective et de son articulation autobiographique, sans équivalent dans le monde sémitique et byzantin par exemple, lui qui se revendique volontiers du pathos de la mystique johannique. Il s'agit donc bien d'éviter, d'un côté comme de l'autre, des réductions philosophiques anhistoriques ou catégorielles des événements contingents de la vie spirituelle et ecclésiale.

Toutefois, le projet de réformer, - à partir d'une dialogique scripturaire, liturgique et eschatologique -, la philosophie, identifiée à une pensée autonome de la totalité, par l'hétéronomie du dialogue et de la nouveauté à venir, ne suppose-t-il pas, à son tour, une caricature inacceptable de la logique philosophique ? La philosophie n'est-elle pas précisément, dès l'origine, un certain usage du langage, sans même évoquer la conversation de Socrate et les *Dialogues* de Platon ? La réduction à la totalité de l'eau, de l'air, du feu suppose d'abord que ce *tout* ne soit pas seulement sensible, ni même visible, mais précisément *dicible*. Et plus précisément encore : *dicible à autrui !* La philosophie dans son surgissement a toujours gardé une dimension logique et dialogique dans la mesure même où *logos* ne peut être entièrement rendu par *ratio* : terme qui, effectivement, n'évoque pas de soi le langage, et se montre plus proche d'une idée de calcul, d'estimation autonome !

Bref, il semble bien que Lévinas, suivant en cela de près Rosenzweig, n'ait pas rendu assez justice à la philosophie, laquelle se voit caricaturée suffisamment pour pouvoir ensuite prétendre la réformer radicalement. Il en va déjà de même pour l'opposition factice entre l'*Odyssée* qui serait un retour au même et un récit abrahamique comme itinérance vers l'autre où l'on n'est point né. C'est bien plutôt l'impossibilité cruelle du retour au même que raconte plus de la moitié de l'*Odyssée*. Tout le monde, ou presque, a trahi, et légitimement pour une part. Devait-on laisser les choses sans gouvernement durant vingt ans, et plus encore, sans aucune perspective assurée d'une fin de l'interrègne ? En outre, parmi les fidèles, le fils qui n'a jamais connu son père a complètement changé, le père vieilli a quitté le palais, l'épouse a sans cesse œuvré pour ne pas terminer la toile qui devait prendre soin du corps trépassé de son époux : ce qui n'est pas seulement une ruse pour écarter les prétendants, mais un travail de deuil et, mieux encore, une prise de soin de la mémoire du disparu. Les seigneurs de l'île n'entendent pas obéir au héros de retour ni laisser impunis la mort des prétendants, de leurs fils, impitoyablement mis à mort par Ulysse et son fils. Le récit ne serait qu'une guerre civile interminable – mais toutes les guerres sont civiles – si Zeus n'intervenait pas pour imposer enfin la paix, dernier mot de l'épopée. La douleur du retour n'est pas une nostalgie, mais la douleur qui conduit à la paix reçue, dite et redite, faite *logos* ! Il ne faut pas confondre recueillement, pour mieux transmettre, et totalité !

Par ailleurs, si totalité il y a, elle est en elle-même dicible au-delà du sensible et du visible. *C'est une totalité dite à autrui*. C'est ce que la pensée grecque exprime dans son épopée majeure comme dans sa philosophie ! Sans parler des courants critiques mettant en cause cette totalité dicible : ainsi chez Héraclite (le sens du flux) ou Anaximandre (son aporie). Ce qui trouvera une nouvelle dimension dans le kantisme où la totalité n'est plus, mais encore, qu'une illusion transcendantale et donc nécessaire pour ne pas arrêter la recherche. La totalité n'y est donc pas une tentation de fermeture, de négation de l'ouverture dialogique, mais, au contraire, une stimulation indépassable ou indéfinie du mouvement heuristique qui tend à l'unité. En un sens, la critique même de la totalité est l'héritière directe de la critique kantienne. Mais elle est radicalisée face au constat d'échec de sa portée contingente, vu la reprise hégélienne systématique de la totalité déterminée comme totalisation.

Il reste, malgré tout, une autre question à poser au système subjectif qui prétend mieux aboutir que l'idéalisme, serait-il dialectique, dans l'effectuation du passage allant de la totalité à la relation ou à l'infini – mais la pensée hégélienne n'est-elle pas déjà une pensée majeure de la relation, de la corrélation ou du dialogique, comme désir de reconnaissance ? Au nom de quoi les Écritures seraient-elles en mesure de contester la rationalité d'un tel logos philosophique, mais également la rationalité de la volonté ? Les Écritures sont formulées dans un langage humain qui n'a, de soi, aucune autorité suprême, ni socialement (concernant les lois civiles) ni personnellement (impliquant la volonté libre). C'est, au contraire, lorsque la raison philosophique et la volonté rationnelle contestent l'autorité suprême des Ecritures que cette raison et cette volonté garantissent leur juste autorité, car ainsi faisant, elles préservent la liberté que les Écritures peuvent offrir à ceux qui les reçoivent intelligemment.

En effet, n'étant pas considérées comme une vérité hétéronome ni un système déductif, les Écritures provoquent la raison herméneutique et l'action : elles sollicitent la réponse de l'homme, sa volonté, et donc sa liberté. Elles sollicitent et infléchissent, inclinent sans doute cette volonté, mais ne la déterminent pas. Elles ouvrent un nouveau regard sur les contingences historiques, leur signifiance, sans les réduire à une argumentation ou à la manifestation d'un logos intemporel comme le fera la théologie sécularisée de Hegel. Elles appellent de libres interprétations de la révélation, des lois civiles et des actes personnels.

Mais la révélation ne révèle rien d'autre qu'elle-même, comme libre rapprochement de l'autre. Elle ne manifeste pas un contenu latent, sans que, par ailleurs, ce contenu ne s'identifie à sa forme ni à la parole réduite à une expression déterminée d'un *logos* intemporel : identification qui déréaliserait la parole simultanément au monde, et donc le dialogue temporel entre la création contingente et Dieu, l'homme et Dieu, soi et autrui, tout autant que leur destinée ouverte, déréalisation qui implique l'emphase de l'acte moral et intéressé, avec leur ambiguïté inévitable : le fanatisme du bien qui peut entraîner le pire. Car l'activisme est miné par l'illusion sur sa capacité à dépasser l'égoïsme de l'homme et par la méconnaissance du refus cruel de la miséricorde, non seulement pour les autres, mais parfois pour soi-même ! Le refus d'être pardonné, n'est-ce pas là le péché irrémissible, impardonnable, le cran d'arrêt à l'idéalisme moral, une forme de subjectivité irréductible, serait-elle encore insuffisante, plus en creux que positive ?

L'autorité des Ecritures trouve une analogie dans l'autorité de Jésus : pour ne pas se contredire lui-même, Jésus n'a d'autorité que dans la liberté qu'il autorise. Mais pour cela même, il reste soumis aux lois humaines, aux prescriptions juridiques de la loi de Moïse qui sont aussi un don souverain. C'est en restant soumis aux lois civiles, y compris celles des occupants romains, jusqu'au bout et sans insolence (il écoute les maîtres et n'enfreint jamais lui-même la loi, paie l'impôt à César), qu'il manifeste une liberté accrue. Il n'a d'autorité que par la liberté qu'il manifeste et ainsi augmente, comme on le voit par ses paraboles et ses actes interprétés.

Il ne s'agit donc pas de remplacer une autorité par une autre, ni de diminuer une autorité par une autre, mais au contraire, il s'agit de montrer que l'autorité des Ecritures ou d'une personne singulière ne peut mettre en cause sa propre légitimité : et cela, déjà par le simple fait de se contredire, ce qui affaiblit *ipso facto* la liberté même manifestée par les Écritures ou la personne singulière. Laquelle n'est pas seulement un abrégé ou une contraction des premières, mais une anticipation actuelle de l'*à-venir*. Ce qui fonde l'expérience spirituelle immédiate, sans pour autant faire l'économie d'une médiation comme celle de la parole et des œuvres ! D'autant plus que celui qui éprouve cette expérience est chargé de la transmettre, de la faire connaître à d'autres, de la confirmer ou de la discerner chez ceux qui en seraient bénéficiaires, mais resteraient dans l'hésitation quant à sa nature profonde : ce qui justifie ici pleinement une *mystique apostolique*.

Mais on ne peut réduire la dimension missionnaire de la foi chrétienne à une simple expression d'une mystique qui lui serait antérieure. C'est une expérience spirituelle aiguisée dans une subjectivité dialogique et une intériorité singulière intensifiée inconnue du judaïsme, qui est au cœur du dynamisme apostolique, comme un principe constant, et non l'expression d'un commencement antérieur ou extérieur. On ne trouve pas une structure dialogique humaine comparable aux récits évangéliques dans les Écritures antérieures, ni même chez les prophètes. Ainsi les fragments dialogiques que l'on trouve chez un Jérémie, par exemple, relèvent plus de la souffrance d'une absence de dialogue, et de la dureté de transmettre la parole, et de manière encore sporadique, sous forme oraculaire, où la marge de manœuvre apparaît particulièrement réduite.

Marge plus grande peut-être dans les psaumes et dans le *Cantique des Cantiques* : mais ce n'est pas un hasard alors si ces psaumes ont été particulièrement mis en valeur dans la tradition chrétienne, liturgique et proprement mystique, où le discours du cœur, l'oraison intérieure, trouve à s'exercer autrement que dans les grands discours johanniques et leur profondeur herméneutique plus abstraite. Il est aussi essentiel pour l'expérience mystique que le Cantique soit au fond un texte « athée » comme la version hébraïque ancienne d'Esther. Dans leur radicalité, l'expérience de l'union et de la perte excède le langage explicitement religieux, au profit du langage amoureux ou dramatique et de son immanence.

Enfin, il ne s'agit pas de diminuer la paternité de Dieu par cette expérience spirituelle ni par la liberté filiale. C'est au contraire la liberté spirituelle qui fait découvrir, dans l'affranchissement filial lui-même, la source paternelle unique et véritable. En ce sens, Alain Muller a bien raison d'étayer son vaste et patient ouvrage, ses analyses méticuleuses, par une citation de saint Paul : « Ensuite viendra la fin, quand le Christ remettra le royaume à celui qui est Dieu et Père… » (1 Co 15, 24 ss.). Ainsi, *l'événement filial de Dieu* ne prend ni la place de Dieu (comme s'il était un dieu) ni aucune prérogative à Dieu, mais est tout entier tourné vers la paternité de Dieu, qui d'ailleurs elle-même n'est qu'une métaphore, aussi indépassable et signifiante soit-elle ! L'événement filial de Dieu ne fait qu'autoriser, stimuler et confirmer la liberté de laisser Dieu s'ouvrir pleinement à lui, dans la mesure qui lui sera donnée et selon ses forces. Le *logos* (sans l'identifier aussitôt par un nom propre) est tout entier tourné vers Dieu dès le commencement : c'est ce qu'affirme d'emblée l'évangile johannique, le plus porté pourtant à mettre en relief l'événement filial manifesté par Jésus comme *événement divin*. Ce qui est d'autant plus significatif.

Mais il était tout aussi opportun, de la part d'un effort philosophique aussi tenace que celui d'Alain Muller, de prévenir que ce recoupement reste ambigu, suivant l'interprétation donnée par Rosenzweig ou par la foi chrétienne. Le premier pense que cela signifie l'accomplissement de la création dans la révélation dialogique et précisément eschatologique : dans l'embrasement final de ***L'Étoile de la rédemption***, il n'y aurait plus les voies divergentes ou le rayonnement apostolique chrétien, mais un seul feu, celui habitant le peuple choisi et tout homme habité par ce même feu, chacun étant alors devenu « juif ».

Mais suffit-il de remplacer l'État machiavélique hégélien par la monade leibnizienne, entendue comme cellule radicale de la vie du monde, de la révélation et de la rédemption ? Reflet cellulaire du tout dans son être, mais aussi dans chacune de ses parties ? N'est-ce pas réduire finalement cette monade à une hiérarchie, à une nécessité logique, éthique ou eschatologique ? N'est-ce pas retrouver, sur le mode de la proximité, la nécessité de l'être en tant qu'être ou de l'État comme désir de reconnaissance de soi par l'autre, alors que l'État ne peut reconnaître en moi que ce qui est justement le moins moi-même ou, au mieux, le *soi* sans personne ? N'est-ce pas risquer de ne voir dans le juif qu'une catégorie, serait-elle majeure, de l'être, un universel éthique ? C'est tout le problème de l'universel concret qui se repose avec ses pièges, comme si le moi responsable ou une conscience de soi d'un peuple singulier n'était que la contraction ultime de l'être ou de l'humanité comme genre ; comme si l'individuation n'était tantôt qu'abréviation de l'universel tantôt qu'un acte propre, sans doute, mais comme acte peccamineux ou forme d'injure faite à l'autre dont je suis responsable. Nietzsche aurait alors raison, éclairant la dérive dostoïevskienne : le *moi* moral, son unité malgré les clivages et les personnages, ne serait là que pour culpabiliser les hommes et les mieux manipuler par la frayeur que cela leur occasionne, à moins que cela ne les enrage jusqu'au terrorisme !

Sartre, s'inspirant de Descartes mais aussi de la méfiance française pour le générique depuis Montaigne et même Bernard de Clairvaux, l'avait bien montré : le juif, comme tout homme, risque alors de n'être que le regard de l'autre. La volonté libre risque de n'être que dans le regard et le langage de l'autre : je recevrais mon intimité du langage, de ma provocation, de ma nomination. Je serais le nom que je reçois ! Mais le nom n'est justement pas propre. C'est une généalogie, un nom ethnique, familial, social, culturel, et finalement très peu propre : le seul nom absolument singulier, reçu de Dieu, car lui seul me connaît, est le nom apocalyptique, un nom resté inconnu de tous, en attendant de me connaître comme je suis connu.

Et en tout cas, le nom connu ne peut être identifié au fond de ma responsabilité : à ma liberté de répondre ou non ! Sans que ce refus de répondre soit immédiatement connoté négativement. S'il n'y a pas d'alternative, il n'y a ni liberté ni responsabilité véritable. Car est-ce le nom qui répond, ou moi, personnellement ? Celui qui est capable de répondre avant de répondre, comme celui qui est capable d'être père avant d'engendrer un fils ! Capacité qui n'a pas d'origine : qui en ce sens est un abîme, mais qu'il ne faudrait pas comprendre comme une négation ou même une simple privation du fond. La liberté n'a pas de généalogie, et lui chercher une cause ou une antériorité, même une généalogie morale ou spirituelle, est un viol et une profanation.

Bernard FORTHOMME

Paris, 4 octobre 2011

INTRODUCTION

De l'eschatologie de la *raison « réalisée »* à l'eschatologie de l'*« éternisation réalisée »*

De la *Raison* à la *Révélation.* Critique des philosophies rationalistes *d'un point de vue eschatologique*

Pour l'histoire de la philosophie, le *Siècle des Lumières*, c'est le triomphe de la raison. On sait combien les « rationalistes » allemands (et Hegel participe encore de cet esprit) sont allés chercher leur inspiration dans la Bible, ce qui paraît normal, car ces auteurs pensent qu'il n'y a pas de réelle différence entre la *religion révélée* et la *raison*, dans la mesure où la raison procède à l'*explicitation* de ce qui se trouve à l'état *latent* dans la religion (révélée). Hermann Cohen, en tant que néokantien, peut aussi être considéré comme faisant partie de ce courant « rationaliste », bien que son ouvrage (posthume) le plus important, *La religion de la raison à partir des sources du judaïsme*, ait son originalité propre et sorte des « sentiers battus » de *La religion dans les limites de la simple raison* de Kant. Les « rationalistes » allemands ne se préoccupaient pas de savoir si ce passage de la religion à la raison (passage qui se voulait aussi un rempart contre un certain rationalisme athée : le rationalisme français, libertin et voltairien) était réducteur plutôt que révélateur. Pour eux, il allait de soi que la raison ne faisait qu'*expliciter* ce qui se trouve de façon *implicite* dans la religion. Pour pouvoir formuler ainsi, de façon rationnelle et explicite, le contenu implicite et (apparemment) irrationnel de la religion révélée, cette philosophie de la raison mettait l'accent sur la loi morale, et, dans son analyse « rationnelle[1] », finissait par édicter des règles morales. Cela était rendu possible par le fait que la religion *révélée* n'est pas une religion comme les autres et dans la mesure où sa spécificité réside dans son « noyau rationnel ». C'est précisément le côté *moral* de cette religion qui se révélait être susceptible d'être *explicité par la raison,* ce qu'avait fait Kant dans sa *Critique de la raison pratique* et ce que fera, après lui – mais à partir d'autres prémisses – Hermann Cohen. Ces prémisses préfigurent déjà

---

[1] Il y a ici abus du terme polyvalent de « raison »...

l'existentialisme dialogique de Rosenzweig[1], bien que Cohen insistera plutôt sur le fait qu'il existe une étroite relation entre le judaïsme et la philosophie kantienne (issue du protestantisme allemand), à tel point qu'il ira jusqu'à rapprocher le judaïsme et une certaine « germanité[2]», – ce que Rosenzweig lui contestera et ce que l'historien allemand Heinrich von Treitschke[3] ne lui pardonnera pas. On peut considérer que Hegel aussi appartient à ce courant *rationaliste-moraliste* dans la mesure où il a cherché à fonder son concept d'État sur l'« éthicité » („*Sittlichkeit*") et que, lui aussi, malgré sa volonté de dépasser la philosophie kantienne de la raison morale et de l'État libéral, gravite autour de la pensée qui cherche à conceptualiser une « totalité éthique » („*eine ethische Allheit*") et, donc, à édifier un concept *« moral »* de l'État. Alors que le rationalisme kantien mettait l'accent sur l'individu et la liberté et aboutissait ainsi à l'idée d'un État de droit, le « rationalisme » hégélien visait d'emblée la *communauté* à laquelle doit se subordonner l'individu (et à laquelle doit se plier sa liberté), et aboutissait à l'idée d'un État totalitaire[4]. La philosophie

---

[1] De ce point de vue, on peut dire que Rosenzweig, « disciple » de Cohen, va reprendre le programme de son « maître », mais non pas dans le sens, comme l'avait fait Cohen – en cela tributaire de l'« esprit de son époque » – d'une assimilation de la *morale* juive à la *morale* protestante (assimilation qui, comme on sait, a été fatale au judaïsme européen ...), mais dans le sens – et ce sera là l'originalité de la « nouvelle pensée » de Rosenzweig – d'un *existentialisme* juif qui *dépasse* l'étroitesse de la loi morale (*à la fois* dans le judaïsme et dans le christianisme).

[2] Voir, plus loin, le chapitre sur Hermann Cohen.

[3] **Heinrich Gothard von Treitschke**, né à Dresde en 1834, mort en 1896, historien et théoricien politique allemand. Il fut professeur à l'université de Berlin. Député nationaliste de 1871 à 1884, il soutint la politique de Bismarck après avoir publié en août 1870 un ouvrage intitulé : *Que réclamons-nous de la France ? L'Alsace*. Comme Édouard Drumont en France, ses thèses antisémites rencontrent un grand succès en Allemagne, où les nazis reprendront plus tard sa célèbre formule : « Les juifs sont notre malheur ». (wikipedia).

[4] On peut, à ce sujet, se référer à ***L'État et les esclaves*** de Blandine Barret-Kriegel (Calmann-Lévy, 1979), ouvrage dans lequel est posée cette problématique entre un État de droit qui serait d'inspiration juive et un État totalitaire qui serait d'inspiration romantique. On peut aussi voir les ouvrages ***Le romantisme allemand et l'État***, de Jean Droz (Payot, 1966) et ***Hegel et la catastrophe allemande***, de Domenico Losurdo (Albin Michel, 1994), et également, pour une vision plus nuancée de l'idée (complexe) d'État dans la philosophie de Hegel, l'ultime ouvrage de Guy Planty-Bonjour, ***Le projet hégélien***, surtout le chapitre III intitulé *Dignité de la personne et majesté de l'État*. Mais c'est le poète visionnaire allemand **Heinrich Heine** qui avait le mieux compris l'essence « totalitaire » de cette philosophie : « Pourtant, n'ayez, mes chers compatriotes, aucune inquiétude : la révolution allemande ne sera ni plus

« rationaliste » culmine donc dans la philosophie de l'État de Hegel[1]. D'une certaine façon, la philosophie de Hegel visait une universalisation, par la raison, de la croix chrétienne, une propagation de la « rationalité de la Croix » à travers le monde[2], une croix

---

débonnaire ni plus douce, parce que la critique de Kant, l'idéalisme transcendantal de Fichte et la philosophie de la nature l'auront précédée. Ces doctrines ont développé des forces révolutionnaires qui n'attendent que le moment pour faire explosion et remplir le monde d'effroi et d'admiration. Alors apparaîtront des kantismes qui ne voudront pas plus entendre parler de piété dans le monde des faits que dans celui des idées. Ils bouleverseront sans miséricorde, avec la hache et le glaive, le sol de notre vie européenne pour en extirper les dernières racines du passé. Viendront sur la même scène des fichtéens armés dont le *fanatisme de la volonté* [souligné par nous] ne pourra être maîtrisé ni par la crainte ni par l'intérêt. Car ils vivent dans l'esprit et méprisent la matière, pareils aux premiers chrétiens qu'on ne put dompter ni par les supplices corporels ni par les jouissances terrestres. Oui, de tels idéalistes transcendantaux dans un bouleversement social seraient encore plus inflexibles que les premiers chrétiens. Car ceux-ci enduraient le martyre pour arriver à la béatitude céleste, tandis que l'idéaliste transcendantal regarde le martyre même comme pure apparence et se tient inaccessible dans la forteresse de sa pensée. Mais des plus effrayants de tous seraient les philosophes de la nature qui interviendraient par l'action dans une révolution allemande et s'identifieraient eux-mêmes avec l'œuvre de destruction » (Heinrich Heine, ***Sur l'histoire de la religion et de la philosophie en Allemagne***). (On peut aussi voir les remarques que fait **André Neher** sur le destin juif de Heinrich Heine et sur sa critique visionnaire de l'idéalisme allemand, dans son ouvrage ***Ils ont refait leur âme***, chapitre « L'*anti* et ses masques »).

[1] Hans Küng, dans un essai théologique sur Hegel, contestera cette vision, - à ses yeux étriquée -, de la philosophie de Hegel, et montrera que si chez Hegel la métaphysique grecque trouve son achèvement, elle y trouve aussi son dépassement. (voir Hans Küng, ***Le devenir homme de Dieu****. Une introduction dans la pensée théologique de Hegel en tant que prolégomènes à une christologie future* (*Die Menschwerdung Gottes. Eine Einführung in Hegels theologisches Denken als Prolegomena zu einer künftigen Christologie*), Serie Piper, München-Zürich, 1989, notamment pp. 553-554).

[2] « Là où le christianisme oppose la « folie de la Croix » à la « sagesse des Grecs » (saint Paul, Première épître aux Corinthiens, I, 17-25), Hegel veut penser la rationalité de la croix du Christ » (Bernard Sève, ***La question philosophique de l'existence de Dieu***, Chapitre 4, 2. L'interprétation hégélienne du christianisme, p. 244). Avant ce passage, Bernard Sève cite Hegel lui-même : « ...à ce qui se bornait encore soit au précepte moral d'un sacrifice de l'être empirique, soit au concept de l'abstraction formelle, le concept pur doit donner une existence philosophique, et par suite donner à la philosophie l'idée de liberté absolue, et du même coup la passion absolue ou le Vendredi saint spéculatif qui jadis fut historique ; et il doit rétablir celui-ci dans toute la vérité et la **dureté** de son **impiété**. C'est de cette dureté seule – puisque le caractère plus serein, plus dépourvu de fondement, plus particulier, des philosophies dogmatiques, comme des religions naturelles, doit disparaître – que la suprême totalité avec tout son **sérieux** et à partir de son fondement le plus intime,

nivelante et conquérante. Elle a aplani la Révélation à l'aide de la Raison (ce qui avait déjà été préparé par la *« rationalisation » de la foi* par Moses Mendelssohn et Lessing)[1]. Selon Cohen, Hegel a commis la « grave erreur » de *substantialiser* la raison éthique. Comme il l'affirme dans ***Ethique de la volonté pure*** :

> « C'est là la grave erreur de la **fausse substantialisation** que commit Hegel en faisant passer l'État pour la réalité de la raison éthique, pour la **substance de l'éthique**. Mais s'il ne faut pas solliciter le droit et l'État pour trouver la réalité adéquate de l'idée éthique, alors où faut-il bien aller la chercher ? Peut-être dans la religion[2]?... ».

étreignant tout à la fois et sous les traits de la plus sereine liberté, peut et doit ressusciter » (Hegel, ***Foi et savoir,*** p. 298 ; cité par Bernard Sève, *op. cit.*, p. 244). Ces paroles, Bernard Sève les commente comme suit :« Ce texte inspiré clôt ***Foi et savoir,*** texte « de jeunesse » (1802) à valeur presque programmatique : le vendredi saint « qui jadis fut historique » (jour de la mort de Jésus sur la croix) doit devenir « spéculatif », c'est-à-dire devenir idée philosophique et concept ; la *Phénoménologie* [*de l'esprit*] parlera semblablement, en sa dernière page, du « calvaire de l'Esprit absolu » (trad. Hippolyte, II, 313) ; l'**impiété** dont parle le texte est celle de l'esprit qui doit passer de la piété immédiate et confiante à la pensée médiate qui veut intégralement « étreindre » la logique de la mort de Dieu. Que Dieu meure [...], c'est un moment de la logique de l'Absolu. L'évolution ultérieure de la philosophie hégélienne précisera et développera ce programme spéculatif... ». (ibid.).

Comme l'a souligné Philippe Grosos (dans ***Système et subjectivité***), l'opération que Hegel opère sur la Croix chrétienne est une véritable opération de *transsubstantiation*, la « *substance* » en laquelle la « matière » de la Croix est transmuée étant ici la *pensée* elle-même ! ... (voir aussi, à ce sujet, le livre de Joseph Cohen, ***Le sacrifice de Hegel*** (Éditions Galilée), avec une préface de Gérard Bensussan).

[1] En fait, le « rationalisme » de **Lessing** est très complexe, paradoxal et dialectique. Lessing, en effet (comme le souligne Karl Barth dans ***La théologie protestante au XIXe siècle,*** Chapitre IV, p. 107), était à la fois avec les « rationalistes » contre les « orthodoxes » et avec les « orthodoxes » contre les « rationalistes ». Cette complexité de la personnalité de Lessing avait bien été perçue par **Friedrich Schlegel** que Novalis avait surnommé « le Lessing révolutionnaire au carré » (si on veut en savoir plus sur la **« révolution *au carré* »** de Lessing [en relation étroite avec la **« révolution *poétique* »** des romantiques allemands, comme l'a souligné Jacques Darras dans son petit ouvrage très éclairant ***Nous sommes tous des romantiques allemands***], on peut lire l'ouvrage très original de Hermann Timm, ***La révolution sainte. Le concept religieux de totalité du préromantisme. Schleiermacher – Novalis – Friedrich Schlegel*** (*Die heilige Revolution. Das religiöse Totalitätskonzept der Frühromantik. Schleiermacher – Novalis – Friedrich Schlegel*, Frankfurt am Main, Syndikat, 1978), p. 133. Sur la révolution poétique de **Novalis** (en relation étroite avec la philosophie combinatoire de Leibniz), on peut aussi lire le livre d'Olivier Schefer, ***Poésie de l'infini. Novalis et la question éthique***, « Collection Essais », La Lettre Volée, 2001).

[2] Hermann Cohen, ***Éthique de la volonté pure*** (*Ethik des reines Willens*), p. 393

Dans ***Principes fondamentaux de la philosophie du droit*** (*Grundlinien der Philosophie des Rechts*), Hegel écrit en effet : « La conscience de soi trouve dans l'État son savoir et son vouloir substantiels réalisés dans un développement organique. [1] » Pour Rosenzweig, cela signifie que Hegel postule un ***« rapport consubstantiel de l'universalité et de la politique*** [2] ***»***, rapport que Rosenzweig récuse catégoriquement. Car, pour Rosenzweig, ce rapport représente le plus grand « enfermement ». La rationalité hégélienne serait une « rationalité sans ouverture » : en enfermant le monde dans la totalité une et universelle de sa pensée, elle « interdit la compréhension du monde comme multiplicité[3] ». Rosenzweig voit dans la philosophie hégélienne de l'État non pas une simple « idéologie de l'assujettissement à telle ou telle domination politique » ni même une « accusation de servilité prussophile[4] », mais, plus profondément, une *puissance ontologique de domination.* Comme le dit encore Gérard Bensussan, cette philosophie est une « théorisation achevée de la puissance du monde » face à laquelle il y a « l'impuissance de l'individu singulier[5] » (telle qu'elle est théorisée dans *l'Étoile*). Ce que vise donc la critique de Rosenzweig, ce n'est pas une forme de domination particulière, mais « *toute* théorie de la domination[6] », car n'importe quelle idéologie peut se mouler dans cette *théorie générale de la domination*, et cela même si elle méconnaît foncièrement et obligatoirement la « logique architecturale » de la *Philosophie du droit* de Hegel. Rosenzweig ne critique donc pas les formes idéologiques particulières et caricaturales dans lesquelles la philosophie hégélienne de l'État s'est incarnée et l'image déformée qu'en donneront historiens ou idéologues. Sa critique est plus profonde. Le problème, pour lui, n'est pas de savoir si la pensée hégélienne de l'État est libérale, totalitaire, monarchiste, ou républicaine. Elle n'est, en vérité, ni l'une ni l'autre, ou alors elle est

---

[1] Hegel, ***Principes fondamentaux d'une philosophie du droit***, § 360, cité par Gérard Bensussan *in* : ***Hegel et l'État***, p. XXXIII, traduction de *Hegel und der Staat* de Franz Rosenzweig. (Le titre *Principes fondamentaux de la philosophie du droit* de Hegel sera désormais donné sous la forme abrégée *Philosophie du droit.*)

[2] Gérard Bensussan, ***Hegel et Rosenzweig : le franchissement de l'horizon***, présentation de sa traduction de ***Hegel et l'État***, p. XXXIII.

[3] *Ibid.* (c'est nous qui soulignons).

[4] *Id.*, p. XXXIV.

[5] *Ibid.*

[6] *Ibid.* (c'est nous qui soulignons).

tout au plus « tout cela à la fois ou successivement puisqu'elle est « ultra-gouvernementale[1] ». Cela dit, ***Philosophie du droit*** est un texte que Rosenzweig admirait tout particulièrement. Dans ce texte, en effet, l'État est conçu comme « l'espace de "la réconciliation devenue objective" », c'est-à-dire devenue la réalité effective de la Raison, au sein de laquelle se réconcilient les oppositions de la liberté et de la nécessité, du religieux et du politique, de la société et du pouvoir[2]. Dans *Hegel et l'État*, Rosenzweig va suivre « pas à pas cette jonction progressive, dans l'itinéraire hégélien, de la raison et de l'État[3]».

Il nous semble que c'est à partir d'un point de vue *eschatologique* qu'on peut mieux comprendre la critique que Rosenzweig formule à l'égard de la philosophie de Hegel. Dans son ouvrage sur la « pensée dialogique », **Bernhard Casper** plaide précisément pour ce point de vue-là[4]. Il plaide, plus exactement, pour l'adoption d'un point de vue

---

[1] *Id.*, p. XXXIII.

[2] *Ibid.*

[3] *Ibid.* Pour nuancer la position un peu trop tranchée de Rosenzweig sur l'Etat hégélien, nous voudrions faire la remarque suivante : l'État hégélien n'est pas non plus - comme on a tendance à le croire, et comme Gérard Bensussan semble vouloir l'accréditer dans sa présentation - le simple prolongement de l'Église protestante. Au contraire, selon Claude Bruaire, si « le protestantisme est la forme ultime de l'Église », il « échoue à la réaliser ». Hegel ne cherche pas à réaliser un État particulier, mais l'« Etat universel » qui n'a plus de l'État que son nom. En vérité, c'est l'idéal de communauté (*Gemeinde*) réconciliée (avec elle-même) qu'il veut exprimer par là. « Hegel en tire cette conséquence simple : la réalisation du royaume de Dieu, inéluctable victoire de l'Esprit en ce monde, s'accomplira au moyen d'un dépassement de toute Église particulière, de toute Église différente de la communauté universelle des hommes. » Si cet État prétend incarner la « réalité », c'est parce qu'il prétend « réaliser » la religion chrétienne : « Tel est, tel doit être, selon Hegel, l'État réalisant la religion chrétienne. » L'État hégélien n'incarne donc pas une Église particulière, mais les dé-passe toutes en visant un idéal d'universalité se réalisant dans l'« Esprit », transcendant ainsi l'horizon historique : « Il prend le relais de l'Église pour clore l'histoire de sa perversion et constituer le royaume effectif de l'Esprit. » C'est *en ce sens* que l'État hégélien est « la volonté divine comme Esprit présent et actuel qui se développe dans l'organisation du monde ». (Voir Claude Bruaire, ***Logique et religion chrétienne dans la philosophie de Hegel***, 3e partie : « Ecclésiologie et savoir absolu », chapitre III. *Philosophie de l'État, savoir absolu et théologie*, Éditions du Seuil, Paris 1964, p. 161-162. On peut aussi voir, à ce sujet, de Rosenzweig, l'*Introduction à l'édition académique des écrits juifs*, G.S. III, p. 196).

[4] Bernhard Casper, ***La pensée dialogique : une étude sur la signification de la philosophie religieuse de Franz Rosenzweig, de Ferdinand Ebner et de Martin Buber*** (*Das dialogische Denken. Eine Untersuchung der religion-philosophischen Bedeu-*

eschatologique dans le *catholicisme* et rejoint ainsi Rosenzweig dans sa critique de Hegel et de l'idéalisme en général. La « pensée dialogique », en effet, appliquée à la compréhension de la foi chrétienne, fait apparaître « comment, dans la compréhension du christianisme, le point de vue *eschatologique* peut ressortir bien plus fortement que cela n'est le cas dans une compréhension rationaliste-idéaliste de l'être[1] ». Dans une « compréhension de l'être anhistorique-monologique », en effet, « le christianisme, à cause de sa prétention à l'Absolu, devait apparaître comme quelque chose de rigide et d'achevé, – précisément comme la « religion absolue » telle que Hegel tentait de la voir[2] ».

L'effet de la philosophie de Hegel, dans cette perspective *eschatologique*, était paralysant. Puisque sa prétention à incarner l'*achèvement* de la philosophie revenait à la poser comme une « eschatologie réalisée[3] ». Comme le dit **Jakob Taubes**, « c'est dans l'apocalyptique et dans la gnose que se trouve le fondement de la logique - tant controversée, mais rarement comprise -, de Hegel. La relation entre *ontologie apocalyptique-gnostique* et *logique* hégélienne n'est pas établie artificiellement et après-coup, [mais] c'est dans le Nouveau Testament que le jeune théologien Hegel a élaboré sa forme de pensée[4] ». Hegel, donc, est considéré par ce théologien juif[1] comme

---

tung Franz Rosenzweigs, Ferdinand Ebners und Martin Bubers, Freiburg, 1967), p. 370.

[1] *Ibid.*

[2] *Ibid.* Rosenzweig, en somme, reproche à l'hégélianisme son caractère *panthéiste.* Mais ce reproche de panthéisme, constamment formulé à l'égard de la philosophie de Hegel, mérite, nous semble-t-il, d'être nuancé. C'est ce qu'a fait, par exemple, Guy Planty-Bonjour dans son ultime livre sur Hegel : « Que celui qui a tant élevé l'Esprit au-dessus de la nature ne serait qu'un panthéiste ! Ce prodigieux malentendu ne peut être écarté que si l'on comprend ce que dit Hegel. Sans vouloir nous flatter de décrypter tous ces textes cryptiques, nous pensons cependant qu'en ce qui concerne la justification rationnelle de l'existence de Dieu et la saisie spéculative de sa nature, l'utilisation de la catégorie de contradiction se révèlera féconde. Hegel lui-même nous met en garde : « Mais le suprême saisi d'une manière finie est le pire. D'autant plus profond est l'esprit, le génie, d'autant plus monstrueuse est son erreur »...» (Guy Planty-Bonjour, *Le projet hégélien*, p. 149), ce qui, de la part de Hegel, est une profession de foi bien peu panthéiste ... (Nous verrons plus loin la *critique du panthéisme* par Rosenzweig ...).

[3] expression utilisée par Rudolf Mayer dans son ouvrage sur la philosophie de Rosenzweig, ***Franz Rosenzweig : une philosophie de l'expérience dialogique*** (*Franz Rosenzweig : eine Philosophie der dialogischen Erfahrung*), p. 12.

[4] Jakob Taubes, ***Eschatologie occidentale*** *(Abendländische Eschatologie)*, p. 35.

un *gnostique*. Sa philosophie, du moins, peut apparaître comme un avatar du gnosticisme. Si, à l'instar des « rationalistes » allemands, il parvient, lui aussi, à concilier raison et religion, ce n'est pas tellement, comme ces derniers, en affirmant la *raison* contre le *mysticisme gnostique* (la « religion » de la *raison* affirmant sa différence d'avec la religion païenne), mais, au contraire, en l'y intégrant. Hegel donne, en effet, une autre signification au concept de « raison » : non seulement ce n'est plus celle de la « raison » (ironique) de Voltaire, ni celle de la « raison » (critique) de Descartes, mais ce n'est même plus – par contraste avec l'« entendement » analytique (*Verstand*)[2] – celle de la « raison » synthétique (*Vernunft*) de Kant. Pour Hegel, la raison est absolue et se confond avec l'Esprit (*der absolute Geist*). Dans sa ***Phénoménologie de l'Esprit***, Hegel se vantera d'avoir dépassé le concept (statique) de « substance » par celui (dynamique) de « sujet ». Mais, pour Rosenzweig, cela n'est pas un dépassement. En effet, le *sujet* se caractérisant par la *pensée*, c'est tout simplement la *pensée*

On peut aussi lire le commentaire de Michael Löwy sur ce livre : ***Eschatologie occidentale. Ad Jacob Taubes*** (*Abendländische Eschatologie. Ad Jacob Taubes*), in : *Archives de sciences sociales des religions*, 120, 2002 (Varia).

[1] **Jakob Taubes** « fut un théologien juif, né à Vienne en 1923, mort à Berlin en 1987, rabbin philosophe de langue allemande, érudit, grand connaisseur du Talmud, il enseigna, aux États-Unis et en Allemagne, les études judaïques et les sciences religieuses. Sa pensée très originale se situe au carrefour où se rencontrent, outre les sources bibliques et la tradition du judaïsme, **Paul de Tarse**, **Walter Benjamin**, **Carl Schmitt**, la théologie biblique en somme, et ceci, de son point de vue, qui est révolutionnaire et apocalyptique. Son enseignement fut essentiellement oral et il n'écrivit que peu de livres, mais il eut une influence marquante sur ceux qui eurent le bonheur de l'entendre. En France, *Lyotard*, en Italie, *Agamben*, en Allemagne *Jan Assmann* furent les premiers passeurs de sa pensée. Ses ouvrages les plus connus sont ***La théologie politique de Paul. Schmitt, Benjamin, Nietzsche et Freud*** (traduit de l'allemand par Mira Köller et Dominique Séglard, Éditions du Seuil, collection « Traces écrites », Paris, 1999) et ***En divergent accord. A propos de Carl Schmitt*** (traduit de l'allemand par Philippe Ivernel [avec une préface d'Elettra Stimilli traduite par Joël Gayraud], Éditions Rivages poche, « Petite Bibliothèque », Paris, 2003) ». (wikipedia).

[2] Hegel, dans sa *Phénoménologie de l'esprit*, oppose *Vernunft* (« raison ») à *Verstand* (« entendement ») et considère la première comme supérieure au deuxième, le *Verstand* étant assimilé par Hegel à la figure phénoménologique de l'entendement comme « force » (voir ***Phénoménologie de l'Esprit***, tr. fr. Jean Hyppolite, vol. I, Chapitre III. Force et entendement (*Kraft und Verstand*), pp. 120-122), l'idée de « force » (*Kraft*) étant épistémologiquement inférieure au « concept » (voir critique de l'idée newtonienne de « force » dans le petit livre d'Alain Lacroix ***Hegel. La philosophie de la nature***, pp. 64-72).

elle-même qui est *devenue substance*. Hegel, selon Rosenzweig, a tout transmué[1] en pensée. « En pensant un objet, j'en fais une pensée », écrit en effet Hegel dans la ***Philosophie du droit***[2], ce qui, pour Rosenzweig, veut dire en clair que Hegel a tout enfermé dans l'unité de sa pensée, dans l'unité *pensée* qui, si l'on peut dire, s'est faite « *immaculée conception* », *concept sans taches et sans péchés*[3]. C'est aussi dans la *Philosophie du droit* que Hegel affirme que si les éléments de vérité de toutes les époques passées se laissent comprendre comme des stades d'un développement progressif de la vérité totale, alors, avec l'époque de Hegel, ce développement est arrivé à son terme[4]. Hegel croyait effectivement qu'en sa personne cette conception de l'histoire avait atteint son *point culminant* et que l'Allemagne de son époque incarnait l'idéal chrétien !

Cette idée Hegel l'avait clairement exprimée dans toute son oeuvre, en particulier dans ***La Raison dans l'histoire*** où la raison apparaissait comme une sorte de providence sécularisée. Hegel n'était pas aveugle au hasard et même à l'absurde qui régnait dans l'histoire, mais, pour lui, il y avait une ligne directrice, une finalité dans l'histoire qui se servait précisément de ce « chaos » pour arriver à ses fins. Hegel donnait ainsi beaucoup d'importance à l'homme d'action et à la « ruse de la Raison », « ruse » qui se servait de l'homme sans que vraiment il s'en aperçoive, rusant avec sa conscience et sa volonté. Les « jeux étant déjà faits », le philosophe vient toujours ***après l'événement***, et tout ce qu'il peut faire, c'est montrer ***rétrospectivement*** la rationalité de l'événement, la rationalité à l'œuvre dans l'événement et qui l'a fait émerger. Tout ce que le philosophe (de la raison) peut faire, c'est de rendre, à l'aide de sa philosophie, raison de l'événement et, par là, rendre la raison elle-même - en tant qu'elle prend forme dans

---

[1] On peut, en effet, se demander si l'*opération* « logique » fondamentale de la pensée hégélienne n'est pas la ***trans*substantiation** ! C'est aussi ce que pense Werner Hamacher dans son ouvrage, d'inspiration derridéenne, ***pleroma – dialecture de Hegel***. On retrouve la même idée chez Michel Henry, notamment dans son ouvrage sur Marx, ***Marx I : une philosophie de la réalité***, chez Philippe Grosos, notamment dans ***Système et subjectivité***, chez Guy Planty-Bonjour, notamment dans ***Le projet hégélien***, et chez Jean Wahl, notamment dans son ***Traité de métaphysique***.

[2] Voir Hegel, *Principes fondamentaux de la philosophie du droit*, § 4, ADP ; cité par Gérard Bensussan, *in* Franz Rosenzweig, *Hegel et l'État*, présentation : « *Hegel et Rosenzweig : le franchissement de l'horizon* », p. XXXIII.

[3] Gérard Bensussan parle d'« impeccabilité de la philosophie hégélienne », voir *op. cit.*, p. XXXIII.

[4] Rudolf Mayer, *op. cit.*, p. 12.

l'histoire - *pleinement transparente à elle-même*. Le philosophe, dont l'idéal est la *transparence*, se place ainsi toujours à la fin de l'histoire qu'il considère comme un point de vue absolu incontestable. C'est dans ce sens qu'on peut parler, au sujet de la philosophie de l'histoire de Hegel, d'une ***« eschatologie réalisée »***. Mais on sait combien cette eschatologie fut réfutée par la continuation de l'histoire elle-même et conduisit à la scission de la philosophie hégélienne en une droite hégélienne conservatrice et en une gauche hégélienne radicale.[1]

Remarque : La réconciliation de l'homme et du Christ *déjà « réalisée »* et *l'échec de la christologie hégélienne*

Pour rester dans le cadre de la critique rosenzweigienne de Hegel, nous nous sommes bornés à ce bref exposé tiré du livre de Rudolf Mayer dont le sujet principal est l'« expérience dialogique dans la philosophie de Rosenzweig ». Mais il nous a semblé qu'un autre auteur allemand, non spécialiste de Rosenzweig mais de Hegel, Michael Theunissen, a adopté une position plus nuancée à l'égard de la philosophie de la raison absolue de Hegel. Dans son ouvrage qui veut considérer la philosophie de Hegel comme un « traité théologico-politique[2] », il trouve les racines de l'eschatologie hégélienne dans les ***Leçons sur la philosophie de la religion***, et non, - comme on le croit généralement -, dans la ***Phénoménologie de l'esprit*** où Hegel accorde moins d'importance à la religion (absolue). Il montre à partir de là comment le « culte », dans cette philosophie religieuse, se transforme en une *praxis* fondée sur la réconciliation de l'homme et du Christ *déjà « réalisée »*(selon la formule bien connue du protestantisme : « Moi je suis déjà sauvé, donc je peux m'occuper de mon prochain »). Mais, d'autre part, dans le dernier chapitre de son ouvrage, Michael Theunissen souligne ***l'échec de la christologie hégélienne*** qui avait failli réussir la mise en question radicale de l'ontothéologie[3], celle-ci faisant l'objet de l'avant-dernier chapitre de cet ouvrage. Pour l'auteur, c'est Rosenzweig qui a le mieux vu l'esprit **christologique** de la

[1] Rudolf Mayer, *op. cit.*, p. 12.

[2] Michael Theunissen, ***Hegels Lehre vom absoluten Geist als theologisch-politischer Traktat*** (*La doctrine hégélienne de l'Esprit absolu comme traité théologico-politique*).

[3] Michael Theunissen, *op. cit.*, p. 439 (voir le chapitre intitulé „Ausführender Teil : Konstruktion des Philosophiebegriffs", 6. „Der Begriff einer interesselosen Erkenntnis und die Destruktion des christologischen Ansatzes").

fameuse formule hégélienne : **« Tout ce qui est réel est rationnel ; tout ce qui est rationnel est réel. »**, formule qui, pour Rosenzweig, traduit « l'idée que la Raison doit façonner la réalité » ! Dans son livre sur ***Hegel et l'État***, en effet, Rosenzweig écrit :

> « [...] **« Tout ce qui est rationnel, est effectif »**, car, directement hors de la discussion [de Hegel] sur l'importance de l'État idéal de Platon pour l'Histoire Universelle, surgit, comme un coup de canon, cette formule célèbre et redoutée -- : cela n'a pas toujours été vrai et éternellement valable, mais cela n'est vrai et valable que depuis que, – par le christianisme, avec son idée d'un royaume de Dieu sur terre –, c'est devenu une exigence éthique et la norme de toute institution humaine. Mais, depuis lors, cela est vraiment valable, et, puisque pour l'homme d'action il est, désormais, hors de doute que sa tâche est de rendre effective la raison dans le monde, la connaissance se trouve – depuis lors ! – devant la tâche d'examiner comment, dans ce qui est – depuis lors devenu ! – réalité effective, la raison s'est effectivement réalisée en elle. Ce n'est que parce que la rationalité est devenue effective – **proposition fondamentale [*Grundsatz*] de l'action** – ce n'est que pour cette raison qu'à présent – **proposition fondamentale [*Grundsatz*] de la connaissance** -- la réalité effective est rationnelle[1]».

Autrement dit :

> « Ce n'est que depuis que le christianisme est apparu sur la scène du monde que la raison est devenue le fondement du monde spirituel et cette rationalité la proposition fondamentale [*Grundsatz*] pour connaître ce monde [et que c'est donc à la raison de « façonner la réalité » et ce monde !] [2] ».

C'est pourquoi Hegel, dans ses ***Leçons sur la philosophie de l'histoire universelle***, ne comprend l'État comme éthicité réalisée qu'à partir de l'époque christiano-germanique, alors que, jusque-là, on cherchait à le saisir à travers des concepts philosophiques « naturels », esthétiques et juridiques. À cela correspond le panorama que Hegel, dans ses ***Leçons sur la philosophie de la religion***, donne de l'histoire de l'Église, panorama qui est fondé sur le thème de **« la réconciliation de l'Église et du monde »**, de la **« réalisation du spirituel en une réalité universelle »**. Et, enfin, et surtout, à cela correspond le « développement historique universel de la pensée » où, contrairement au paganisme, l'éthique ne triomphe plus, - même en

---

[1] ***Hegel und der Staat***, tome II, p. 79. (ma trad.).
[2] *Id.,* p. 80. (ma trad.).

pensée -, de la politique, mais qu'au contraire « les deux, la doctrine du salut et la doctrine de la communauté, la personnalité et l'institution sont intimement entremêlées[1]». C'est ainsi qu'un même fil conducteur traverse toute l'histoire (judéo-chrétienne) de la pensée « allant du peuple saint de la Thora et de la mystique paulinienne du corps du Christ, en passant par l'État divin d'Augustin et la citoyenneté humaine de Dante, jusqu'à la profonde formule à double sens de Hegel[2] », à savoir que **« tout ce qui est rationnel est [devenu] effectif »** et que **« tout ce qui est [devenu] effectif est rationnel »**. C'est de ce point de vue historique, donc, que la formule célèbre de Hegel s'éclaire : **« ce n'est qu'après l'effectuation de la raison par le Christ que la réalité effective peut être connue comme rationnelle[3] »**, et qu'inversement, c'est « dans la mesure où une telle connaissance présuppose une action en direction de la raison devenue effective[4] » que le rationnel peut devenir effectivité.

Michael Theunissen déplore que l'interprétation ***christologique***, par Rosenzweig, de la formule **« tout ce qui est rationnel est effectif »**, n'ait pas vraiment été prise au sérieux et adoptée par ses contemporains[5]. Pour Theunissen, cette formule est, à vrai dire, l'expression d'une « réaction politique » de Hegel à l'égard de la doctrine de l'État de son époque. Cet auteur parcourt en fait l'œuvre de Hegel plus profondément encore, car, pour lui, Hegel « projette [partout] le donné de la réconciliation divine immédiatement sur le plan des données sociales de son temps[6] ». Mais, contrairement à d'autres commentateurs qui s'attachent presque exclusivement aux aspects « sociologiques » de la philosophie de l'État de Hegel, Michael Theunissen souligne particulièrement ce qui, à son avis, n'a pas été suffisamment souligné au sujet de la pensée de l'État de Hegel, à savoir son origine *théologique*, l'« origine théologique des prédicats de l'État hégélien ». Si, d'un côté, ces prédicats sont bien visibles,

---

[3]*Ibid.*

[2] ***Hegel und der Staat***, tome II, p. 80.

[3] Michael Theunissen, *op. cit.*, p. 446.

[4] *Ibid.*

[5] Cette formule, en revanche, a été prise au sérieux par deux auteurs cités par Michael Theunissen dans son livre, à savoir Emile Fackenheim (voir, de cet auteur, ***The religious dimension in Hegel's thought***, Bloomington/London 1967, p. 208) et par Jürgen Gebhardt (voir, de cet auteur, *Politik und Eschatologie. Studien zur Geschichte der Hegelschen Schule in den Jahren 1830-1840*, München : Beck, 1963, p. 43).

[6] Michael Theunissen, *op.cit.*, p. 441.

d'un autre côté, ce qui est le moins visible, ce qui est le plus caché, c'est « la façon dont ils sont issus d'une théologie au centre de laquelle se trouve une christologie philosophico-historique[1] ». Il est clair que Hegel attribue au souverain des pouvoirs quasi divins, la souveraineté de l'État étant considérée comme « fin absolue ultime et conforme à la vérité[2] ». Cette absolutisation du pouvoir d'un seul rattachée à une philosophie de la volonté individuelle libre (donc arbitraire), inspirée de la philosophie politique de Rousseau[3], devait forcément conduire à des abus.

Mais ce concept de **« fin absolue »** (fin visée par cette absolutisation du pouvoir) est, chez Hegel, précisément l'***« eschaton »***, *eschaton* que « Dieu a anticipé avec la vie, la mort et la résurrection de son Fils[4] ». C'est *en vertu de cet « eschaton »* que, pour Hegel, le royaume de Dieu est déjà dans le présent une réalité objective, **« réalité objective d'une fin absolue »** qu'il va identifier avec l'**État**, identification qui fait l'objet de la *Philosophie du droit*, en particulier du paragraphe 328. Michael Theunissen fait remarquer – ce qui montre la complexité et le caractère ambigu de l'État hégélien – que, de ce point de vue, l'État hégélien serait la réalisation laïque de la forme catholique autoritaire (monarchique) de l'Église[5].

---

[1] *Id.*, p. 441.

[2] *Id.*, p. 443.

[3] C'est un « Je veux » qui décide souverainement (voir Hegel, *Philosophie du droit*, § 279, supplément additionnel). « Une telle volonté, commente Michael Theunissen, est en même temps une non-volonté ["*ein Unwille*"] contre toute légitimation rationnelle ; c'est une volonté arbitraire et qui, selon Hegel, doit l'être. Même ceux qui sont « élus » pour présenter devant le monarque les affaires de l'État au sujet desquelles il faut prendre une décision, sont élus par – comme il est dit – une « volonté arbitraire sans bornes » de la part de celui-ci [§ 283]. C'est ainsi que Hegel permet au roi de faire ce que Dieu n'a pas le droit de faire. [...] Pour nous il reste la question, si ici ce n'est pas la mauvaise dialectique qui se révèle, celle à laquelle aboutit la foi philosophique quand elle postule un Dieu pleinement transparent sur le plan rationnel. En attribuant à un homme le droit d'exercer une volonté arbitraire irrationnelle, elle semble elle-même faire apparaître l'injustice dans laquelle elle s'est mise en ne voulant pas admettre la **volonté supra-rationnelle de Dieu**. » (Michael Theunissen, *op. cit.*, p. 447 ; voir aussi la conclusion du livre de Pierre Rosanvallon ***La démocratie inachevée***).

[4] Michael Theunissen, *op. cit.*, p. 443.

[5] C'est aussi cet aspect-là de l'État hégélien qu'a souligné, en France, Claude Bruaire, un commentateur de Hegel qui, dans son ouvrage ***Logique et religion chrétienne dans la philosophie de Hegel***(en particulier dans la 3e partie intitulée« Ecclésiologie et savoir absolu », chapitre III : « Philosophie de l'État, savoir absolu et théologie »), écrit : « L'État universel qui doit réaliser le message chrétien [...] doit

Il est vrai que Rosenzweig, dans son ouvrage sur ***Hegel et l'État***, fait allusion à cette dimension christologique de l'État hégélien, mais il ne la désigne pas comme telle. Il y voit plutôt une interprétation *dynamique* de l'idée *antique* (platonicienne) d' « *organisme* ». Rosenzweig souligne surtout que les précurseurs de cette idée dynamique d' « organisme » furent Kant et Leibniz et qu'elle fut reprise par Fichte, Hegel et Schelling sous l'idée de « réciprocité », ou de **« relation réciproque »** (*Wechselbeziehung* ou *Wechselwirkung*) :

> « [...] la **doctrine moderne de l'État** [...], déjà chez Leibniz, encore plus chez Kant, avait bouleversé cette représentation [antique] trop grossière de la division fonctionnelle d'organes fixes... C'est ainsi que la nouvelle philosophie avait développé non pas l'organe à partir de l'organisme, mais organe et organisme à partir du même concept fondamental de l' **« organique »**, en tant que **relation réciproque** entre chaque point et la totalité ; c'est ainsi que Fichte avait, pour la première fois, cherché à expliciter, à l'aide du concept d'organisme, le **rapport de réciprocité** entre le citoyen de l'État et l'État ; c'est ainsi qu'à présent Hegel commença, en 1802, à construire les états (*Stände*) à partir des mêmes concepts fondamentaux de l'universel et du particulier, - **« intuition » et « concept »** -, états à partir desquels il développa, de façon générale, l'État[1] ».

souscrire au principe monarchique. Ainsi, cette constitution politique retrouve certains caractères du droit ecclésiastique *catholique, parce qu'elle est réglée par les principes ecclésiologiques qui récusent les églises réformées*. De la même façon, l'administration que Hegel appelle « classe universelle », médiation du Prince et des individus, rappelle le clergé hiérarchique catholique ». (Claude Bruaire, *op. cit.*, p. 167). Car « ce qui importe, c'est que cette **théorie du Prince** est indispensable à celle de l'**Etat universel** qui veut transposer une ecclésiologie chrétienne en **système politique** ». (*Ibid.*). « Nul mieux que Marx n'a compris cette **transposition**. Lorsqu'il parle de l'Etat, c'est toujours en désignant cet Etat hégélien universel qui réalise [effectivement] la religion. (...) Selon Marx [- et « contre Bauer qui préconisait une laïcisation de l'Etat » ! -], pour **supprimer la religion** il faut **supprimer l'Etat qui réalise [effectivement] la religion** », car, mieux que l'Etat laïc !, « le **véritable Etat** n'a pas besoin de religion, car en lui le **fond humain de la religion** est **réalisé** [effectivement] de façon profane ». (Marx, « ***La Question juive*** », trad. Molitor, éd. A. Costes, Paris, 1946, p. 182-183). La société **sans classe** sera **sans religion**, par conséquent **sans Etat** ». (Claude Bruaire, *op. cit.*, note 16, p. 167). En somme, Marx reste fidèle à la fameuse formule de Hegel : « **L'Etat** est la **substance sociale consciente d'elle-même** » ! (Hegel, *Encyclopédie*, § 535 ; cité par Claude Bruaire, *op. cit.*, p. 166).

[1] ***Hegel et l'État*** (*Hegel und der Staat*), tome II, p. 86. (ma traduction).

On ne peut pas savoir, à partir de cet extrait, si Rosenzweig est conscient du fait que l'« organisme » dont il s'agit est d'origine christologique et d'inspiration trinitaire... Toujours est-il que, selon Michael Theunissen, c'est précisément Rosenzweig qui – après nous avoir montré le sens christologique de la raison « réalisée » dans la philosophie de Hegel – va nous rendre attentifs au fait que c'est cette **« rationalité effective »** qui est christologiquement **« l'existence de l'État[1] »**. Il faut ajouter que cette « réalité du monde » n'est autre que celle « réalisée » par Napoléon, ce dernier ayant été, comme on sait, qualifié par Hegel d' « Esprit du Monde à cheval ». Ce n'est, en effet, que « l'application de la réconciliation donnée avec le Christ à la réalité du monde offerte par Napoléon qui élève le représentant de l'État, compris dans cette « réalité », au rang d'une instance de réconciliation »[2]. Cela veut dire en clair, - et c'est ce que Rosenzweig a clairement vu et qu'il veut souligner dans son livre ***Hegel et l'État*** -, que désormais **« l'histoire du monde est le jugement du monde »** :

> « L'histoire du monde est, dès à présent, selon l'expression que Hegel affectionnait, le « procureur » entre les États : elle se borne à instruire le procès ; le jugement est rendu par le tribunal qu'elle instaure ; et ce tribunal est composé de citoyens. De façon moins imagée : l' « histoire universelle » se sert, pour rendre ses jugements, des États eux-mêmes ; un peuple est « jugé » par l'histoire universelle en étant détruit et écarté par un autre[3] ».

Ainsi, « ce n'est que parce que l'histoire du monde est le jugement du monde qui, selon la loi de la raison, rend ses irrévocables sentences, ce n'est que pour cette raison que le réel est rationnel[4] ». Hegel savait bien que, désormais, la particularité de chaque peuple et son idéal d'universel devait conduire à la guerre entre les peuples, constatation qui sera le point de départ de la philosophie de Rosenzweig. Mais la « guerre » sévit aussi à l'intérieur de l'État, car, désormais « les individus réalisent leur communauté par anéantissement réciproque[5] ». Mais, dans cette guerre intérieure, l'État hégélien ne cherche- t-il pas plutôt à élever l'individu au-dessus de la

---

[1] Michael Theunissen, *op. cit.*, p. 443 (voir Hegel, *Philosophie du droit*, § 270, supplément additionnel).
[2] *Id.*, p. 446.
[3] *Hegel und der Staat*, tome II, p. 176. (ma traduction).
[4] *Ibid.*
[5] Michael Theunissen, *op. cit.*, p. 435.

lutte économique de la « concurrence » généralisée ? De ce point de vue, l'État hégélien aurait aussi une fonction critique face à la « société bourgeoise » (*die bürgerliche Gesellschaft*) dont Hegel avait bien saisi l'esprit intérieur et les « contradictions » internes, notamment entre « riches » et « pauvres », qui la poussent à se transcender. Hegel n'approuvait pas ce type de société et son État cherchait à le dépasser en distinguant soigneusement entre État et société (« société bourgeoise »)[1]. Ce n'est que Marx qui a voulu confondre les deux, avec les conséquences que l'on sait[2]. Nous venons de brosser rapidement le contexte philosophique, globalement « rationaliste », dans lequel baignait Rosenzweig. C'est ce contexte qu'il va s'efforcer de dépasser en redéfinissant, à partir de nouvelles prémisses, le **concept de révélation**.

Mais, avant de renter dans le vif du sujet, nous allons d'abord voir, en conclusion, comment, précisément grâce au nouveau concept de *révélation*, il est possible de sortir du carcan de ce « rationalisme »

---

[1] Voir ***Hegel et la société***, par Jean-Pierre Lefebvre et Pierre Macherey, collection « Philosophies », PUF, 1984. Comme le fait remarquer Michael Theunissen (*op. cit.*, p. 435, note 46), cet aspect a surtout été souligné et développé par **Herbert Marcuse** (voir *Raison et révolution. Hegel et la naissance de la théorie sociale* (*Vernunft und Revolution. Hegel und die Entstehung der Gesellschaftstheorie*, Neuwied/Berlin, 1968, édition allemande de *Reason and revolution*, New York 1941)). Il faudrait aussi mentionner ici le concept hégélien d'**« intérêt »** (particulier et général : « intérêt particulier » des individus ; « intérêt général » du peuple), car c'est dans ce concept-là que Hegel a inscrit son **« moment d'intersubjectivité générale »** (Michael Theunissen, *id.*, p. 435), moment qui introduit l'idée d'« intersubjectivité » dans la philosophie de Hegel (voir, en particulier, Jürgen Habermas, ***Connaissance et inté-rêt***). Michael Theunissen développe ces idées dans le Ve chapitre de son ouvrage, chapitre intitulé « La destruction de l'ontologie antique et le concept d'une connais-sance « intéressée » » („Die Destruktion der antiken Ontologie und der Begriff einer interessierten Erkenntnis"), pages 420-438. Il développe des idées analogues dans ***La réalisation de la raison. Contribution à la discussion du rapport théorie-praxis en référence à Hegel*** *(Die Verwirklichung der Vernunft. Zur Theorie-Praxis-Diskussion im Aschluß an Hegel,* Tübingen 1970, Beiheft 6 der Philosophischen Rundschau)... On peut, pour l'aspect **« idéologie de la domination »** dans la philosophie de Hegel, voir le livre d'Ernst Topitsch ***La philosophie sociale de He-gel comme doctrine du salut et idéologie de domination*** (*Die Sozialphilosophie He-gels als Heilslehre und Herrschaftsideologie,* Neuwied/Berlin 1967*),* en particulier les pp. 37 sq., livre aussi mentionné par Michael Theunissen.

[2] Ce problème a été traité dans le petit livre (déjà cité) ***Hegel et la société*** de Jean-Pierre Lefebvre et Pierre Macherey.

triomphant. C'est cette ***sortie du rationalisme*** qui représente pour nous l'enjeu contemporain de la philosophie de Rosenzweig.

Conclusion : Une *autre* conception de l'être pour un *autre* concept de révélation

Dans ce qui précède nous avons vu comment la révélation fut progressivement absorbée par la raison. Au sein de la philosophie « rationaliste », le contenu *révélé* de la religion fut absorbé par les impératifs de la *raison*, processus que Bernhard Casper résume comme suit :

> « Descartes évite de thématiser la révélation. Leibniz et Wolff considèrent la révélation à partir de la raison et s'efforcent pour cela de faire concorder foi et révélation avec la raison. La révélation doit se justifier devant la raison. Enfin, pour Lessing, « la révélation ne donne au genre humain rien à quoi la raison humaine, laissée à ses propres forces, ne pourrait pas également parvenir »[1]. (...) Et chez Kant la foi révélée (*Offenbarungsglaube*) est totalement absorbée par la foi rationnelle pure[2] (*reiner Vernunftglaube*) ... »[3].

Suite à cette absorption – reprise et poussée jusqu'au bout par Hegel dans sa philosophie de la religion[4] et par Schelling dans sa philosophie de la révélation (absorption que ce dernier n'a que partiellement réussie) – apparaît enfin au grand jour qu'en vérité entre la raison (moderne) et la révélation – comprise de façon chrétienne ou juive – il existe une radicale et irréductible opposition. Pour la philosophie il est devenu problématique de savoir ce qu'est la révélation : « la révélation est devenue, pour la raison, la pierre d'achoppement[5] ». Et si, dans la philosophie moderne, **raison et révélation** sont incompatibles, **être et révélation** le sont aussi : « L'être tel que le comprennent les temps modernes amène ceux-ci à ne plus savoir quoi faire de la révélation »[6] Si, donc, cette philosophie

---

[1] *Cf* Gottfried Ephraim Lessing, ***L'Éducation du genre humain***, § 4 (cité par Bernhard Casper, *op. cit.*, p. 365-366).

[2] *cf.* Emmanuel Kant, ***La religion dans les limites de la simple raison***, III. 1. VI : « La foi de l'Église a comme son plus grand interprète la **foi religieuse pure**. » (Kant IV, 770 FF.). (cité par Bernhard Casper, *op. cit.*, note 31, p. 366).

[3] Bernhard Casper, *op. cit.*, p. 365.

[4] Voir surtout, de Hegel, ses ***Leçons sur la philosophie de la religion***. (*Vorlesungen über die Philosophie der Religion*), IIIe Partie : *La religion accomplie ou manifeste, la religion absolue* (« Die absolue Religion »), éditée par Lasson, tome I / volume XIV, Édition von Meiner, Leipzig, 1829.

[5] Bernhard Casper, *op. cit.*, p. 365.

[6] *Id.*, p. 365-366.

« rationaliste » triomphante, qui a cru pouvoir concilier *religion* et *raison* en assimilant contenu *révélé* de la religion et loi *rationnelle*, a trouvé son « achèvement » dans le « rationalisme gnostique » de Hegel, avec Rosenzweig, au contraire, les historiens de la philosophie doivent désormais se poser la question : *qu'est-ce qui a été* escamoté *lors de ce passage de la religion à la raison ?* Plus précisément : qu'est-ce qui a été *perdu* par cette *explicitation* rationnelle du contenu révélé de la religion ? La réponse à cette question, on s'en doute, c'est Rosenzweig lui-même qui va nous la donner. Et cette réponse est : ce qui, lors de ce « passage » de la religion à la raison, par, et à travers, cette explicitation rationnelle du contenu révélé, a été perdu, c'est la *révélation* précisément.

Avec Rosenzweig, en effet, le nouveau problème qui, dès lors, se pose à la philosophie, à la philosophie qui veut « *penser* » la révélation, prendra la forme suivante (ici formulée par Bernhard Casper qui, dans l'ouvrage déjà cité, à la fois pose le problème dans toute son étendue et dans le cadre de la théologie chrétienne) :

> « [...] Pour la philosophie religieuse chrétienne il est [...] d'un intérêt décisif que Rosenzweig, Ebner et Buber comprennent **l'être qui se « temporalise »** ainsi dans le langage expressément comme révélation. Car la question dont doit s'occuper prioritairement et avant tout la philosophie religieuse chrétienne en tant que chrétienne [et nous ajouterions : la philosophie religieuse juive en tant que juive], c'est bien celle de savoir *comment la révélation en tant que révélation peut être pensée...*[1]».

Curieusement, la théologie (la théologie chrétienne, en tous les cas) ne s'était pas encore posée ce genre de question. Il fallait, en effet, pour que cette question puisse être posée, qu'elle soit d'abord perçue par cette théologie. Or, manifestement, « il y a eu beaucoup de siècles de pensée chrétienne et de théologie chrétienne qui n'ont même pas posé cette question de savoir si une *pensée générale* de la *révélation* est possible »[2]. Pour cette théologie, en effet, la révélation historique allait de soi et sa compréhension qu'elle eut de l'être – son « ontologie » – « englobait la révélation comme possibilité », de sorte qu'il ne lui venait même pas à l'esprit qu'une *philosophie de l'être* pouvait, au contraire, se dresser *contre* la *révélation*[3] .

---

[1] Bernhard Casper, *op. cit.,* p. 365 (ma trad.) (*C'est nous qui soulignons*).
[2] *Ibid.*
[3] *Ibid.*

Au lieu d'être – tel qu'il le prétendait lui-même – une solution élégante à l'opposition entre *révélation* et *raison*, le « rationalisme » (qu'il soit kantien ou hégélien) s'est finalement avéré, à l'égard de la révélation, être une entreprise de nivellement et de récupération. Comme nous l'avons vu, Kant et les grands idéalistes ne réussirent à « résoudre le conflit entre raison et révélation » que par « l'explicitation rationnelle des contenus de la révélation »[1]. Pour eux, « ce qui était révélé » était « au fond toujours déjà contenu dans l'espace interne absolu de la raison intemporellement transparente à elle-même »[2]. C'était là la condition - nécessaire, et, pour ces philosophes, suffisante - pour que le contenu révélé puisse également être développé par la raison elle-même.

Si ces penseurs procédèrent de cette façon, c'est parce que leur préoccupation majeure était de résoudre le problème du caractère ***« extérieur »*** - transcendant - de la révélation. Cette **« hétéronomie »** propre à la Révélation est, en effet, incompatible avec la raison qui, par nature, ne veut tout tirer que d'elle-même. La raison est jalouse de son **« autonomie »** et n'accepte comme source de pensée que la démarche *interne* – immanente – où chaque étape peut être déduite de la précédente à l'intérieur de ce que Descartes, dans son fameux ***Discours de la méthode***, appelait des « longues chaînes de déductions ». La raison ainsi guidée par la logique, sait et voit, à chaque instant – *dans une transparence absolue* – ce qu'elle dit et fait, et, – comme le recommande la « méthode » cartésienne – la raison « logique » ne doit accepter aucun élément « étranger » qui, comme un « *deus ex machina* », viendrait s'introduire *de l'extérieur* (à la manière de ce que Lévinas appelle un « viol de la conscience ») dans ces chaînes de raisonnements qui – grâce à l'implication logique – se « meuvent » d'elle-même et ne laissent rien au hasard et à la contingence. Pour pouvoir dépasser une forme de pensée qui tire sa force de tels enchaînements logiques aussi contraignants et se suffisant entièrement à eux-mêmes, il ne suffit pas de jeter cette forme aux oubliettes du passé, mais il faut, si on veut la régénérer pour l'avenir, *revenir à sa source*, plus exactement, il faut revenir au moment exact où s'est opéré subrepticement l'*escamotage de la révélation par la raison*. Il faut revenir à ce moment où, sous prétexte de *raison* et de *nature*, on a voulu forcer les choses et contraindre la révélation à s'insérer dans le lit de Procuste de la raison ; ce moment où

---

[1] *Id.*, p. 366.

[2] *Ibid.*

on a fait violence à la révélation pour pouvoir la réduire, coûte que coûte, aux critères de transparence de la raison, ce qui fut encore, paradoxalement, et comme le souligne Bernhard Casper, le projet philosophique du **« dernier Schelling »** :

> « [...] La violence avec laquelle on tenta de résoudre la question [à savoir, comment penser la Révélation sans la réduire aux critères de transparence de la raison] montre alors, assurément – et cela est peut-être le plus manifeste chez le dernier Schelling dans son effort qui, selon son intention, allait précisément en sens contraire –, combien peu la question était vraiment résolue[1] ».

La « révélation », ainsi récupérée par la raison, fut, en effet, « toujours déjà le moment de la raison *intemporellement transparente à elle-même* et moment de l'*espace interne absolu de l'esprit*[2] ». Dès lors, la révélation pouvait-elle encore être considérée comme une révélation ? Mais, de son côté, la révélation elle-même, la révélation proprement dite – au sein de la théologie chrétienne (du moins) – continuait à faire face à la raison et n'était pas totalement englobée par elle, mais, au contraire, se retrouvait, face à elle, comme une chose étrangère, irrécupérable, inassimilable, de sorte qu'elle « ne pouvait être atteinte autrement que dans un saut aveugle » d'une « foi obéissante[3] ». À partir de là, Bernhard Casper en vient à se demander si, « par là, raison et révélation ne s'excluaient pas l'une l'autre ? », question qui pointe « ce dilemme qui, à travers tout le XIXe siècle, préoccupa non seulement la pensée des philosophes, mais aussi celle des théologiens[4] ».

Cependant, comme le fait remarquer Bernhard Casper, ce dilemme ne pouvait pas vraiment être résolu aussi longtemps que le problème qui l'avait fait naître était posé dans le cadre d'une conception et d'une compréhension de l'*être* qui plongeait ses racines dans un « *sujet transcendantal* » ne se mouvant qu'à l'intérieur de l'« espace interne de la raison *pleinement transparente à elle-même*[5] ». Dès lors, une philosophie de la révélation qui cherchera à s'émanciper complètement de la raison – ou une théologie qui ne veut plus se contenter d'être la « servante » de la raison – devra donc mettre en œuvre une ***autre***

---

[1] Bernhard Casper, *op. cit.*, p. 366.
[2] *Ibid.*
[3] *Ibid.*
[4] *Ibid.*
[5] *Sein als den Binnenraum der sich selbst hellen Vernunft* (*ibid.*).

conception de l'être, une conception qui ne plonge plus ses racines dans un « sujet transcendantal », une conception qui n'est plus « subjective ». Pour en finir avec le « sujet », cette *autre* conception de l'être devra introduire le **temps**[1] dans l'être, ou, plutôt, elle devra **« temporaliser » l'être**, devra mettre en œuvre la **« temporalisation » de l'être** (*die Zeitigung des Seins*), temporalisation qui, dans la philosophie de la *rédemption* de Rosenzweig, ne va pas sans une « éternisation » (*Verewigung*). Cette nouvelle conception de l'être intimement dépendante du temps, Rosenzweig l'a condensée et fixée dans une formule concise et laconique : ***« Ce n'est pas dans le temps qu'arrive ce qui arrive, mais c'est [le temps] lui-même qui arrive*** (*Nicht in der Zeit geschieht was geschieht, sondern [die Zeit] selber geschieht*)[2].

Or, pour introduire le temps dans l'être, la philosophie doit se défaire du caractère *intemporel* de la pensée, de la *pensée intemporelle*, donc, et se trouver un *nouveau médium*, un *médium* réceptif au *temps*, un *médium* se laissant facilement « temporaliser ». Ce nouveau *medium* réceptif au temps, Rosenzweig l'a trouvé dans le ***langage***. Ce qui intéresse Rosenzweig dans le langage, c'est son caractère foncièrement, structurellement ***temporel***. Nous allons donc, dans ce qui suit, d'abord examiner comment Rosenzweig a progressivement été amené à enraciner le concept de révélation dans le *langage* (plutôt que, comme l'a fait la logique hégélienne, de l'enraciner dans la pensée), plus exactement, à l'enraciner dans la *relation dialogique* qui structure (grammaticalement) le *langage* (la pensée étant, elle, *monologique*), examen qui fera l'objet de notre deuxième partie (qui s'intitulera donc « Révélation et langage »). Dans ce qui suit, nous allons commencer par décrire l'*itinéraire intellectuel* et l'*évolution spirituelle* de Franz Rosenzweig pour voir comment le concept de révélation s'est peu à peu

---

[1] La problématique soulevée par Rosenzweig est très proche de celle qu'a soulevée Heidegger (en particulier dans son œuvre maîtresse ***L'Être et le temps***). Mais si cette problématique est proche de celle de Heidegger, elle n'y est pas identique, et Rosenzweig, sans s'intéresser particulièrement (il est mort en 1929 !) à la philosophie de Heidegger, en reprend certains thèmes, tout en s'en différenciant nettement ! Leur proximité vient peut-être du fait que chacun, à sa façon, a cherché à enraciner sa pensée dans la « révélation » (révélation juive pour Rosenzweig, révélation chrétienne pour Heidegger), même si Heidegger s'en défend et assimile le christianisme à l'« ontothéologie » (voir Didier Franck, *Heidegger et le christianisme. L'explication silencieuse*). A cause de cette proximité des problématiques, mon livre aurait pu s'intituler : ***Être, éternité et temps chez Franz Rosenzweig***.

[2] Franz Rosenzweig, ***La nouvelle pensée***, *in* GS III, p. 148.

précisé dans son esprit à travers les rencontres décisives avec Hermann Cohen et Eugen Rosenstock. Chemin faisant, nous situerons la vie et l'œuvre de Rosenzweig à la fois dans son contexte ***historique*** et dans son contexte ***existentiel***, celui du **« retour »** („*techouvah*“) de Rosenzweig au **judaïsme de ses pères**.

PREMIÈRE PARTIE

Révélation et judaïsme *eschatologique*

I. La rencontre Rosenzweig-Rosenstock : l'itinéraire intellectuel de Franz Rosenzweig

A. Bref parcours biographique

Franz Rosenzweig est né le 25 décembre 1886 à Kassel, une petite ville de l'Allemagne méridionale. Il grandit dans une famille bourgeoise juive, assimilée, de sorte qu'« il ne connaît le judaïsme qu'à travers les dernières traces d'un rituel dépourvu pour lui de toute signification vivante[1]».

Bien que passionné de musique, de peinture et de littérature, il commence par étudier la médecine, conformément aux souhaits de son père. Mais, en 1907, ce jeune homme particulièrement doué décide de changer de voie et de se consacrer désormais à l'histoire. Il étudiera l'histoire, la philosophie et le droit à Berlin et à Fribourg.

À l'université de Fribourg, Rosenzweig va travailler à sa disserta tion d'habilitation sur Hegel (qu'il commence en 1908) sous la direction de Friedrich Meinecke, un historien « nationaliste » qui lui fera découvrir la pensée politique de Hegel. Enthousiasmé par les cours de ce professeur, il rend compte de ses impressions d'étudiant dans une lettre adressée début octobre à son cousin Hans Ehrenberg :

> « [....] On écrit tout ce que dit Meinecke, parce que c'est tellement beau. Il traite l'histoire comme si elle était un dialogue platonicien et non pas meurtre et massacre [...] dissonance, préface d'un livre et génuflexion. On flotte!...[2] ».

Le travail de doctorat sur Hegel, qu'il soutient en 1912, sera plus tard un chapitre de son livre qui portera sur la genèse de la pensée politique de Hegel, livre important qu'il intitulera ***Hegel et l'État***. (*Hegel und der Staat*). Il conduira ce travail à son terme en 1914 et il le publiera en 1920, le faisant connaître au grand public. Au sujet de ce livre, Stéphane Mosès écrit : « Il est symptomatique pour le destin de l'œuvre de Rosenzweig que ce soit précisément ce livre qui lui ait

---

[1] Stéphane. Mosès, ***Système et révélation. La philosophie de Franz Rosenzweig***, p.25.

[2] Lettre de Rosenzweig à Hans Ehrenberg, de « fin octobre au début novembre 1908 », in ***Franz Rosenzweig. Der Mensch und sein Werk. Gesammelte Schriften I***, *1. Band : Briefe und Tagebücher*, p. 88 (ma trad.). (Ces écrits, réunis en deux tomes, dont le 1er tome (du volume I) s'intitule « Lettres et journaux intimes », seront dorénavant signalés ici par «GS I, 1» ; le 2e tome sera signalé par « GS I, 2 » ; voir Bibliographie). On peut aussi se référer à la lettre adressée par Rosenzweig à Hans Ehrenberg du 28.10.10, in GS I, 1, p. 113-115.

acquis un nom dans l'histoire de la philosophie, alors que lui-même ne s'y reconnaissait déjà plus au moment de sa parution[1] ». Cet ouvrage, en effet, est encore sous l'influence de l'« histoire des idées » ("Ideengeschichte") de son maître Meinecke, qui venait de publier un livre important, ***Cosmopolitisme et État national*** (*Weltbürgertum und Nationalstaat*)[2], considérés comme un des ouvrages classiques de l'École Historique allemande tentant de concilier hégélianisme et machiavélisme. Friedrich Meinecke était l'héritier de cette école, inaugurée, dans la première moitié du XIXe siècle, par **Ranke**, qui croyait en une réconciliation ultime du particularisme national et de l'universalisme. Cette historiographie fut continuée par **Treitschke**, - « qui, à l'époque où se constitue l'unité allemande, se fait l'apôtre de l'autoritarisme prussien et du machiavélisme, politique incarnée par **Bismarck** » -, et prône un « idéalisme guerrier[3] ».

C'est contre cet amalgame philosophico-politique, qui pouvait nourrir le pire des nationalismes, que Rosenzweig fut amené à réagir vigoureusement en prenant le contrepied des thèses défendues par Meinecke dans son ouvrage. Il réagit surtout à *deux theses*, thèses sur lesquelles il s'appuiera ultérieurement pour développer sa propre thèse dans ***L'Étoile de la redemption***, ouvrage qu'il rédigea en six mois, pendant la Première Guerre mondiale, et qui fut publiée en 1921. Ces deux thèses sont : la thèse de « la condamnation radicale de l'histoire dans sa dimension politique », et la thèse qui définit « le judaïsme comme une réalité collective essentiellement coupée de la temporalité historique[4] ». Ces thèses s'opposent à la fois à la *philosophie de l'histoire* de Hegel et à sa « *métaphysique* [réaliste] *de l'État* » telle que Meinecke l'a exposée dans son livre sur le cosmopolitisme et l'État national[5].

---

1 Stéphane Mosès, *op. cit.*, p. 25.

2 ***Cosmopolitisme et Etat national*** (*Weltbürgertum und Nationalstaat*) ; voir aussi le livre de Meinecke sur Schiller, ***Schiller et l'idée d'individualité*** (*Schiller und der Individualitätsgedanke*). Pour l'« idée d'individu », on peut aussi voir, de Jean Quillien, ***L'Anthropologie philosophique de G. Humboldt***, p. 362, et d'Emmanuel Terray, ***Une passion allemande***, p. 165 (voir Bibliographie).

3 Stéphane Mosès, *op. cit.*, p. 26.

4 *Ibid.*

5 *Ibid.* Dans son livre sur Rosenzweig, Stéphane Mosès fait remarquer que, malgré ces deux thèses défendues dans ce livre, « la renommée posthume de *L'Étoile de la rédemption* dans un certain nombre de milieux juifs et chrétiens a le plus souvent été celle d'un livre essentiellement "religieux" dont on n'apercevait plus à quel point il restait malgré tout enraciné dans le monde de l'idéalisme allemand, et dans quelle

On ne peut pas nier, vu les résultats historiques désastreux qu'il engendra, que cet « idéalisme guerrier » a trahi la vocation du philosophe qui a le devoir de se battre pour la vérité. Mais, à y regarder de plus près, on peut voir en Meinecke et Ranke, non des nationalistes machiavéliques, mais des esprits (religieux) *déchirés* entre la *transcendance* et l'*immanence* de l'histoire et qui ont, finalement – *parce qu'ils ne pouvaient pas faire autrement* – opté pour un compromis entre les deux, mais qui n'ont pas pour autant - Ranke s'en défend - fait le choix d'une imanence radicale à la Hegel[1].

B. Critique du christianisme comme « culture chrétienne » et retour au judaïsme

C'est au contact d'amis chrétiens que Rosenzweig a, par contraste pris conscience de l'originalité de son judaïsme. Ce fut en particulier au contact de son cousin Eugen Rosenstock qu'il renoua progressivement avec son judaïsme qu'il avait presque entièrement oublié dans l'assimilation à la culture allemande dans laquelle il baignait. Il entretenait, en effet, avec lui une correspondance suivie qui donna lieu à de longues discussions portant sur les spécificités respectives du judaïsme et du christianisme. Pour mieux comprendre ce retour inattendu et inopiné au judaïsme, il faut donc d'abord comprendre l'idée que Rosenzweig se faisait du christianisme. Car c'est cette idée qui à la fois le poussa au seuil d'une conversion au christianisme et, finalement, l'amena à se détourner de cette religion « étrangère » et à faire retour à sa tradition juive. C'est aussi cette idée particulière du christianisme qui, après son retour au judaïsme, va déterminer la position qu'il adoptera à l'égard de son judaïsme retrouvé et du christianisme répudié. Rosenzweig, en effet, se sent à la fois attiré et repoussé par ce christianisme, et le fait d'avoir « confondu » *christianisme* et *culture chrétienne* va le pousser à affirmer d'autant plus vigoureusement son judaïsme retrouvé. C'est

---

mesure il demeurait relié, fût-ce pour s'opposer à elle, à la philosophie politique de Hegel » (voir Stéphane Mosès, *op. cit.*, p. 26).

[1] C'est là la thèse qu'Otto Vossler défend dans son livre éclairant intitulé ***Esprit et histoire. De la réformation à aujourd'hui. Recueils d'articles*** (*Geist und Geschichte. Von der Reformation bise zur Gegenwart. Gesammelte Aufsätze*), en particulier dans les deux chapitres sur Ranke intitulés, l'un, **« Ranke et le politique »** (« *Ranke und die Politik* »), *op. cit.,* p. 166, l'autre, **« Le problème historique de Ranke »** (« *Rankes historisches Problem* »), *op. cit.*, p. 184.

pourquoi nous allons dans ce qui suit essayer de caractériser ce christianisme et la spécificité de la « conversion » de Rosenzweig qui en découle, conversion dans laquelle son cousin Eugen Rosenstock a joué un grand rôle.

De 1910 à 1913, Rosenzweig va faire partie d'un groupe d'amis dont certains sont des membres de sa famille et qui auront une grande influence sur l'évolution de sa pensée, notamment ses trois cousins **Hans Ehrenberg**, **Rudolf Ehrenberg** et **Eugen Rosenstock**[1], juifs convertis au christianisme (protestant). Avec eux il formera un groupe d'« intellectuels » qui, de manière originale, se préoccupera de questions religieuses (notamment dans la revue intitulée *Die Kreatur*). L'originalité de leur questionnement réside dans le fait qu'ils veulent mettre en relation la *problématique religieuse* avec la *science de leur temps*, science qui est une science *du* temps. Pour ce faire, ils vont s'engager dans des conversations « privées » qui atteindront leur point culminant dans la fameuse « conversation sur la religion » (*Religionsgespräch)* qui eut lieu le **7 juillet 1913** à **Leipzig** (ce qui lui valut aussi le nom de « Leipziger Nachtgespräch », « conversation nocturne de Leipzig », car elle se prolongea tard dans la nuit ...). C'est cette conversation à trois entre Rosenzweig, Rosenstock et Rudolf Ehrenberg qui, en un premier temps, incita Rosenzweig à envisager de se convertir au christianisme[2].

La correspondance que Rosenzweig entretiendra avec Rosenstock au cours de la première guerre mondiale du 29 mai 1916 à décembre 1916 tournera presque exclusivement autour de la problématique de la *révélation* et de son rapport à la philosophie. C'est Rosenstock qui a fait découvrir l'idée de *révélation* à Rosenzweig et, selon Rosenzweig, Rosenstock se situerait, à cet égard, entre la fameuse nuit de Leipzig du 7 juillet 1913 et **Kierkegaard**[3]. Au cours de cette nuit à Leipzig, en effet, Rosenstock, Rudolf Ehrenberg et lui-même avaient eu une conversation véhémente au sujet du lien qu'il fallait établir - ou ne pas établir -, entre la *philosophie* et la *révélation.* Cette conversation inaugura une correspondance entre Rosenstock et Rosenzweig qui

---

[1] Voir, comme témoignage de cette influence, la lettre de Franz Rosenzweig à Rudolf Hallo, 4.2.23, *in* GS I, 2, p. 889.

[2] Nous analyserons plus loin le contenu exact de cette conversation et son rapport avec l'idée de « révélation » (voir notre deuxieme partie « Révélation et langage »)

[3] Lettre de Rosenzweig à Rosenstock, octobre 1916, GS I, 1, p. 256.

porta principalement sur le rapport entre *christianisme* et *judaïsme*[1]. En guise d'introduction à cette correspondance, Rosenstock rappelle au lecteur cette conversation nocturne mémorable dans les termes suivants :

> « Ce n'est qu'avec hésitation que les deux correspondants [Franz Rosenzweig et Eugen Rosenstock] s'affrontent. Cette hésitation s'explique par le fait que, pendant près de trois ans, l'échange de leurs idées avait été marqué par un arrêt intervenu à la suite d'une conversation à trois, qui eut lieu au cours de l'été 1913, et dont on perçoit encore l'écho dans les lettres. Cet été, les deux correspondants l'avaient passé à Leipzig, l'un comme maître de conférences, l'autre comme chercheur ... ».[2]

Rosenstock précise que cette conversation avait aussi traité de questions de foi (*Glaubensfragen*), mais que ce ne furent pas alors

---

[1] Cette correspondance s'est étalée sur toute l'année de 1916 (exactement du 29 mai 1916 au décembre 1916). Il a donc eu lieu au cours de la Première Guerre mondiale (la dernière lettre n'est pas datée, mais est la réponse de Rosenzweig aux deux lettres de Rosenstock datées du décembre 1916). Une partie de cette correspondance fut traduite en anglais par Dorothy M. Emmet sous le titre ***« The letters of Franz Rosenzweig and Eugen Rosenstock-Huessy »*** (parue dans *The Journal of Religion*, vol. XXV, n° 4, pp. 261-273, octobre 1945) et fut republiée (dans l'édition Paperback Shocken Books en 1971), - avec une introduction d'Alexander Altmann -, par Eugen Rosenstock dans un petit livre de 181 pages intitulé ***Judaism despite christianity. The letters on christianity and judaism between Eugen Rosenstock-Huessy and Franz Rosenzweig*** (titre traduit en français par « Lettres sur le christianisme et le judaïsme »). (Pour la signification philosophique et le contexte historique de ces lettres, on peut se référer à l'article d'Alexander Altmann, *Franz Rosenzweig et Eugen Rosenstock-Huessy. Introduction à leurs « Lettres sur le judaïsme et le christianisme »*, article publié dans le n° 1 des Cahiers de *la Nuit surveillée*, pp. 187-204). On peut aussi, pour plus de détails, se référer à mon mémoire de maîtrise d'allemand ***Auslegungs - und Übersetzungsprobleme im Briefwechsel zwischen Franz Rosenzweig und Eugen Rosenstock-Huessy über das Christentum und das Judentum*** [*Problèmes d'interprétation et de traduction au sujet de la correspondance sur le christianisme et le judaïsme qui eut lieu entre Franz Rosenzweig et Eugen Rosenstock-Huessy*], maîtrise dirigée par le professeur Hansgerd Schulte et présentée en l'année 1992 à l'Université de Paris III-Sorbonne nouvelle, Institut d'allemand, dans le cadre de l'UER de lettres. Ce travail comporte la traduction complète de la correspondance entre Eugen Rosenstock et Franz Rosenzweig sur le christianisme et le judaïsme, et analyse les motivations profondes de chacun des deux protagonistes).

[2] Introduction de Rosenstock à sa correspondance avec Rosenzweig sur le judaïsme et le christianisme. Cette introduction, Rosenstock la fit, en 1935, lors de la première publication de cette correspondance, dans son écrit autobiographique ***Oui et Non***. Elle a été retranscrite dans le tome 1 du volume 1 de l'édition Martinus Nijhoff sur les écrits de Rosenzweig (voir GS I, 1, p. 190).

judaïsme et christianisme qui s'opposèrent, mais *foi en la révélation* (*Offenbarungsglaube*) et *foi (crédule) en la philosophie* (*Philosophiegläubigkeit*). Dans la correspondance en question, c'est aussi cette opposition-là qui commandera leur discussion et qui donnera lieu aux difficultés de compréhension qui naîtront entre les deux correspondants.

Mais, pour Rosenstock, ce sont précisément ces difficultés qui firent tout le prix de cette correspondance, de cette discussion, car elles obligèrent chacun à préciser plus clairement sa position. Rosenzweig fut ainsi obligé de clarifier sa *position en tant que juif* et d'affirmer son judaïsme sans être tenté de le définir et de le déterminer *par rapport au christianisme*, par rapport à l'idée que le christianisme se fait du judaïsme.

L'occasion de cette correspondance fut la visite de Rudolf Ehrenberg, le troisième participant à la conversation de l'été 1913. Rudolf Ehrenberg rendit, en effet, visite à Eugen Rosenstock à Kassel où celui-ci, en permission, faisait imprimer une lettre manuscrite que Rosenzweig, lors de son travail d'archives pour son doctorat sur Hegel, avait découverte en 1917 à Berlin avant la guerre. Dans cette lettre manuscrite l'auteur (jusque-là inconnu) esquissait de façon systématique son futur programme philosophique. Rosenzweig put identifier cette lettre comme ayant été rédigée par Hegel [1] et en fit la

---

[1] Contrairement à ce qu'affirme Judith E. Schlanger dans son ouvrage ***Schelling et la réalité finie*** où elle attribue ce manuscrit à Schelling. Dans cet ouvrage, en effet, elle écrit qu'« il s'agit d'un texte qui a été retrouvé parmi les papiers de jeunesse de Hegel, et dont Rosenzweig, en 1917, a établi l'attribution à Schelling pour le début de l'année 1796 ». Dans ce texte, il y a « une page dans laquelle Schelling dépeint comme une tâche la philosophie telle qu'il veut l'établir dans son contenu et son niveau ». Et « à mesure que l'on tend à une lecture de plus en plus unifiée de l'œuvre de Schelling, cette page [...] montre Schelling tracer à vingt ans l'ébauche et la liaison de ses principaux thèmes ». (Judith. E. Schlanger, ***Schelling et la réalité finie***, p. 2). ... Rosenzweig, en vérité, n'attribue pas directement cette lettre à Schelling, car, pour lui, « il ne fait aucun doute que, d'un point de vue graphologique, il s'agit ici d'un manuscrit hégélien ». Il s'agirait, plus précisément, d'un « programme systématique écrit de la main de Hegel et datant de l'époque de trois – ou au moins deux – années avant l'œuvre de Schelling intitulée « [système de] l'idéalisme transcendantal » », œuvre qui, « jusqu'à présent [...] a été considérée comme le premier essai systématique qui a été tenté par le mouvement idéaliste – et même, en un certain sens, le premier essai qui a été tenté dans l'histoire de la philosophie en général – à vouloir compresser tout le monde philosophique entre les couvercles d'un livre ; et cela, trois ou quatre années avant la première et propre tentative de Hegel allant dans ce sens, à savoir le premier système de Iéna édité par Ehrenberg ». (Franz Rosenzweig, ***Le plus vieux programme systématique de l'idéalisme alle-***

recension dans un article qu'il publia sous le titre *Le plus vieux programme systématique de l'idéalisme allemand*, plus connu sous le nom de « programme systématique ». [1]

Qu'est-ce qui s'était dit de si important lors de cette conversation nocturne à trois ? On n'en connaît pas le détail, mais, vu la suite, cette conversation fut certainement décisive pour Rosenzweig. C'est Rosenstock qui, par son « être-chrétien » authentique, le bouleversa profondément et qui donna l'impulsion décisive, le « choc initial », à sa pensée. Leur rencontre fut comme la collision entre deux boules de billard, et c'est ainsi que la décrit Rosenstock :

> « Franz et moi, nous étions comme des boules de billard. C'est une chose tout à fait singulière que le billard – une boule heurte l'autre ; elle lui communique son énergie cinétique et s'immobilise. Il en fut de même avec nous. Je lui ai donné l'impulsion initiale en 1917 – il se mit à rouler

---

mand. La découverte d'un manuscrit, *in* GS III, pp. 3 et 7) (ma trad.). Bref, pour Rosenzweig, « ce n'est pas seulement l'origine hégélienne de cet écrit qui est sûr, mais on peut déterminer, avec une assez grande précision, l'époque où il a été écrit » (*id.*, p. 3).

[1] « C'est effectivement sous le titre de *Systemprogramm* que lui a donné Rosenzweig que ce fragment a acquis une sorte de notoriété. Encore pendant la guerre il a été pris en charge en 1917 par l'Académie des sciences de Heidelberg (classe philosophique et historique) » (Eugen Rosenstock, GS I, 1, p. 190). Rosenstock mentionne cette lettre « programmatique » dans la brève introduction à sa correspondance avec Franz Rosenzweig publiée dans le 1er tome du Ier volume des *Œuvres complètes de Franz Rosenzweig.* Cette brève introduction a été tirée, par l'éditeur Martinus Nijhoff, de l'écrit autobiographique ***Oui et Non. Fragments autobiographiques*** de Rosenstock. Elle a été publiée, sous sa forme originelle et fragmentaire (accompagnée de l'exégèse philologique et du commentaire philosophique de Rosenzweig) dans le IIIe volume de l'édition de Martinus Nijhoff sous le titre ***Le plus vieux programme systématique de l'idéalisme allemand. La découverte d'un manuscrit*** (*Das älteste Systemprogramm des deutschen Idealismus. Ein handschriftlicher Fund*) (*voir* GS III, p. 5-44). Judith E. Schlanger note que « le texte est également reproduit par Zeltner, *Schelling*, Stuttgart, 1954, p. 65-67 » et que « le plan du livre de Zeltner reprend, suivant l'ordre des paragraphes, les notions contenues dans ce texte, comme autant de rayons permanents de la pensée de Schelling » (Judith E. Schlanger, *op. cit.*, note 1, p. 2). On trouve cette lettre aussi dans ***Schelling et la réalité finie*** de Judith E. Schlanger, qui, après l'avoir traduite à sa manière, en attribue la découverte à Rosenzweig et, en guise d'introduction à son ouvrage sur la philosophie de Schelling, en fait un commentaire détaillé (*op. cit.*, pp. 2-20).

fougueusement le long de sa trajectoire, et moi je suis resté cloué sur place[1] ».

Rosenzweig trouva donc en Rosenstock un vrai chrétien. Celui-ci lui apparaissait comme un croyant inébranlable qui subordonnait le scepticisme à sa foi. Un jour, poussé par Rosenzweig dans ses derniers retranchements, Rosenstock lui dit tout de go : « Oui, alors là j'appelle tout simplement le Bon Dieu et je cours à l'église et j'essaie de prier ! Pour opposer à la philosophie mon « J'y suis ! [2] » ». Une telle affirmation de soi d'un chrétien croyant à l'égard des prétentions de la philosophie aidèrent Rosenzweig à réviser l'idée qu'il se faisait jusque-là du christianisme qu'il n'avait mesuré qu'à son expression *protestante,* un christianisme se confondant avec la culture ambiante. Ayant pris conscience de ce « protestantisme culturel » (*Kulturprotestantismus*), [3] Rosenzweig se rendit compte que le christianisme pouvait revêtir bien d'autres formes, et qu'à côté d'une chrétienté qui se confondait avec la culture, il pouvait encore y avoir un christianisme non dogmatique. On pouvait donc être un vrai et authentique chrétien qui ne sacrifie pas sa foi sur l'autel de la

[1] Introduction de Rosenstock à sa correspondance avec Rosenzweig sur le judaïsme. (voir GS I, 1, p. 190). En comparant son rapport à Rosenzweig à deux boules de billard qui se heurtent momentanément et dont l'une s'immobilise et l'autre continue son mouvement, Rosenstock fait ici allusion au succès du livre de *l'Etoile* de Rosenzweig et au relatif insuccès du sien (de sa *Sociologie* en deux tomes)… Si on ignore le détail du *contenu* de cette conversation, on sait néanmoins qu'elle avait pour objet le livre de Selma Lagerlöf qui portait le titre curieux de ***Les miracles de l'Antéchrist*** *, livre qui se termine par la thése que *la souffrance ne peut pas être évacuée du monde, mais qu'à celui qui aidera à porter ces souffrances beaucoup sera pardonné*. Rosenzweig, à cette époque, hésitait entre la *religion de ses pères*, l'*idéal goethéen* et le « *relativisme historique* » teinté de scepticisme. (voir la lettre de Rosenzweig à Rudolf Hallo, 4.2.23, GS I, 2, p. 889 sur la « théologie goethéenne » (*Goetheologie*), lettre mentionnée par Ulrich Bieberich, *op. cit.*, p. 22).

* titre original : *Antikrists mirakler*, traduit en français par Thekla Hammar et Marthe Metzger, Paris, Stock, 1924.

[2] Lettre d'Eugen Rosenstock à Georg Müller de janvier 1957, *in* Mitteilungen 18, 6 ; cité par Ulrich Bieberich, *op.cit.*, note 39, p. 22. (ma trad.).

[3] Rosenzweig formule cette prise de conscience dans une lettre à ses parents, la lettre du 6.11.1909 (voir GS I, 1, p. 94). Nous y reviendrons plus loin.

« culture » chrétienne, qui ne se plie pas - jusqu'à en perdre son âme - aux exigences culturelles et mondaines d'un christianisme superficiel :

> « Qu'un homme comme Rosenstock était chrétien en pleine conscience..., cela jeta par-dessus bord toute la conception que j'avais du christianisme, mais, par là, aussi de la religion en général et, par conséquent, de ma religion[1] ».

Paradoxalement, donc, c'est le christianisme de Rosenstock qui, pour Rosenzweig, sera la réponse à sa propre quête spirituelle. En la personne de Rosenstock, en effet, il trouvait une religion *vécue* et *existentiellement formulée.* Auparavant il avait été prêt à se « convertir » à un christianisme « culturel », parce qu'en tant que juif il se sentait cerné par une « civilisation » de part en part chrétienne[2], mais chez Rosenstock il découvre un *christianisme authentique* qui ne sacrifie pas une part de lui-même à la « culture », mais qui vit ce qu'il dit [3] . C'est ce christianisme-là, vécu et formulé, plus que le christianisme « *mondain* », - christianisme dans lequel, bon gré mal gré, son esprit épris d'idéal baignait -, qui va l'inciter à se tourner vers un judaïsme réel, *authentique* et *vécu*, et qui lui permettra ainsi de dépasser le judaïsme « *mondain* » et *assimilé* dans lequel il se trouvait immergé précédemment au sein de son milieu familial et parental.

Le judaïsme *assimilé*, en effet, était doublement détaché du judaïsme *réel* : d'une part, il n'avait qu'une relation lâche et superficielle avec la tradition juive, d'autre part, intérieurement et spirituellement, il entretenait d'étroites relations culturelles avec l'esprit européen[4].

C'est pourquoi Franz Rosenzweig, après la conversation nocturne qui eut lieu à Leipzig, tira la conclusion et décida de devenir chrétien. En fait, et comme il le révèle à sa mère dans sa **lettre du 23 octobre 1913**[5], il lui a fallu « « presque trois mois de profonde réflexion » pour « devenir chrétien »[6].

---

[1] Lettre de Franz Rosenweig à Rudolf Ehrenberg, Berlin, le 31. 10. 1913, *in* GS, I, 1, p. 133 ; cité par E. Rosenstock, *in* : ***Oui et Non***, pp. 70 sq. ; *in* : Ulrich Bieberich, p. 22.

[2] Lettre (déjà citée) à ses parents, 6.11.1909, GS I, 1, p. 94.

[3] Eugen Rosenstock, *Oui et Non,* p. 70.

[4] Ulrich Bieberich, *op. cit.,* p. 23, en référence à Moritz Schwartz, ***La position de Franz Rosenzweig***, p. 131 ; commentaire de la lettre de Rosenzweig à ses parents où (voir lettre du 6.11.09, *in* : GS I, 1, p. 94).

[5] Voir GS I, 1, p. 127.

[6] Voir Ulrich Bieberich, *op. cit.*, p. 23, note 42.

C'est donc très jeune, à 26 ans, - en l'année 1913 -, que Rosenzweig veut devenir chrétien. Passant par une période de doute et de scepticisme (en particulier à l'égard de l'historicisme[1]), il finit par se laisser convaincre par son ami Rosenstock que la seule manière radicale d'échapper au nihilisme et au désespoir est de s'accrocher à une conception religieuse de l'histoire et du monde. Or, entouré d'amis chrétiens et, comme on a vu précédemment, vivant dans une culture allemande largement et profondément christianisée, Rosenzweig ne voit pas d'autre issue à sa crise « existentielle » que de se tourner vers le christianisme et de s'y convertir. Il en est parfaitement conscient et, dans une **lettre du 6 novembre 1909**, lettre adressée à ses parents, il écrit ces lignes qui témoignent d'une grande lucidité à l'égard de l'emprise qu'avait le christianisme sur l'individu juif dans la société allemande d'alors :

> « Nous sommes en toutes choses chrétiens, nous vivons dans un État chrétien, nous allons dans des écoles chrétiennes, lisons des livres chrétiens, bref, toute notre « culture » repose de part en part sur un fondement chrétien ; voilà pourquoi, pour celui qui veut embrasser le christianisme et qui n'est pas sous l'emprise intérieure d'un moment inhibiteur, il ne faut pas davantage que de prendre cette très facile décision. Dans l'Allemagne d'aujourd'hui on ne peut pas « embrasser » le judaïsme, il faut y accéder par « circoncision », « kachérisation » ou « barmizwaisation ». Le christianisme à cet égard a un avantage infini sur le judaïsme : il aurait été totalement hors de question que Hans [Ehrenberg] fût devenu juif, mais, par contre, chrétien il peut le devenir. Et maintenant, pour que vous sachiez que je parle très sérieusement : moi-même je le lui ai conseillé avec insistance et je le ferais et referais encore une fois...[2] ».

C'est pourquoi la décision de se convertir au christianisme devait être facile pour Rosenzweig, bien que ses parents aient été désespérés de le voir prendre cette décision. Cependant, avant de faire le pas décisif, Rosenzweig veut participer à un office du **Yom Kippour**, jour du Grand Pardon pour les juifs.

Car si déjà il doit devenir chrétien, alors autant le devenir « comme « un juif » », et non comme un « un païen ». Ce qui veut dire en clair qu'il ne veut pas rejeter ses racines juives, mais qu'il veut *vivre pour*

---

[1] Voir Herbert Schnädelbach, *Histoire de la philosophie après Hegel. Le problème de l'historicisme*), p. 21; voir aussi Ernst Behler, *Historicisme et conscience de la modernité dans l'écrit de Herder « Une philosophie de l'histoire de plus pour la formation de l'humanité »*), in : *Etudes Germaniques*, 49e année,

[2] Lettre du 6.11.09, *in* GS I, 1, p. 94-95 (ma traduction).

lui-même la consommation du judaïsme dans le christianisme. Après une conversation houleuse avec sa mère, il décide donc de quitter Kassel (sa ville natale) et de passer les derniers jours de fête du Yom Kippour à Berlin, où, à l'époque, il poursuit des études d'histoire et de philosophie.

Rosenzweig se rend donc à **Berlin** dans une petite synagogue orthodoxe. On ne sait pas exactement ce qui s'est passé ce jour-là, mais il en est sorti tout transformé[1]. Le lendemain, en effet, il écrit à Rudolf Ehrenberg :

> « Après une longue et, comme je le pense, profonde réflexion, j'ai fini par revenir sur ma décision. Elle ne me semble plus nécessaire et, donc, dans mon cas, plus possible. **Je reste donc juif**[2] ».

Rosenzweig, donc, considérant qu'il n'est pas nécessaire, pour un juif, de devenir chrétien, ne va pas se convertir au christianisme, mais ***rester juif***. Nous avons vu combien Rosenzweig fut ébranlé par Rosenstock. Cela ressort clairement de cette lettre où Rosenzweig affirme sa judaïté retrouvée et donne les raisons de ce revirement en mentionnant la conversation nocturne qu'il eut en 1913 avec ses deux cousins Eugen Rosenstock et Rudolf Ehrenberg :

> « Lors de la conversation nocturne qui eut lieu à Leipzig et où Rosenstock me pressa, pas à pas, hors de mes positions relativistes auxquelles je m'accrochais encore et qu'il m'obligea à prendre une position non relativiste, je me trouvais, face à lui, dès le départ dans une position inférieure pour la simple raison que, de mon point de vue également, je trouvais cette attaque justifiée. Si, face à lui, j'avais pu, à cette époque-là, consolider mon dualisme « révélation et monde » par un dualisme métaphysique « Dieu et le diable », j'aurais été inattaquable. Mais j'en fus empêché par la première phrase de la Bible. Cette part de sol commun m'obligea de lui tenir tête. Dans les semaines suivantes, ce fut ce point de départ inébranlable qui demeura[3] ».

---

[1] Lettre à Rudolf Ehrenberg du 31.10.1913, GS I, 1, p. 132-133. Nous n'entrerons pas ici dans le détail de cette expérience spirituelle qui, ce jour-là, a littéralement foudroyé Rosenzweig et que Nahum N. Glatzer n'a, d'ailleurs, pas davantage détaillé dans sa biographie sur Rosenzweig, biographie intitulée *Franz Rosenzweig. Sa vie et sa pensée* (*Franz Rosenzweig. His life and thought*) et est parue en 1953, avec une préface de Paul Mendes-Flohr.

[2] Lettre à Rudolf Ehrenberg du 31.10.1913, GS I, 1, p. 132-133.

[3] *Id.*, p. 133. (ma trad.).

La raison profonde de sa décision, Rosenzweig l'explique comme suit :

> « ... Il semblait que dans ce monde il n'y avait pas de place pour le judaïsme. En tirant de ce fait la conséquence qui s'imposait, je fis en même temps une réserve personnelle...; je déclarais de ne pouvoir devenir chrétien qu'en tant que *juif*, et non pas en passant par l'étape intermédiaire du paganisme[1]... ».

Lorsqu'il souhaita se convertir au christianisme, Rosenzweig posa donc une condition : se convertir au christianisme *en tant que juif*, c'est-à-dire de ne pas devoir passer, comme le chrétien, par l'étape païenne. Ce qui nous amène à parler du rapport étroit qui, dans l'optique de Rosenzweig, existe entre **« judaïsme »** et **« eschatologie »**, rapport qui commande l'idée que Rosenzweig se faisait du christianisme.

C. Judaïsme et eschatologie

Rosenzweig avait compris que ce qu'il considérait comme la « culture chrétienne » n'est pas assimilable au christianisme. Et, comme nous l'avons vu, c'est Rosenstock qui l'a poussé hors de son relativisme esthétisant. Mais dans le cœur de Rosenzweig sommeillait encore le judaïsme en tant que religion, et c'est lui qui était interpelé. Se rappelant l'**idéal goethéen de la *personnalité*** accomplie qui concilie en elle l'**universel** et le **particulier**[2], il ne pouvait pas se

---

[1] Lettre à Rudolf Ehrenberg, 31.10.1913, GS I, 1, p. 134. Rosenzweig, en vérité, dans l'interprétation de son expérience du retour au judaïsme, sera hésitant. Il la décrit à la fois comme expérience spontanément vécue et travail réflexif de longue haleine (voir GS, I, 1, et I, 2, pp. 132, 541, 675, 979). Comme le fait remarquer Ulrich Bieberich, Rudolf Mayer va même jusqu'à refuser de parler d'une expérience religieuse du retour (voir Ulrich Bieberich, *op. cit.*, note 51, p. 25).

[2] Voir Ulrich Bieberich, *op. cit.*, p. 24 ; il s'agit, plus précisément, de « l'idéal goethéen de la vie réussie, vie qui se forme en passant de l' « universalité *intensive* historique » à l' « universalité *extensive* historique » » (*ibid.*). Moritz Schwarz, dans son livre *La position de Rosenzweig*, souligne que la **« question juive »** posée par Rosenzweig est précisément celle de « la question de la rupture de la dimension historique **extensive** et de la dimension historique **intensive** » (cité par Ulrich Bieberich, *op. cit.*, p. 22-23). Rosenzweig, néanmoins, rejettera l'identification *goethéenne* entre **« personnalité »** et **« démon »**, se ralliant plutôt à l'identification *héraclitéenne* entre ***« éthos »*** et ***« démon »***, identification par laquelle il va précisément - contre la « conscience de soi » (*Selbstbewusstsein*) idéaliste - définir la « conscience de son

résigner de « sauter au-dessus de son judaïsme et de passer au christianisme à travers le néopaganisme de la conception esthétique du monde [1] ». En posant cette condition, apparemment anodine, Rosenzweig ne va pas se retrouver chrétien, mais son assistance à l'office religieux dans une synagogue à Berlin va le faire vivre son « chemin de Damas » qui va le ramener à son judaïsme.

Pour Rosenzweig, donc, l'étape intermédiaire du « paganisme », si elle est nécessaire pour devenir chrétien, est superflue pour le juif. Un juif, en effet - et c'est là la « découverte » de Rosenzweig qui va déterminer et orienter toute sa pensée - n'a pas besoin, pour accéder à Dieu (le Père), de « passer par Jésus ». Il n'a pas besoin du « Fils », mais peut accéder immédiatement - sans l'aide d'un médiateur - au Père. Il en fait part à Rudolf Ehrenberg dans la même lettre :

> « Je pensais que la religion de l'Occident fût le christianisme, que la seule façon d'accéder à Dieu en tant que Père fût de passer par le Fils, comme l'enseigne la théologie chrétienne. Et j'ai découvert alors que les juifs ne devaient pas accéder au Père, parce **qu'ils étaient déjà auprès de Lui**[2]... ».

Rosenzweig redira la même chose, plus tard, dans sa correspondance avec Eugen Rosenstock, correspondance qui, comme nous le savons maintenant, a porté particulièrement sur le *rapport* entre le *judaïsme* et le *christianisme.* Dans la lettre rédigée au mois d'octobre, il énumère les traits distinctifs qui différencient le juif du chrétien en ce qui concerne la **question du Père** :

> « [...] 1. que nous (les juifs) avons la Vérité, 2. que nous sommes au but, et 3. [...] le fait que nous devons d'abord apprendre de quelqu'un à appeler « Père » notre Dieu, cela est quand-même [pour nous]... ce qui est primordial et la chose la plus évidente qui soit – **je n'ai que faire d'un tiers entre moi et mon Père qui est dans le ciel**[3] ».

Cette idée est, bien entendu, fondamentale pour comprendre l'idée que se fait Rosenzweig du christianisme : **le Père suffit aux juifs**, donc l'Ancien Testament, Parole du Père, se suffit à lui-même et est indépendant, dans sa signification (interne), du Nouveau Testament. Rosenzweig va insister à plusieurs reprises sur ce point, et c'est ce

---

Soi » (*die Selbstbewusstheit*), ou, plus simplement, le « Soi » (*das Selbst*) de l'homme. (voir *l'Étoile*, p. 88 ; *Stern*, p. 77).

[1] *Ibid.*

[2] Lettre à Rudolf Ehrenberg, 31.10.1913, GS I, 1, p. 134.

[3] Lettre à Rosenstock d'octobre 1916, GS I, 1, p. 252.

point de vue qui commandera à la fois sa vision particulière de la Bible et sa vision particulière de l'histoire (les deux étant évidemment intimement liées).

Il va développer cette idée dans la lettre - déjà citée - adressée à son cousin Rudolf Ehrenberg, lettre dans laquelle il annonce son retour au judaïsme [1]. Cette lettre est particulièrement importante, car s'y dessinnent déjà les grands thèmes de son « système » philosophique ultérieur qu'il développera dans *L'Étoile de la rédemption* :

> « Le christianisme reconnaît le Dieu des juifs, non pas en tant que Dieu, mais en tant que « Père de Jésus-Christ ». Il s'attache lui-même au « Seigneur », mais seulement parce qu'il sait que ce n'est que lui qui est le chemin qui conduit au Père. En tant que Seigneur il reste auprès de son Église tous les jours jusqu'à la fin du monde. Mais alors il cesse d'être le Seigneur, et lui aussi sera soumis au Père, et celui-ci sera - alors - **tout en tout** [1 Co, 15,28]. Sur la signification qu'ont le Christ et Son Église dans le monde, là-dessus nous sommes d'accord : **personne ne vient au Père, si ce n'est par lui [Jean 14,6]** [2]... ».

Rosenzweig veut donc se porter en faux contre l'affirmation que fait le Christ dans l'Évangile de Saint Jean en proclamant que **« nul ne vient au Père que par moi »**. Il considère que cette affirmation n'est plus valable pour le juif, car celui-ci est ***déjà*** **auprès du Père** et ne doit donc plus y venir : « Personne ne *vient* au Père – mais c'est différent si quelqu'un n'a plus besoin de venir au Père, parce qu'il est déjà auprès de lui ». Pour Rosenzweig, c'est ce qui est précisément le cas du *peuple juif tout entier*, même si ce n'est pas, selon lui, le cas du juif *individuel*[3].

Le juif est donc « déjà auprès du Père ». C'est à cette idée que Rosenzweig rattachera sa conception ***eschatologique*** de l'Histoire. L'Histoire, en effet, converge vers un point où, paradoxalement, le

---

[1] Lettre à Rudolf Ehrenberg du 31.10.1913, GS I, 1. Rosenzweig va continuer sa réflexion dans la lettre suivante, celle du 4.11.1913, GS I, 1, voir plus loin).

[2] Lettre à Rudolf Ehrenberg du 31.10.1913, GS I, 1, p. 134-135. « Ensuite viendra la fin, quand le Christ remettra le royaume à celui qui est Dieu et Père » (1 Co 15, 24).

[3] *Ibid.* « Et c'est là le cas du peuple d'Israël (non pas du juif singulier) » (lettre citée ; ma trad.) ; (texte original : « *Und dies ist nun der Fall des Volkes Israel (nicht des einzelnen Juden)* »). Cette affirmation de Rosenzweig n'est donc vraie que pour le peuple juif *pris collectivement*. On pourrait croire qu'en affirmant cela Rosenzweig se contredit, puisque c'est *en tant qu'individu* qu'il s'est « converti » au judaïsme. Mais il faut savoir que, pour lui, c'est en tant que *communauté* que le judaïsme existe et que c'est en tant que *communauté* qu'il a des propriétés particulières que n'a pas le christianisme. (Voir, à ce sujet, la lettre non datée, n° 296, qu'il écrit à Eugen Rosenstock, *in* GS I, 1, p. 232).

Père (« monothéiste ») unique et le Dieu (« panthéiste ») qui est « tout en tout », se rejoignent pour ne plus faire qu'un :

> « Le peuple d'Israël, élu par son Père, par-delà le monde et l'histoire, a le regard rigidement fixé sur ce **point lointain ultime**, où ce Père qui est le sien, celui-là même, l'un et l'unique, sera – **« Tout en tout »** ![1]... ».

C'est donc en ce « point » que le christianisme et le judaïsme se rejoignent, car le Père et le Fils y perdent leur fonction distinctive : *le Christ cesse d'être le Seigneur* et *Israël cesse d'être élu* et n'invoque plus son Dieu par son Nom qui ne lui appartient plus exclusivement. C'est pourquoi, ayant en vue ce **point ultime**, Israël - la « vie d'Israël » - est un présage qui, par la confession et l'action, ***anticipe*** cet ultime point au-delà du temps :

> « Mais, jusqu'à ce jour-là, la vie d'Israël consiste à **anticiper** ce jour éternel par la confession et l'action, de se trouver là debout comme un vivant présage de ce jour, un peuple de prêtres, et de sanctifier, avec la Loi, par sa propre sainteté, le nom de Dieu »[2].

La fonction du peuple juif, c'est donc - de par son existence, de par son « simplement être-là » (*Dasein*) - d'anticiper, contre vents et marées, ce « dernier jour », et uniquement ce « dernier jour ». C'est cela la profonde raison pour laquelle ce « peuple de prêtres » séparé du res-te du monde doit endurer les *souffrances extérieures de la persécution* et les *souffrances intérieures de la sclérose*. Il faudra toujours avoir à l'esprit que c'est à partir de ce *point* de *vue* que Rosenzweig *juge* le christianisme...

Que Rosenzweig a bien en vue ce point ultime où s'accomplira l'ultime Grande Réconciliation, de cela témoigne une autre lettre qu'il écrit à la même époque à Rudolf Ehrenberg, celle du 4 novembre 1913. Cette lettre s'achève par une interprétation particulière de l'année charnière 70 qui, pour lui, sépare le commencement des temps - le « temps des pères », le temps de la « parfaite piété » - de la fin des temps. Entre ces deux temps, il y a le temps intermédiaire qui, pour les juifs, est *l'histoire du peuple*, et qui, pour les chrétiens, est *l'époque historique de l'Église* :

> « Nous plaçons la piété parfaite non pas dans l'histoire du peuple, mais au temps des pères ; en regard de Dieu c'est seulement à eux que nous en

---

[1] Lettre à Rudolf Ehrenberg du 31.10.1913, GS I, 1, p. 135.
[2] *Ibid.*

> appelons. L'année 70 forme là une césure, mais comme entre un temps encore historique et ecclésiastique et la fin des temps[1] ».

Tendu entre ces deux points extrêmes - celui du commencement et celui de la fin - le peuple juif est obligé d'espérer, non pas en une réconciliation *particulière et partielle*, mais en la grande **réconciliation *universelle et totale*** de la fin des temps[2].

C'est pour la même raison que le peuple juif n'attend plus, comme auparavant, des prophètes particuliers, mais un Prophète unique, celui du dernier jour. Cette idée de fin de l'histoire, Rosenzweig la développe - et la nuance - dans une lettre à Hans Ehrenberg[3]. Dans cette lettre, Rosenzweig se place dans le cadre du rapport entre ***foi*** et ***science*** tel qu'il se manifeste dans l'**Apocalypse de Jean**. Si, en effet, les deux points ultimes de l'histoire du salut sont l'**alpha** et l'**oméga** mentionnés par l'Apocalypse, l'alpha, qui est *au-delà* du temps (lieu de la « science »), est immédiatement précédé par… **psi**, qui est encore *dans* le temps, point ultime du temps (lieu de la « foi ») :

> « Car ce « jour » de la « science » ne viendra pas, avant que ne soit venu celui de la « foi ». Dieu ne peut pas être le « dernier », avant que tout, dont il s'était dessaisi dans sa « primauté » („*Erstheit*"), eût été retravaillé. Entre l'alpha et l'oméga se trouvent les autres lettres, et Dieu ne peut prononcer oméga que lorsque le monde, pour autant qu'il *peut* parler, aura dit d'une voix unanime : **psi**. C'est le psi qui est le but de l'humanité, non pas l'oméga[4] ».

Le **point « oméga »** est donc ***au-delà de l'Histoire***. Mais ***dans*** l'Histoire, c'est le point immédiatement antérieur, le **point psi**, qui peut être atteint, pas le point oméga. Rosenzweig développera la même idée dans une lettre plus tardive qu'il écrira à son amie d'enfance Gertrud Oppenheim avec laquelle il a longuement correspondu dans des lettres qui sont parmi les plus intéressantes de toute sa correspondance :

> « Avec le fait de savoir que les choses son simplement *créées* on ne sait rien ; il n'y a pas non plus un paganisme - des prêtres babyloniens jusqu'aux monistes de Iéna -, qui n'ait pas son mythe de la création. Mais ce n'est que le fait que les choses "créées" [...] sont "créées" **en vue de la**

---

[1] Lettre à Rudolf Ehrenberg (Berlin) du 4.11.13, GS I, 1, p. 142

[2] *Id.*, p. 143.

[3] Il s'agit de la lettre du 11.12.1913, GS I, 1, p. 145-147.

[4] Lettre citée, p. 146. L'alpha et l'oméga de Rosenzweig sont proches de celui de la révélation de Jean dans les versets 1, 8 ; 21, 6 et 22, 13 ; psi est l'avant-dernière lettre de l'alphabet (grec). Voir remake de l'éditeur, GS I, 1, p. 147.

> *fin* et que celui qui est le Premier est aussi le Dernier (comme c'est dit dans Esaïe)[1]* ou est l'alpha *et* l'oméga (comme c'est dit chez Jean dans l'Apocalypse)[2]* – ce n'est que ce fait-là qui procure du savoir. Car entre l'Alpha et l'Oméga se trouve tout l'alphabet grec et il n'y a pas de lettres en- dehors[3] ».

C'est également à partir de ce *point de vue* ultime que Rosenzweig juge le ***rôle du judaïsme dans l'histoire*** et, complémentairement, la manière dont le christianisme, de *son* point de vue, voit le judaïsme et le juge. Car si, dans l'histoire - aux yeux des chrétiens - le peuple juif apparaît comme un point « *obstiné* » et « *endurci* », c'est - aux yeux du peuple juif - uniquement et seulement parce que sa vision de l'histoire et de son déroulement est entièrement et exclusivement déterminée par la *tension* que vit le judaïsme depuis le début de son histoire, **tension vers *l'ultime et dernier jour*** et qui lui dicte de **résister** à toutes les tentations *jusqu'au dernier jour* :

> « La synagogue ne peut que se voir elle-même, elle n'a aucune conscience du *monde* [4] ; voilà pourquoi elle ne peut, face à l'Église, que dire : **nous avons déjà atteint le but** ; vous, vous êtes encore en chemin[1]».

1* L'éditeur Martinus Nijhoff (1979) indique les versets bibliques auxquels Rosenzweig fait allusion dans sa lettre. Ce sont, pour Esaïe, 44,6 et 48,12 :
Esaie, 44,6-9
« Ainsi parle l'Éternel, roi d'Israël et son rédempteur
L'Éternel des armées :
Je suis le premier et je suis le dernier,
Et hors moi il n'y a point de Dieu. »
2* . ... et, pour l'Apocalypse de Jean, 1,8-9 ; 21,6-7 et 22,13-14 :
Apocalypse de Jean, 1, 8-9
« [...] **Je suis l'alpha et l'oméga**, le commencement et la fin, dit le Seigneur Dieu, celui qui est, qui était, et qui vient, le Tout-Puissant ». (Apocalypse de Jean, 1, 8-9)
Apocalypse de Jean, 21, 6-7
« ... **Je suis l'Alpha et l'Oméga**, le commencement et la fin. À celui qui a soif je donnerai de la source de l'eau de la vie, gratuitement. Celui qui vaincra héritera ces choses ; je serai son dieu, et il sera mon fils... » (Apocalypse de Jean, 21, 6-7)
Apocalypse de Jean, 22,13-14
« ... **Je suis l'Alpha et l'Oméga, le premier et le dernier**, le commencement et la fin. Heureux ceux qui observent ses commandements, afin d'avoir droit à l'arbre de vie, et d'entrer par les portes dans la ville ! ... ». (Apocalypse de Jean, 22,13-14).
3 Lettre à Gertrud Oppenheim, 30.5.17, G.S. I, 1, p. 412.
4 « Voici, tu appelleras des nations **que tu ne connais pas**,
Et les nations **qui ne te connaissent pas** accourront vers toi,
A cause de l'Éternel, ton Dieu,

L'Église reproche précisément à la synagogue d'être *la dernière* (à vouloir se convertir).[1] Et, pour elle, si la synagogue est la dernière, c'est pour une seule et unique raison (si bien thématisée par Saint Paul) : le peuple juif a le **« cœur endurci[2] »**. Du point de vue de la synagogue, ce reproche n'est pas fondé, car si la synagogue est la dernière, c'est *parce qu'elle le veut bien*, et si elle le veut bien, c'est précisément parce qu'elle a le *regard rivé sur ce point ultime* qui est, pour elle, le seul point important de l'Histoire. Il s'agit, pour elle, uniquement de tenir jusque-là ! :

> « [L'Église] ne voit pas *pour quoi* [*wozu*], dans le monde, s'oppose à elle un **point d'endurcissement absolu** [ce « pour quoi » est un mystère pour elle], tout ce qu'elle sait c'est *qu'*il en est ainsi[3]... ».

N'ayant que ce point ultime en vue (rien d'autre ne compte pour la synagogue), l'histoire en elle-même n'a, pour la synagogue, pas de véritable valeur, de sorte qu'il n'y a pas, pour elle, de progrès, mais *seulement une attente,* une *attente de la fin* : car - elle en est persuadée - elle se trouve *déjà*, par anticipation, à la fin. Pour elle, la fin, c'est le retour aux sources, la « fin des temps » ; c'est, plus précisément, le **« retour »** au **« temps des pères »** :

> « La « colère » de Dieu nous l'interprétons tout différemment. Elle ne commence pas qu'avec l'exil, elle est là depuis le commencement du peuple, elle est posée immédiatement avec l'élection et découle d'elle (Amos 3,2)[4*]. Nous ne situons pas la piété parfaite dans l'histoire du peuple, mais au temps des pères[5] ».

Si donc le judaïsme est un « point d'absolue obstination », c'est parce que c'est un point « *eschatologique* ». Autrement dit, si les juifs

---

Du saint d'Israël, qui te glorifie. »
(Esaïe, 55, 5-6)

[1] Lettre à Rudolf Ehrenberg, 4.11.13, GS I, 1, p. 142.

[2] « Quoi donc ? Ce qu'Israël cherche, il ne l'a pas obtenu, mais l'élection l'a obtenu, tandis que les autres ont été endurcis, selon qu'il est écrit : Dieu leur a donné un esprit d'assoupissement, des yeux pour ne point voir, et des oreilles pour ne point entendre, jusqu'à ce jour. Et David : que leur table soit pour eux un piège, un filet, une occasion de chute, et une rétribution ! Que leurs yeux soient obscurcis pour ne point voir, et tiens leur dos continuellement courbé ! ... » (*Épître aux Romain*s, chapitre 11, versets 7-10).

[3] Lettre à Rudolf Ehrenberg du 4.11.13, GS I, 1, p. 142.

[4*] « Je vous ai choisi vous seuls parmi toutes les familles de la terre ; c'est pourquoi je vous châtierai pour toutes vos iniquités » (Amos ; 3, 2-3).

[5] *Ibid.*

s'« obstinent » à ce point (tout au long de l'histoire), ce n'est pas tellement parce qu'ils s'obstinent contre Dieu, mais parce que, au contraire, ***restant fidèles à leur Dieu, ils s'obstinent contre le monde***, monde qui, à cause de leur obstination, les rejette. De sorte que ce que les chrétiens appellent, chez les juifs, « obstination », les juifs le considèrent simplement comme de la « fidélité », fidélité à leur Dieu, Dieu qui, en vérité, ne les a jamais quittés :

> « [....] l'Église réinterprète l' « endurcissement » dans le sens de la réprobation par Dieu. Mais il est vrai que, de notre point de vue, cela se présente tout différemment. Pour nous, notre « endurcissement » compte pour de la fidélité et, puisque précisément il s'agit d'apostasie et non pas d'éloignement originel de Dieu [le péché originel d' « Adam » !], notre « apostasie à l'égard de Dieu » n'est guérie que par le retour (*Rückkehr*), non pas par la transformation (*Umwandlung*) [1]... ».

Autrement dit, si les juifs s'obstinent à ce point contre les chrétiens qui les supplient de se convertir, c'est parce que leur raison d'être, la « finalité » de leur être, n'est pas de se convertir, mais plutôt de *faire retour*, de faire retour à *leur* Dieu (qui, d'une certaine manière, ne les a jamais vraiment quittés !). Si les juifs s'obstinent à ce point contre la conversion *à la manière chrétienne*, c'est parce qu'ils estiment, vu le caractère *historique* de l'Église chrétienne, que cette conversion (chez les chrétiens) reste toujours superficielle et éphémère, et que, partant de cette constatation-là, ils se donnent pour but *dans l'histoire* d'*empêcher* toute réconciliation *provisoire*, *superficielle* et *apparente* afin de rendre possible la *vraie, grande et dernière réconciliation de la fin* (de l'histoire). C'est sur cette idée, importante, que Rosenzweig insistera à plusieurs reprises dans *l'Étoile* : le juif est là pour *empêcher* le chrétien de se « reposer » trop tôt et *avant le temps* :

> « Si le chrétien n'avait pas le juif dans son dos, il se perdrait, où qu'il se trouve. [...] Le juif impose à la chrétienté la conscience que cette satisfaction dans le sentiment lui demeure encore interdite[2] ».

La *différence fondamentale*, en effet, entre le juif et le chrétien, de ce point de vue-là, est que « le juif a sanctifié sa chair et son sang sous le joug de la Loi », alors que la chair et le sang du chrétien ne sont pas

[1] *Ibid.*
[2] *L'Étoile*, p. 487, *Stern*, p. 460.

sanctifiés, ce qui ne permet pas à ce dernier d'*anticiper*, comme le juif, la Rédemption *dans le sentiment*[1] :

> « le chrétien apprend ainsi (au contact du juif) qu'il ne lui est pas permis, pour sa part, d'anticiper la Rédemption dans le sentiment, puisque sa chair et son sang non sanctifiés ne cessent de s'y opposer.[2] »

Le juif, au contraire, « au prix de la perte du monde non rédimé, s'approprie la vérité en anticipant la rédemption[3] ». Il vit ainsi « constamment dans la réalité du royaume des cieux » et, du même coup, « punit les mensonges du chrétien[4]». Punir le chrétien de ses *mensonges*, n'est-ce pas là une autre forme du thème biblique de la **critique des idoles** par les prophètes ? :

> « Y a-t-il un autre Dieu que moi ?
> Il n'y a pas d'autre rocher, je n'en connais point.
> Ceux qui fabriquent des idoles ne sont tous que vanité,
> Et leurs plus belles œuvres ne servent à rien ;
> [...] Qui est-ce qui fabrique un dieu, ou fond une idole,
> Pour n'en retirer aucune utilité ?
> Voici, tous ceux qui y travaillent seront confondus,
> Et les ouvriers ne sont que des hommes.
> [...] Le forgeron (...) la [= l'idole] façonne à coups de marteau;
> Il la forge d'un bras vigoureux;
> [...] Le charpentier étend le cordeau,
> [...] Façonne le bois avec un couteau,
> Et marque ses dimensions avec le compas;
> Et il produit une figure d'homme,
> Une belle forme humaine.
> [...] Il en fait une idole, devant laquelle il se prosterne.

---

[1] Il s'agit ici du « *sentiment juif* » (qui, pour Rosenzweig, se confond avec le « noyau » incandescent de *l'Étoile*). Le chrétien, lui aussi, pense « goûter » au Royaume *avant le temps* dans le *sentiment*. Mais, pour Rosenzweig, ce « sentiment chrétien » est un sentiment factice et illusoire. Plus précisément, suite à la *triple* division de l'Église chrétienne, il y a *trois* « sentiments » chrétiens différents [et, donc, trois « mystiques » chrétiennes différentes], de sorte que le sentiment *unique* juif devient assimilable au *triple* sentiment chrétien *unifié*, mais, comme ce dernier se manifeste, *dans l'histoire*, de façon triple, il ne peut pas – de par sa division [triple] même – se réaliser *dans l'histoire*. (voir *L'Étoile*, pp. 474-486 ; Stern, pp. 447-458) .

[2] *L'Étoile*, p. 487 ; *Stern*, p. 460 (ma trad.)

[3] *Ibid.*

[4] *Ibid.* La phrase entière est : „ *Indem der Jude, weil er sein Fleisch und Blut unter dem Joch des Gesetzes heiligte, ständig in der Wirklichkeit des Himmelreichs lebt, lernt der Christ, dass es ihm selber nicht erlaubt ist, die Erlösung, gegen die sich sein stets unheiliges Fleisch und Blut zur Wehr setzt, im Gefühl vorwegzunehmen...* " Il y a, dans le texte allemand, un bout de phrase qui n'a pas été traduite dans la version française. Il s'agit de : „ *gegen die sich sein stets unheiliges Fleisch und Blut zur Wehr setzt* ", qui peut être traduit comme suit : **« ... à laquelle sa chair et son sang toujours non sanctifiés s'opposent »** (ma trad.).

> [...] Il se prosterne devant elle, il l'adore, il l'invoque.
> [...] Et il n'a ni l'intelligence, ni le bon sens de dire :
> [...] Je me prosternerais devant un morceau de bois !
> [...] N'est-ce pas du **mensonge** que j'ai dans ma main[1] ? ».

La *Fin* de l'histoire, c'est donc la fin de l'*Histoire* : d'où la condition *méta*-historique du judaïsme qui attend la fin des temps (les « temps messianiques »). Pour Rosenzweig il y a donc deux façons « complémentaires » de voir l'histoire, une façon *juive* et une façon *chrétienne*, façons qui font que « l'histoire universelle est inscrite dans le dictionnaire[2] ». En effet, le concept de « *conversion* », s'il paraît univoque et évident pour le chrétien qui l'a traduit du mot grec « *metanoïa* », a pour le juif, par contre, une autre signification, celle qui vient du mot hébreu « *techouva* », mot qui signifie « retour[3] » précisément et correspond, dans le judaïsme, à l'idée de pénitence (*Buße*). À la *fin* de l'*Étoile* il apparaît clairement que la « vision » de Rosenzweig était, *du début jusqu'à la fin*, nettement ***eschatologique***, que même si, pour lui, l'écoute et la parole sont supérieures à la vision – un des leitmotivs de *l'Etoile* - c'est par une apothéose de la **« vision »**, digne d'un grand « visionnaire », que **se « termine »** *l'Étoile* :

> « Nous avons dénié cette philosophie qui reposait sur cette croyance en l'immédiateté de la connaissance pour parvenir au tout, et en l'immédiateté du tout pour parvenir à la connaissance. Désormais, parvenus, sur notre route, qui nous a fait passer d'un immédiat à un prochain, à la vision immédiate de la figure („*Gestalt*"), arrivés au but, nous trouvons la vérité comme réalité dernière qui avait tenté de s'imposer à nous en tant que première. **Dans la vision nous saisissons la vérité éternelle**. Mais, contrairement à ce que croit la philosophie, nous ne la contemplons pas comme fondement qui est et demeure à nos yeux le néant, mais nous la considérons au contraire **comme le but ultime**. Et en la contemplant ainsi au but, nos yeux se dessillent et nous comprenons tout à coup qu'elle-même n'est finalement rien d'autre que la **révélation divine**, qui, à nous, qui flottons au milieu entre le fondement et l'avenir, nous est aussi arrivée. Notre « en vérité », notre oui et notre amen, par lequel nous avons répondu à la révélation de Dieu – voilà qu'au but il se dévoile comme le coeur battant de la vérité éternelle elle-même. Nous nous retrouvons, nous nous trouvons nous-mêmes au milieu des flammes de l'étoile de la vérité éternelle qui luit au loin ; non pas la vérité en nous

---

[1] Esaïe, 44, 8-20.
[2] Lettre à Rudolf Ehrenberg du 4.11.1913, GS I, 1, p. 142.
[3] En allemand il existe plusieurs mots pour traduire le mot hébreu « techouva » : *Rückkehr, Umkehr, Wierderkehr.*

– pour la dernière fois refusons ici le blasphème philosophique – mais nous dans la vérité[1] ».

D. *La lutte contre le christianisme gnostique et la revalorisation de Dieu le Père*

Déjà dans une lettre à sa mère, peu avant son retour au judaïsme[2], Rosenzweig défendait le même point de vue. C'était, cette-fois-ci, à propos de la mission chrétienne appliquée aux juifs. Dans cette lettre, en effet, il critique la stratégie employée par le prêtre chrétien pour « convertir » le juif (à savoir, ici, la mère de Rosenzweig elle-même !). Ce qui nous amène à parler du *combat contre le gnosticisme*, combat qu'ont mené à la fois le christianisme et le judaïsme tout au long de l'histoire. Mais il y eut aussi un *christianisme gnostique* qui combattit le judaïsme. Pour Rosenzweig, la lutte contre ce christianisme gnostique va de pair avec la *revalorisation du Père*.

Dans la lettre à sa mère, donc, Rosenzweig critique d'abord la missionarisation chrétienne des païens en ironisant sur le fait que le « chrétien-monsieur-Tout-le-monde » va se mesurer à de grands hommes comme **Bouddha** et **Confucius** et qu'avec une passion toute exemplaire il va déceler dans ces religions païennes des « éléments » de vérité, des « éléments » seulement, car c'est lui, bien entendu, qui détient toute la vérité[3]. Rosenzweig va ensuite ironiser sur l'idée que ce prêtre se fait du judaïsme. Pour Rosenzweig il est hors de doute qu'au sujet du judaïsme ce prêtre ne fait que défendre la « position officielle » de l'Église. C'est donc à partir de cette position que le prêtre pose le problème de la « vitalité » du judaïsme, qu'il se pose la question : *est-ce que le judaïsme est mort ?* Pour y répondre, le prêtre, qui se veut ouvert et tolérant, prétend se placer *du point du vue du judaïsme*. De ce point de vue, en effet, le judaïsme n'est manifestement pas mort, puisqu'il existe !

Mais cette réponse ne satisfait pas Rosenzweig et il rend attentif sa mère au fait que l'intérêt du prêtre chrétien pour le judaïsme n'est pas désintéressé, mais que ce prêtre *s'intéresse* au judaïsme comme on s'intéresse à une *ethnie* « *primitive* » : par simple curiosité, parce qu'on trouve cela « exotique », parce qu'on trouve « extrêmement intéressant

---

[1] Ma trad. (voir *L'Étoile*, p. 462 ; *Stern*, p. 436). Il faut souligner ici que ce qui est « contemplé » ici, c'est, non pas une image, mais une « *figure* » (*Gestalt*).

[2] Lettre à sa mère, lettre du 23.10.13, GS I, 1, p. 127-131.

[3] Lettre citée, GS I, 1, p. 127-128.

de savoir que sur les îles des Bermudes ou ailleurs vivent encore des mangeurs d'hommes[1] »... Pour le chrétien ce serait donc cela considérer le judaïsme *du point de vue juif*, c'est-à-dire du point de vue de son existence manifeste ! Mais Rosenzweig fait remarquer que, de ce point de vue-là, ce sont les juifs qui sont les mieux placés, puisqu'ils sont les premiers concernés ! Ce n'est donc pas tellement ce point de vue-là – le *point de vue « juif »* du *chrétien* sur le judaïsme – qui intéresse Rosenzweig, mais plutôt le *point de vue « chrétien »* du *chrétien* sur le « judaïsme » ! Or, de ce point de vue aussi il y a, pour Rosenzweig, matière à ironie. Car, en effet, pour le prêtre chrétien, la « vitalité » du judaïsme se manifesterait – et se « prouverait » – par le fait que « les – chrétiens utilisent l'Ancien Testament[2] », ce avec quoi Rosenzweig est tout à fait d'accord. C'est là effectivement une « vitalité » que les juifs « partageraient avec les vieux Athéniens dont les drames sont encore aux programmes des lycées[3] »... Bref, ce que Rosenzweig reproche ici au prêtre, c'est de considérer la prétendue « vitalité » du judaïsme, donc le judaïsme, comme une simple *curiosité culturelle* qui ferait partie de la « culture générale » ! Mais, en fait, cette prétendue « vitalité » que les chrétiens veulent bien concéder au judaïsme n'est autre que « celle que l'Église (chrétienne) toute entière lui concède[4] ». Car il est un fait que, pour l'Église chrétienne, l'**« Ancien Testament »** a été d'une très grande utilité... dans son combat – pour sa survie !, – contre les hérésies gnostiques. Si l'Église chrétienne tient donc tellement au judaïsme, c'est précisément pour cette raison et sous cet aspect-là, à savoir parce que, comme l'écrit Rosenzweig, « l'Ancien Testament est la « parole de Dieu », que (comme le dit St. Paul)[5] le « salut » est venu des juifs, et que le Dieu qui a « créé le ciel et la terre », le « Dieu d'Abraham et Dieu d'Isaac et Dieu de Jacob », le Dieu qui a donné son « nom » à Moïse et qui a insufflé son Esprit aux prophètes - que ce Dieu est le « Père de Jésus-Christ »[6] ».

---

[1] *Id.*, p. 128.

[2] *Ibid.*

[3] *Ibid.*

[4] *Id.*, p. 129.

[5] Rosenzweig attribue ici à Paul ce qui vient en vérité de **Jean**. L'éditeur Martinus Nijhoff explique cette apparente « erreur » en faisant remarquer que la formule **« le salut vient des juifs »** se trouve chez Jean 4, 22, mais que, « selon le sens, on peut retrouver la même idée chez Paul, avant tout dans **Romains 11-13** » (Voir GS I, 1, note 1, p. 131).

[6] Lettre citée, GS I, 1, p. 129.

C'est, donc, seul le « Dieu d'Abraham, d'Isaac et de Jacob », le Dieu-Père, qui est capable de tenir tête aux tentatives gnostiques, tentatives qui visent à remplacer le « Père » par un autre « Dieu »…

L'Ancien Testament est donc le « noyau dur » de l'Église chrétienne, « noyau » qu'elle a opposé aux gnostiques et qu'elle ne pouvait pas nier sans se renier elle-même. Les gnostiques, en effet, assimilaient le Dieu de l'Ancien Testament au Diable ou, du moins, à un ange – ou à un Dieu – inférieur. C'est pourquoi, dit Rosenzweig, « il n'y a aucun juif raisonnable qui ne serait pas reconnaissant » à l'Eglise chrétienne d'avoir combattu le gnosticisme. Mais il ajoute que la conséquence que le christianisme en a tirée pour le judaïsme, *cette* conséquence-*là* le judaïsme, lui, ne l'a *pas* tirée. Si, pour le christianisme, il va de soi que l'évolution du judaïsme passe à travers Jésus, que la religion juive puisse s'épanouir et s'accomplir en lui, pour le judaïsme, au contraire, cela ne va pas de soi : il refuse cette idée chrétienne d'un accomplissement du judaïsme dans le christianisme. Il refuse radicalement le fait supposé que « celui en qui sa vocation historique universelle puisse s'*accomplir soit* déjà venu », car en vérité « il l'attend encore et l'attendra aussi longtemps qu'il *reste* judaïsme [1] ». Pour Rosenzweig, en effet, « le développement du judaïsme passe à côté du Jésus auquel les païens disent « Seigneur » et par lequel ils « parviennent au Père » ; il ne passe pas à travers lui[2] ». À la limite, ajoute Rosenzweig entre parenthèses, on peut encore discuter de la renaissance éventuelle, parmi les juifs modernes, du « **rabbi Jeschua le Nazaréen** », mais en tant que « rabbi », non pas en tant que « Seigneur ». De toute façon, aux yeux de Rosenzweig, ce n'est pas là une question importante et décisive[3].

Nous soulignerons ici surtout le fait que, pour Rosenzweig, l'enjeu de cette polémique du judéo-christianisme avec le gnosticisme est la réaffirmation de la **Bible juive** face à un ***christianisme gnostique***, en particulier **marcionite**. Le marcionisme, en effet, a voulu supprimer la Bible juive au profit d'un prétendu « Nouveau Testament », qui n'est « nouveau » et qualifié de « testament » que parce qu'on a préalablement rabaissé la Bible juive au rang d'un prétendu « Ancien Testament ». De l'issue de la lutte contre les hérétiques gnostiques dépendait « la vie ou la mort du christianisme dans son ensemble[4] ». Bien qu'on ne puisse pas

---

[1] *Ibid.*
[2] *Ibid.*
[3] *Ibid.*
[4] Raoul Vaneigem, ***La résistance au christianisme Les hérésies des origines au XVIIIe siècle***, Chap. XI. Marcion et l'hellénisation du christianisme (« Marcion invente un christianisme occidental sans passé juif »), p. 142.

compter **Marcion** purement et simplement parmi les autres gnostiques, il conteste néanmoins tout autant la valeur de l'Ancien Testament et y substitue le « Nouveau Testament ». Cette substitution, illégitime aux yeux de Rosenzweig, lui servira plus tard, dans sa correspondance avec son cousin Eugen Rosenstock, comme argument pour justifier le bien-fondé de son propre judaïsme[1].

E. Christianisme et « reste » d'Israël

Ce qui est intéressant chez Rosenzweig, c'est que, s'il vise manifestement la « conversion » du juif, dans son optique cela ne peut se faire que sur fond d'une **conversion radicale – et préalable – de la philosophie (et même de la théologie)** ! Quand on considère, comme le fait Rosenzweig, toute l'histoire de la religion judéo-chrétienne du point de vue du conflit entre judaïsme et christianisme sans adopter les réponses toutes faites des Évangiles au sujet de l'hostilité du judaïsme à l'égard du christianisme, alors cette religion ne nous apparaît plus très… religieuse. Mais elle nous apparaît beaucoup plus comme une ***stratégie humano-divine*** pour réaliser le Royaume de Dieu sur terre. Et c'est alors qu'apparaît aussi le point essentiel qui commande cette stratégie : le ***combat contre le paganisme***. Non seulement le combat contre le paganisme *extérieur*, - extérieur *à la fois* au judaïsme et au christianisme –, mais aussi, et surtout, le combat contre le paganisme *intérieur* – intérieur au christianisme, mais pas au judaïsme. Car, dans l'optique de cette stratégie, ce n'est qu'une telle situation qui a créé les *oppositions dialectiques* qui furent nécessaires pour donner du « ressort » à l'histoire. C'est aussi de ces oppositions-là que se sert Rosenzweig pour tisser à la fois la **trame** de l'histoire judéo-chrétienne et la trame de *L'Etoile de la rédemption* …

Et ce serait aussi cela le véritable **drame** de l'histoire « occidentale » : chaque religion monothéiste reproche à l'autre d'être encore ***trop païenne***. Rosenzweig parle de **« paganisme réciproque[2] »** – donc d'un aveuglement réciproque ! – de sorte qu'on peut diagnostiquer dans cette « maladie » qui lie pathologiquement l'un à l'autre le judaïsme et le christianisme, un ***« nœud doublement névrotique[3] »***.

[1] Voir lettre de Rosenzweig à Rosenstock d'octobre 1916, GS I, 1, p. 249.
[2] Lettre du 7.11.1916 (mercredi) de Rosenzweig à Rosenstock, GS I, 1, p. 285.
[3] Jean-Marie Lustiger, ***Le choix de Dieu. Entretiens avec Jean-Louis Missika et Dominique Wolton***, Édition Le Livre de Poche, 1989. (Dans son livre, Jean-Marie

Mais si cette « stratégie humano-divine » pour combattre le paganisme peut intéresser le philosophe aujourd'hui, c'est parce que le paganisme, l'idéologie païenne, se prolonge jusqu'à aujourd'hui dans tous les recoins de la pensée moderne, et beaucoup plus profondément que sous sa forme **« néopaïenne »**, forme qui était aussi en train d'émerger au temps de Rosenzweig[1]. Pour ce dernier, le paganisme est *partout*. Il est partout, parce qu'il est *nécessaire*. **Sans *fond* païen, pas de *Révélation* juive**[2]. La Révélation juive n'est pas un événement qui vient renverser une vision du monde profane, sécularisée et moderne – en un mot : désenchantée, mais c'est un événement qui vient renverser une vision du monde (déjà) religieuse, paganisée et païenne, « enchantée ». La Révélation juive ne peut donc pas « réenchanter » un « monde désenchanté » (comme le nôtre), ce qui relèverait du miracle !, mais elle peut seulement renverser un monde *enchanté-désenchanté*, c'est-à-dire un monde « *néopaïen* » et « *moderne*[3] ».

Si, donc, pour Rosenzweig, le paganisme est *partout*, c'est parce que, du point de vue de la révélation juive, la *philosophie* - en tant que philosophie - est *foncièrement* et *essentiellement* païenne. Donc aussi la philosophie *moderne*, en tant que *philosophie* précisément. L'aspect « *moderne* » de la philosophie moderne, c'est sa part de *désenchantement*, sa part « désenchantée[4] ». Mais l'aspect « philosophie » de la philosophie moderne, c'est sa part de « *paganisme* », sa part « païenne ».

Le judaïsme et le christianisme se sont combattus dans l'histoire pour éliminer - bon gré mal gré, volontairement et contre leur volonté, de tout cœur et à contre-cœur – l'**« écorce » païenne** qui recouvrait leur « noyau » religieux. Ce serait cela le « sens », - et le « drame », la

---

Lustiger montre qu'il existe entre le christianisme et le judaïsme un « *nœud doublement névrotique* » qui fait de l'un le « prisonnier » de l'autre, de sorte qu'on peut dire que ces deux religions sont ***pathologiquement liées*** l'une à l'autre !)...

[1] forme **« néopaïenne »** qui, en Allemagne, a pris, plus tard, la forme du **« nazisme »**.

[2] Dans sa ***Philosophie de la révélation*** (*Philosophie der Offenbarung*) – recueil de cours donnés dans les années 1841/42 et qui ont été publiés dans l'édition Suhrkamp – Schelling utilise un schéma analogue à celui de Rosenzweig, sauf qu'ici c'est le judaïsme qui y prend la place du paganisme. Pour Schelling, en effet, sans **« fond »** ***juif*** (fond juif assimilé au fond païen), il n'aurait pas pu y avoir de **révélation**.

[3] Voir *L'Étoile*, p. 261 ; *Stern*, p. 246.

[4] Voir *L'Étoile*, p. 260-261 ; *Stern*, p. 245-247 ; voir aussi Jean Préposiet, ***La profanation du monde. Destin de l'Occident*** (Éditions Kimé).

trame dramaturgique – de l'histoire : ***double « élagage » réciproque***[1] de deux religions extrêmement lucides sur la ***part païenne*** d'elles-*mêmes* et donc de la part païenne de l'***« autre »***...

Ainsi, il revint à Rosenzweig la tâche « ingrate », non pas de « convertir » le juif de son temps - ce qui serait une « mission impossible » - mais de se faire son « porte-parole ». Car, s'il ne voulait pas directement convertir les juifs de son temps, il voulait néanmoins éveiller les esprits juifs à l'originalité, la profondeur et la force, - la force d'éveil et de subversion -, de leur religion, et se considérait pour cela - en accord avec ses amis chrétiens (tous juifs convertis au christianisme protestant) - comme un représentant du **« reste » d'Israël.**

Comment en est-il arrivé là ?

En vérité, Rosenzweig pose à ses amis et cousins « chrétiens » un casse-tête dont la solution est susceptible de mettre en crise la foi du chrétien, - au point que son cousin Rudolf Ehrenberg lui dit avec une certaine angoisse : « [...] tu deviendrais alors pour moi une crise qui serait la chose la plus décisive de ma vie » (voir correspondance de 1913 [2]) -, crise qui serait capable de renverser à la fois le judaïsme et le christianisme traditionnels et, donc, de préparer le terrain, et de poser les prémisses, d'une profonde **révolution intellectuelle et spirituelle**. Ce casse-tête peut se formuler par la question : Comment lui, ***juif***, peut-il prétendre assumer une tâche ***chrétienne*** !? Autrement dit : Peut-on rendre le **« fait » Rosenzweig** compatible avec ce que croit le chrétien, avec la **foi chrétienne**, avec ce qu'enseignent les Évangiles!? Ce ***« fait »*** n'est-il pas incompatible avec cette ***foi***, avec cet enseignement ?... C'est effectivement en ces termes que son cousin Rudolf Ehrenberg va poser le problème :

> « [...] du point de vue chrétien (non pas néotestamentaire et verbal), je peux comprendre la position que tu occupes dans la synagogue, je crois même qu'elle est nécessaire pour la conscience chrétienne, car comment pourrais-je sinon comprendre que Dieu accorda cette force aux juifs, même *après* le Christ, comment vais-je pouvoir concilier cela avec ma foi dans sa volonté dans le monde[3] ? ...».

---

[1] Voir lettre du 19.11.1916 de Rosenstock à Rosenzweig (où Rosenstock utilise le mot « *Auslaugungsprozess* » [« lixiviation »] pour illustrer le *processus de dépaganisation* de l'hellénisme par l'« histoire de la philosophie ») (voir GS I, 1, p. 299).

[2] Lettre de Rudolf Ehrenberg à Franz Rosenzweig, Göttingen, 3.11.1913, GS I, 1, p. 138-139 (ma trad.).

[3] *Id.*, p. 139.

Rudolf Ehrenberg, troublé par ce fait - par ce point critique où le judaïsme de Rosenzweig « bascule » dans le christianisme - va chercher à « récupérer » le judaïsme de Rosenzweig, car il ne voit pas comment, sinon, Rosenzweig a pu recevoir une telle mission *au sein du judaïsme* :

> « ... Mais - est-il possible, et même permis, pour le judaïsme de fonder sa conscience juive sur le rapport à l'Église du Christ dans le monde[1]? ».

Car alors se posent effectivement au chrétien les questions suivantes :

> « Comment le judaïsme va contourner le fait que Jésus est issu d'Israël, que le christianisme est issu du peuple d'Israël ? Quand a-t-il reçu de Dieu - après le commencement du monde chrétien - la nouvelle tâche, cette tâche qui, malgré tout, se trouve *dans* le monde ? – Car au fond cette tâche tu la tires malgré tout de l'histoire de l'Église chrétienne ; or, le juif a-t-il le droit de faire cela ? Et ne retires-tu pas ainsi, de l'ensemble des tâches inhérentes à l'Église, l'une de ces tâches pour la donner au peuple d'Israël appelé à ressusciter[2] ?... ».

Rudolf Ehrenberg termine sa longue lettre en alignant une série de questions qui trahissent sa grande perplexité devant le « fait » Rosenzweig, « fait » qui pose la question de « la tâche, dans le peuple d'Israël, des esprits conscients ». Quelle est cette tâche ? Et consiste-t-elle à « délivrer Israël », alors qu'en principe, historiquement, et jusque-là, ce fut là une « tâche » proprement chrétienne !? Rosenzweig réagira à ces questions par une nouvelle lettre dans laquelle il va répondre à son interlocuteur chrétien en l'interpellant à son tour :

> « Je *ne* pense *pas* que je t'accorderais la reconnaissance objective, chrétienne et théologique, du judaïsme sur le fond des dix-neuf siècles : il faut que ce soit « néotestamentaire ou verbal » ou alors rien ! (...) Du point de vue juif en effet cela se présente différemment[3]... ».

Du point de vue juif, en effet, le fond du problème est celui du **« sionisme politique »**. Dans sa réponse à Rudolf Ehrenberg, Rosenzweig va considérer que la question de sa vocation (juive) est liée au **« problème *religieux* du sionisme politique »**, c'est-à-dire est liée au fait que « s'il est vrai que le peuple d'Israël se trouve « à côté

---

[1] Lettre citée, p. 139.
[2] *Ibid.*
[3] Lettre de Rosenzweig à Ehrenberg, Berlin, 4.11.1913, GS I, 1, p. 141 (ma trad.).

du Christ », il ne se trouve pas pour autant, comme celui-ci, « auprès de Dieu », mais, tout au contraire, « au cœur du monde »[1]».

Et c'est immédiatement après que Rosenzweig va écrire cette formule qui surprend par sa structure rigoureusement symétrique :

> « [...] *Notre* reconnaissance du christianisme repose effectivement sur le christianisme, à savoir sur le fait que le christianisme *nous* reconnaît[2] ».

Mais reprenons les choses par le début.

Si, comme nous l'avons vu, Rosenzweig s'est « converti » au judaïsme parce qu'il avait sous les yeux un *authentique* chrétien, à savoir son cousin Rosenstock, c'est aussi, comme nous le voyons ici, parce qu'au contact de ses cousins juifs convertis au christianisme, Rosenzweig avait réussi à **« [judaïser] le christianisme »** (même si, au départ, il pensait plutôt, comme il le dit, avoir « christianisé [son] judaïsme » !). C'est ainsi qu'à propos du rôle qu'avait joué Rosenstock dans la prise de conscience de son judaïsme, il écrivit ceci à son cousin Rudolf Ehrenberg :

> « Ce qui, en outre, m'obligea, non seulement à simplement lui tenir tête [à Rosenstock], mais aussi de le suivre, fut, comme tu le sais fort bien, ceci : que je christianisais conceptuellement mon judaïsme, que je partageais - du moins, pensais partager - avec vous la communauté de foi. C'est pourquoi, déjà à cette époque, par la confession de foi simple de Rosenstock - confession de foi par laquelle, après tout, son attaque ne fit que commencer - je fus d'un coup désarmé. [...] J'avais cru avoir christianisé mon judaïsme.En vérité, j'avais, à l'inverse, **judaïsé le christianisme**[3] ».

Mais si Rosenzweig consent à avouer les raisons pour lesquelles il a préféré « retourner » à son judaïsme et à tenir tête à Rosenstock, c'est parce que, désormais, il estime que les bases de son judaïsme sont assez solides pour tenir tête aux assauts du chrétien, et elles sont même si sûres que, désormais, il exige de la part du chrétien une « *reconnaissance* », une reconnaissance - au moins - théorique :

> « ... **Je reste donc juif**. Si, dans ce qui suit, je cherche à analyser les raisons [qui m'ont conduit au judaïsme], je ne le fais que [...] parce que mon nouveau point de vue, à la différence de celui que j'avais d'abord

---

[1] *Ibid.*

[2] *Ibid.*

[3] Lettre du 31.10.13 à Rudolf Ehrenberg, p. 133. (ma trad.)

adopté, réclame aussi la **reconnaissance** - théorique - de la part du chrétien[1] ... ».

Rosenzweig termine sa longue lettre adressée à Rudolf Ehrenberg par cette précision :

> « Il ne s'agit pas [ici] de la reconnaissance de l'appartenance du juif en tant qu'individu [2] * au peuple d'Israël (celle-ci reste toujours problématique et n'existe pas *in dubio* pour l'Église), mais il s'agit de la reconnaissance de ce peuple d'Israël lui-même du point de vue de la *théologie* chrétienne[3] ».

À cette lettre, Rudolf Ehrenberg va répondre de façon aussi pertinente que Rosenzweig :

> « La reconnaissance théorique que tu réclames du chrétien pour ton nouveau point de vue - dans la mesure où j'ai le droit de parler pour le chrétien - je peux te la donner. Du point de vue strictement évangélique, je ne pourrais assurément pas le faire, mais je peux le faire à partir de la foi dans l'Église terrestre. Mais ce que je ne peux pas, c'est rendre cette reconnaissance indépendante de l'appartenance du juif en tant qu'individu au peuple d'Israël, de la rendre indépendante de ton appartenance à ce peuple. [...] De la même façon que moi-même, pour devenir chrétien, j'ai dû, et je dois, malgré les millions d'individus qui ont été **baptisés**, chercher ceux, parmi les hommes, qui, avec moi ou devant moi, le sont **réellement**, de la même façon toi tu dois me démontrer que ce peuple d'Israël **existe réellement**[4] ».

En cherchant à résoudre la contradiction entre sa propre doctrine chrétienne et le « fait » Rosenzweig - contradiction qui, manifestement, ne rentrait pas dans son schéma chrétien tout fait, dans le moule chrétien préétabli – Rudolf Ehrenberg va aider Rosenzweig *à préciser la vocation* qui était en train d'éclore en lui. C'est sous cette forme, en effet, qu'il lui lance un défi : il faut que son judaïsme soit aussi **réel** qu'est **réel** le christianisme de ses interlocuteurs chrétiens. Car, aux yeux de Rudolf Ehrenberg, ce n'est qu'ainsi qu'il pourra se considérer *à la hauteur de sa tâche*. C'est dans ce contexte que Rudolf Ehrenberg, à propos du **« fait » Rosenzweig**, va être amené à se poser

---

[1] *Ibid.*

[2]* « *des einzelnen Juden* » ; autre traduction possible : « ... du juif individuel », encore mieux : « du juif singulier », qui souligne mieux en quoi le juif est toujours considéré et défini par rapport au peuple juif auquel il se sent appartenir.

[3] *Id.*, p. 137.

[4] Lettre du 3.11.13 de Rudolf Ehrenberg à Rosenzweig, GS I, 1, p. 138 (ma trad.).

une autre question, celle du rapport qui, dans le cas de Rosenzweig, peut encore exister entre le judaïsme et le christianisme : comment peut-on « comprendre que Dieu accorda cette force aux juifs même ***après* le Christ** » ? Comment peut-on « concilier cela avec [la] foi dans sa volonté qui agit dans le monde[1] ? ».

Finalement, pour se sortir de cette contradiction, Rudolf Ehrenberg va supposer qu'en dernière analyse Rosenzweig n'a fait qu'établir - comme il l'avait lui-même avoué dans sa lettre précédente[2], - un ***« judaïsme christianisé »***, et que, finalement, sa vocation est profondément de nature chrétienne, mais - et ce serait là l'originalité de sa position à l'égard du judaïsme - qu'il lui incomberait d'épanouir cette vocation ***au sein du judaïsme lui-même***. Voilà pourquoi Rudolf Ehrenberg interroge encore Rosenzweig :

> « Après tout, ce que tu appelles notre communauté, n'est-ce pas une autre expression pour le fait qu'encore une fois tu as établi un **judaïsme christianisé**, que, parmi toutes les tâches chrétiennes, c'est-à-dire ***intérieures*** au monde, tu n'en as choisi qu'une seule, celle qui te convient le mieux, à savoir celle que tu peux poursuivre **en dehors** du christianisme[3]?... ».

Même s'il se pose toutes ces questions au sujet du « cas » Rosenzweig, Rudolf Ehrenberg pense qu'une telle ***vocation paradoxale*** n'est pas impossible :

> « Je te l'accorde que c'est *possible*, que tu peux en toute vérité choisir cette tâche sans devoir prendre sur toi le baptême, mais c'est tout de même du christianisme que tu l'as... Car ce que toi tu fais, ce n'est rien d'autre que de prendre au christianisme une partie de son **devoir missionnaire**, de rendre possible, en une partie du monde, l'**accomplissement chrétien sans christianisation**. Moi, le chrétien, je peux admettre cela pour toi, mais le juif le peut-il aussi[4] ? ».

Ehrenberg tire donc lui-même la conclusion de sa thèse quant à la « vocation » de Rosenzweig. En effet, si ce qu'il dit est vrai, alors la question, *beaucoup plus radicale*, qui se pose à la conscience de Rosenzweig n'est plus si Rosenzweig peut ***être* juif** ou chrétien - ce qui est une question *théologique* du rapport entre la « synagogue » et l'« Église » - mais c'est celle de savoir si, en tant qu'il incarne une vocation « chrétienne » -, il peut (encore) ***rester* juif** ou s'il doit, au

---

[1] *Id.*, p. 139.
[2] Lettre à Rudolf Ehrenberg du 31.10.13, p. 133.
[3] *Ibid.*
[4] *Ibid.*

contraire, *devenir* chrétien. Cette question, en effet, c'est la question de savoir s'il a la force nécessaire pour assumer sa vocation ou, mieux, c'est la question de la volonté de Dieu à son égard, à lui, Franz Rosenzweig[1].

Rosenzweig, en effet, n'est plus simplement un juif « qui se trouvait là par hasard » (*kein einfach ''vorgefundener'' Jude*), mais il doit, d'une façon ou d'une autre, être juif *dans le monde*. Rosenzweig lui-même croyait qu'il pouvait se contenter d'écrire des livres et enseigner, mais, comme son cousin, il se rend compte qu'avec une telle vocation ce n'est plus possible[2]. Aux yeux d'Ehrenberg, Rosenzweig a été élu par Dieu pour **« devenir juif *dans* le monde »**[3], pour devenir « actif pour le judaïsme et les juifs ».[4]

Cela pose à Ehrenberg un *double problème* :

D'une part, si Rosenzweig échoue dans sa mission, alors non seulement il met en péril le judaïsme, mais *aussi le christianisme*. Mais si Rosenzweig doit, malgré tout, assumer une telle vocation périlleuse, c'est que Dieu pense qu'il a la force nécessaire pour l'accomplir : « Dieu, dit Ehrenberg, n'a destiné, pour les individus conscients au sein du peuple d'Israël, que les plus forts, et celui qui n'a pas suffisamment de force est, selon sa volonté, appelé à œuvrer pour autre chose, afin qu'il ne cause pas plus de mal que de bien[5] ». Rosenzweig, de par sa position (par rapport à Israël), se trouvera dans une situation encore plus terrible que le juif à l'égard du chrétien : puisqu'il sera un **juif « dissident »** à l'égard des juifs, ou, comme le dit Ehrenberg dans une formule très forte, ***« un persécuté des persécutés »*** („*ein Verfolgter der Verfolgten*"). Voilà pourquoi Rudolf Ehrenberg lui demande gravement :

> « Te sens-tu assez fort pour chasser [les marchands] hors du temple et être un **persécuté des persécutés**[6] ? ».

D'autre part, Ehrenberg se demande comment une telle vocation inédite pour un juif peut être conciliée avec ce qu'ont déjà dit les prophètes et avec ce qui est écrit dans le Nouveau Testament, à savoir

---

[1] *Id.*, p. 140.
[2] *Ibid.*
[3] *Ibid.*
[4] *Ibid.*, note 2.
[5] *Ibid.*
[6] *Ibid.* (ma traduction) ; texte original : „Fühlst Du Dich stark genug, um aus dem Tempel auszutreiben und ein Verfolgter der Verfolgten zu sein ?". (*ibid.*) (ma trad.).

que ***le peuple juif a été rejeté par Dieu.*** « Toutes les souffrances de ce peuple qui devaient venir » ne sont-elles pas « une punition pour son infidélité, pour son apostasie[1] » ? Comment, dans ce cas, ce peuple peut-il encore être racheté « *après* la venue du Christ » ? Peut-il l'être sans être obligé, - « pour retourner au Père » -, de « passer par le Fils » ? Si oui, cela voudrait dire que le peuple juif reste toujours - malgré la punition, malgré l'infidélité, malgré l'apostasie - le peuple élu, et qu'à la question redoutable : « Le peuple d'Israël *est*-il encore auprès de Dieu[2] ? », il faut répondre par « oui ». Mais alors surgit une cascade de nouvelles questions : « Quelle peut alors être, dans le peuple d'Israël, la tâche des esprits conscients » et « doivent-ils délivrer Israël ? », ce qui paraît impossible, puisque « la colère de Dieu plane au-dessus d'Israël ». Alors se pose la question de la « valeur » de la « tâche » d'Israël ? Est-ce qu'elle peut, dans ce cas, avoir la « même valeur que celle qui incombe à l'Église chrétienne », et, si oui, comment cela est-il possible[3] ?

Toutes ces questions, Ehrenberg les pose à Rosenzweig sans, toutefois, leur donner de réponse.

C'est Rosenzweig qui, dans sa lettre suivante, va s'efforcer d'y répondre. Et il va le faire en insistant sur la nécessité de la ***reconnaissance*** **du judaïsme** par le christianisme, sur le fait que cette reconnais sance doit être *réciproque*, que le judaïsme ne peut reconnaître le christianisme que si, pour sa part et en retour, le christianisme reconnaît le judaïsme : « *Notre* reconnaissance du christianisme repose effectivement sur le christianisme, à savoir sur le fait que le christianisme *nous* reconnaît [4] ». On comprend alors pourquoi l'idée de « reconnaissance [5] » (au sens non hégélien) se

[1] *Id.*, p. 140.

[2] *Ibid.*

[3] *Ibid.*

[4] Lettre du 4.11.13 à Rudolf Ehrenberg, GS I, 1, p. 141.

[5] C'est Rosenstock qui, dans ses divers ouvrages, soulignera et développera cette idée de « *reconnaissance* », la mettant en relation avec l'idée de « conversation » (*Gespräch*) et avec celle de « *visage* » (*Angesicht*) (et aussi avec celle du *temps*), en particulier dans sa ***Sociologie***. Rosenstock touche ici évidemment à un sujet fondamental de la théologie. Il y a les réflexions très profondes que le père **Bernard Dupuy** expose dans son article ***Le Dieu indévisageable*** (article paru dans la revue *Les Nouveaux Cahiers,* automne 1985, n° 82 (n° spécial sur Emmanuel Lévinas), pp. 36-42). Il y a aussi les écrits des **théologiens** ***orthodoxes*** (grecs) contempo-rains – notamment ceux d'Olivier Clément – qui font du ***visage*** un concept central de leur vision du Christ. C'est là, exactement en ce point-là - faut-il le dire - que le christia-

trouve implicitement dans la philosophie de Rosenzweig, et qu'elle sera explicite, et même centrale, dans la philosophie de Rosenstock ...

II. La rencontre Rosenzweig-Cohen

Si, comme nous venons de le voir, Rosenzweig, pour son évolution intellectuelle et spirituelle, doit beaucoup à ses cousins chrétiens, il doit tout autant à une de ses coreligionnaires les plus éminentes de son temps : le néokantien Hermann Cohen. C'est cette rencontre tout aussi décisive (pour sa conversion) que nous allons brièvement examiner à présent dans ce qui suit.

A. Herrmann Cohen et l'espoir déçu d'une symbiose judéo-allemande

Hermann Cohen (1842-1918) fut la figure principale du néokantisme de l'École de Marbourg qu'il dirigea avec Paul Natorp[1] et dont le principal disciple fut Ernst Cassirer. Il incarne ce qu'aurait pu être, et ce que fut un temps, la **« symbiose judéo-allemande »**. La rencontre de Rosenzweig avec la pensée d'Hermann Cohen fut décisive, mais ce fut une rencontre problématique mêlée de sentiments ambivalents d'attraction et de répulsion. Les grandes options de Cohen lui étaient familières déjà lorsqu'il composa pendant la guerre son chef-d'œuvre, ***L'Étoile de la rédemption***, et cela, en dépit du fait

---

nisme et le judaïsme divergent, le premier vénérant l'image à travers une *iconologie*, le second voyant dans cette vénération le signe d'une adoration abusive de l'image, d'une *idolâtrie*. Voir à ce sujet ***Lumière et théophanie. L'Icône***, thème de la revue trimestrielle *Connaissance des religions*, numéro hors série, décembre 1999, en co-édition avec *Le Courrier du livre* ; voir également - et surtout - le livre de Marie-José Mondzain, ***Image, icône, économie, les sources byzantines de l'imaginaire contemporain***, Éditions du Seuil, 1996 ; au sujet de la religion byzantine, on peut aussi voir, de Georges Duthuit, ***Représentation et présence. Premiers écrits et travaux (1923-1952)*** (avec une introduction d'Yves Bonnefoy), Flammarion, 1974 (ouvrage qu'on peut « comparer » avec l'ouvrage d'Olivier Boulnois ***Être et représentation, une généalogie de la métaphysique moderne à l'époque de Duns Scot (XIIIe-XIVe siècle)***, PUF, 1999). Par rapport à tous ces auteurs, l'originalité de Rosenzweig est d'introduire le *temps* dans l'*éternité* et de trouver, par là, une *nouvelle manière* de concilier *visage* et *temps* (au lieu de chercher - comme le fait la théologie orthodoxe - à concilier *visage* et *image* (immobile)).

[1] Paul Natorp, 1854-1924 « Paul Natorp doit son renom de philosophe surtout à ***La doctrine des Idées chez Platon*** [*Platos Ideenlehre*, 1903] où la philosophie platonicienne est interprétée à l'aide du criticisme kantien » (Henri Arvon, *La philosophie allemande*, Seghers, 1970, p. 195).

qu'il ait décidé d'approfondir les livres de Cohen seulement en 1918. L'appréciation qu'il porte sur sa pensée a subi une triple métamorphose qu'à la suite d'Eugène Fleischmann l'on peut caractériser en trois phases : « opposition farouche aux conclusions, sentimentalisme vis-à-vis de l'homme, découverte de l'affinité avec sa théorie du judaïsme[1] ».

À **Marbourg**, Hermann Cohen avait développé une philosophie fondée sur une interprétation purement logique de la pensée de Kant. Celle-ci ne devait pas être comprise comme une métaphysique, mais comme une épistémologie, une théorie de la méthode de la connaissance scientifique (c'est aussi ce que Rosenzweig, alors médecin, considérait comme l'apport spécifique de Kant à la philosophie). Par la suite, Cohen avait entrepris de construire un vaste système philosophique d'inspiration néokantienne, fondé sur la division du savoir en trois branches, une logique de la *pure* connaissance (*Logik der reinen Erkenntnis*, 1902), une éthique de la volonté *pure* (*Ethik des reinen Willens* (1904)), une esthétique du sentiment *pur* (*Ästhetik des reinen Gefühls*, 1912).[2] Issu d'une famille juive orthodoxe, mais professant en matière religieuse un déisme d'inspiration strictement rationaliste, Hermann Cohen était resté très attaché à l'enseignement *éthique* du judaïsme et se trouva, parallèlement à sa carrière universitaire, amené à défendre lui-même publiquement la cause des juifs et du judaïsme contre les attaques antisémites de l'historien allemand **Heinrich von Treitschke**[3]. Celui-ci, dans une brochure parue en 1879 portant le titre

---

[1] Eugène Fleischmann, ***le christianisme « mis à nu »***, Plon, 1970, p. 182.

[2] Cette trilogie est, bien entendu, une allusion évidente à la trilogie kantienne des trois « Critiques ».

[3] **Heinrich Gothard von Treitschke** (15 septembre 1834 à Dresde — 28 avril 1896), est un historien et théoricien politique allemand, membre du Parti libéral national. Il fut professeur à l'université de Berlin, député nationaliste de 1871 à 1884, il soutint la politique de Bismarck après avoir publié en août 1870 un ouvrage intitulé : *Que réclamons-nous de la France ? L'Alsace.* Comme Edouard Drumont en France, ses thèses antisémites rencontrent un grand succès en Allemagne, où les nazis reprendront plus tard sa célèbre formule : « Les juifs sont notre malheur ». Sa philosophie politique s'articule autour de la formule : « L'État est puissance » (*Der Staat ist Macht*). **Émile Durkheim** l'a analysée dans sa brochure : « **L'Allemagne au-dessus de tout** » (1915). Il participa à la fondation de la ***Revue historique allemande*** (*Historische Zeitschrift*) (wikipedia).

On pourrait, dans ce contexte, citer l'ouvrage fameux, et très controversé de son temps, de Julien Benda, ***La trahison des clercs***. Dans son ouvrage, Benda affirme avec force que « le patriotisme est aujourd'hui l'affirmation d'une forme d'âme contre d'autres formes d'âme » (*op. cit.*, p. 108). Pour Benda, en effet, les « clercs » ont trahi leurs valeurs éternelles en les mettant au service des « passions politiques », principalement des « passions nationales ». C'est d'autant plus une trahison qu'à l'époque « moderne » ces passions sont devenues – grâce (précisément) aux « clercs » ! – plus conscientes d'elle-mêmes et elles ont, de ce fait, donné lieu à un nouveau type de guerre, la guerre des « cultures » : « La guerre politique impliquant la guerre des cultures, cela est proprement une invention de notre temps et qui lui assure une place insigne dans l'histoire morale de l'humanité ». (Julien Benda, *La trahison des clercs*, I. *Perfectionnement moderne des passions politiques, -- L'Âge du politique*, p. 110). Il renvoie, pour dire cela, à l'historien allemand **Heinrich Treitschke** qui, à l'occasion de « l'entrée de l'Allemagne dans la *Société des Nations* le 10 septembre 1926 », avait affirmé : « Cette conscience d'elles-mêmes que prennent les nations et que la culture ne peut que fortifier, cette conscience fait que jamais la guerre ne pourra disparaître de la terre, malgré l'enchaînement plus étroit des intérêts, malgré le rapprochement des mœurs et des formes extérieures de la vie » (Heinrich Treitschke, cité par Charles Andler, *in Les origines du pangermanisme*, p. 223 ; *in* Julien Benda, *op. cit*, note 1, p. 108). Par là, comme le souligne Julien Benda, **Heinrich Treitschke** a entrevu ce fait nouveau qui caractérise (désormais) les « passions nationales » modernes, à savoir, - comme l'avait dit à la même époque le ministre des Affaires étrangères allemand alors à Genève -, que « ce qui est bien plus important que les faits matériels, c'est l'**âme** des nations », le fait que, « parmi tous les peuples, une sorte d'effervescence se fait sentir », que « les uns défendent certains principes, les autres des principes opposés ». Le fait nouveau, c'est que malgré qu'elles fassent désormais « partie de la *Société des Nations*, les peuples n'abandonnent pas leur moralité nationale » (discours du ministre des Affaires Etrangères allemand à Genève, lors de l'entrée de l'Allemagne dans la *Société des Nations* le 10 sept. 1926). (*Ibid.*) Voilà pourquoi, « la démocratie c'est la guerre », à condition qu'on entende par démocratie l'avènement des masses à la susceptibilité nationale (*id.*, p. 107). Mais le ministre des Affaires étrangères conclura son discours en précisant que : « Ceci ne doit cependant pas avoir pour conséquence de dresser les peuples les uns contre les autres. » (*ibid*)... Si, pour Benda, les « passions politiques » modernes se sont perfectionnées à la fois en surface et en profondeur, elles se sont surtout perfectionnées en profondeur : « Elles se sont singulièrement perfectionnées aussi en profondeur, en force interne. Et d'abord, elles ont singulièrement progressé dans la conscience d'elles-mêmes. Il est évident qu'aujourd'hui (grandement encore par l'effet du journal [et de ses serviteurs, les « clercs »]) l'âme affectée d'une passion politique prend conscience de sa passion, se la formule, se la représente avec une netteté qu'elle ne connaissait pas il y a cinquante ans et dont il n'est pas besoin de dire combien elle l'en avive ». (*op. cit.*, p. 102). Benda analyse donc l'« approfondissement considérable des passions nationales » dû au fait que « les peuples entendent aujourd'hui se sentir, non seulement dans leur être matériel, force militaire, possessions territoriales, richesse économique, mais dans leur être *moral* ». (*id.*, p. 108). À ce propos, Benda veut particulièrement mentionner « deux passions que notre temps a vu naître, non certes à l'existence, mais à la conscience, à l'aveu, à la fierté d'elles-mêmes », à savoir le **« nationalisme juif »** et le **« bourgeoisisme »** : « La première est ce que j'appellerai un certain *nationalisme juif*. [...] L'autre mouvement que j'ai en vue est le *bourgeoisisme*, j'entends la passion de la classe bourgeoise à s'affirmer contre celle qui la menace ». (*id.*, p. 102-103). À propos du « *bourgeoisisme* », Benda précise : « On peut dire que jusqu'à nos jours la « haine des classes », en tant que haine consciente et fière d'elle-même, c'était surtout la haine de l'ouvrier contre le monde bourgeois ; la haine réciproque [celle du bourgeois contre le monde ouvrier] s'avouait bien moins nettement [qu'elle ne l'ose aujourd'hui] ». (*id.*, p. 103). On sait que, depuis qu'Oswald Spengler, dans son célèbre ouvrage intitulé « ***Le déclin de l'Occident. Contours d'une morphologie pour une histoire*** » (*DerUntergang des Abendlandes. Umrisse einer Morphologie der Weltgeschichte,* (1918-1922)), ouvrage dont s'est aussi inspiré Rosenzweig et qui (comme le précise le sous-titre) est une **morphologie universelle des « cultures »** dont le modèle fut explicitement la « morphologie des plantes » de Goethe --, a fait la distinction entre la ***« culture »*** (*Kultur*) et la ***« civilisation »*** (*Zivilisation*), l'idée allemande de *Kultur* est lourdement connotée. Marc Crépon, dans ***Les géographies de l'esprit***, évoquant les figures d'Ernst Moritz Arndt et de (son contemporain) Ludwig Jahn, souligne le fait que la répercussion de la Révolution française sur la culture allemande fut d'introduire dans l'idée allemande de **« nation » (*Volkstum*)** l'idée française de « culture politique », ce qui a eu des conséquences néfastes (on peut, à ce sujet, voir aussi le livre de Denis Guénoun, ***Hypothèses sur l'Europe. Un essai de philosophie***, en particulier le chapitre II intitulé « **Sur la révolution nationale** », pp. 182-188). ... Mais c'est Myriam Bienenstock qui, dans son article sur ***Franz Rosenzweig et sa critique des philosophies de l'esprit***, est celle qui a le mieux posé le problème, en se référant à l'interprétation particulière et tendancieuse de la *philosophie de l'État* de Hegel par **Friedrich Meinecke**. Selon cette interprétation, en effet, Hegel aurait opposé, comme l'ont fait les romantiques, **« culture-nation »** (*Kulturnation*) à **« État-nation »** (*Staatsnation*) (voir *art. cit.*, p. 297). Or, Myriam Bienenstock fait remarquer que, dans ***Hegel et l'État*** de Franz Rosenzweig, « l'on ne trouve pas d'élucidation de la notion d' **« esprit » (*Geist*)** », mais qu'on y trouve plutôt « de nombreuses discussions de la notion de *Volksgeist*, ou ***esprit* d'un peuple** », discussions dans lesquelles « l'influence prépondérante de Meinecke se fait sentir ». (*id.*, p. 298). Rosenzweig interprète donc « toute la philosophie politique de Hegel selon la distinction célèbre de Meinecke entre ***Staatsnationen*** et ***Kulturnationen*** », c'est-à-dire selon la distinction « entre des nations fondées sur la force unificatrice d'une histoire et d'une constitution politiques communes, et des nations fondées sur une expérience « culturelle » commune – qu'elle soit linguistique, littéraire ou religieuse ». (*ibid.*). C'est ainsi que Rosenzweig « identifie l'État hégélien à la *Staatsnation* de Meinecke, et l'oppose à la notion de *Kulturnation* ». (*ibid.*).

Selon Rosenzweig et Meinecke, donc, Hegel aurait donc fait « la grande erreur de ne pas établir de lien entre l'État et la culture » (*ibid.*). Or, en vérité, la conception *hégélienne* de la « culture » n'est pas, comme le prétend et l'insinue Meinecke, identique à la **conception *romantique* de la « culture »**. Si cette dernière, en effet, exalte l'« individualité » (y compris l'« individualité » du peuple), la « notion hégélienne de *Geist*, voire même de ***Volksgeist*** », elle, n'a pas le même contenu, ni le même sens que la notion romantique de « culture » (*Kultur*) (*ibid.*). Car, c'est uniquement « dans la seconde moitié du XIXe siècle et au début du XXe et d'ailleurs comme aujourd'hui », qu'on entendait alors par « culture » (*Kultur*) « tout ce qui se rapporte à la vie intellectuelle des hommes – art, littérature, philosophie, religion -, donc, tout ce que Hegel rapporte à l' **« esprit absolu » (*absolute Geist*)** – à la différence, ou même à l'exclusion, d'autres secteurs de cette vie : économie, droit, et surtout politique ». (*id.*, p. 298-299). Chez Hegel, en vérité, l'***esprit* (*Geist*)** embrasse

Un mot au sujet de notre judaïsme (*Ein Wort über unser Judentum*), venait de définir le judaïsme comme « la religion nationale d'une race étrangère ». Dans sa réponse, publiée l'année suivante sous le titre

---

la totalité de ces activités, et il est essentiellement lié à la vie politique ». Dans la philosophie de Hegel, donc, le mot « culture » n'est pas aussi central qu'il l'est chez les romantiques ! Hegel recourt à un autre mot dont le contenu significatif évoque celui de *Kultur,* mais qui, en vérité, a une signification radicalement différente, celui de ***Bildung***. En allemand, en effet, il existe un autre mot pour « culture » (au sens d' « éducation », « *Erziehung »*), celui de « *Bildung* », « se cultiver » signifiant *sich bilden.* (On peut souligner ici que « s'imaginer » signifie *sich einbilden* et qu'« imagination » signifie ***Einbildungskraft***, mais que *Einbildung* peut aussi signifier « cuture prétentieuse », tous ces mots étant composés à partir du substantif « das Bild », « l'image »). En ce qui concerne le mot *Bildung*, Myriam Bienenstock fait remarquer que « ce n'est certainement pas par hasard que le terme même de « culture » (*Kultur*) apparaît si rarement dans les écrits de Hegel », car ce dernier « lui préférait la notion de *Bildung* », notion signifiant « formation », « éducation ». C'est, en tous les cas, en ce sens que « sa philosophie de l'histoire, qui se veut, identiquement, philosophie politique, est décidément bien différente de ce que l'on entendait à l'époque de Rosenzweig par « histoire culturelle » (*Kulturgeschichte*) » (id., p. 299). Pour Hegel, en effet, « des activités comme le travail, la vie économique, le droit et la politique [sont] tout aussi **« formatrices »** – pour la culture, et tout aussi éducatrices [que] l'art, la philosophie ou la religion » (*id*., p. 299).... (sur la notion importante de *Bildung* dans la culture et la littérature allemande, on peut se référer au IIe tome d'***Homo aequalis*** de Louis Dumont intitulé ***L'idéologie allemande. France-Allemagne et retour***, en particulier la deuxième partie qui fait un retour **« Aux sources de la *Bildung* »** allemande, sources - notamment religieuses et mystiques - qui sont aussi étudiées en détails, et sous l'angle de la construction de l'idée allemande de « nation », dans un ouvrage d'Aleida Assmann intitulé ***Construction de la mémoire nationale. Une brève histoire de l'idée allemande de Bildung***. Pour Aleida Assmann, la *Bildung* dans sa spécificité allemande « rassemble des éléments religieux et les propose sous une forme adaptée à un temps de piété profane ». C'est « un concept pédagogique qui fait descendre le bien sur terre puisqu'elle promet le salut par l'éducation ». (*op. cit*., quatrième de couverture). De l'histoire mouvementée de « ce concept clé de la conscience de soi bourgeoise », l'auteur « brosse une synthèse brillante », « de son exaltation par Humboldt et Goethe à sa critique par Nietzsche et Troeltsch ». (*ibid.*). Est ainsi parcourue « chaque étape de l'histoire du discours sur la *Bildung* », de sorte que « ce livre illustre le glissement de l'identité nationale allemande, de ses débuts bourgeois et libéraux au pathos collectiviste et à l'effondrement de l'époque fasciste », et nous fait prendre conscience que « l'identité d'une nation n'est pas une donnée immédiate, mais [qu'] elle résulte bien de la construction d'une mémoire collective ». Cette « réflexion critique [sur] ce travail de **« construction de la mémoire nationale »** » dépasse l'« exemple allemand » pour s'élever à l'**« idée européenne »** dans la mesure où celle-ci « imprègne les Etats-nationaux eux-mêmes ». (*op. cit*., quatrième de couverture). (Pour en savoir plus sur l'idée de « nation » allemande et ses antécédents philosophico-théologiques, on peut aussi se référer à l'ouvrage magistral de Nicole Parfait inititulé « ***Une certaine idée de l'Allemagne. L'identité allemande et ses penseurs de Luther à Heidegger*** »).

Une profession de foi au sujet de la question juive (*Ein Bekenntnis zur Judenfrage*), Hermann Cohen allait développer une argumentation caractéristique à la fois de sa propre philosophie et de l'idéologie du judaïsme « émancipé » de l'époque, à savoir : le judaïsme n'est pas, comme le prétendent les antisémites, un élément étranger dans la culture nationale allemande, mais au contraire une de ses composantes essentielles. Cette culture, en effet, tel qu'elle s'est constituée à travers la réforme luthérienne et la philosophie kantienne, ne représente rien d'autre que la sécularisation de la religion chrétienne, elle-même issue de l'enseignement du « monothéisme israélite[1] ». En ce sens, il existe une affinité historique particulière entre le judaïsme moderne se réclamant de l'« idée de l'autonomie morale », et l'esprit de la culture allemande[2]. Parallèlement à l'« historicisation de Dieu », il y a eu, dans le protestantisme, une « moralisation de l'individu[3] ». Pour Cohen, c'est même cette « moralisation » de l'individu qui est l'apport spécifique du christianisme à la culture universelle (par le biais de Kant et de Hegel). Comme l'écrit Rosenzweig dans son ***Introduction à l'édition académique des écrits juifs d'Hermann Cohen***, « l'importance du christianisme pour l'histoire de la culture consiste dans le fait que, dans l'enveloppe dogmatique de l'humanisation de Dieu, il a apporté à l'humanité l'**humanisation de la religion** et, par là, le fondement de l' « idée [moderne] de l'autonomie morale » telle qu'elle est surtout élaborée et développée dans la Réforme allemande et dans la philosophie kantienne[4] ». Grâce à cette idée, Cohen put rapprocher le *christianisme protestant* du *judaïsme*, puisque « dans le sens de cette relation historico-universelle, qui, par le biais de Hegel et de son école, devint le bien commun de la culture allemande, - et qui, donc, est aussi reçu par Cohen -, tous les juifs modernes, surtout allemands, sont des protestants[5] ». Mais, dans la mesure où un noyau de l'ancien Dieu des Prophètes doit toujours rester soustrait à toute *humanisation* (*Vermenschlichung*), - le Dieu de l'Ancien Testament ne pose-t-il pas la question rhétorique malicieuse : « À qui voulez-vous me comparer que je puisse lui ressembler ? » -, dans cette

[1] ***Introduction à l'édition académique des écrits juifs d'Hermann Cohen***, G.S. III, p. 191. (ma trad.).
[2] *Ibid.*
[3] *Ibid.*
[4] ***Introduction à l'édition académique des écrits juifs d'Hermann Cohen***, G.S. III, p. 191. (ma trad.).
[5] *Ibid.*

mesure-là, « tous les chrétiens [sont] des Israélites [1] ». Cette convergence entre le kantisme *moral* et un judaïsme *moral* est à l'origine de l'espoir (qui sera amèrement déçu!) que cultivait Cohen et de la possibilité (vite démentie!), qu'il entrevoyait, d'une *« symbiose » judéo-allemande* [2]. Rosenzweig, qui ne croyait pas dans cette symbiose, critiqua sévèrement la tentative de conciliation, par Cohen, de l'esprit allemand et de l'esprit juif. Pour Rosenzweig, en effet, il faut faire une nette distinction entre la « vie d'un peuple », vie historique, et le peuple comme « idée », idée supra-historique. L'Idée peut devenir chair et sang, peut s'incarner, mais cela n'y change rien : il ne lui est jamais donné de « se revêtir d'un authentique « chair et sang », de même qu'il n'est pas donné à la réalité de devenir pur « esprit » [3] ». Par conséquent, entre le judaïsme (*Judentum*) et le germanisme (*Deutschtum*), il n'y a aucune comparaison possible. Ils ne peuvent pas être mis sur le même plan : le judaïsme n'est pas un « populisme » (*Volkstum*) et le germanisme n'est pas une « religion »[4]. Le tort et l'erreur de Cohen, ce fut d'avoir confondu les deux, d'avoir assimilé le « mouvement idéaliste » à une « part de germanisme », alors que ce mouvement fut en vérité - « au sein de l'histoire de l'Allemagne » - une « part de l'histoire de l'Eglise », une « part - à l'intérieur même de la matière du germanisme - d' « histoire de l'Église »[5] ».

Pour Cohen, par contre, le devoir national devait conduire les juifs à s'intégrer aussi complètement que possible dans la société allemande, tout en préservant leur spécificité religieuse. Quelques années plus tard, en réplique à une attaque contre le « particularisme juif », Hermann Cohen publia une étude sur ***L'amour du prochain dans le judaïsme*** (*Die Nächstenliebe im Judentum*). Au fil des années, Cohen sera parmi ses collègues, de plus en plus isolés, et, touché par l'antisémitisme [6] des associations d'étudiants **ultranationalistes** et

---

[1] *Ibid.*

[2] Voir la quatrième de couverture de ***La religion dans les limites de la philosophie***, traduction française par Marc B. de Launay et Carole Prompsy de l'ouvrage de Cohen ***Der Begriff der Religion im System der Philosophie***. (On peut aussi voir, d'Enzo Traverso, ***Les Juifs et l'Allemagne. De la « symbiose judéo-allemande » à la mémoire d'Auschwitz***, pp. 52-62 et p. 113).

[3] Voir Franz Rosenzweig, ***Germanisme et judaïsme*** (*„Deutschtum und Judentum“*), GS III, p. 174.

[4] *Id.*, p. 173.

[5] *Id.*, p. 175.

[6] « La jeunesse d'Hermann Cohen tombe au milieu des décennies les plus mouvementées du judaïsme allemand émancipé [...]. Et, en 1860, le mouvement s'est épui-

devant essuyer le refus des autorités universitaires d'accorder à la philosophie systématique la place qui, selon lui, devait lui revenir, il quitta Marbourg en 1912 pour s'installer à **Berlin**[1]. Rosenzweig reprochera à Hermann Cohen son **« chauvinisme » allemand**. Lorsqu'en 1915, Cohen publia sa brochure ***« Germanisme et judaïsme »*** (*"Deutschtum und Judentum"*), brochure dans laquelle Cohen justifiait les buts de guerre de l'Allemagne au nom d'une convergence historique entre la culture germanique et l'universalisme éthique des prophètes, Rosenzweig, qui servait à cette époque dans l'armée allemande, prit violemment parti, dans une lettre adressée à ses parents, contre les thèses nationalistes de son ancien maître, et se rangea du côté des idées développées par **Martin Buber** au nom de l'idéal d'un ***sionisme spirituel***. Néanmoins, Rosenzweig décida, au cours d'une permission en février 1918, de rendre visite à Hermann Cohen à Berlin. C'est au cours de cette visite que celui-ci lui confia un exemplaire dactylographié de son dernier ouvrage, encore inachevé, ***La religion de la raison tirée des sources du judaïsme***.[2] Un mois plus

---

sé, le judaïsme allemand, après avoir réussi à s'émanciper politiquement, a été plongé dans le sommeil d'hibernation d'une saturation hors duquel il fut, il est vrai, réveillé, de façon charnelle (*leiblich*), à la fin des années soixante-dix, par la nouvelle vague antisémite, mais, de façon spirituelle, uniquement par le mouvement sioniste contemporain... » (***Introduction à l'édition académique des écrits juifs d'Hermann Cohen***, GS III, p. 184).

[1] En 1912, Cohen « quitte l'université [de Marbourg] pour prendre sa retraite : le fait qu'il soit juif lui vaudra de ne pas être invité à faire cours dans d'autres universités, ce qui était ordinairement la règle. Cohen s'installe à Berlin et commence à enseigner à l'Ecole supérieure des sciences juives. » (voir Marc B. de Launay et Carole Prompsy, introduction à leur traduction de ***La religion dans les limites de la philosophie*** d'Hermann Cohen, p. I-II ; ce titre est une allusion évidente à ***La religion dans les limites de la simple raison*** de Kant, bien que l'intitulé du cours de Cohen du semestre d'hiver 1913-1914 fut : **« Le concept de religion dans le système de la philosophie »** ("Der Begriff der Religion im System der Philosophie") (voir ***Introduction à l'édition académique des écrits juifs d'Hermann Cohen***, GS III, p. 205).

[2] ***Die Religion der Vernunft aus den Quelllen des Judentums***, Leipzig, 1919. Au sujet de cet ouvrage, Rosenzweig écrit : « C'est dans cette psychologie de l'esprit objectif [la cinquième partie du système philosophique de Cohen] que l'hégélianisme inconscient, et, par là, réellement génial, de ce néokantien que fut Cohen, se révèle. C'est cette psychologie qui - s'il avait... pu l'écrire - aurait pu conduire Cohen à un résumé, pour ce qui est des résultats, aussi grandiose que celui que Hegel avait fait sur les présupposés du XIXe siècle commençant. Mais il n'a pu l'écrire, et, à sa place, on trouve [...] un autre ouvrage, un ouvrage qui, seul par des dispositifs particuliers, aurait pu être empêché de faire éclater l'édifice du système, ouvrage qui vivra encore quand, plus tard, ce système, comme tous les autres, aura fait son chemin, à savoir l'ouvrage *La religion de la raison à partir des sources du judaïsme* ».

tard, Hermann Cohen mourut, et son livre ne fut publié qu'en 1919. En lisant ce manuscrit, Rosenzweig découvrit peu à peu la véritable signification de la pensée de Cohen. En fait, il se rendit compte que la philosophie « juive » de Cohen était en rupture totale avec son système philosophique précédent. C'est seulement après cette intuition - et peu avant la mort de Cohen - qu'il décida de lire les œuvres philosophiques et systématiques de Cohen dont il considéra toujours la lecture comme très difficile. À propos du livre de Cohen sur la « religion de la raison », Rosenzweig écrit en effet : « Dans cet ouvrage - qu'on lira encore quand la langue dans laquelle Cohen écrivit ne sera comprise que par les érudits - est contenu tout l'apport juif de cette vie, et, par là, de cette vie en général[1] ».

B. Le nouveau « concept de religion »

Rosenzweig fut fasciné par ce professeur de philosophie qui était, à ses yeux, plus homme que philosophe, « un homme pieux » qui croyait profondément dans ce qu'il disait, qui avait fait de sa philosophie sa vocation.

Au **printemps 1918**, il lut les deux tiers du manuscrit de son ouvrage publié après sa mort. Comme il le dit dans une lettre du 5 mars 1918 à Rudolf Ehrenberg, il porta son attention surtout sur trois chapitres, les chapitres intitulés, respectivement : « L'individu en tant que je » (*Das Individuum als Ich*), « La Réconciliation » (*Die Versöhnung*) et **« Le jour de la réconciliation »** (*Der Versöhnungstag*). Ce fut aussi lors du « jour de la réconciliation » (ou « jour du grand Pardon »), le **Yom Kippour**, que Rosenzweig eut sa « révélation » qui le conduisit à se « convertir » au judaïsme. L'ouvrage de Cohen lui donna précisément l'occasion de *conceptualiser* ce qui lui était arrivé ce jour-là.

C'est, en effet, peu après cette « expérience »-choc, que Rosenzweig, en automne 1913, était allé écouter Hermann Cohen à Berlin où celui-ci, - après avoir été « chassé » de sa chaire universitaire de Marbourg - enseignait les principes du judaïsme au séminaire rabbinique libéral, encore appelé ***Institut supérieur pour la science du judaïsme*** (*Lehranstalt für die Wissenschaft des Judentums*), Alors qu'à Marbourg Cohen avait été le chef de file des

---

(*Introduction à l'édition académique des écrits juifs d'Hermann Cohen*, GS III, p. 182-183 (ma trad.)).

[1] *Id.*, p. 222 (ma trad.).

néokantiens et la figure de proue de l'« École de Marbourg » plutôt orientée vers les problèmes épistémologiques (concernant, en particulier, les mathématiques), à l'*Institut* de Berlin il enseignait la philosophie de la religion dans le cadre d'un cours qui portait sur le concept de religion[1]. Rosenzweig assista précisément à ce cours-là, cours qui se déroula pendant le **semestre d'hiver 1913-1914**, rencontrant ainsi pour la première fois celui qu'il appellera par la suite « le maître », et dont la pensée joua un rôle considérable dans l'évolution de sa propre pensée. Selon Rosenzweig, en effet, l'impulsion qui donna naissance à ***l'Étoile*** s'origine dans « une surprise sans égale[2] » que suscita, chez lui, l'écoute des paroles de ce philosophe, surpris de constater que, sous la chape froide de ce brillant « rationaliste » néokantien, couvait un feu dévorant. Assistant comme auditeur libre à ses cours, Rosenzweig, impressionné, compare la parole de cette « personnalité hors du commun » à « un volcan couvant sous un sol uni[3] ». Cette parole, en effet, si elle tissait sa trame avec rigueur pour résoudre un problème précis et particulier, soudain, « telle un éclair », et de façon inopinée et sans transition, - sans qu'on puisse le prévoir ou le deviner -, brisait la chape de plomb d'une pensée trop rigoureuse et trop logique et laissait surgir la « personnalité de Cohen ». On voyait alors, « sous le front puissant, couler le fleuve de sa pensée[4] »... C'est dans son ***Introduction à l'édition académique des écrits juifs d'Hermann Cohen*** que

---

[1] « Le **concept de religion** » constitue le programme que s'est désormais fixé Cohen, tandis que l'insertion de ce concept au sein du système de la philosophie doit être considérée comme une sorte de bilan que le philosophe de Marbourg dresse au moment où il se consacre presque exclusivement à l'examen des sources de la pensée juive, signalant ainsi que, à ses propres yeux, son système est en réalité fondamentalement inachevé. » (Marc B. de Launay et Carole Prompsy, introduction à la traduction de ***La Religion dans les limites de la philosophie*** d'Hermann Cohen, p. II). *La Religion dans les limites de la philosophie* (1915) « est l'avant-dernier ouvrage de Cohen qui achève son grandiose parcours philosophique par une « philosophie de la religion » au sens classique, même si les sources principales de son inspiration sont juives. L'originalité de cet ouvrage ne tient pas seulement à cet aspect-là ; il a inspiré très directement l'œuvre de **Martin Buber** et, ce que l'on ignore en France, celle d'**Emmanuel Lévinas** » (Marc B. de Launay et Carole Prompsy, *op. cit.,* quatrième de couverture).

[2] Franz Rosenzweig, ***Un hommage***, cité *in* **Les Cahiers de *La nuit surveillée*,** n° 1 : **« Franz Rosenzweig »**, 1982, p. 182, textes rassemblés par Olivier Mongin, Jacques Rolland et Alexandre Derczanski. Cet hommage vibrant se termine par ces mots : « Et en effet, il était au fond tout à fait simple. C'était un homme pieux ». (*ibid.*).

[3] *Ibid.*

[4] *Ibid.*

Rosenzweig analyse de façon approfondie le contenu de ce cours, publié en 1915, en insistant sur la fonction de transition qu'il a dans la pensée de son maître. Ce qu'il retient, c'est que, dans cette pensée, l'individu, - l'« individu quand même[1] » -, est opposé à l'« individu « bourgeois » », c'est-à-dire à celui qui fonde l'éthique « uniquement sur l'éternité de la culture et sur la loi morale[2] ». Pour que cette pensée trouve un langage adéquat à cette « certitude ardemment défendue », il a, en effet, fallu à Cohen « un développement de dix ans et l'arrachement à la « bourgeoisie cultivée »[3] ». C'est à partir de là que Cohen parvient à « l'idée fondamentale de la philosophie de la religion », idée qu'« il a exposée dans son cours de l'hiver 1913/14 à l'Institut de Berlin », cours qu'il intitula « **le concept de la religion dans le système de philosophie** » et qu'il « publia à la fin de l'année 1915 dans les « travaux philosophiques » de l'École de Marbourg[4]». Certes, - comme le fait remarquer Rosenzweig -, dans la formulation de ses nouvelles idées, « les influences de la théologie protestante et les critiques de ses collègues protestants ont sûrement eu un effet important », au même titre que sa « volonté de se démarquer du subjectivisme mystique de Natorp[5] ». Mais ce qui pour Rosenzweig, fut décisif dans la démarche de Cohen, c'est que « par sa vie [il] avait été conduit jusqu'en ce point où sa bouche pouvait exprimer le trop-plein de son cœur[6] ». Ce ne fut donc pas par hasard si Cohen intitula l'écrit (inspiré de son cours) « le concept de la religion dans le système de philosophie », car cet écrit fut « à la fois un écrit programmatique et un récit de justification », c'est-à-dire que c'est dans le « *système* » *philosophique* que Cohen établit la relation avec ses nouvelles *idées* tirées des sources du *judaïsme*[7].

[1] En français dans le texte : « das Individuum quand-même ».
[2] *Introduction à l'édition académique des écrits juifs d'Hermann Cohen*, GS III, p. 205.
[3] *Ibid.*
[4] *Ibid.*
[5] *Ibid.*
[6] *Ibid.*
[7] *Id.*, p. 206. (ma trad.).

C. Le concept de « corrélation » et l'intersubjectivité Je-Tu dans « La religion de la raison tirée des sources du judaïsme »

1. Les catégories religieuses *juives* comme langage *universel* de l'expérience humaine

C'est dans son dernier ouvrage (posthume) ***La religion de la raison tirée des sources du judaïsme*** qu'Hermann Cohen développa et systématisa les idées qu'il avait élaborées et exposées dans son cours sur le « concept de religion ». Comme nous l'avons vu, cet ouvrage marqua durablement et profondément la pensée de Rosenzweig et l'aida à conceptualiser ses propres idées dans ***L'Étoile de la rédemption***. Ce sont en particulier deux thèmes développés dans cet ouvrage qui retinrent l'attention de Rosenzweig

Le premier est le thème de l'importance du jour de la réconciliation, ou de l'expiation, dans l'analyse de la Révélation. Selon la biographie de Rosenzweig, l'expérience de la révélation a eu lieu le **jour du Yom Kippour**. Rosenzweig a décrit cette expérience dans le chapitre central de ***l'Étoile*** sous l'angle du rite d'expiation qui a lieu ce jour-là. Le modèle de cette révélation trouve donc son inspiration dans la liturgie de la fête de Yom Kippour. Il est fort probable que l'idée de « pardon », à laquelle Hermann Cohen consacre, dans son livre sur la religion juive, deux chapitres, ait fourni à Rosenzweig la possibilité de conceptualiser formellement ce qui n'avait été pour lui jusque-là qu'une expérience personnelle. Cette idée, en effet, implique l'idée d'une relation *spécifique* entre l'homme et Dieu, relation que Cohen appelle « corrélation » et qui se réalise, selon lui, précisément le jour du Yom Kippour, à travers la liturgie du Yom Kippour.

Le deuxième thème de cet ouvrage - thème que l'on retrouve sous une forme presque identique dans ***l'Étoile*** - est la distinction entre l'individu abstrait et le *Je*. Pour Hermann Cohen, l'individu abstrait fait partie d'une totalité qui ne lui permet pas d'être un « individu en tant que *Je* », c'est-à-dire une *singularité individuelle concrète*. C'est plus précisément dans le chapitre X de son ouvrage qu'il traite du problème de la naissance du *Je* a partir du sentiment de culpabilité, plus précisément, de la *conscience* de sa culpabilité (*Schuldbewußtsein*), et cela dans un chapitre qui s'intitule précisément « L'individu en tant que *Je* » (« *Das Individuum als Ich* »). L'individu abstrait n'est qu'un sujet autonome qui se soumet librement à la souveraineté de la loi et réalise, par là, son essence de personne morale. Comme la loi s'incarne dans l'autorité du droit, de la société et de l'État, l'individu se définit par rapport à la *collectivité* qui à la fois l'englobe et lui permet d'accomplir sa vocation. Le *Je*, quant à lui, ne s'affirme qu'en dépassant toutes ces exigences éthiques qui ne s'adressent qu'à l'individu abstrait, et accède ainsi à la sphère proprement religieuse. Le *Je*, en effet, ne se découvre lui-même que dans l'expérience spécifiquement religieuse de la *faute*. C'est, plus précisément, le *repentir*, comme confession de la faute devant la *transcendance* divine, puis le *pardon* que seul Dieu peut accorder, qui constituent le *Je* en *personne* (le Je *« en tant qu'âme »*, *« als Seele »*)[1], personne qui se définit, à présent, par sa relation de réciprocité - ou « corrélation » - avec Dieu. Rosenzweig, dans *l'Étoile*, affirme également la spécificité de la « personne » par son irréductibilité dont elle prend conscience dans l'angoisse de la mort. À l'individu, comme soi (*Selbst*) fermé sur lui-même, Rosenzweig oppose le *je* qui est le soi qui s'éveille à l'amour, c'est-à-dire qui s'ouvre à la relation à l'autre. C'est donc à travers l'expérience de la Révélation que le Soi accède à son existence comme « personne »[2], ce qui est précisément aussi le cas dans la corrélation entre l'homme et Dieu. Ce qui avait frappé Rosenzweig, ce fut cette similitude entre l'idée de corrélation, telle que Cohen la développe dans *La religion de la raison tirée des sources du judaïsme*, et sa propre notion de révélation qui se trouvait au centre de son système. Sans le savoir, Cohen avait déjà dépassé l'idéalisme qui caractérisait encore son propre système néokantien, et avait découvert ce que Rosenzweig allait appeler la « *pensée nouvelle* », pensée fondée sur l'irréductibilité de l'homme (comme *individu singulier*) à la totalité qui prétend l'englober (la singularité de l'individu étant enracinée dans le péché). En fait, Rosenzweig découvrait dans l'ouvrage de Cohen le modèle général qui lui permettait de donner une forme philosophique aux catégories religieuses juives. Des notions spécifiquement *religieuses*, comme la création, la révélation, la rédemption, la loi, la prière, ou encore la faute, le repentir, le pardon, y étaient en effet utilisées et traitées comme des catégories *philosophiques*. À l'aide de ces catégories, Hermann Cohen avait mis en évidence des aspects de l'être que la

---

[1] « Ce progrès est accompli par Ezéchiel avec la phrase : « **L'âme pèche**. L'âme est l'expression pour la personne et pour l'individu » (*op. cit.*, p. 222). C'est pourquoi, pour Cohen, ce qui singularise (l'individu), c'est l'« âme » (*Seele*), et non pas l'« esprit » (*Geist*).

[2] Voir ***La religion de la raison à partir des sources du judaïsme***, Chapitre VIII. « La découverte de l'homme comme autre homme » (*Die Entdeckung des Menschen als des Mitmenschen*), p. 131-166.

philosophie classique avait jusque-là ignorés. D'autre part, ces catégories religieuses générales, liées au monde spirituel de la tradition juive, n'étaient pas sans avoir une certaine puissance d'universalité qui les faisait sortir de la sphère spécifique d'une religion particulière. Il apparaissait que les *catégories religieuses du judaïsme* - et les textes à partir desquels elles s'étaient élaborées - constituaient une sorte de *langage universel* qui permettait d'éclairer l'expérience de tous les hommes.

2. *Création* de la raison dans l'homme et *dépassement* de l'idéalisme

Cohen, en fait, avait bien « incorporé, à la manière idéaliste, l'éthique dans l'idée de Dieu[1] ». En cela il était resté irrémédiablement « idéaliste ». Mais, « pour pouvoir exprimer pleinement sa foi, il avait besoin d'un autre moyen méthodologique que celui que lui offraient les concepts fondamentaux de l'idéalisme [et] c'est ici qu'il découvrit la "corrélation"[2] ». Celle-ci permet, en effet, de dépasser l'individu abstrait, objet de l'éthique, et d'aller au-delà de l'éthique. La spécificité de ce nouveau type de relation rend possible l'instauration d'un régime de réciprocité, ce qui n'était pas le cas avec la relation *idéaliste* entre Dieu et l'homme. Cette dernière, en effet, s'illustre par le « concept de production » (ou « concept de génération », *Erzeugungsbegriff*)[3], concept qui, d'ailleurs, demeurera au fondement de l'idéalisme *épistémologique* de Cohen. Dans la « production », le *produit* est absorbé par la *productivité*. Dans la nouvelle relation non idéaliste, au contraire, « ce qui se rapporte l'un à l'autre de façon réciproque ne risque pas de s'approprier la réalité au détriment de l'autre ».[4] Dans l'« action réciproque de cette relation[5] », en effet, « le produit est protégé contre la dissolution dans le producteur », de sorte

[1] ***Introduction à l'édition académique des écrits juifs d'Hermann Cohen***, GS III, p. 209.

[2] *Ibid.*

[3] „*Erzeugungsbegriff*", qu'on peut aussi traduire par « concept d'engendrement ». Ce terme clé est porteur d'une importante controverse entre le *judaïsme* et le *christianisme* ; voir Claude Tresmontant, « La métaphysique de la création dans les premiers siècles de l'ère chrétienne » (§. 5. « Création et génération ») *in* ***Les origines de la philosophie chrétienne***, p. 56 et 57.

[4] ***Introduction à l'édition académique des écrits juifs d'Hermann Cohen***, GS III, p. 209.

[5] *Ibid.* „ in der Wechselseitigkeit dieser Beziehung".

que, les deux membres du rapport de corrélation restant séparés, leur facticité (*Tatsächlichkeit*) est sauvée[1].

Cohen applique le concept de corrélation d'abord à Dieu et à l'homme, ce qui lui permet de saisir philosophiquement, à partir de Dieu, l'individu dans sa singularité (ou, comme dit Cohen, l'« individu quand même[2] »), et de renouveler par là, de façon radicale, l'éthique. Mais le concept de corrélation peut, en deuxième lieu, s'appliquer au monde ou à la nature, car « l'homme est malgré tout aussi une partie de la nature[3] ». C'est cette autre corrélation, celle entre Dieu et la nature, qui permet à Cohen d'accéder au « concept de Création[4] » :

> « D'abord [la corrélation] est effectuée avec Dieu et l'homme [...] Mais, en deuxième lieu, puisque l'homme est malgré tout aussi une partie de la nature, on peut accéder à l'autre corrélation, celle entre Dieu et la nature, et c'est ainsi que s'ouvre l'horizon balayé par le concept de création. Et ce n'est pas par hasard que l'œuvre principale de philosophie religieuse délie alors la corrélation du *je* et du *tu* des chaînes dorées de l'esthétique lyrique[5] et découvre ainsi, sans le savoir (...), les fondements d'une nouvelle logique ».[6]

C'est ce dernier pas, - pas que Rosenzweig qualifiera d'« effrayant dans toute sa géniale inconscience[7] » et qui mènera donc Cohen à découvrir le concept de « Création » -, c'est ce pas-là qui permettra à Cohen de *dépasser l'idéalisme*, l'idéalisme comme « expression verbale du mystère informulé de toute la philosophie antérieure[8] ». Alors que, dans l'idéalisme, la « création » est assimilée à une « production » dont le siège est la raison, Cohen, au contraire,

---

[1] *Ibid.* Rosenzweig écrit exactement ceci : « Cohen découvre la corrélation. (Donc, en lieu et place de la « production » [*Erzeugung*], - qui est le fait que le *producteur* meurt dans le *produit* -, [il y a] l'Alliance) ». Rosenzweig écrit encore : « L'alliance, chez Cohen, préserve l'idée de production du destin qu'elle a subie dans l'idéalisme, à savoir de se renverser en une mystique du mourir à soi ; comme le prouve, par exemple, le chemin qu'il a pris de Kant à Hegel » (*ibid.*). (ma trad.). (*C'est nous qui soulignons.*)

[2] *Id.*, p. 205.

[3] *Ibid.*

[4] *Ibid.*

[5] Allusion à l'ouvrage de Cohen sur ***L'esthétique du sentiment pur*** (*Ästhetik des reinen Gefühls*).

[6] *Id.*, p. 209-210.

[7] *Id.*, p. 210

[8] *Ibid.*

présente la « raison » comme étant elle-même le fruit d'une « création » (*Schöpfung*), d'une « création » non rationnelle[1].

Si, pour Rosenzweig, donc, le concept de « *production* » est « le fondement ultime de l'idéalisme », la « corrélation », elle, est le contraire de ce concept idéaliste qui a pour grave inconvénient de réaliserune pure et simple identification panthéiste entre l'homme et Dieu[2] (identification que Rosenzweig va critiquer de façon plus approfondie dans *l'Étoile*[3])... C'est pourquoi, dans le cinquième chapitre de son ouvrage, Cohen interprète la raison non pas de manière idéaliste, désincarnée, mais comme fruit de la « Création divine » (*Schöpfung Gottes*), comme « *raison créée* » (*geschaffene Vernunft*)[4]. C'est dans cette optique que Rosenzweig s'intéresse au concept de « *corrélation* » de Cohen et voit l'originalité de sa philosophie religieuse dans le fait qu'elle dégage ce concept à partir du monothéisme juif, c'est-à-dire en opposition au paganisme (ou polythéisme) et en enracinant la révélation dans la notion d'« Unicité » (divine)[5]. Cela dit, Rosenzweig était bien conscient que ce que Cohen avait baptisé du nom de « corrélation » n'était autre que l' « alliance » biblique, celle que Dieu avait conclue avec Moïse, comme il le précise dans son compte-rendu sur l'ouvrage de Cohen intitulé *Au sujet de la « religion de la raison » d'Hermann Cohen*[6], comme il le fait également dans une lettre dans laquelle il fait part de l'enthousiasme qui l'a envahi lors de la lecture de l'ouvrage de Cohen sur la religion juive[7], puisqu'il termine son éloge sur cet ouvrage en regrettant que Cohen « [dise] « corrélation » là où il pense en vérité alliance »[8]. Cela dit, aux yeux de Rosenzweig, le livre de Cohen est un important ouvrage qui dépasse même le génie de Hegel et de Schelling, « car il s'agit ici de la *religio philosophiae* d'un homme

---

[1] *Ibid.*

[2] ***Introduction à l'édition académique des écrits juifs d'Hermann Cohen***, GS III, p. 210.

[3] Voir l'étude de la « logique idéaliste » dans *L'Etoile*, p. 162-168 (*Stern*, p. 149-155).

[4] ***Introduction à l'édition académique des écrits juifs d'Hermann Cohen***, GS III, p. 210.

[5] *Ibid.* „ die Einzigkeit Gottes ".

[6] ***Au sujet de la « Religion de la raison » d'Hermann Cohen***, GS III, p. 225.

[7] À cette date, Rosenzweig - comme il le dit lui-même à Rudolf Ehrenberg dans cette lettre - il ne dispose que des « feuilles de correction de la *Religion de la raison tirée des sources du judaïsme* ». (*ibid.*)

[8] „ *Er sagt leider ',,Korrelation", wo er Bund meint " (ibid.)*

pieux („*eines frommen Menschen*") »[1], d'un homme pétri de piété, ce qui ne fut pas le cas de **Hegel** et de **Schelling** qui, comme on sait, revendiquaient tous les deux leur « athéisme »…

3. Pensée dialogique, *logos* et « corrélation » dans *« La religion de la raison tirée des sources du judaïsme »*

Plus loin nous allons voir comment Rosenstock établira un lien entre ***logos*** et **révélation**. Il sera alors instructif de comparer la conception du *logos* de ce dernier avec celle d'Hermann Cohen, dans la mesure où celle-ci, comme nous venons de le voir, est fondée sur un nouveau concept, celui de « corrélation ». Quant à Rosenzweig, nous avons vu que c'est de ce concept qu'il s'est inspiré dans ***L'Étoile de la rédemption*** pour établir son propre concept de *révélation.* Il l'a également fait dans son article « ***Théologie athée***[2] » dans lequel il critique l'idéalisme allemand qui, faute d'avoir possédé ce concept de « corrélation, aurait fatalement débouché dans une anthropologie athée ou un athéisme anthropologique. Rosenzweig fait cette critique à partir du concept christologique d'« Homme-Dieu[3] ». Comme on sait, la figure historique qui fut au centre de cette polémique, ce fut

---

[1] « C'est un ouvrage auquel, depuis Hegel et Schelling, on peut, du côté chrétien, difficilement opposer quelque chose d'équivalent. […] C'est même *plus* que Hegel et Schelling ; car c'est la *religio philosophiae* d'un homme pieux » (lettre à Rudolf Ehrenberg, 5.3.18, GS, I,1, p. 514) (ma trad.).

[2] ***Théologie athée*** *(Atheistische Theologie),* GS III, p. 687.

[3] Sur ce concept christologique d' « homme-dieu », et son rapport à l'idéalisme allemand et au marxisme, Michel Henry, dans son livre sur Marx, ***Marx, I. Une philosophie de la réalité***, a jeté de nouvelles lumières qui nous semblent très éclairantes et qui nous font voir **Feuerbach** (et son rapport à Marx) sous un jour nouveau qui serait susceptible de nous faire sortir de la vulgate marxiste « anthropologique » et **« athée »**. (Au sujet de l'anthropologie « athée » de Feuerbach et de sa signification pour le christianisme, on peut se référer au livre d'Yves Ledure intitulé ***Le christianisme en refondation*** (avec une préface de Joseph Moingt) ; pour une étude approfondie et comparative de cette « anthropologie », on peut se référer à l'ouvrage de Klaus Bockmühl, ***Corporéité et société. Etudes pour la critique de la religion et l'anthropologie dans les écrits de jeunesse de Ludwig Feuerbach et Karl Marx*** (*Leiblichkeit und Gesellschaft. Studien zur Religionskritik und Anthropologie in den Frühschriften Ludwig Feuerbachs und Karl Marxs*) et à celui, plus connu, de Hans Küng, ***Le devenir homme-Dieu. Prolègomènes à une christologie future*** (*Die Menschwerdung Gottes. Prolegomena zu einer zukünftigen Christologie*) (voir, pour l'édition de ces ouvrages, notre bibliographie) et aussi à l'ouvrage de Pierre Macherey, ***Marx 1845. Les « thèses » sur Feuerbach*** (traduction et commentaire), Editions Amsterdam, Paris, 2008).

Ludwig Feuerbach[1]. Mai si, dans cet article, Rosenzweig voit en Feuerbach le philosophe qui a le plus radicalement identifié l'homme et Dieu (et qui, de ce fait, a donné sa forme radicale à l'anthropologie *athée*), dans un article ultérieur, ***La nouvelle pensée*** (*Das neue Denken*), il va, au contraire - et de façon inattendue - voir en Feuerbach un des *précurseurs* les plus importants de la ***pensée « dialogique »***[2].

Mais revenons à Cohen et à son ouvrage ***La religion de la raison tirée des sources du judaïsme***. Dans les chapitres VI et VII de cet

---

[1] Rosenzweig affirme explicitement que le véritable précurseur de la pensée dialogique, c'est Feuerbach et ses ***Principes pour une philosophie de l'avenir***. Il fait une introduction *historique* au courant dialogique de la pensée, dont les précurseurs sont, pour lui, **Feuerbach, Cohen, Rosenstock**, Hans Ehrenberg, Rudolf Ehrenberg, Martin Buber, Ferdinand Ebner, Jehuda Halevi, Florens Christian Rang (voir *La nouvelle pensée*, GS III, p. 152). On peut également mentionner Platon, Socrate, Jacobi, Schleiermacher (comme le fait Jean-Claude Basset dans son ouvrage sur ***Le Dialogue interreligieux***, « Histoire et avenir », *Cogitatio Fidei*, Les Éditions du Cerf, 1996). On obtient ainsi une *vision plus nuancée* de l'apport fondamental et décisif de Feuerbach à la pensée philosophique de son temps et le rôle que sa pensée « anthropologique » a joué dans l'élaboration de la christologie *idéaliste*... (voir, à ce sujet, l'article ***Théologie athée*** de Rosenzweig ; voir aussi Xavier Tilliette, ***La christologie idéaliste*** ; et aussi ***Le Christ de la philosophie***. *Prolégomènes à une christologie philosophique*, de même que les ouvrages (déjà mentionnés) de Michel Henry, Klaus Bockmühl et Hans Küng (on peut aussi, pour une mise en perspective historique à la fois de la philosophie de Feuerbach et de celle de Kierkegaard, lire la fameuse étude de Karl Löwith intitulée ***De Hegel à Nietzsche***).
Il faut aussi souligner l'aspect ***« existentiel »*** de la « nouvelle pensée » de Rosenzweig et l'apport de **Martin Buber** et de **Kierkegaard** à cette **nouvelle pensée *existentielle*** et la relation (inattendue) que cette pensée entretient avec le **« christianisme *athée* »** (au sens où l'entendait Ernst Bloch) et avec le **« judaïsme *athée* »** (au sens où l'entendait Martin Buber) (voir Wolfdietrich Schmied-Kowarzik, ***Franz Rosenzweig : pensée existentielle et vécue « vérifiée »*** (*Franz Rosenzweig. Existentielles Denken und gelebte Bewährung*), en particulier pp. 82-86 ; voir aussi Arno Münster, ***Le principe dialogique. De la réflexion monologique vers la proflexion intersubjective*** *(Essais sur Martin Buber, E. Lévinas, F. Rosenzweig, G. Scholem et E. Bloch)* ; pour l'idée de « relation » (dialogique) chez Kierkegaard et Buber, on peut voir l'article d'Henri Vergote qui s'intitule ***La relation chez Sören Kierkegaard et Martin Buber***.

[2] Dans cet article, Rosenzweig cite et énumère quelques « précurseurs » de sa « nouvelle pensée », notamment Ludwig Feuerbach dont il fait l'éloge en tant qu'il est l'initiateur d'une « *nouvelle philosophie* », - ou ***« philosophie de l'avenir »*** -, de sorte qu'on y trouve, de façon inattendue, Feuerbach en compagnie d'auteurs aussi différents que **Voltaire** et **Dostoïevski** en tant que ces penseurs, selon Rosenzweig, ont en commun de s'être engagés dans le *même combat*, le « combat contre l'infâme ». (voir ***La nouvelle pensée***, *in* : GS III, p. 152 ; voir aussi l'article « ***Le combattant*** », *in* : GS III, p. 423-425).

ouvrage, Cohen aborde le problème du *logos* et de sa relation avec la « *corrélation* ». Mais s'il n'aborde ce problème dans son ouvrage que tardivement, tous les chapitres qui précèdent sont comme les conditions préalables pour pouvoir résoudre ce problème, ou, du moins, en définir les conditions de sa résolution. Les deux premiers chapitres, qui s'intitulent, respectivement, « L'unicité de Dieu » et « Le service iconique », déterminent et définissent les deux caractéristiques principales de Dieu qui *rendent possible* la corrélation. Ces deux caractéristiques de Dieu, *conditions de possibilité* de la « corrélation », sont l'unicité (*Einzigartigkeit*, *Einzigkeit*) et l'impossibilité de se faire une image de Dieu (*Unabbildbarkeit*)[1]. Dans les deux chapitres suivants, le chapitre III (La Création) et le chapitre IV (La Révélation), Dieu ainsi caractérisé entre en corrélation avec, respectivement, le monde (c'est la « Création ») et l'homme (c'est la « Révélation »). Le cinquième chapitre, qui porte le titre « **La création de l'homme dans la raison** », nous fait comprendre pourquoi Hermann Cohen a intitulé son livre « La religion de la raison… ». Comme le dit Rosenzweig dans son compte rendu sur l'ouvrage de Cohen intitulé ***Au sujet de la « religion de la raison » d'Hermann Cohen***, dans ce cinquième chapitre « la corrélation en direction de l'homme reçoit à présent le nom grandiose de raison[2] ». Alors que dans le système *philosophique* de Cohen la raison était le « fondement *présupposé* » (de la philosophie), elle devient ici, dans cet ouvrage posthume d'esprit plutôt « *religieux* », la « raison créée, donc *révélée*[3] ».

Si c'est bien là, en gros, la trame de la pensée cohénienne, il faut préciser que c'est là l'*interprétation particulière* qu'en donne Rosenzweig. Pour ce dernier, si le rationalisme de Cohen « n'avait aucune raison de craindre un quelconque irrationalisme », c'est précisément *parce que* « la raison elle-même était pour lui un miracle ».[4] Aux yeux de Cohen, au contraire, c'était précisément son caractère de *miracle* qui risquait de faire retomber la raison dans l'irrationnel, son rationalisme dans l'irrationalisme. Pour Rosenzweig,

---

[1]Nous suivons ici la table des matières du livre de Cohen commenté par Franz Rosenzweig dans son article « ***Au sujet de la « religion de la raison d'Hermann Cohen »***, GS III, p. 226.

[2] ***Au sujet de la « religion de la raison » d'Hermann Cohen***, GS III, p. 226. (ma trad.).

[3] *Ibid.*

[4] ***Introduction à l'édition académique des écrits juifs d'Hermann Cohen***, GS III, p. 183. (« […] denn die Vernunft selber war ihm ein Wunder »).

l'idée que Cohen se fait de la raison comme *miracle* ne remet pas en péril le fondement *rationnel* de sa philosophie, c'est-à-dire ne la rend pas irrationnelle[1], alors que, pour Cohen, au contraire, cette part « miraculeuse », « spirituelle » (c'est-à-dire concernant l'âme), pouvait encore être une occasion de chute dans l'irrationnel[2].

Ces conditions préalables étant posées, Cohen à présent (dans le chapitre VI où il traite des « attributs de l'action » de Dieu) peut résoudre le problème fondamental de l'« anthropomorphisme » au sujet de Dieu. Car Dieu, à présent, « peut - et même *doit* - être « humain », étant donné que ce qui est le plus humain en l'homme (la « raison ») est précisément issu de Dieu[3] ».

On voit ici que Cohen fut confronté au problème humano-divin de l'« incarnation » de *Dieu en l'homme*, et qu'il chercha à le résoudre à travers sa philosophie (de la religion), en recourant précisément au concept de « corrélation ». C'est donc dans ce chapitre VI que se révèle l'inspiration religieuse profonde de sa philosophie et qu'apparaît la véritable signification de la forme « rationaliste » que cette philosophie a prise dans un contexte historique déterminé : la raison *humaine*, au sens où l'entend Cohen, c'est l'esprit (*de* l'homme) enraciné dans l'Esprit (*de* Dieu). Ainsi, quand, dans son écrit sur Cohen, Rosenzweig affirme que « l'esprit de l'homme est le Saint-Esprit[4] », c'est surtout sur cet enracinement de l'esprit de l'homme dans l'Esprit de Dieu qu'il veut mettre l'accent. Il cite Cohen : « Dieu [...] n'aurait pas eu besoin d'Esprit si l'homme ne devait pas y avoir part[5] ». Dans la « corrélation », « Dieu et l'homme

---

[1] Mais il faut préciser que, au contraire de Cohen, Rosenzweig considérait la part « miraculeuse » (« spirituelle ») de la pensée de Cohen non pas comme « irrationnelle », mais comme « existentielle » ...

[2] Dans le même ordre d'idées, l'« éthicisme » de Cohen n'aurait pas besoin de craindre une dérive individualiste, car « l'humanité elle-même, en laquelle il avait foi, grandissait sur le sol de l'âme » (« [...] *denn die Menschheit selber, an die er glaubte, wuchs auf dem Acker der Seele* »), et non sur le sol de l'individu abstrait et « bourgeois » (***Introduction à l'édition académique des écrits juifs d'Hermann Cohen***, GS III, p. 183).

[3] ***Au sujet de la « religion de la raison » d'Hermann Cohen***, GS III, p. 226.

[4] ***Introduction à l'édition académique des écrits juifs d'Hermann Cohen***, GS III, p. 214 (ma trad.). Texte original dont il est question : „ *Der Geist des Menschen ist der heilige Geist* ".

[5] *Ibid.* « C'est avec cette audace - fait remarquer Rosenzweig - que le cours de 1913/14 formulait le problème » (*ibid.*). Texte original : „ [...] und Gott (...) brauchte keinen Geist zu haben, wenn der Mensch keinen Anteil daran haben müsste". (*ibid.*). Rosenzweig ajoute : « C'est ainsi que la corrélation devient l'expression du

viennent à la rencontre l'un de l'autre précisément parce qu'ils restent essentiellement séparés[1] ». Dans la philosophie de Cohen, l'Esprit de Dieu n'est pas - comme chez Hegel - une instance pensante, mais est le lieu d'une *activité interne*, caractérisée par ce que Cohen appelle les **« attributs de l'action »**. C'est pourquoi Rosenzweig, de tout l'ouvrage de Cohen, considère comme les chapitres les plus importants, les chapitres VI et le VII, le premier traitant des attributs de l'***action***, le second traitant du **« Saint-Esprit » de Dieu**. La conception du « Saint-Esprit » par Cohen est donc particulière et originale et se veut explicitement *en opposition* avec celle du christianisme. Partant de sa propre conception du *logos*, il voit dans le christianisme comme une forme particulière de « panthéisme[2] ». Sa doctrine du Saint-Esprit est donc une **« doctrine du Logos contre le christianisme[3] »**. Le christianisme, en effet, révèle ses limites dans le concept de Saint-Esprit, concept biblique qui, pour Cohen, est plutôt « le concept juif de ce qui est commun à tous et propre à chacun[4] ». Cohen était tellement préoccupé par cette question qu'il a même écrit un petit exposé sur le Saint-Esprit, exposé dans lequel il voit la « supériorité du judaïsme sur le panthéisme » dans le concept d'« individu ». Pour Cohen, en effet, ce concept d'« individu » signifie que « Dieu doit rester Dieu [et] l'homme doit rester homme »[5], c'est-à-dire que « ni Dieu ne doit se dissoudre dans l'esprit

---

sentiment juif ». („So wird die Korrelation zum Ausdruck des jüdischen Gefühls") (*ibid.*).

[1] ***Introduction à l'édition académique des écrits juifs d'Hermann Cohen***, GS III, p. 214. (ma trad.).

[2] *Id.*, p. 215. Dans un écrit de jeunesse, une dissertation anonyme sur **Heinrich Heine**, Cohen avait rapproché ce panthéisme du spinozisme. Selon Rosenzweig, si dans cet écrit de jeunesse Cohen pouvait « spinoziser », c'est parce qu'il « spiritualisait le spinozisme », c'est-à-dire qu'à la place du « ***natura sive deus*** du siècle de Galilée et de Newton » il y lut le « ***deus sive spiritus*** du siècle de Hegel et de Ranke » (ce qui montre que Cohen rapprochait - pour ne pas dire confondait - Hegel et Ranke !). C'est pourquoi Cohen entra en lutte « contre tout panthéisme, y compris celui de l'esprit ». (*ibid.*).

[3] ***Au sujet de la « religion de la raison » d'Hermann Cohen***, GS III, p. 226.

[4] *Ibid.*

[5] ***Introduction à l'édition académique des écrits juifs d'Hermann Cohen***, GS III, p. 215. „*Den „ Vorzug des Judentums vor dem **Pantheismus** " findet der inhaltsreiche kleine Aufsatz über den heiligen Geist jetzt „ im Begriffe des Individuums ". Gott muß Gott, der Mensch Mensch bleiben...* "

de l'homme », ni l'homme ne doit se « se dissoudre dans l'être de Dieu ».[1]

Si cette doctrine du *logos* se définit contre le christianisme, c'est-à-dire contre le logos *chrétien*, c'est que, dans l'esprit de Cohen, ce dernier revêt des caractéristiques semblables à celles du logos *grec*. Comme le souligne Rosenzweig dans son ***Introduction aux écrits juifs d'Hermann Cohen***, Cohen avait en horreur le *logos* chrétien, parce que celui-ci, comme le *logos* grec, « cherche la « médiation » (*die Vermittlung*) […] entre Dieu et l'homme » et « ne supporte absolument pas la différence entre Dieu et l'homme[2] ». L'« esprit *grec* », en effet, en tant qu'il est le « type même du sens scientifique du monde », cherche à réduire le monde au *logos* [3] ». De ce fait, il « ne peut absolument et fondamentalement pas comprendre ceux qui font de l'*Unicité* (*Einzigkeit*) de Dieu leur profession de foi[4] ». C'est pourquoi Cohen avait « une profonde terreur, une indignation même d'avant l'humanisation chrétienne de Dieu, indignation que jadis le **Grand Sanhédrin**, pour la première fois, a exprimée en déchirant les vêtements » du Christ. De ce sentiment d'indignation, Cohen « ne s'est jamais départi, malgré toute la reconnaissance culturelle et historique dont il avait témoigné pour l' « *idée du Christ* » et son *idéalisation philosophique*, et malgré les fortes influences consciemment assimilées qu'il avait reçues de la théologie chrétienne [protestante], influence dont témoigne l'écrit sur la religion de 1915[5] ». Cela l'indignait tellement que, quand, dans une intention apologétique, ses amis (théologiens) protestants lui présentaient la « possibilité pour le juif d'être baptisé s'il était sincèrement convaincu de la vérité du dogme chrétien », Cohen sursauta et, indigné d'une telle prétention, s'exclama : « Personne n'y a *jamais* cru [6] ! ». Personne n'a jamais cru au dogme chrétien de l'incarnation. Cohen en était persuadé. Ainsi, à ses collègues protestants qui l'interrogeaient au sujet du Christ et tentaient de lui faire comprendre qu'« après tout une véritable intimité avec Dieu ne pouvait émerger que

[1] […] *„Weder darf Gott im Menschengeiste aufgehen [...], noch darf der Mensch, [grade weil und wenn [...] die „ Nähe " Gottes sein Gut sein soll,] aufgehen im Sein Gottes" . (ibid.).*

[2] ***Introduction à l'édition académique des écrits juifs d'Hermann Cohen***, GS III, p. 214.

[3] *Ibid.*

[4] *Ibid.*

[5] *Ibid.* (ma trad.). (« L'écrit sur la religion de 1915 », c'est la « Religion de la raison à partir des sources du judaïsme »). (*C'est nous qui soulignons*).

[6] *Ibid.*

du rapport au Christ », il répondait vertement : « Quoi ? ? - L'Éternel est mon berger : je ne manque de rien[1] ! ». Rosenzweig se souviendra de ce sursaut d'indignation de son maître... à tel point que lui-même ira jusqu'à renverser le rapport « idéaliste » entre judaïsme et christianisme, - rapport « idéaliste » qui lui fera voir dans le christianisme une forme d'idéalisme, de « mysticisme » panthéiste -, et qu'il verra dans Cohen l'**« Eckhart du judaïsme allemand[2] »** !

Pour Cohen, donc, le logos *chrétien* rend impossible la corrélation de l'homme avec Dieu. Cependant Cohen ne se contente pas de constater ce fait, mais il cherche à lui donner une explication historique. Et c'est là qu'il trouve **Philon le Juif**. C'est lui qui fut le coupable de cette dérive. Il succomba, en effet, à cette « magie grecque » et fut, de ce fait, à l'origine de cette *fausse conception du logos* qui s'infiltra dans le judaïsme. Mais, avant de rendre Philon le juif responsable de cette dérive, Cohen souligne d'abord son mérite incontestable, à savoir non pas tellement d'avoir prolongé la théorie des Idées de Platon, mais d'avoir affirmé l'idée d'humanité, idée qui était encore vivante dans son âme croyante dans la mesure où elle n'avait pas encore rejeté « les idées fondamentales du monothéisme ». C'est, plus précisément, l'**idée d'humanité** des *prophètes* que Philon a mise en avant. C'est, en effet, cette idée-là qui « a pu donner à sa foi dans le Dieu unique son élan philosophique[3] ». Philon, en effet, avait fait la transition du Dieu unique au « Dieu du monde » (*der Weltgott*) et du Dieu du monde au **« Dieu de *tous les peuples* »** (*der Gott aller Völker*), ce qui avait fait du Christ le **« Messie de l'*humanité* »** (*der Messias der Menschheit*)[4]. C'est ainsi que, pour Philon, « dans son *idée de l'homme* était restée vivante l'*idée d'humanité*[5] ». Ce fut là l'œuvre des « philosophes religieux juifs du

---

[1] *id.*, p. 195.

[2] „Der getreue Eckhart des deutschen Judentums", in ***Introduction à l'édition académique des Ecrits juifs d'Hermann Cohen***, GS III, p. 198. En fait, aux yeux de Rosenzweig, si ce « maître Eckhart » juif ne sombra pas à nouveau dans l'idéalisme, c'est parce que la « pièce la plus ancienne de la théologie spirituelle juive » fut toujours le « messianisme » et que c'était en lui que Cohen avait trouvé son concept de « corrélation » qui lui permit d'éviter l'écueil du « système idéaliste du tout » (voir le numéro XIII de la table des matières du livre de Cohen ***La religion de la raison tirée des sources du judaïsme*** commentée par Franz Rosenzweig, in ***Au sujet de la « religion de la raison » d'Hermann Cohen***, GS III, p. 227).

[3] Hermann Cohen, ***La religion de la raison tirés des sources du judaïsme*** (*Die Religion der Vernunft aus den Quellen des Judentums*), Fourier Verlag, Wiesbaden), p. 279.

[4] *Id.*, p 280. (C'est nous qui soulignons.)

[5] *Id.*, p. 279. (C'est nous qui soulignons.)

Moyen Âge qui, face au christianisme et à l'islam, ont gardé leur sens historique » et ont, de ce fait, « attribué aux deux religions le mérite de répandre le monothéisme parmi les peuples[1] ». Et, « comme le Talmud déjà reconnaît que le verdict de l'idolâtrie ne s'applique pas aux peuples distincts de ceux de Canaan », ces philosophes « n'ont pas vu dans la Trinité chrétienne une simple annulation ou suppression (*Aufhebung*) du monothéisme, mais l'ont considérée comme une association, comme une socialisation[2] ». Mais, malgré ce mérite incontestable d'avoir introduit l'idée (« prophétique ») d'humanité dans la philosophie, Cohen pense que Philon « appartient aux forces originelles les plus intimes du christianisme ». Car, « séduit par la philosophie grecque, il ne put s'affirmer dans le monothéisme pur » et se tourna vers ces « forces chrétiennes originelles[3] ». Voilà pourquoi, aux yeux de Cohen, Philon échoua « au sujet du problème de l'individu dans son rapport à Dieu, et au sujet de la possibilité de l'intervention de Dieu sur l'homme et sur le monde[4] ». Par « l'idée de logos qu'il reprit au platonisme » - alors que, paradoxalement, « celui-ci précisément se détournait de la méthode de l'idée » - il « heurta le monothéisme [juif] en son endroit le plus sensible[5] ». C'est dans cette conviction que le christianisme a été contaminé par le platonisme que s'enracine la polémique de Cohen contre Philon le Juif. Car c'est précisément à cette « magie grecque » de la médiation par le *logos* qu'« avec son *logos* le *juif Philon* a succombé[6] ». Il a identifié le *logos* au monde. À cause de cette identification il a fait perdre la foi au juif : « Si Philon n'avait pas imaginé le Logos, aucun juif n'aurait jamais douté[7] ». Comme le précise Marc B. de Launay, un *monde sans corrélation* « est voué soit à n'être que le chaos inintelligible et contradictoire du monde mythique, soit, plus insidieusement, à être ce cosmos toujours susceptible d'être idolâtré pour lui-même ou d'être peuplé d'idoles[8] ». Le concept de *corrélation*

---

[1] *Id.*, p. 279-280.
[2] Le mot « socialisation » (*Vergesellschaftigung*) est suivi, entre parenthèses, d'un mot hébreu. (cf. *La religion de la raison ...*, p. 280).
[3] *Id.*, p. 279.
[4] Hermann Cohen, ***La religion de la raison tirée des sources du judaïsme***, p. 279.
[5] Hermann Cohen, cours d'hiver 1913/14, cité par Franz Rosenzweig, in ***Introduction à l'édition académique des écrits juifs d'Hermann Cohen***, GS III, p. 214.
[6] *Id.*, p. 213.
[7] *Ibid.*
[8] Marc B. de Launay, ***Hermann Cohen, La religion dans les limites de la philosophie***, Introduction, p. VI. (Cet ouvrage est la retranscription des cours que Cohen fit durant l'hiver de 1913-1914.) C'est de façon analogue, et à la suite de son maître

de Cohen a donc pour fonction d'éviter le « danger d'une personnification de la médiation[1] », en fait, le danger de toute médiation, quelle qu'elle soit (qu'elle soit « logique » ou « personnelle »). Le concept de *corrélation* est, en somme, « le contenu de la révolution opérée *contre le mythe* par le monothéisme[2] », le mythe « confondant » Dieu et le monde, ou, comme l'écrit Rosenzweig dans *l'Étoile*, « [dans le mythe] Dieu est sans monde[3] ». C'est également pour éviter cette confusion entre l'homme et Dieu que, dans *Théologie athée*, Rosenzweig va opposer son concept de *révélation* à l'athéisme anthropologique, notamment celui de Feuerbach. Mais, avant d'analyser le concept de révélation, nous allons exposer brièvement la conception « anthropomorphique » de Dieu qu'on trouve chez Cohen et par laquelle, dans son écrit sur le « concept de religion », il cherche à éviter l'« anthropomorphisation » abusive de Dieu opérée, selon lui, à travers la figure du Christ.

4. Judaïsme et christianisme face à la *rédemption*

Pour Cohen, le monothéisme pur qu'est le judaïsme enseigne la « véritable rédemption » et la « véritable libération[4] ». Il lie les deux moments, mais maintient leur distinction. En d'autres mots, *il lie en même temps qu'il sépare*. C'est ce monothéisme pur - qui ne tolère aucune compromission entre Dieu et l'homme – que Cohen va opposer au christianisme. Car c'est sous sa lumière que le christianisme apparaît comme n'étant « pas sans compromission avec l'équivocité panthéiste [5] ». Dans le christianisme, Dieu n'est pas radicalement distinct de l'homme, mais il « *prend part à l'effort moral humain lui-même* [6] ». Les « compétences distinctes » - et qui devraient

---

Cohen, que Rosenzweig, dans *L'Étoile*, concevra le rôle de garde-fou que la corrélation peut jouer par rapport au « cosmos » mythique.

[1] *Ibid.*

[2] *Id.*, p. V. (C'est nous qui soulignons).

[3] « Dieu est donc [dans le mythe] sans monde, ou, à l'inverse, si l'on voulait définir cette représentation comme une vision du monde justement, ce monde, où les dieux mènent leur vie entre eux exclusivement, serait... un monde sans dieux. Ainsi, aurions-nous caractérisé l'essence de ce qu'on pourrait appeler la conception mythologique du monde. En effet, une vie qui ne connaît rien au-dessus d'elle, rien au-dessous, voilà l'essence du mythe. [...] La loi de cette vie est l'accord intime entre l'arbitraire et le destin, accord sans résonance extérieure, constamment ramenée à elle-même » (*L'Étoile*, p. 47, traduit par Marc B.de Launay, *op. cit.*, p. V-VI)

[4] Marc B. de Launay, *op. cit.*, p. VI.

[5] *Id.*, p. 86.

[6] *Ibid.* (souligné par nous.)

rester distinctes - « s'y confondent », de sorte que le concept éthico-religieux de Dieu et le concept éthico-religieux de l'homme « se restreignent mutuellement [1] ». Le concept de Dieu y perd sa transcendance, tandis que l'homme y perd sa dimension morale. Plus précisément, le concept de Dieu, y « perd sa transcendance et son univocité », tandis que « le concept éthique d'homme devient lui aussi imprécis à l'occasion de cette frontière entre éthique et religion, dans la mesure où il est porté atteinte à la compétence de son travail moral[2] ». Ce que Cohen déplore dans le christianisme, c'est qu'il va même jusqu'à attribuer à l'homme une « compétence en matière de rédemption », alors que la seule compétence qu'on puisse lui attribuer est une « compétence en matière d'effort moral[3] ». Pour Cohen, en effet, l'homme se suffit à lui-même pour accomplir son effort moral. Il n'a pas besoin d'un Dieu pour l'y aider. Le Dieu chrétien, au contraire, en se faisant homme, a accompli cette tâche et a ainsi dépassé ses prérogatives. Si, par là, Dieu s'est « humanisé », c'est précisément cette *« humanisation de Dieu »* qui, pour Cohen, est problématique, car elle trahit le côté *« panthéiste »* du christianisme. Par là, dans le christianisme, Dieu et l'homme n'y restent pas séparés, comme c'est le cas, au contraire, dans le judaïsme. Dans le christianisme, Dieu *participe activement* à la *rédemption* de l'homme, alors que, dans la perspective religieuse de Cohen, Dieu ne peut pas se substituer à l'effort de libération de l'homme. Étant donné que, dans le christianisme, l'homme prétend réaliser sa rédemption en Dieu, il a tendance à s'identifier à Dieu. Or, en vérité, seul l'*effort* de libération incombe à l'homme, alors que « son *résultat*, la rédemption, reste hors de portée de son être, de sa vocation, de son concept[4] » : la rédemption relève seule de Dieu. Dieu, dans le choix que l'homme est appelé à faire entre le bien et le mal, ne peut donc pas se substituer à l'homme. C'est à l'homme de faire ce choix, de le faire en son âme et conscience, mais ce choix il doit le faire. Dieu ne peut l'en dispenser en lui offrant immédiatement sa grâce. « Dans l'idée de son individualité », dit Cohen, « la seule dignité que l'homme puisse se reconnaître est son hésitation sur l'échelle du péché et de la libération. Il ne peut pas trouver en lui-même de force qui le dispense de cette

---

[1] *Ibid.*
[2] *Ibid.*
[3] *Id.*, p. 87.
[4] Marc B. de Launay, *op. cit.*, p. 87.

hésitation [1] ». Le protestantisme (moderne) a tenté, pour la vie religieuse de l'individu, de rendre la signification idéale du Christ *indépendante de toute historicité*[2]. Il a permis ainsi de distinguer entre un « Christ mystique » et un « Christ historique[3] ». En vertu de cette qualité « mystique », le Christ ne peut pas rester un modèle pour l'effort *moral*, mais doit nécessairement amener l'individu à recourir à la mystique. Curieusement, comme référence « mystique », Cohen choisit **Luther**. Dans son ***Traité de la liberté chrétienne***, Luther a en effet défini la relation - corrélation ? - entre le Christ et l'homme selon la fameuse formule : « Le Christ est pour toi un Dieu, comme tu dois être un Christ pour ton prochain[4] ».

Voilà pourquoi le Christ *historique*, pour la conscience religieuse (protestante), n'est « plus un modèle concret, mais plutôt le modèle [mystique] de l'individu humain[5] ». Ce modèle ne peut pas être une simple illusion, mais ne doit pas non plus être une « image historique empirique[6] ». « Il ne peut tout simplement être que l'idéal de l'homme »… mais « non pas celui de l'humanité dans son universalité historique, mais celui de l'individu conscient de son isolement, de ses manques, de sa fragilité, et en même temps du fait qu'il est pourtant digne de la rédemption[7] ».

Le statut particulier du christianisme qui, donc, comme on vient de le voir, ne remplit pas les conditions « religieuses » du monothéisme pur que représente le judaïsme, tient à « l'ambiguïté panthéiste, inhérente à la deuxième personne de la divinité[8] », le Christ. À la fois homme *et* Dieu, le Christ transgresse le postulat de transcendance posé entre Dieu et l'homme. Car, en tant que Dieu devenu homme, il pousse l'homme à devenir Dieu. Ce qui est contraire à la grâce au sens où l'entend Cohen en tant que celle-ci n'est capable que de garantir le succès de l'effort de pénitence, mais ne peut pas se substituer à cet effort[9].

---

[1] *Ibid.*

[2] *Ibid.* (souligné par Cohen). Cette tentative fut parallèle à l'effort du protestantisme pour « sauver l'historicité de Jésus ».

[3] *Ibid.*

[4] *Ibid.*

[5] *Ibid.*

[6] *Id.*, p. 88.

[7] *Ibid.*

[8] *Id.*, p. 87.

[9] *Ibid.* Cohen le dit très explicitement dans le passage suivant (par lequel il nous montre que toute sa réflexion tourne autour de la notion de « grâce » (et de « pénitence »)) : « La *grâce* est tout simplement le sens de l'effort de pénitence de

En ce point, cependant, le « *protestantisme* moderne » représente une exception. Il est, en effet, « manifestement proche [du] monothéisme pur[1] ». Car, en lui, l'« ambiguïté panthéiste » du Christ est progressivement levée par le fait qu'il remplace l'humanisation de Dieu par l'humanisation du Christ – de l'*Homme-Dieu.* Dans le protestantisme moderne, c'est donc la « personne humaine du Christ » – en tant qu'*humaine* ! – qui est « posé au centre du travail vivant de la religion[2] ». Par le biais de la critique biblique, en effet, le protestantisme a mis l'accent davantage sur l'historicité de Jésus que sur la divinité du Christ. Mais, comme nous l'avons vu, parallèlement à cette *historicisation de Dieu*, il y a eu, dans le protestantisme, « *moralisation* » *de l'individu*[3]. On a vu que, pour Cohen, c'est là l'apport spécifique du christianisme (par le biais de Kant et de Hegel) à la culture universelle et que l'importance culturelle du christianisme consiste dans le fait que l'« *humanisation* de Dieu » a apporté à l'humanité l'« *humanisation* de la religion » et, par là, a donné son fondement à l'« idée de l'autonomie morale » telle qu'elle a été « élaborée et développée dans la Réforme allemande et dans la philosophie kantienne[4] ». Nous avons vu que c'est précisément cette idée qui a permis à Cohen de rapprocher le *christianisme protestant* du *judaïsme*, dans la mesure où, comme le dit Rosenzweig à propos de Cohen, si tous les juifs modernes (allemands) sont des protestants[5], tous les protestants sont des Israëlites[6].

Dans le même article sur Cohen et sa pensée, Rosenzweig raconte comment, à travers une conversation avec un chrétien protestant, Cohen s'aperçut des affinités entre le judaïsme et le christianisme (protestant). Alors que son interlocuteur chrétien se demandait si le christianisme différait (fondamentalement) du judaïsme, Cohen lui rétorqua vertement : « Non, car ce que vous appelez christianisme,

---

la conscience morale. La corrélation entre alors en jeu. Le penchant au mal de l'individu serait une chimère si, en Dieu, le pardon n'était pas le but qui l'éclaire. La corrélation entre Dieu et l'homme, telle qu'elle se développe alors, tire cette conséquence logique des concepts : sans le *pardon*, la *pénitence* n'aurait aucun sens ; et sans la pénitence, Dieu ne pourrait devenir le dieu de l'individu. » (*id.*, p. 86).

[1] *Ibid.*

[2] *Ibid.*

[3] *Ibid.*

[4] ***Introduction à l'édition académique des écrits juifs d'Hermann Cohen***, GS III, p. 191.

[5] *Ibid*

[6] *Ibid.*

moi je l'appelle judaïsme prophétique[1] ». Et, pour convaincre son interlocuteur, Cohen fit référence à son propre *socialisme éthique* qui, à ses yeux, eut la vertu de le réconcilier avec son interlocuteur chrétien, et cela - comme il le fit remarquer lui-même - « au-delà des barrières » de leurs religions respectives[2]….

---

[1] *Ibid.*

[2] *Id.*, p. 188.

DEUXIÈME PARTIE

Révélation et langage

I. La naissance de la dialogique *Je-Tu* dans la correspondance entre Rosenzweig et Rosenstock

A. Le concept de « révélation » dans la « Cellule originelle de l'Étoile de la rédemption » et dans « Théologie athée »

Nous allons, à présent, montrer le lien qui relie, dans la philosophie de Rosenzweig, la révélation au langage. Pour ce faire, nous allons d'abord nous attarder sur une lettre particulière (du moins sur le début de cette lettre), datée du **18 novembre 1917**[1], adressée, depuis la Macédoine, par Rosenzweig à son cousin **Rudolf Ehrenberg** et dans laquelle il esquisse les thèmes qu'il développera plus tard dans *l'Étoile*. Rosenzweig y décrit son itinéraire intellectuel qui l'a conduit du concept de révélation comme ***orientation*** – concept qu'il a trouvé dans la philosophie du langage de Rosenstock – à son propre concept de révélation comme ***« dialogue »*** ou ***« événement »***.

C'est dans cette lettre à Rudolf Ehrenberg que Rosenzweig dit avoir enfin trouvé son « point d'Archimède philosophique[2] ». Après que sa pensée ait atteint une certaine maturité, il cherche désormais à savoir comment on pourrait délimiter de façon purement *philosophique* la révélation de toute connaissance proprement humaine. Mais, avant d'en arriver au concept *philosophique* de « révélation », nous allons d'abord rapidement retracer les grandes étapes de l'évolution par

[1] Il s'agit d'une lettre adressée à Rudolf Ehrenberg du 18.11.1917 (GS III, p. 125) qui a été appelée par Rosenzweig ***« Cellule originelle de l'Etoile de la Rédemption »*** (*Urzelle des Stern der Erlösung*). Il ne faut pas confondre cette lettre avec un texte inédit de Rosenzweig découvert par Bernhard Casper que, dans une lettre du 21.6.19 à Rosenstock, Rosenzweig a lui-même qualifié de **« précellule originelle de *L'Étoile* »** („ *Vorfrucht zum Stern* “) et que Bernhard Casper a désigné par **« Gritlianum »**. Dans ce texte, que connaissait Rosenstock, Rosenzweig décrit une expérience *primordiale* du « dialogue » entre Je et Tu. Ce texte, rarement cité, si on l'analysait en détails, risquerait peut-être de bouleverser la conception qu'on se faisait jusqu'à présent de la pensée d**ialogique** de Rosenzweig ... (voir l'ouvrage d'Anna Bauer, *La "pensée du langage" de Rosenzweig dans "L'Étoile de la rédemption" et dans sa correspondance avec Martin Buber au sujet de la traduction en allemand des Ecritures,* Cf. 1ière partie, chapitre D, p. 71-96). Plus loin, dans une ***Étude comparée entre la pensée dialogique de Rosenzweig et la « pensée du langage » de Rosenstock***, nous nous livrerons, à partir de l'ouvrage d'Anna Bauer, à une *étude comparative* entre la « pensée du langage » de Rosenstock et la pensée « dialogique » de Rosenzweig. (voir notre chapitre II de cette deuxième partie).

[2] *Id.*, p. 125.

laquelle Rosenzweig est passé au sujet de ce concept et telle qu'il l'a décrite dans cette lettre.

Jusque-là, pour Rosenzweig, la révélation semblait devoir avoir comme condition préalable l'opposition entre les instincts de l'homme et la voix de Dieu : « La condition préalable [de la révélation] est que l'homme laissé à lui-même ne suit que "ses instincts" et que la voix de Dieu l'appelle constamment dans une direction opposée[1]».

En fait, comme il le souligne dans cette lettre, Rosenzweig, avant cette définition minimale de la révélation, avait déjà, dans son article (non publié) ***Théologie athée***, donné un « témoignage programmatique » à ce sujet[2]. C'est un article que Rosenzweig, sur une invitation de **Martin Buber**, avait écrit au printemps de 1914 à Kassel, mais qui n'avait pas été publié comme prévu dans les annales de la revue ***Judaïsme*** de Martin Buber. Étant une confrontation véhémente avec les **« Discours sur le judaïsme »** de Martin Buber, cet article fut, en effet, refusé[3]. Rétrospectivement, Rosenzweig se rendit compte que ce qu'il avait dit dans cet article était, en fait, insuffisant et insatisfaisant :

> « [...] mais toute réflexion sur le concept de révélation, concept que je considérais et que je voulais comme central (…) ne m'apportait toujours que des résultats philosophico-historiques, jamais des résultats purement conceptuels[4] ».

Comme déjà dit, dans cet article qui porte le titre significatif de « Théologie athée », on trouve une critique originale de l'anthropologie athée *sans transcendance* telle qu'elle est issue de la christologie idéaliste et « romantique » et dont la figure charnière fut **Ludwig Feuerbach**, précurseur, aux yeux de Rosenzweig, de la pensée « dialogique ». L'inattendue collusion entre l'**anthropologie athée** de Feuerbach et la **« nouvelle pensée »** de Rosenzweig trouve, aux yeux de ce dernier, sa meilleure formulation dans les ***Principes pour une philosophie de l'avenir***[5] de Feuerbach. Étant donné que nous reviendrons, dans notre conclusion générale, sur l'objet de cette

---

[1] *Ibid*

[2] Voir ***Théologie athée*** (*Atheistische Theologie*), in GS III, p. 687.

[3] Voir *Appendice*, in GS III, p. 858

[4] *« Cellule originelle »*, GS III, p. 125

[5] Comme déjà dit, Rosenzweig trouve la préfiguration de sa « nouvelle pensée » surtout dans les ***Principes de la philosophie de l'avenir*** (*Grundlinien einer Philosophie der Zukunft*) de Ludwig Feuerbach.

« nouvelle pensée », nous ne nous attarderons pas ici sur cet aspect et cette étape de la pensée de Rosenzweig. Pour le moment, l'itinéraire intellectuel de Rosenzweig (tel que celui-ci le retrace dans sa lettre à Rudolf Ehrenberg) nous ramène à Rosenstock, c'est-à-dire à son concept de « révélation », concept dont s'inspirera Rosenzweig pour élaborer et spécifier son propre concept de « révélation »...

C'est donc dans cette lettre adressée à Rudolf Ehrenberg, et intitulée par Rosenzweig ***« Cellule originelle de l'Étoile de la rédemption »***, que celui-ci nous montre comment la conceptualisation de l'idée de « révélation » va progresser dans sa pensée, et cela, principalement à travers la fameuse correspondance qu'il eut avec Eugen Rosenstock sur les rapports entre judaïsme et christianisme. Au cours de cette correspondance, en effet, Rosenzweig avait demandé à son cousin ce que celui-ci entendait exactement par **« révélation »** : « Et maintenant j'ai une demande à vous faire : expliquez-moi *votre* idée *actuelle* sur le rapport entre nature et révélation[1] ». Rosenzweig fait ici allusion au rapport antagoniste que Rosenstock, dans une lettre précédente, celle du 4 octobre 1916, avait établi entre le **« paganisme »**, - ou la « *nature* » -, et la ***« révélation »***. Mais, à cette époque, il ne comprend pas très bien ce que Rosenstock veut dire par là et il lui demande de préciser son idée :

> « Votre changement d'opinion à ce sujet ne date pas de la guerre, car au printemps de 1914 déjà, vous avez utilisé dans la conversation l'idée de **"paganisme"** d'une façon telle que je ne comprenais pas ce que vous entendiez par là[2] ».

Rosenzweig finira par comprendre que, pour Rosenstock, la « nature » dont il est question ici n'est pas la « nature » physique, n'est pas la « nature » des sciences naturelles, mais celle de la *poésie*, car celle-ci, pour Rosenstock, fait partie des « sciences de l'esprit » susceptibles de faire l'objet - au même titre que les sciences naturelles - de la méthode scientifique[3]... Toutes ces considérations

---

[1] Lettre de Rosenzweig à Rosenstock, octobre 1916, GS I, 1, p. 256. Pour amener Eugen Rosenstock à se positionner à l'égard de ce rapport (entre nature et révélation), Rosenzweig lui demande où il se situe lui-même (par rapport à Kierkegaard) : « *Où* Vous situez-Vous entre le E.R. de la nuit du 7. VII. 13 [allusion à la fameuse « nuit de Leipzig »] et Kierkegaard ? ».

[2] Lettre de Rosenstock à Rosenzweig, 4. 10. 1916, GS I, 1, p. 245-246 ; voir aussi la lettre (plus tardive) du 18. 10. 1916, GS I, 1, p. 276.

[3] Voir lettre à Rudolf Ehrenberg, 18. 11. 1917, GS III, p. 126.

vont finalement le conduire, à travers d'autres lettres adressées également à Rosenstock, à une conception **« dialogique »** de la révélation.

B. La découverte, par Rosenzweig, de l'« Esprit de Dieu » dans le christianisme non platonisant de Rosenstock

Comme nous venons de le voir, Eugen Rosenstock fut, dans l'itinéraire intellectuel et l'évolution spirituelle de Rosenzweig, non seulement le témoin privilégié, mais le stimulant et aiguillon décisif et déterminant. Or, cette influence qu'il a exercée sur la pensée de Rosenzweig fut surtout sensible pour un problème que nous avons effleuré dans la première partie de notre travail, à savoir celui de la distinction entre ***esprit de l'homme*** et ***Esprit de Dieu***. Dans son autobiographie ***Oui et Non***, en effet, Rosenstock raconte la chose suivante :

> « Rosenzweig se heurta chez moi à un fait solide et inébranlable comme le roc, un fait auquel ses professeurs jusque-là n'avaient pas su lui faire croire, à savoir que je considérais autant l'esprit humain que nos corps (*unsere Leiber*) comme une simple créature (*bloßes Geschöpf*) [1] ».

Rosenstock insistait donc sur la distinction qu'il fallait faire entre **Esprit de Dieu** et **esprit de l'homme**, distinction que ne faisaient pas certains « académiciens », comme Rosenstock le soulignait aussi dans le premier tome de sa volumineuse ***Sociologie*** :

> « L'esprit des hommes n'est pas Dieu, dit le deuxième millénaire. Grand Dieu, que non ! C'est le déchet du deuxième millénaire, ce sont les singes et les fous parmi les académiciens qui ont interprété le **Verbe johannique** – qui dit que Dieu est Esprit – dans le sens que leur esprit serait Dieu[2] ».

---

[1] Eugen. Rosenstock, ***Oui et Non***, p. 70 suiv. (ma trad.), cité par Ulrich Bieberich, p.22.

[2] Eugen Rosenstock, ***Sociologie***, Ier tome (« La surpuissance des espaces »), p. 308. (ma trad.). (On peut aussi, pour cette notion de « vie "dans l'Esprit" », - et pour la différence qui, à ce sujet, existerait entre ce que Pierre Gisel lui-même, s'inspirant de Rosenzweig tout en s'en différenciant, appelle « *voie* chrétienne » et « *voie* juive » -, consulter le livre de Pierre Gisel intitulé ***« La subversion de l'Esprit. Perspective théologique sur l'accomplissement de l'homme »***.

Rosenzweig reprend, plus ou moins, l'analyse de Rosenstock qui souligne la confusion entre **« Esprit de Dieu »** et **« esprit de l'homme »**, mais en refusant de s'inspirer, comme Rosenstock, de la Parole du Nouveau Testament. Il insistera, quant à lui, plutôt sur le fait que s'il fait lui-même cette « confusion », c'est parce qu'il avait pris « les prétendus [professeurs] **chrétiens** » pour de « simples **Grecs** ». Ces professeurs *platonisants*, en effet, avaient transformé la proposition **« Dieu est Esprit »** en l'hérésie platonicienne : « **Mon esprit est Dieu**, notre esprit est Dieu, nos idéaux sont Dieu[1] ».

Pour Rosenzweig, donc, les **chrétiens platonisants** faisaient là une *réelle* confusion, confusion qu'il mentionnera également dans un article traitant du problème de l'anthropomorphisme biblique au sujet de Dieu. Il s'agit, plus précisément, d'un commentaire sur le deuxième volume de l'***Encyclopaedia Judaica*** [2]. Dans ce commentaire, Rosenzweig va insister sur la *différence* qui existe entre le judaïsme et le christianisme du point de vue du problème de l'***anthropomorphisme biblique***. Ce problème, en effet, a été transmis, par le christianisme, au judaïsme par l'intermédiaire de Philon le juif, et cela à travers la réinterprétation du *logos* de ce dernier :

> « La première époque du combat interne au judaïsme contre les « anthropomorphismes » bibliques trouve sa source dans les anciennes traductions, de la Septante jusqu'aux *targumen*. Que ce soit précisément à cette époque qu'apparaît le christianisme n'est pas un hasard. Le ***Logos*** de Philon était la correspondance [juive] nécessaire du Dieu spiritualisé [du chritianisme]. Dans l'Evangile du *Logos* se trouve la phrase qui – parce que le christianisme était tenté de la renverser – est devenue une fatalité pour le christianisme : **Dieu est Esprit** „*Gott ist Geist*“[3] ».

C'est exactement la même analyse que celle de Rosenstock ! Mais, Rosenstock, se plaçant d'un point de vue chrétien, va opposer à ces professeurs chrétiens *platonisants* la manière de faire du *vrai* chrétien. Pour Rosenstock, en effet, « avec l'avènement du Christ », l'interprétation grecque, hellénisante, platonisante du *logos* a été *réellement* abolie et le paganisme a *effectivement* été vaincu. Mais cela, aux yeux de Rosenstock, ne se « vérifierait » *réellement* que « s'il n'y avait, ne serait-ce qu'un seul, professeur d'université

---

[1] *Ibid.*

[2] Franz Rosenzweig, ***Au sujet de l'Encyclopaedia Judaica, Au sujet du deuxième tome, Avec une remarque sur l'anthropomorphisme***, GS, III, pp. 735-741.

[3] *Id.*, GS III, p. 740 (ma trad.).

allemand » aux yeux duquel la prière serait « plus immédiate et vraie » que cette pensée « académicienne » et « platonisante », abstraite pour tout dire (et que Rosenstock qualifie péjorativement de « ce peu de pensée *ex cathedra* »). Si, en effet, parmi ces professeurs, il n'y avait, ne serait-ce qu'un seul, qui « à un ordre d'appel, à une injonction (*Geheiss*), attribuerait plus de force et de sens qu'à un simple concept abstrait », alors, « avec l'avènement du Christ, il existerait effectivement une victoire sur l'hellénisme[1] ».

C'est dans la dernière lettre de cette correspondance avec Rosenstock - correspondance qui porte autant sur la révélation que sur le langage au sens de « *logos* » - que Rosenzweig va directement demander à Rosenstock de lui faire un bref résumé de sa philosophie du langage : « Si vous voulez m'écrire au sujet de choses plus particulières, alors j'aimerais que vous m'entreteniez des « langages »[2] ». Il est vrai que, dans une lettre précédente, celle d'octobre 1916, Rosenzweig avait déjà fait une pareille demande à Rosenstock : « J'ai encore une question : le *langage* n'a-t-il plus pour vous la signification qu'il avait autrefois ? Tout ce que vous pensez à ce sujet, ne pourriez-vous pas me le dire de vive voix[3] ». …

C'est à partir cette dernière lettre que, dans ce qui suit, nous allons analyser et approfondir les rapports qui, dans la pensée de Rosenstock, existent entre révélation *et* langage, analyse et approfondissement que nous terminerons par une étude comparative entre la « pensée du langage » (*Sprachdenken*) de Rosenzweig et celle de Rosenstock, étude qui fera l'objet de notre deuxième chapitre. Nous y comparerons plus précisément l'idée de ***« grammaire »*** au sens où l'entend Rosenzweig avec l'idée de « *grammaire* » telle que l'entend Rosenstock et chez qui elle prendra la forme d'une ***« grammaire charnelle »*** (*leibhaftige Grammatik*) …

Nous allons donc d'abord chercher à préciser les fondements de la philosophie du langage de Rosenstock, philosophie que - comme nous y invite Rosenstock - on pourrait qualifier de ***« pentecôtisme » linguistique***…

---

[1] Eugen Rosenstock, ***Oui et Non***, p. 70 (ma trad.).
[2] Lettre non datée (fin décembre 1916), GS I, 1, p. 320.
[3] Lettre d'octobre 1916, GS I, 1, p. 256-257.

C. Critique de l'autonomie kantienne du point de vue du « pentecôtisme » linguistique *de Rosenstock et du* concept de « rédemption » *de Rosenzweig*

La pensée de Rosenstock peut être qualifiée de **« pentecôtiste »**. Cette pensée, en effet, tourne autour de la confusion babylonienne des langues dépassée par le ***Logos*** du ***Verbe incarné***, ce que Rosenstock énonce clairement dans une de ses lettres qu'il écrit à Rosenzweig :

> « Alors que le verbe de l'homme doit toujours devenir concept et que, de cette façon, il se pétrifie et se dénature, Dieu nous parle, par l'intermédiaire de son Fils, avec le **Verbe devenu chair**. Et c'est ainsi que la révélation chrétienne guérit de la confusion babylonienne des langues, fait sauter la prison, mais en même temps appose son sceau sur la langue [organe de la parole, *Zunge*] renouvelée, la langue [ou le langage, système de communication verbale, *Sprache*] à présent pourvue d'une âme[1] ».

Rosenstock oppose donc le *Logos chrétien* au *logos logique* de l'homme, *logos* dans lequel l'homme se trouve emprisonné et risque de devenir fou et dément. Or, ce qui est ainsi prisonnier du « *logos* », c'est l'esprit « naturel ». Nous retrouvons ici l'idée de « nature » que Rosenstock assimilait à la nature païenne[2]. C'est pourquoi une grande partie de sa correspondance avec Rosenzweig consiste en une critique de la philosophie kantienne. Car le « péché » de l'esprit naturel, c'est d'avoir eu foi dans le « dogme » de l'autonomie pour se fonder sur lui-même, pour s'autofonder, ce qui ne peut produire qu'un ***« processus régressif à l'infini »*** (*regressus in infinitum*[3]), un cercle vicieux qui produit un emballement. Tout savoir autonome est « *sans mesure* » et s'accroît à l'infini. L'***autonomie de la pensée*** à laquelle croient les kantiens est donc illusoire. Rosenstock appelle, de façon significative, cette forme de pensée **« pensée *proliférante* [4] »**. Elle prolifère, dit-il, comme les mauvaises herbes et elle ne périt pas. Elle n'a aucune idée d'une « mesure de toutes choses » qui pourrait l'arrêter. Or, sur le plan philosophique, c'est précisément ce

[1] Lettre du 28.10.16 (Somme), GS I,1, p. 278.

[2] *Id.*, p. 276. « Je ne peux comprendre « nature et révélation » que comme « esprit naturel et révélation » („ „Natur und Offenbarung" kann ich nur verstehen als „natürlicher Verstand und Offenbarung" ").

[3] *Id.*, p. 277.

[4] *Id.*, p. 276. „ Ich nenne es wucherndes Denken " (« Je l'appelle une pensée *cancéreuse* »).

« dogme » de l'autonomie qui rend toute hétéronomie suspecte. Rosenstock nuance néanmoins sa critique en substituant, à l'idée kantienne d'« autonomie », l'idée schleiermacherienne de **« dépendance »**, mais en modifiant la conception de celle-ci : toute « dépendance conditionnée » ne doit pas - comme l'avait fait Schleiermacher - être conçue comme un destin qui serait une fatalité extérieure, mais plutôt comme une **illumination**[1].

Pour Rosenstock, c'est parce qu'on n'envisage que la ***pensée*** - sans le langage - qu'on est incapable de concevoir une hétéronomie qui sauvegarderait néanmoins une certaine autonomie. Si, par contre, on envisage la **pensée *et* le langage**, alors cette ***hétéronomie autonome*** (ou cette autonomie hétéronome) devient pensable. La pensée et le langage, en effet, sont dans une **« relation continuelle de réciprocité »** de ***don*** et de ***contre-don***, sans que, pour autant, ni l'une ni l'autre ne perde son autonomie. Celui qui veut savoir, en effet, doit non seulement *avoir confiance en son propre entendement*, mais aussi ***faire confiance à la langue***. Rosenstock veut montrer que les deux sont indispensables et inséparables :

> « Mais si la **pensée** [*Denken*] et la **parole** [*Sprechen*] sont dans une relation continuelle de **réciprocité**, chacune donnant et prenant tour à tour, et que tous les deux constituent ensemble un **don** [*Geschenk*] qui est fait au genre humain, alors il ne fait pas de doute que leur dualité (*Zweiheit*) permet une **double action**. Les deux peuvent alors croire dans leur autonomie[2] ».

Rosenzweig et Rosenstock rendent Kant coupable d'avoir, au contraire, confondu ***pensée*** et ***parole***. Dans une lettre du 4 septembre 1918 à son cousin Rudolf Ehrenberg, Rosenzweig - après avoir exposé la structure détaillée de *L'Étoile* et souligné qu'elle est toute entière

---

[1] Lettre d'Eugen Rosenstock à Rosenzweig, 28.10.16, GS I,1, p. 276 (ma trad.). (voir, sur l'idée de **« dépendance »** chez Schleiermacher, de Juvénal Ilunga Muya, ***L'expérience de la pluralité. Un lieu théologique***, Chap. IV, I.3, p. 116).

[2] *Ibid.* (C'est nous qui soulignons.) Autre traduction possible : « Mais si la pensée et la parole sont [dans] une **action réciproque** de **don** et **contre-don**, et que tous les deux ensemble sont un cadeau qui est fait à l'espèce humaine, alors une **double action**, pour ce doublet, n'en est pas moins possible. Les deux peuvent croire dans leur autonomie. » (Texte original : „*Ist aber Denken und Sprechen ein dauerndes **Wechselverhältnis von Geben und Nehmen**, und beides ein einheitliches Geschenk an das Menschengeschlecht, so ist für diese Zweiheit ein **doppeltes Wirken** allerdings möglich. Sie können in ihre Autonomie glauben*".).

traversée par l'« étude du langage » et la « philosophie de l'art » - ajoute :

> « Ce fut le symptôme pathologique de l'idéalisme allemand que, d'une part, il n'avait pas de philosophie du langage (bien que le 18e siècle fût rempli de questions ayant trait à la philosophie du langage) - voir la critique de Kant par Hamann et Herder ! - et que d'autre part il édifia une esthétique particulière[1] ».

De son côté, Rosenstock, dans une lettre à Rosenzweig, tout en soulignant la grande liberté de la pensée de Kant affranchie du langage, critique celle-ci en la comparant à la pensée, moins affranchie, de Cohen :

> « En ce moment, je lis le maître de Cohen, Kant, qui est un esprit plus libre que celui-là. La manière dont il utilise la langue allemande (prise dans un sens spirituel) est un véritable exploit qui ne cesse de me fasciner : c'est comme un attachement désespéré à la liberté de pensée ***affranchie de la tutelle du langage***. Que Schelling, auparavant, et qu'en second lieu Hegel, en furent les plus proches, vous le savez[2] ».

Il y revient dans une lettre ultérieure où il précise sa pensée :

> « Les kantiens, par une exagération insensée, croient en une autonomie de la pensée. Le fait de la science, au contraire, ne témoigne que d'une certaine autonomie du couple langage et entendement[3] ».

C'est précisément à cette relation entre langage et pensée, ou, plutôt, à cette ***relation dialogale - « relation de réciprocité du don et du contre-don »*** - enracinée dans le *langage*, que Rosenzweig et Rosenstock assimileront la ***révélation*** [4].

La relation entre la *pensée* et le *langage*, Rosenstock la voit incarnée dans la **« doctrine du Logos Sauveur[5] »**. C'est, en effet, le *Logos* qui vient délivrer le « moi naïf » de sa prison « logique », qui vient le délivrer de la malédiction de la « pensée proliférante » et de sa crainte paranoïaque d'être déstabilisé (car ce moi, se voulant être la

---

[1] Lettre de Rosenzweig à Rudolf Ehrenberg, 4.9.18, GS, I, 2, p. 605.

[2] Lettre de Rosenstock à Rosenzweig, 19.7.16, GS I, 1, p. 218.

[3] Lettre de Rosenstock à Rosenzweig, 28.10.16 (Somme), GS I,1, p. 276.

[4] Dans son livre ***Les mystères de la trinité***, Dany-Robert Dufour parle de la « structure trinitaire » de la langue (voir la deuxième partie de cet ouvrage intitulée « La trinité et la langue », p. 73-145).

[5] Lettre de Rosenstock à Rosenzweig du 28.10.16 (Somme), GS I,1, p. 277.

mesure de toutes choses, souffre de la malédiction de toujours devoir se justifier[1] ; se considérant comme autocréateur, l'homme ne peut plus se considérer comme créature ; il ne croit plus en un Créateur). La pensée se suffisant à elle-même, elle se considère comme autosuffisante et n'accepte plus rien de ce qui voudrait dicter sa pensée et craint donc d'être déstabilisée et remise en question. C'est de cette crainte que vient le besoin de **sauver le *logos***. Le *Logos* sauve donc le *logos* de lui-même qui était jusqu'à présent enfermé en lui-même et qui, délivré de sa prison, peut, à présent, « entrer en relation avec ce qui est reconnu[2] ». C'est donc la « *reconnaissance* » (du *Logos*) qui guérit du « *logos* ». Voilà pourquoi, pour Rosenstock, tout tient à la phrase : **« Le Verbe s'est fait chair »**, et que c'est la *révélation* (chrétienne) qui guérit de la confusion babylonienne des langues [3] . Rosenstock cherche à se raccrocher à ce dont - paradoxalement - Rosenzweig cherche explicitement à se défaire, à savoir la formule **« Au commencement était le Verbe »** („ *In principio erat verbum*")[4], formule qui, pour Rosenstock, remplace la formule goethéenne : **« Au commencement était l'Action »** („ *Im Anfang war die Tat*")[5]. Comme il le précise dans la lettre (déjà citée) du 28 octobre 1916[6], c'est aussi cette formule-là qui, pour Rosenstock,

---

[1] *Ibid.* Il faut souligner que Rosenstock va recourir à cette même théorie dans sa *philosophie sociale* pour l'appliquer à un cas particulier de pathologie mentale : la **paranoïa nihiliste** (voir *Sociologie*, IIe tome, troisième partie, p. 624). (Peut-être n'est-ce pas un hasard si Rosenstock pointe cette *maladie* dans le cadre de sa *philosophie sociale*. Celle-ci, en effet, est - comme nous le verrons plus loin - en quelque sorte plus qu'une *philosophie du langage* : une philosophie des *formes pathologiques* du *langage « social » ...*)

[2] „Er [= der Logos] tritt in eine Verbindung mit dem Erkannten". (id., p. 278).

[3] Lettre de Rosenstock à Rosenzweig du 28.10.16 (Somme), GS, I,1, p. 277.

[4] Lettre de Rosenstock à Rosenzweig du 19. 7. 16, GS I,1, p. 218.

[5] *Ibid.* Rosenzweig va, quant à lui, opposer à la formule **« Au commencement était l'action »** („*Im Anfang war die Tat*") une formule presque identique qui trahit la volonté de *futur* de la pensée de Rosenzweig : **« A la fin est l'action »** („*Am Ende ist die Tat*"). Pour Rosenzweig, ce qui compte, en effet, c'est la parole-action. Et l'action n'est pas au commencement, mais à la *fin* (voir *Foi et savoir*, GS III, p. 590-593) : « C'est peut-être toujours au calcul et au souci que nous restons attachés. Dans ce cas on n'arrive jamais à l'action, jamais au commencement, qui, précisément, n'est *pas* au commencement, mais, au contraire, à la *fin*, à la fin du souci et du devoir, du doute et de la réflexion » (voir *Foi et savoir*, p. 591-592) (ma trad.) (voir aussi ***Initiation à la pensée juive***, GS III, p. 609-610 et ***La science au sujet de l'homme***, GS III, p. 643).

[6] Lettre de Rosenstock à Rosenzweig, 28.10.16 (Somme), GS I,1, p. 278.

- et contrairement à ce qu'a prétendu Rosenzweig - rend « difficile de voir dans le christianisme la moindre judaïsation des païens », puisque « ce dont le Christ sauve, c'est précisément de l'orgueil naïf et sans bornes du juif[1] », orgueil auquel - comme nous l'avons vu dans la première partie - Rosen-zweig donne un ***sens eschatologique***. Mais Rosenstock, se rendant compte qu'il est allé trop loin, se reprend quelques lignes plus loin et avoue que sa tête, un peu fatiguée, l'a rendu « stupide[2] », – non sans avoir cependant affirmé la thèse qui l'a conduit à dire pareille chose, à savoir la thèse de la ***confusion babylonienne des langues*** :

> « Face aux peuples qui, avec leurs 372 langues, forment la tour de Babel, cette fierté était - et, assurément, est - parfaitement fondée. Et c'est pourquoi le peuple juif a été séparé et écarté de tous les peuples du globe terrestre jusqu'à la destruction du Temple[3] ».

La chrétienté, au contraire, est une « communauté soudée par une commune détresse[4] », ce qui la rend capable de guérir l'esprit de la confusion babylonienne des langues. C'est, plus précisément, le lien qu'entretient la *révélation* avec le *langage* (dans le christianisme cette relation s'« incarne » dans le *Logos*) qui lui donne ces pouvoirs de guérison[5]. Inversement, si la révélation a un lien avec le langage, c'est précisément parce qu'elle guérit l'esprit de la confusion des langues. On pourrait croire que ce serait la traduction d'une langue en une autre qui permettrait de mettre un terme à cette confusion et qui serait une médiation incontournable et inévitable, mais, pour Rosenstock, le remède absolu à cette « confusion », ce ne peut pas être la traduction qui, au contraire, l'aggrave. Si, en effet, d'un coté, la traduction peut servir de remède à cette confusion, d'un autre côté, « elle ne cesse de créer de nouvelles confusions[6] ». C'est ainsi que Luther, même s'il a parfaitement eu raison de traduire la Bible « en la transposant en langue allemande », il est devenu en vérité « un malfaiteur, parce qu'il

---

[1] *Ibid.*

[2] „Mein Gehirnkasten versagt, und ich werde dumm" (lettre de Rosenstock à Rosenzweig, 28.10.16 (Somme), GS I,1, p. 278. (ma trad.)).

[3] *Ibid.* (ma trad.).

[4] *Ibid.*

[5] *Ibid.* «… **« Le Verbe se fit chair »** - c'est à *cette* phrase que tout tient… ».

[6] Lettre de Rosenstock à Rosenzweig, 19.11.16, GS I,1, p. 301.

abandonne ce qui est catholique[1] ». Encore une fois Rosenstock insiste sur le fait que le seul remède, c'est de se confier au *Logos* de Dieu :

> « Seul celui qui se confie à la langue telle que Dieu l'a laissée *devenir*, seul celui-là peut être porté par elle, de telle sorte qu'en le convainquant, lui et d'autres, elle fait de lui un homme de conviction[2] ».

Ce n'est qu'en octobre 1917, *début de la deuxième période* de la correspondance avec Rosenstock, que Rosenzweig revient avec son cousin à la philosophie du langage, en la mettant, cette fois-ci, en relation plus explicite avec la doctrine de la révélation. Déjà dans une lettre du 18 octobre 1917 adressée à Rosenstock, Rosenzweig avait bien posé le problème (dès le début de sa lettre) :

> « Cher Eugen, au sujet de ce que tu découvres chez Augustin, à savoir que c'est un non-sens que de s'interroger sur la substance de l'âme, que cette interrogation consiste dans le fait qu'il a lieu ***post*** **festum,** à ce sujet Kant a écrit le long paragraphe sur les "paralogismes de la raison pure" : le ***Je*** n'est pas une substance, car c'est *la* substance[3]... ».

Le lendemain (lettre du 19 octobre 1917) Rosenzweig revient sur cette question pour la préciser et la développer dans le sens de sa propre dialogique du *Je* et du *Tu* :

> « [...] le véritable miracle - mon ***Je*** à moi [*das meine Ich*] - ne naît pas du tout dans le ***Je***, car le ***Je***, en tant qu'il est *la* substance (*ante festum*), n'est absolument pas *mon Je*, mais précisément un ***Je*** en général. Et s'il est vrai que par le Il [*Er*], il est démultiplié, il n'en reste pas moins chose parmi des choses. *Mais mon Je naît dans le Tu.* En disant « Tu », je comprends que l'autre n'est pas une « chose », mais [qu'il est] **« comme moi »**[4]... ».

---

[1] *Ibid.* (ma trad.).

[2] *Ibid.* „ Nur wer sich der Sprache, wie Gott sie hat werden lassen, anvertraut, kann von ihr getragen werden, so dass sie ihn und andere „*über*"zeugt. " ; « convaincre » signifie en allemand „*überzeugen*". Rosenstock joue ici sur ce mot qui est composé de la préposition über, « au-dessus », et du substantif „*der Zeuge*", le « témoin ». Nous avons tenté de rendre ce jeu de mot en traduisant „*Zeuge*" par « homme de conviction ».

[3] Lettre du 18.10.17 à Eugen Rosenstock, GS I,1, p. 470 (ma trad.). Kant reste donc dans le questionnement substantialiste. Nous avons vu que, selon Rosenzweig, c'est aussi le cas pour Hegel, puisque son « sujet » est la *pensée* devenue *substance* (voir notre introduction).

[4] Lettre du 19.10.17 à Eugen Rosenstock, GS I,1, p. 471. (ma trad.).

Pour Rosenzweig, donc, le *Je* n'est pas une *substance générale*, mais une *personne* qui est *engendrée dans le Tu*. Le *Je*, une fois devenue une personne par, et à travers, le *Tu*, peut se débarrasser de sa nature substantielle (ou de son « *Je* en général »), « car *son Je* s'est dissocié de son *Je* en général (*sein Ich hat sich vom Ich überhaupt abgespalten*) ». Autrement dit, en acceptant l'autre *Je* comme un *Tu*, je me détermine, en retour, en tant que *Je*[1], en tant que « *mon* Je », et non pas comme « *Je* en général ».

C'est précisément ce *Je*-là, ce *Je* déterminé par un *Tu*, que Rosenzweig oppose au « *Je* idéaliste ». Ce *Je-Tu* est radicalement différent du « *Je* » idéaliste dans la mesure où, pour celui-ci tout peut être produit (*erzeugt*)[2]. Chez Rosenzweig, le *Je* n'est précisément plus - comme il l'était chez les idéalistes - producteur (*Erzeuger*) du monde : *en devenant Tu*, il peut « croire en un Je « au-delà » de *son* Je », au-delà du monde, croire au Je du Créateur du monde, « car *son* Je s'est détaché du *Je* en général ».[3] Étant donné que, par là, « un *autre* peut être comme moi, le *Je* cesse d'être l'unique « transcendantal » [...] et devient *un* Je, *mon* Je, et *malgré tout* pas un *Il* impersonnel (*Es*) [4]». Dans cette lettre à Rosenstock, Rosenzweig souligne donc le fait qu'« en disant *Tu*, je comprends que l'autre n'est pas une « chose », mais qu'il est « comme moi » [5] ». Rosenzweig reviendra sur cette dernière formule dans *l'Étoile*, au chapitre sur la Rédemption. En partant de la formule biblique : « l'homme doit aimer son prochain comme soi-même[6] », il va d'entrée de jeu y faire la

---

[1] Lettre du 19.10.17 à Eugen Rosenstock, GS I,1, p. 471.

[2] Allusion à la doctrine romantique du « génie ».

[3] Lettre du 19.10.17 à Eugen Rosenstock, GS I,1, p. 471.

[4] *Ibid.*

[5] *Ibid.* « Avec le dire-*tu* je comprends que l'autre n'est pas une « chose » [parmi des choses], mais [qu'il est] **comme moi**. [...] Mais c'est précisément parce qu'un autre peut être **comme moi**, que le *je* cesse d'être le « transcendantal » unique et *ante omnia festa* et devient un *je*, mon *je* et malgré tout pas un *il* » (*Ibid.*)

[6] *L'Étoile* (« Le prochain et le Soi »), p. 283 ; *Stern*, p. 267 („ Der Nächste und das Selbst ") ; (notre traduction). L'idée de « prochain » prend déjà une tonalité bien particulière dans la lettre citée ci-dessus (lettre du 19.10.17 à Eugen Rosenstock, GS I,1, p. 471) en allant chercher son modèle dans la linguistique de F. N. Finck, connu surtout pour son ouvrage sur les types linguistiques ***Les types principaux de la construction de la phrase*** (*Die Haupttypen des Sprachbaus*, Leipzig, 1909, Darmstadt, 1965) : « Est-ce que parmi les 321 langues de Finck il en existe une qui arrive à s'en sortir entièrement sans *Je* et sans *Tu*, qui, par exemple, arrive à s'en sortir avec un système de la troisième personne dans lequel on progresse de façon directe du proche au lointain (celui-ci, celui-là [en français dans le texte]), où donc le *Je*

critique de l'interprétation kantienne de cette formule en soulignant le fait que, dans cette formule, il ne s'agit pas tellement de *faire* à l'autre ce que je voudrais qu'on me *fasse*, mais qu'il s'agit plutôt de le faire *par amour* : « L'acte d'aimer de l'homme n'est qu'apparemment [un] acte. Dieu ne lui dit pas de faire à son prochain ce qu'il voudrait qu'on lui fasse à lui-même[1] ». Ce qui, en effet, est en jeu ici, ce n'est pas, comme voudrait le faire croire Kant, le *faire* et l'*action*. Dans la ***Critique de la raison pratique***, le *faire* n'est que la *forme pratique* du commandement d'*aimer son prochain*. La loi morale n'est qu'une simple *règle* de l'action. Comme le dit Jacques Delasalle dans son article ***La raison et le Dieu-Trinité***[2] (article dans lequel il fait, lui aussi, la critique de l'interprétation kantienne du « commandement d'aimer »), cette *forme* pratique n'est que la « *forme négative* » ou la « limite négative inférieure [3] », de ce que le « commandement d'aimer » nous enjoint à ne pas franchir dans l'action. Pour Rosenzweig aussi, ce n'est pas cette « *forme négative* » qui est le contenu essentiel de ce commandement, mais c'est l'amour. Ce que ce commandement nous dit - nous demande - c'est d'*aimer* son prochain comme soi-même – d'*aimer*, et non pas d'*agir* ! C'est pourquoi Rosenzweig insiste sur le fait que si « l'amour fait du monde un monde éternisé », ce n'est pas « par ce qu'il fait, mais parce qu'il le fait par amour[4] ».

Ce commandement, donc, plutôt qu'un appel à l'action, est un appel à l'amour, ou,- puisqu'il s'agit d'un « acte d'amour » (*Liebestat*) -, un appel à l'acte d'amour. Mais, s'il souligne le fait qu'il s'agit ici non

---

n'est caractérisé que comme le plus proche, le **« prochain »**, le *Tu* comme l'immédiatement le plus proche [de ce proche], comme celui qui est éloigné dans la plus grande proximité, et ainsi de suite ? La philosophie n'est pas au-dessus de la grammaire, mais pourquoi n'y aurait-il pas des grammaires antiphilosophiques ? » (lettre citée).

[1] (ma trad.) „*Die Liebestat des Menschen ist ja nur scheinbar Tat. Es ist ihm von Gott nicht gesagt seinem Nächsten zu tun, was er sich selbst getan haben möchte*“ . (*Stern*, p. 267 ; *L'Étoile*, p. 282).

[2] Pour une critique analogue de l'interprétation kantienne du « commandement d'aimer », voir l'article de Jacques Delesalle, « ***La raison et le Dieu-Trinité »***, in : ***Mélanges de science religieuse***, revue trimestrielle, tome 50, n° 1, janvier-mars 1993, Université Catholique de Lille, p. 25-48.

[3] *L'Étoile*, p. 283 ; *Stern*, p. 267 (« extérieurement, sous forme négative », *äusserlich in negativer Form*).

[4] „So macht Liebe die Welt zur beseelten, nicht eigentlich durch das, was sie tut, sondern weil sie es aus Liebe tut“. (*Stern*, p. 267 ; *L'Étoile*, p. 283). (ma trad.)

pas simplement d'agir, non pas simplement de faire, mais d'*aimer*, de faire *par amour*, Rosenzweig souligne en plus qu'il s'agit ici non pas simplement d'aimer, mais d'aimer *comme soi-même* (« aime ton prochain comme toi-même »). Car aimer son prochain *comme soi-même* veut précisément dire que le prochain est « *comme toi* », c'est-à-dire, d'une part, qu'il est comme *moi*, d'autre part, qu'il est *comme* moi. Ce qui, pour Rosenzweig, caractérise le « prochain », c'est d'abord le fait qu'il est « comme *moi* », c'est-à-dire que je dois le traiter comme un « *toi*[1] » (pour Rosenzweig, donc, « comme toi-même » signifie « ton prochain » est « comme toi »). Est « prochain » pour moi, celui qui - comme une différence surgie hors du « chaos » indifférencié - se présente immédiatement à moi, celui qui, donc, est le plus proche de moi[2]... Ensuite, dans ce « comme moi » Rosenzweig ne souligne pas seulement l'identité, mais aussi - et surtout - la *différence* : l'autre est « *comme* moi », donc *pas* « moi[3] » ! L'autre est « *comme* moi », mais n'est *pas* moi, signifie que, malgré son ouverture à l'autre, le moi lui-même n'est pas amené à se renier. Par là, Rosenzweig veut éviter la retombée (panthéiste) dans l'impersonnel. Dans l'amour, ni moi ni l'autre - l'autre moi – ne perdent leur identité propre. L'autre ne se « perd » pas en moi et moi je ne me « perds » pas dans l'autre. Ainsi, si, malgré mon ouverture à l'autre, « je reste moi », l'autre ne doit pas pour autant rester, pour moi, un simple *Il* (*Er*), ou même un simple *il* (*es*). L'*Il* (*Er*), en effet, de par sa *position* même dans le triangle des trois personnes - des trois pronoms personnels - peut, de *personnel* (qu'il est), facilement devenir *impersonnel*, passer du *Il* (*Er*) au *il* (*es*), et le *Je* a tendance à le considérer et à le traiter comme tel. Ici, au contraire, l'autre est « comme toi, comme ton *Tu*, un *Tu* comme toi, un *Je*, c'est-à-dire une âme[4] ». C'est à partir de cette relation fondamentale et personnalisante du *Je* et du

---

[1] *Stern*, p. 267 ; *L'Étoile*, p. 283 (ma trad.).

[2] *Ibid.*

[3] *Ibid.* „ Von diesem [Nächsten] und zunächst nur von diesem [wird] ihm [= dem Menschen] gesagt : er ist wie du. **„ Wie du ", also nicht „ du".** Du bleibst Du und sollst es bleiben. Aber er soll dir nicht ein Er bleiben. "...

[4] *L'Étoile, p. 283; Stern, p. 267.* „ ...Du bleibst Du und sollst es bleiben. Aber er soll dir nicht ein Er bleiben und also für dein Du bloss ein Es, sondern **er ist wie Du, wie dein Du, ein Du wie Du, ein Ich – Seele.** " On peut trouver une problématique semblable dans l'ouvrage (déjà cité) de Dany-Robert Dufour, ***Les mystères de la trinité***, en particulier le chapitre II de la deuxième partie, chapitre intitulé « Il, personne et non-personne » (*op. cit.*, p. 94) et le chapitre III intitulé « Je, tu, il comme Trinité naturelle » (*op. cit.*, p. 109).

Tu, que Rosenzweig va définir la **Rédemption** : elle consiste dans le fait que **« le *Je* apprend au *Il* à dire *Tu*[1] »**. Pour Rosenzweig, la rédemption est ce qui permet de jeter un pont entre le ***Je*** de la **Révélation** et le ***Il*** de la **Création**[2].

Comme on l'a dit précédemment, Rosenzweig veut neutraliser la tendance panthéiste qui voudrait que le *Tu* se confonde avec le monde en se comparant au monde et qui lui dit : « ça, c'est toi » : « ça c'est toi -- cesse donc de te différencier, entre dans lui [= dans le monde], dissous-toi en lui, perds-toi en lui[3] ». Ici, au contraire, au sein du « chaos infini du monde », l'âme de l'homme doit se différencier par rapport au monde, et, pour cela, elle est mise *en face* d'un prochain, de *son* prochain, dont la formule la plus proche, la plus immédiate est : « Il est comme toi. » Or, ce surgissement du Je *hors* du chaos, s'il se maintient dans la Création, il a lieu dans l'événement de la Révélation. (« Ce deuxième *Tu* [après ce premier qui surgit à la fin de la « Création »] est la « Révélation » »[4]). C'est ainsi, comme Rosenzweig va le dire dans *l'Étoile*, que « le pont qui mène de la Révélation à la Création est celui qui mène du *Je* au *Il* ».[5] Sur ce pont est écrit : « Aime ton autre [car] il n'est pas un autre, il n'est pas un *Il*, mais [il est] un *Je* comme toi – « il est comme toi »[6] ».

D. Le concept juif de « Rédemption ». Grammaire et pensée dialogique dans les Psaumes

Nous venons de voir que si l'autre est comme moi, il est aussi *autre*, de sorte qu'« un éternel mur de séparation doit subsister entre le *Je* et tous les autres[7] ». C'est précisément ce rôle (de mur de séparation) que joue la Création : « l'autre reste pour l'éternité ce que déjà il est à partir du monde : chose créée, autre (*geschaffenes Ding* –

---

[1] *L'Étoile*, p. 324 ; *Stern*, p. 305. („denn was ist Erlösung sonst als dies, daß das Ich zum Er Du sagen lernt?").

[2] *L'Étoile*, p. 283 ; *Stern*, p. 267

[3] *Ibid.* C'est pourquoi Rosenzweig va éviter, et même récuser, le terme (« romantique », idéaliste) de **« chaos »**, terme typique de la **« logique idéaliste »**, et va y substituer l'idée de **création**, caractéristique d'une **« logique de la création »**.

[4] *Ibid.* „Dieses **zweite Du** (nach jenem ersten am Ende der „Schöpfung") ist die **„Offenbarung"**. "

[5] *L'Étoile*, p. 323 ; *Stern*, p. 305.

[6] *Ibid.*

[7] *L'Étoile*, p. 323 ; *Stern*, p. 305.

andrer)[1] ». ici s'annonce la théorie - fondamentale pour comprendre la pensée de Rosenzweig - de la relation entre *Création* et *Révélation*, relation que Rosenzweig développera dans *l'Étoile*. Nous venons de voir que **« le pont**, qui conduit **du *Je* à *Il*, de la Révélation à la Création »** est la ***Rédemption***. Rosenzweig précise que ce pont est refusé par le *Je* du pécheur, que ce soit le « criminel qui ne s'en cache pas » ou le « mystique qui fait des cachotteries ». Car ces deux types d'individus, contrairement aux apparences pour le second, « demandent la mort de l'autre »[2] et veulent à la fois « rester dans la Révélation et abandonner la Création aux « autres »[3] ». « C'est ainsi », conclut Rosenzweig, « que le pécheur - celui qui est « *ouvertement criminel* » comme celui qui est « *mystiquement philistin* » - renie la rédemption[4] ».

Dans une lettre à son cousin Hans Ehrenberg, Rosenzweig précise son concept de « Rédemption » en soulignant sa différence d'avec le concept *chrétien* de « rédemption ». Hans Ehrenberg lui demandant si ***l'Étoile*** est un livre juif, Rosenzweig lui conseille de lire la troisième partie et la deuxième partie de *L'Étoile*, en particulier le chapitre II de cette dernière, celui sur la Révélation[5]. Selon Rosenzweig, en effet, dans ces deux parties de l'*Étoile*, il apparaît clairement qu'il y a un rapport manifeste entre le contenu de ***l'Étoile*** et celui de l'**Ancien Testament**[6]. Il y a, plus précisément, « un rapport plus caché à la liturgie juive, rapport qui détermine, en partie, la succession des catégories [juives telles que *Création, Révélation* et *Rédemption*][7] »... C'est donc dans la liturgie juive, et en particulier dans le *Cantique des Cantiques*, que s'enracine la relation dialogique du *Je* et du *Tu*. Elle en est le déploiement organisé. Dans sa lettre à Hans Ehrenberg, Rosenzweig s'attarde surtout sur l'idée de « Rédemption », idée qui fait l'objet du troisième livre de la Deuxième partie de *l'Étoile*. Or, ce qui est fondamental, c'est que si, dans le christianisme, Dieu est *en*

---

[1] *Ibid.*

[2] *L'Étoile*, p. 324; *Stern*, p. 305. « le Je [du mystique et du pécheur] qui prie pour que meure l'autre. »

[3] *L'Étoile*, p. 324 ; *Stern*, p. 305 (ma trad.).

[4] *Ibid.*

[5] Lettre de Rosenzweig à Hans Ehrenberg (Stuttgart), 6 juillet. et 7 juillet 1919, G.S. I,2, p. 636-637.

[6] Voir la lettre de Rosenzweig à Richard Koch (lettre du 2. 9. 28) dans laquelle Rosenzweig écrit : « [Le *Stern* est un] commentaire de la Bible qui laisse de côté le texte ». (Lettre citée, *in* GS I, 2, p. 1196).

[7] Lettre de Rosenzweig à Hans Ehrenberg (Stuttgart, 7 juillet 1919), GS I,2, p. 637.

même temps Rédempteur *et* Révélateur, dans le judaïsme, les deux concepts de « Rédemption » et de « Révélation » restent séparés : « la séparation [*Auseinanderhaltung*] nette des deux concepts est juive[1]». Rosenzweig affirme avec insistance que « c'est précisément sur cette séparation que repose toute [sa] construction[2] ». Pour Rosenzweig, le concept de « Rédemption » n'est donc *pas* un concept *chrétien* : « tout le concept de « Rédemption », tel que je le mets au fondement [de *l'Étoile*], est non chrétien[3] ». La profonde raison en est que « pour le chrétien, c'est le Christ (celui qui est venu) qui est en même temps Rédempteur et Révélateur[4] ». Rosenzweig, au contraire, souligne la « dissociation des deux concepts » et précise que la Rédemption « est juive » et que c'est sur cette dissociation que repose *L'Étoile de la rédemption* : « Je devrais présenter *l'Étoile* comme un livre juif, même s'il était « autant chrétien que juif » – ce qu'il n'est vraiment pas[5] ».

Cela dit, si la Rédemption est « juive », c'est aussi parce qu'elle s'enracine dans les **Psaumes**, dans la structure « dialogique » et la « grammaire » de ces derniers. À vrai dire, Cohen, dans ***La religion de la raison tirée des sources du judaïsme***, avait déjà souligné le lien étroit qui existe entre la « grammaire » et la structure « dialogique » des Psaumes[6]. Mais c'est Rosenzweig qui, dans ***l'Étoile***, va « élargir »

---

[1] *Id.*, p. 638.

[2] *Ibid.*

[3] *Ibid.*

[4] *Ibid.*

[5] „Ich müsste den Stern als ein jüdisches Buch auftreten lassen, selbst wenn er „ebenso christlich als jüdisch" wäre – was er wirklich nicht ist". (*id*, p. 637) (ma trad.).

[6] Ici on trouve une relation étroite entre les **Psaumes** et l'idée rosenzweigienne de **« grammaire »**. Il serait intéressant de voir en quoi cette idée est différente de celle de Heidegger. Chez ce dernier, l'idée de « grammaire » est en relation étroite avec l'idée de ***„Dasein"*** (au sens, bien sûr, où l'entend Heidegger). A vrai dire, dans un des chapitres de ***L'être et le temps***, la pensée de Heidegger est proche de la celle de Rosenzweig dans la mesure où Heidegger y analyse la structure de la **« conscience morale »** („*Gewissen*") comme **« être-coupable »** („*schuldigsein*") et « **appel** » („*Ruf*", „*Anruf*") (voir *Sein und Zeit*, Deuxième Section, Deuxième Chapitre, paragraphes 56, 57 et 58, pp. 272-289). D'autre part, Rosenzweig lui-même avait aperçu une équivalence entre le concept de ***„Dasein"*** de Heidegger et son propre concept de **« création »**. Cela dit, la **« créature »** rosenzweigienne n'est pas assimilable au ***„Dasein"*** heideggerien, car sa caractéristique n'est pas d'être, comme ce dernier, *ouverture* de l'être-là, - comme être-au-monde -, à l'être, mais elle est *ce qui donne son caractère de* ***« créature »*** („*Kreaturhaftigkeit*") au monde (c'est pourquoi le „*Dasein*" au sens où l'entend Rosenzweig est initimement lié à l'idée de « providence »...). Pour Rosenzweig, donc, le „*Dasein*" n'est pas - comme pour Heideg-

ger - l'« être-*là* », mais l'être *créé*...]. La relation étroite entre **« grammaire »** et **„*Dasein*"** est clairement caractérisée par Françoise Dastur dans son article sur ***L'étude des théories du jugement chez le jeune Heidegger***. Elle y expose la critique que Heidegger a fait de la « grammaire » dans ses rapports avec la « logique ». Pour Heidegger, en effet, la « grammaire » est trop dépendante de la forme logique (telle que Heidegger la trouve chez ses prédécesseurs, notamment Husserl, Wilhelm Wundt, Emil Lask, Heinrich Rickert et Franz von Brentano). En vérité, l'attitude de Heidegger à l'égard de la grammaire fut ambivalente et oscillante. Alors que, dans sa *Dissertation de 1914* (intitulée ***La théorie du jugement dans le psychologisme*** *(Die Lehre vom Urteil im Psychologismus)*) qui est encore grandement sous l'influence des *Recherches logiques* (*Logische Untersuchungen*) de Husserl, le jeune Heidegger, lui, veut « se libérer des chaînes de la grammaire ». Dans ***L'être et le temps***, au contraire, Heidegger veut « libérer la grammaire de la logique ». Mais, dans la ***Lettre sur l'humanisme***, « il sera à nouveau question de libérer le langage de la grammaire elle-même », de sorte que c'est alors dans une « poétique », et non dans une « logique », que, pour Heidegger, « se trouve l'essence du langage ». (Françoise Dastur, ***L'étude des théories du jugement chez le jeune Heidegger***, in : *Revue de métaphysique et de morale*, juillet-septem-bre, 101e année / n° 3, note 34, p. 311). Dans son article, Françoise Dastur cite à ce sujet l'ouvrage d'Heinrich Maier, ***Psychologie de la pensée émotionnelle*** *(Psychologie des emotionalen Denkens)* (Tübingen, 1908), ouvrage qui a inspiré le jeune Heidegger, comme en témoigne cette remarque de Heidegger lui-même : « [Heinrich Maier entreprend de] chercher les **opérations les plus primitives du jugement** dans une profondeur à laquelle le langage n'atteint absolument pas » (*Frühe Schriften 1912-1916*, p. 104 ; cité par Françoise Dastur, *in art. cit.*, p. 311). Mais il faut souligner que « ces profondeurs sont en l'occurrence celles, signe d'époque, de la psychologie, alors qu'il s'agit, pour cet husserlien intransigeant qu'est le jeune Heidegger, de tout autres « profondeurs », celles de l'**idéalité de la signification** ». Selon Françoise Dastur, « on peut s'en convaincre en examinant la forme la plus générale du jugement, examen qui atteste bien que la **forme logique** n'est nullement empruntée à, ni calquée sur la **forme grammaticale**, ce qui implique la mise en question du fameux « parallélisme logico-grammatical » déjà au centre de la réflexion husserlienne sur la « grammaire pure logique » ». (*Ibid.*). (Au sujet de tous ces courants d'inspiration « aristotélicienne », nous renvoyons à l'ouvrage collectif (édité par Denis Thouard) intitulé ***Aristote au XIXe siècle***, ouvrage qui « dresse un état des lieux de la surprenante actualité d'Aristote au XIXe siècle en suivant les interprétations contrastées de ses principales œuvres » et en soulignant « le rôle essentiel de **Trendelenburg, Ravaisson et Brentano** » et « en présentant plusieurs acteurs de cette passion péripatéticienne (de Feuerbach, Droysen, Dilthey à Comte, Pierce ou Lukasiewicz) ». (quatrième de couverture). Cet ouvrage présente même des textes inédits de Franz von Brentano sur Aristote...).

On peut, dans ce contexte, souligner le fait qu'on trouve chez Rosenzweig – et plus encore chez Rosenstock – une critique radicale de la pensée (grecque) du jugement (comme procédure judicative) en vue de substituer à cette forme (particulière) de jugement la notion de **« justesse du jugement »** ou de **jugement « juste »** (ou « correct ») qui, comme l'expose Jean-Claude Gens dans son article *La doctrine du jugement correct dans la philosophie de Franz von Brentano*, a aussi été celle de

le cercle dialogique du *Je* et *Tu* au *Nous* communautaire et eschatologique des *Psaumes* 111 à 118[1]. Le « Nous » y représente alors « la communauté de tous » :

> « Le *Nous* est la communauté de tous développée à partir du duel ; à l'inverse de la singularité du *Je* et de son compagnon, le ***Tu***, qu'on ne peut qu'élargir, cette communauté n'est susceptible ni de s'élargir ni de se resserrer. Dans le *Nous* commence donc la strophe finale du **chant de la rédemption**[2] ».

A vrai dire, cette « communauté » du *Nous* n'est pas telllement le produit d'un élargissement, mais plutôt d'une sorte de **« crescendo » eschatologique** qui passe du « chant dialogué » au **« chant de louange de la rédemption[3] »**. Dans *l'Etoile,* Rosenzweig fait en particulier l'exégèse du *Psaume* 115, car celui-ci est « le seul parmi tous les Psaumes à commencer et à finir avec un *Nous* puissamment souligné[4] ». Ainsi, Rosenzweig ne s'arrête ni au *Je* pécheur (de Cohen), ni même au *Je-Tu* dialogique du *Cantique des Cantiques*, mais, tendue tout entier vers la « fin des temps », sa philosophie de la *Rédemption* s'élève jusqu'au *Nous* du chœur chantant, comme il va l'affirmer dans *l'Étoile* : « Dans le duel se poursuivait un fugato à

Franz von Brentano (voir *Revue de métaphysique et de morale*, *op. cit.,* pp. 361-381). Fabien Capeillères, dans son article *Concept, jugement et forme sérielle.* A propos de la philosophie des formes symboliques comme **logique des relations »**, analyse, pour sa part, le sens kantien, cohénien et cassirérien du jugement (voir revue citée, pp. 337-360).

Pour préciser le lien que le *Dasein* heideggerien pourrait avoir avec la « grammaire », on peut encore faire remarquer que, si on prend le mot„ *Dasein* " dans le sens d'un infinitif („ *da sein* ", « être là ») plutôt que celui d'une simple « existence » („ *Dasein* ", « être-là »), on pourrait voir un lien étroit entre le ***Dasein*** et le... ***retable de Giesenheim***, dans la mesure où le *Dasein* serait une volonté de dépasser les formes fixes, figées, de la **grammaire** vers l'**infinitif**...

[1] Voir *L'Étoile*, p. 296 ; *Stern*, p. 279.

[2] *L'Étoile*, p. 279 ; *Stern*, p. 264.

[3] *L'Étoile*, p. 298 ; *Stern*, p. 281. « [...] Ce n'est donc pas la prophétie qui est la forme particulière où la Rédemption peut devenir contenu de la révélation ; au contraire, ce doit être une forme tout à fait propre à la Rédemption, qui exprime par conséquent l'événement n'ayant-pas-encore-eu-lieu et pourtant encore-à-venir-un-jour. Mais c'est la forme du chant commun de la communauté. La communauté n'est pas, n'est pas encore, tous ; son Nous est encore limité, il reste simultanément lié à un Vous ; mais elle prétend à être tous – pourtant » (*L'Étoile*, p. 295-296 ; *Stern*, p. 278-279).

[4] *L'Étoile*, p. 297 ; *Stern*, p. 280.

deux voix auxquelles ne cessaient de s'ajouter de nouveaux instruments ; dans le *Nous*, enfin, tout se rassemble pour entrer dans le rythme unanime du chœur dont les voix multiples chantent le chant final. Toutes les voix sont devenues indépendantes, chacune chante les paroles sur l'air de sa propre âme, et cependant tous ces airs se plient au même rythme et s'unissent en une seule harmonie [1] ». Cette dernière phrase révèle que, pour Rosenzweig, l'intégration des « individus » dans la « *communauté* » n'efface pas pour autant leur *singularité*[2].

---

[1] *L'Étoile*, p. 279 ; *Stern*, p. 264.

[2] Cette **singularité** de l'individu, on la trouve aussi chez **Wilhelm von Humboldt**. Si je fais référence ici à cet auteur, c'est aussi parce que Friedrich Meinecke lui-même, dans son ouvrage sur l'« idée d'individualité » chez **Schiller**, a opposé l'« humanisme » de Humboldt à l'« humanisme » de Schiller en soulignant que « Schiller idéalise l'individu au point de l'élargir à l'espèce, tandis que Humboldt individualise l'idéal » (voir Friedrich Meinecke, ***Schiller et l'idée d'individualité*** (*Schiller und der Individualitätsgedanke*), p. 26 ; cité par Jean Quillien, *in* : ***L'Anthropologie philosophique de G. de Humboldt***, p. 362). Pour Humboldt, en effet, « l'individualité idéale est l'individualité pleinement déployée, moment ultime du devenir de l'individuel » (Jean Quillien, *op. cit.*, p. 362). Il faut préciser que, dans cette vision, Humboldt s'inspire largement de l'« anthropologie » monadologique de Leibniz, de sorte que « chaque individu se présente d'une manière qui n'appartient qu'à lui, comme dans la monade se joue tout l'univers, mais d'une façon qui lui est propre » (*Ibid.*). Si nous précisons ce point, c'est aussi parce que Humboldt, pour développer sa conception « humaniste » de l'homme, a recours à la notion idéaliste de ***„Darstellung“*** (« présentation »), et cela par opposition à la ***„Vorstellung“*** (« représentation »). En effet, dans l'anthropologie de Humboldt, « toute individualité, en tant que cette forme déterminée-ci, représente l'espèce, est, en tant que celle-ci, une présentation, une *Darstellung*, particulière de l'idée d'humanité » (*Ibid.*). Autrement dit, « chaque individu présente l'humanité d'une manière qui lui est propre », chaque individu « est l'expression d'une idée, qui n'existe que dans cet individu tout en participant à l'idée englobante d'humanité » (Jean Quillien, *op. cit.*, p. 364). C'est en cela que l'universel, chez Humboldt, est *singulier*. C'est, comme le dit Jean Quillien, « [en opérant] avec le concept d'individualité, un renversement des termes du rapport entre **universel** et **individuel »** que Humboldt fonde la ***singularité*** de l'individu. Comme le souligne et le précise Meinecke, par là Humboldt opère une « rupture avec le mode de penser du droit naturel » (Fr. Meinecke, *Schiller et l'idée d'individualité*, p. 31). Mais, étant donné que, pour Humboldt, la « forme s'élabore dans le processus d'assimilation du matériau », sa position s'écarte de la « conception leibnizienne de l'individualité » (Jean Quillien, *op. cit.*, p. 400). Wilhelm von Humboldt veut donc fonder une **« anthropologie » de la *singularité*** de l'individu, mais c'est une anthropologie « humaniste », une anthropologie fondée sur un « idéal » humaniste. (voir la critique de cet « idéal » par Heidegger dans *Sein und Zeit*, p. 119).

II. Étude comparée sur la *pensée dialogique* de Rosenzweig et la *pensée du langage* de Rosenstock. De la révélation comme *injonction* à la révélation comme *« événement de langage »* (*„Sprachge-schehen“*)

Dans un ouvrage collectif sur la révélation, **Paul Ricœur** se demande : « pourquoi avons-nous tant de peine à concevoir une dépendance sans hétéronomie[1] ? ». Et il répond à cette question par une nouvelle question : « N'est-ce pas parce que nous pensons trop à une volonté qui se soumet et pas assez à une imagination qui s'ouvre[2] ? ». Car « à quoi s'adressent le poème de l'Exode et le poème de la Résurrection », sinon « à notre imagination plutôt qu'à notre obéissance ? ». Paul Ricœur entend ici « imagination » au sens kantien[3], c'est-à-dire cette « part de nous-mêmes qui répond au texte

[1] Paul Ricœur, ***La Révélation***, (ouvrage collectif), chapitre I : **« Herméneutique de l'idée de révélation »**, p. 54.

[2] *Ibid.*

[3] *Ibid.* Rosenzweig met lui aussi l'accent sur l'**imagination**, mais dans une autre perspective que celle de Kant. Rosenzweig aborde cette idée dans le cadre des « formes de la vie communautaire en général » au sein de l'année liturgique, plus précisément dans le cadre d'une « sociologie des arts de la représentation » comme réflexion sur les aspects et dimensions « communautaires » de la *poésie* et de la *danse* (voir *L'Étoile*, pp. 437-439 ; *Stern*, p. 412-415). Pour ce qui est de la distinction, - décisive dans l'idéalisme allemand -, entre « représentation » (*„Vorstellung“*) et « présentation » (*„Darstellung“*), Rosenzweig l'a fait aussi, mais il la fait dans le cadre de la « figuration » (*„Gestaltung“*), par l'artiste, de la souffrance : « l'artiste sait qu'il est l'homme à qui il est donné de dire ce qu'il souffre ». (*id.*, p. 444). Le travail de l'artiste, c'est donc la **« figuration de la souffrance »** (*„Gestaltung des Leidens“*). Aux yeux de Rosenzweig, le « mutisme du premier homme » est aussi dans l'artiste, car l'artiste « ne cherche ni à « taire » la souffrance ni à la « clamer » : **il la représente** ». C'est ainsi que, dans, et à travers, la représentation, l'artiste « réconcilie la contradiction qui vient de ce qu'il est là lui-même et que pourtant la souffrance aussi soit là ». C'est grâce à ce procédé que l'artiste arrive à résoudre la contradiction en question, et cela – qui est décisif ! – « sans la supprimer le moins du monde » (*Ibid.*). Voilà pourquoi, « dans son contenu, tout art est « tragique **»**, représentation [ou figuration] de la souffrance » (voir *L'Étoile*, pp. 443-445 ; *Stern*, pp. 418-419). Il faut faire remarquer, - et l'éditeur fait lui-même cette remarque (no-te 1, p. 444) ! -, que les traducteurs ont traduit le mot „Darstellung“ (tel que l'entend Rosenzweig) par « représentation » et non pas, comme on le fait habituellement, par *„Vorstellung“* !, ce qui n'aide pas à la clarification du propos de Rosenzweig !... Il y a, en fait, chez Kant lui-même, ambiguïté à ce sujet ! Chez Kant, en effet - et comme le fait remarquer Jean-Luc Marion dans son ouvrage *Etant donné. Essai d'une phénoménologie de la donation* - l'**« idée esthétique »** se caractérise par un « excès de l'intuition sur tout concept », excès qui interdit « qu'aucun langage ne l'atteigne

comme poème et qui seule peut rencontrer la révélation non plus comme une prétention inacceptable, mais comme un appel non contraignant[1] ». Si l'idée de révélation (au sens traditionnel du terme) est suspecte aux yeux du philosophe, c'est précisément à cause de son caractère *contraignant*. Ce qui caractérise, en effet, la révélation, c'est son hétéronomie, hétéronomie qui menace l'autonomie de la pensée. L'objection majeure qu'on peut donc faire à l'encontre de la révélation, c'est celle d'être une ***hétéronomie*** (divine) *qui s'impose* à une ***autonomie*** (humaine) *qui s'affirme*. Comme le fait remarquer Paul Ricœur dans l'article cité, toute idée de révélation « porte [ainsi] atteinte à l'autonomie du sujet pensant inscrite dans l'idée d'une conscience maîtresse d'elle-même[2] ». Étant donné que la prétention d'autonomie prend appui sur le concept d'un « sujet maître de ses pensées », pour Paul Ricœur, l'idée d'une « conscience qui se pose elle-même en posant ses contenus constitue la résistance la mieux retranchée à toute idée de révélation[3] ». Voilà pourquoi la conscience, en voulant se constituer elle-même, constitue, en fait, « le plus formidable obstacle à l'idée de révélation[4] ».

---

jamais complètement et ne puisse la rendre intelligible », qui, autrement dit, interdit « d'y faire voir un objet ». On ne peut donc pas, note Jean-Luc Marion en faisant référence à la ***Critique de la faculté de juger*** de Kant, objecter, au sujet de cette idée esthétique prétendument « intuitionnée », que « l'idée esthétique est ici nommée **« représentation de l'imagination »** et non pas rapportée à l'intuition, puisque, quelques lignes plus bas, l'intuition se trouve elle-même purement et simplement assimilée à la « représentation de l'imagination » » (Jean-Luc Marion, *op. cit*., p. 278). Plus exactement, Kant, dans la *Critique de la faculté de juger*, affirme que l' « idée esthétique » est un « concept auquel aucune intuition [...] peut être adéquate » („Begriff, dem keine Anschauung (...) adäquat sein kann"), puisque, pour Kant, toute intuition est une « représentation de l'imagination » („Vorstellung der Einbildungskraft"). (Kant, *Critique de la faculté de juger*, § 49, p. 314 ; tr. fr., p. 1097 ; cité par Jean-Luc Marion, *op. cit.*, note 1, p. 278). Jean-Luc Marion souligne qu'il n'y a là « rien de surprenant à cette assimilation, puisque la seconde édition de la *Critique de la raison pure* le précisait déjà explicitement : « L'imagination est le pouvoir de représenter un objet dans l'intuition même sans sa présence. Or, comme toute notre intuition est sensible, l'imagination, en vertu de la condition subjective selon laquelle elle peut seulement donner aux concepts de l'entendement une intuition correspondante, appartient à la sensibilité ». (Kant, *Critique de la raison pure*, § 24, B 151 ; cité par Jean-Luc Marion, *op. cit*., note 1, p. 278).

[1] Paul Ricœur, *art. cit*., p. 54.

[2] *Id*., p. 36.

[3] *Id*., p. 43.

[4] *Id*., p. 46.

Paul Ricœur mentionne, bien sûr, le *cogito cartésien* comme étant à l'origine de cette prétention, mais aussi le *cogito husserlien*[1], dont l'idéalisme transcendantal contiendrait en puissance « les mêmes conséquences théistes que l'idéalisme de la conscience d'un Feuer–bach[2] ». Dans les deux cas, en effet, la conscience prétend à la totale transparence, prétention « positiviste » qui est soutenue par un **concept de vérité** qui identifie la vérité à une *adéquation* ou à une *vérification* objective (logique ou scientifico-empirique)[3]. Ce sont précisément ces deux prétentions : l'une à la *transparence*, l'autre à l'*autonomie*, toutes deux soutenues par le concept de « conscience souveraine », qui sont les deux prétentions que la philosophie oppose à l'affirmation d'une vérité révélée[4].

Paul Ricœur, dans sa tentative de donner une définition philosophique de la révélation, est confronté à ce problème, et cherche, dans son article, à le résoudre. Pour lui, la solution consiste à annuler cette hétéronomie par une attitude d'esprit déterminée qui est le « témoignage[5] ». L'hétéronomie, en effet, sera annulée, si nous « laissons être l'espace de manifestation des choses, avant de nous retourner vers la conscience du sujet pensant et parlant[6] ». Telle est la « dépendance sans hétéronomie de la réflexion » comme « *témoignage* ».[7] Paul Ricoeur voit ainsi la possibilité de dépasser

[1] Voir la critique du *cogito* (cartésien et husserlien) par Paul Ricœur (*art. cit.*, p. 43-44), en particulier sa critique de la 'relation sujet-objet' husserlienne (*art. cit.*, p. 45).

[2] *Id.*, p. 46.

[3] *Id.*, p. 39. « Toute idée de révélation viole l'idée de vérité objective, mesurée au critère de la vérification et de la falsification empirique ».

[4] *Id.*, p. 34-37.

[5] *Id.*, p. 43 (voir Chapitre II. 2. « La réflexion médiate et le témoignage »). Pour Paul Ricœur, l'autoconstitution du sujet dans et travers ses contenus « logiques », le fait, donc, que le sujet s'implique, ou est impliqué, dans ses propres contenus (logiques ou non) – l'implication « auto-logique » ou « tautologique » du sujet dans son propre discours – est la caractéristique du « témoignage ». « La catégorie qui m'a paru le mieux signifier l'**auto-implication du sujet dans son discours** est celle de **témoignage** ». (*Ibid.*) on peut, à ce sujet, voir *L'Étoile*, p. 118-120 ; *Stern*, p. 106-108) où Rosenzweig montre comment le besoin séculier de *démontrer* le miracle fera passer la connaissance (« théologique ») du *témoignage* « *vérifiable* » à la *vérification scientifique*, ou du *témoignage* de l'expérience du *miracle* à la *vérification* de l'*expérience* ...

[6] *Id.*, p. 37.

[7] *Id.*, p. 54. Ricoeur se veut ici ouvertement « post » kantien, c'est-à-dire veut se situer au-delà du kantisme, tout en l'intégrant, en intégrant la critique, par Kant, des « illusions de la conscience ». Il se proclame d'abord explicitement kantien : « Ce

l'hétéronomie de la révélation par une « herméneutique du témoignage »[1]. Le moyen en sera « la conquête d'un nouveau concept de vérité comme *manifestation*[2] » – et en ce sens comme révélation – qui « commande la reconnaissance de la véritable *dépendance* de l'homme qui n'est point synonyme d'hétéronomie[3] ». Mai on n'y parvient qu'en court-circuitant l'autonomie du sujet pensant, la « conscience du sujet pensant et parlant[4] ». C'est pourquoi Paul Ricoeur fait d'entrée de jeu la distinction décisive - décisive aussi pour mieux comprendre la position de Rosenzweig dans le paysage philosophique - entre *autonomie* et *hétéronomie*, distinction qui commande toute cette dialectique et la problématique qu'elle pose.

A. La révélation : injonction obéissante ou appel et dialogue ?

La conception de la révélation par Rosenzweig n'est, bien entendu, pas celle de Paul Ricœur, mais elle émerge de la confrontation avec un problème analogue qu'on pourrait formuler ainsi : ***comment réintroduire en philosophie le concept d'hétéronomie sans revenir à une conception contraignante de la relation entre l'homme et Dieu ?*** Ou : comment dépasser le concept d'autonomie sans (re)-tomber dans l'hétéronomie, dans une hétéronomie contraignante ? Ou encore : comment dépasser le concept d'autonomie sans pour autant en perdre les acquis et les conquêtes ? Le texte de Paul Ricoeur montre qu'il y a plusieurs réponses à cette question[5]. Pour mieux cerner la réponse que

---

dépouillement assume [...] la **méditation kantienne** sur l'**illusion transcendantale** selon la dialectique de la première Critique ». (*id.*, p. 48). Mais il ajoute aussitôt : « En vérité, cet aveu ne peut plus être kantien (ni, sans doute, plotinien). Car le kantisme nous inclinerait plutôt à ne chercher que dans des *exemples*, ou des *symboles*, non dans des *témoignages*, les linéaments d'une *expérience* de l'absolu ». (*ibid.*).

[1] *Id* , p 48 et 49.

[2] *Id.*, p. 37.

[3] *Ibid.*

[4] *Ibid.*

[5] Dans son article, Paul Ricœur se rapproche de la « solution » cohénienne en soulignant que le terme d' **« hétéronomie »** appliqué à la Thora est inadéquat : « C'est cette visée [« de perfection et de sainteté qui traversait la Loi ancienne »] qui constitue la dimension éthique de la révélation. Si nous rapprochons cette fonction instituante de la révélation, on voit combien l'idée d'hétéronomie est **inadéquate** à cerner la richesse de sens incluse dans l'instruction de la ***Thora*** » (*op. cit.*, p. 25). Ici la pensée de Ricoeur résonne étroitement avec celle de Cohen, se basant, comme lui, sur **Ezéchiel** et le ***Deutéronome*** : « Ainsi le Deutéronome proclame avant

Rosenzweig donne à cette question, nous la comparerons à celle de Rosenstock qui, à première vue, semble *plus contraignante* que celle de Rosenzweig. Pour montrer que la position de Rosenstock est, à première vue, quelque peu différente de celle de Rosenzweig, nous allons, dans ce qui suit, nous inspirer principalement de l'étude d'Anna Bauer sur la ***« pensée du langage »*** („*Sprachdenken*") de Franz Rosenzweig[1], dans la mesure où cette étude traite aussi de la « pensée du langage » de Rosenstock.

Dans son étude, Anna Bauer fait une nette différence entre la « pensée du langage » de Rosenzweig et la « pensée du langage » de Rosenstock[2], différence qui résiderait dans le fait que « Rosenstock comprend le ***Tu*** comme celui qui reçoit l'**ordre**, et non pas comme le partenaire d'un dialogue[3] ». C'est pourquoi Anna Bauer qualifie la pensée de Rosenstock de « pensée du langage » („Sprachdenken"), tandis qu'à ses yeux la pensée de Rosenzweig mériterait plutôt le qualificatif de ***« pensée dialogique »*** („dialogisches Denken")[4].

Ce qui rapproche néanmoins Rosenzweig et Rosenstock, c'est que l'un comme l'autre considère la révélation fondamentalement comme un ***événement*** („*Ereignis*" ou bien „*Geschehen*"), un événement qui ***se produit*** („*geschieht*") au sein du ***langage*** : si l'on fait abstraction de son contenu et des formes spécifiques de sa médiation, la révélation « doit, de façon générale et purement formelle, être appelée ***« événement de langage »*** („*Sprachgeschehen*")[5]. Elle est, plus précisément, un événement de langage qui prend la forme de l'*allocution* ou de l'***interpellation*** („*Anrede*"), c'est-à-dire une **relation de langage** qui « quémande de l'homme auquel elle s'adresse

l'Evangile : « Tu aimeras Yahvé, ton Dieu, de tout ton cœur, de toute ton âme et de tout ton pouvoir ; que ces paroles que je te dicte aujourd'hui restent gravées dans ton cœur ». (Deut., VI, 5). Cette inscription au cœur de l'homme suscitait chez certains prophètes, l'annonce d'une **alliance nouvelle**, non pas tant la proclamation de préceptes nouveaux, mais celle d'une nouvelle **qualité relationnelle** exprimée précisément par le vocable : « gravé dans le cœur ». Ezéchiel s'écrie : « Et je vous donnerai un esprit nouveau, j'ôterai de votre chair le cœur de pierre et je vous donnerai un cœur de chair ». (*id.*, p. 24-25).

[1] Voir Anna Bauer, ***La pensée du langage de Franz Rosenzweig dans L'« Étoile de la Rédemption » et dans sa correspondance avec Martin Buber pour la traduction en allemand des Ecritures.***

[2] *Id.*, p. 63.

[3] *Id.*, p. 63.

[4] *Id.*, p. 65.

[5] Id., p. 63.

une réponse, réponse face à laquelle un comportement présumé neutre est exclu »[1].

Ce qui, à l'intérieur de ce cadre commun, différencie Rosenstock et Rosenzweig, c'est précisément la ***réponse*** que chacun donne à la *question* de la révélation[2]. Et c'est ici qu'on constate que la conception de Rosenstock est plus ***hétéronome*** que celle de Rosenzweig :

> « Alors qu'à cette question Rosenstock donne comme réponse que la révélation est orientation, c'est-à-dire qu'il rend l'homme dépendant d'une autorité extérieure, divine, une dépendance qui joue aussi un rôle central dans son *Traité pratique de l'âme*[3], Rosenzweig, quant à lui, se préoccupe de savoir à qui la révélation arrive : l'homme »[4].

Rosenzweig « place le centre divin et la mesure de l'ordre du monde à l'intérieur de la relation événementielle » („*die sich ereignende Beziehung*"), de sorte qu'on peut dire que sa pensée est de part en part une ***pensée de la relation*** („*Beziehungsdenken*")[5]. On peut alors se demander, si cela est également le cas chez Rosenstock, question qui nous conduit à analyser de plus près cette *différence* entre les deux penseurs. Nous verrons alors que si la pensée de Rosenstock se qualifie de « grammaticale », c'est parce qu'elle se veut être une « grammaire incarnée » („*leibhaftige Grammatik*") ou « doctrine incarnante du langage » („*inkarnierende Sprachlehre*") – d'inspiration chrétienne – alors que la pensée de Rosenzweig se veut être enracinée dans le « fait » (le « fait juif »), facteur d'« incarnation » que Rosenzweig appelle aussi simplement **« facticité »** („*Tatsächlichkeit*")[6] -- ou faudrait-il plutôt dire que la pensée de Rosenzweig, en mettant l'accent sur la **« facticité » du « fait juif »**, se veut paradoxalement plus *désincarnée*, c'est-à-dire plus *relationnelle* ?

Cette *différence* entre ces deux penseurs nous amène à nous poser la question : avons-nous affaire, chez Rosenzweig et Rosenstock, à

---

[1] *Ibid.*

[2] *Ibid.*

[3] On reviendra plus loin à ce *Traité*.

[4] (ma trad.) Anna Bauer, *op. cit.*, note 16, p. 63-64

[5] Anna Bauer, *op. cit.*, p. 63.

[6] « Ici cesse la clarté aiguisée des antithèses ; ici commence le monde du plus ou du moins, du compromis, de la réalité ou comme le dit très bien la mystique juive du Haut Moyen Âge pour le « monde de la réalité, de la choséité [„*Dinghaftigkeit*"] » : « monde de l'activité [„*Tathaftigkeit*"], de la facticité [„*Faktizität*"] », et, comme, pour cette raison, je préfère, dire ici plutôt :le monde de l'acte [„*die Welt der Tat*"]». (lettre de Rosenzweig à Rosenstock, octobre 1916, GS I,1, p. 253).

une pensée *relationnelle* (et, donc, désincarnée) ou à une grammaire *« incarnée »* ? Dans ce qui suit, nous allons tenter de répondre à cette question.

B. Pensée « relationnelle » *ou grammaire* « charnelle » *?*

a) Le judaïsme : une religion de la *relation* et de la *facticité.* Le judaïsme comme *fait* et comme *corps*

On peut considérer que la pensée de Rosenzweig est une pensée plus *relationnelle* que celle de Rosenstock : pensée « dialogique » plus que pensée « du langage ». C'est ce que Rosenzweig explique lui-même dans une lettre à Gertrud Oppenheim[1] :

> « […] Dieu n'*est* pas tout, mais tout est « *à partir de* lui et *vers* lui ». Ce qui s'exprime de façon plus savante : il se trouve en *relation* avec tout. Il n'est qu'une seule et unique chose [„*nur einiges*"], plus précisément, il n'est qu'une seule chose [„*nur eines*"] [2] : le point de *déclinaison* [„*Punkt des Herniedersteigens*"], l'horizon au bout duquel ciel et terre se *touchent.* Mais il est vrai que le sentiment („*Gefühl*") « *est* tout »[3] ».

Rosenzweig explicite davantage sa conception dans une série de réflexions et de remarques prise au cours de la guerre et qui ont été recueillies sous le titre de ***Paralipomena***, recueil de tout « ce qui jusque-là a été laissé de côté » :

> « Ce que, récemment, j'ai pu déduire de la méthode d'Eugen qu'il applique dans son écrit sur le langage[4], est aussi ma méthode, par exemple en ce qui concerne le concept de révélation. Au lieu de le dissoudre dans son évolution, je le prends comme point fixe, mais [point] que je place (autant que c'est possible) dans la **totalité de ses *relations***[5] ».

La *révélation* est donc un point fixe de référence, un **point référentiel,** „*Beziehungspunkt*", à partir duquel part - émanent,

[1] Lettre à Gertrud Oppenheim, 31.5.17, GS, I,1, p. 412-417.

[2] „*Er ist nur einiges, genau gesagt sogar nur eines, der Punkt des Herniedersteigens, der Horizont in dem sich Himmel und Erde berühren*". Ce passage de „*einiges*" à „*eines*" est à souligner, à un double titre : 1) il faut le mettre dans la perspective de l'interprétation schellingienne de „*einiges*" à propos de l'être de Dieu ; 2) en outre, on est frappé par la tonalité *kénotique* de la formule „*der Punkt des Herniedersteigens*" (littéralement : « le point de l'acte de *descendre* »).

[3] *Id.*, p. 414. (ma trad.).

[4] Il s'agit du **„*Sprachbrief*"**, de la **« lettre sur le langage »**.

[5] ***Paralipomena***, GS III, p. 114. (ma trad.).

surgissent, jaillissent - les **relations**. Il ne faut donc pas assimiler cette pensée relationnelle à un relativisme général, car, comme il ressort de la « lettre sur le langage », lettre dans laquelle Rosenstock expose sa méthode, ces relations « émanent » d'un « absolu[1] ». Mai cela ne permet pas pour autant de l'identifier avec l'absolu des idéalistes. Pour faire ressortir la différence entre ces deux absolus, Rosenzweig va comparer son « absolu » au mètre étalon à Paris : sans cet étalon *réel* il n'y aurait pas de mètre comme unité de mesure. Une unité de mesure n'est donc rien d'abstrait, mais quelque chose de bien *réel*[2]. De la même façon l' « unité de mesure » de la philosophie de Rosenzweig - unité qui est ce « point référentiel » d'où partent les relations - rend celle-ci « absolue » et met un terme à tout relativisme (il y a relation, mais pas relativisme)[3]. Cette unité de mesure est précisément le « *fait* » („*Tatsache*"), « fait » que Rosenzweig, dans la même lettre adressée à Gertrud Oppenheim, va expliciter comme suit :

> « Ce que moi je désigne par « but » [eschatologique] n'est pas essentiellement autre chose que ce que Kant, Fichte et Hegel désignaient aussi par là. Mais ils me le disent sans raison [„*ohne Begründung*"], et, donc, ils ne font simplement que de me le *dire* – et *moi*, Ma Majesté le moi, je peux dire le contraire et je le dis et le fais... Mais si se présente face à moi, au lieu de paroles sans fondement [„*grundlos Gesagten*"], le "Faktum", qui, certes, est *aussi* sans fondement („*grundlos*"), alors je suis lié, car du "Faktum" je n'exige pas de raisons („*keine Gründe*"), mais seulement de la facticité [„*Faktizität*"]. La *réalité* du but dans le monde des réalités, c'est cela qu'il me faut[4] ».

Ici on apprend donc que le « fait » qu'affirme Rosenzweig doit, pour s'éclairer, être placé dans une perspective *eschatologique*. Ce qui est désigné par « fait », c'est qu'il y a un « but » à l'histoire, ou, plutôt, qu'il y ait un but, cela doit être « fondé » sur un « fait » (bien que, comme le dit Rosenzweig, ce *factum* soit lui-même sans fondement). Pour que cela soit un « fait », il faut que ce fait ne s'atteste que par sa *facticité* (de laquelle on « n'exige pas de raisons », car elle se suffit à elle-même). C'est là la *différence décisive* entre le concept de révélation de Rosenzweig et celui des idéalistes (Kant,

---

[1] Rosenzweig parle de tout cela dans une lettre à Rudolf Ehrenberg du 1.12.17, GS I, 1, p. 484-486.
[2] Lettre à Gertrud Oppenheim, 31.5.17 ; GS I, 1, p. 414.
[3] Voir lettre citée à Rudolf Ehrenberg, p. 485.
[4] Lettre à Gertrud Oppenheim, GS I, p. 414. (ma trad.).

Fichte, Hegel). Alors que ces derniers, dans leur concept de « révélation », avaient aussi en vue l'idée de « *but* », cette idée, chez eux, était *sans fondement* (dans les deux sens du terme) ou n'était fondée que sur des paroles (en l'air). Les idéalistes allemands n'ont fait qu'en parler, que de le dire, que de le « *dire* sans raison[1] ». Or, si on se contente seulement de l'affirmer, on peut tout aussi bien affirmer le contraire. L'idée de but, chez les idéalistes, est donc fondée sur des « *paroles sans fondement* [2] ». Dans la conception de

---

[1] *Ibid.*

[2] *Id.*, p. 414. Rosenzweig joue ici sur le mot allemand ***„Grund“*** (et sur celui de ***„Begründung“***, « fondement », « fondation », mais aussi « raison »), comme c'est aussi le cas chez Heidegger, notamment dans ***Der Satz vom Grund*** (*Le principe de raison*). Il faudrait, dans ce contexte, aussi préciser le sort qui a été fait au mot allemand ***„Tatsache“***, les transformations que ce mot a subies dans l'idéalisme allemand. On peut, à ce sujet, sommairement dire ceci :

Ce que les « post-kantiens » reprochent à Kant, c'est de ne pas avoir cherché à préciser et à expliciter le **« fondement »** (*„Grund“*) de sa philosophie qu'ils trouvent eux dans l'**« intuition intellectuelle »** : « Je sais pertinemment que Kant a rejeté toute intuition intellectuelle », affirme Schelling. Pour **Schelling** - comme pour Fichte - en effet, « il y a nécessité d'une nouvelle signification » de l'***intuition*** (celle d' « intuition intellectuelle », l'équivalent de ce que Kant a appelé l' **« intellectus archetypus »** !). Elle est « directement appelée par l'exigence même de la science, c'est-à-dire par celle de la ***fondation*** [*„Gründung“*] **du savoir** » (Philippe Grosos, *Système et subjcectivité*, p. 63). Pour Fichte, si Kant n'a pas vu la nécessité d'une telle intuition, s'il « a oublié de se poser cette question [c'est] parce qu'il ne traite nulle part du **fondement** [*„Grundlage“*] de toute philosophie ». (Fichte, S.W., I, p. 472 ; cité par Philippe Grosos, *op. cit.*, p. 63). C'est aussi ce que pense Schelling : « Une réponse similaire est donnée par Schelling qui, dans le huitième paragraphe du ***Vom Ich*** [*Du moi*] (…) a présupposé le fondement du savoir sans en pouvoir exposer la genèse ». (Philippe Grosos, *op. cit.*, p. 63). Ces critiques, par Fichte et par Schelling, sont commandées par leur conception particulière du **« Moi »**. Celui-ci n'est plus fondé sur l'Être, mais sur un **acte**. Pour Fichte, comme pour Schelling, « le recours à l'**intuition intellectuelle** […] apparaît à partir de la nécessité de constituer le Moi comme principe fondateur du système » et d'assimiler ce principe (fondateur) à un **acte**. C'est pourquoi, l'un comme l'autre, à travers leurs ouvrages, n'ont cessé de préciser la nature profonde, et non kantienne, de cette « intuition » qui est au fondement de leurs systèmes. « Ainsi Fichte, dans la seconde introduction à la ***Doctrine de la science*** de 1797, à la fois reconnaît que « l'intuition intellectuelle au sens kantien est une absurdité [*„Unding“*] », mais reprend ce terme et lui confère un autre sens, « le sens non d'un être [*„Seyn“*], mais d'un acte [*„Handeln“*] », un acte que rien ne désigne chez Kant, « sauf, si l'on veut, l'expression d'aperception pure » (Philippe Grosos, *op. cit.*, p. 62-63). De fait, chez Fichte, « la conscience et l'objet ne surgissent qu'en un second temps, après l'autolimitation du Moi absolu et la formation du Non-Moi » (Emmanuel Terray, ***Une passion allemande***, p. 224). Si, donc, au commencement est l'Acte, c'est-à-dire **« l'acte n'est pas être et l'être**

n'est pas acte » (Fichte), il faut choisir : ou bien la philosophie part d'un ***fait*** („*Tatsache*") ou bien la philosophie part d'une ***action*** („*Tathandlung*"), « c'est-à-dire d'une pure activité qui ne présuppose aucun objet, mais produit celui-ci » (Fichte). Du point de vue de cette alternative, « les termes et les enjeux du problème sont clairs » :

« Si la philosophie part du **fait**, elle se situe d'emblée dans le monde de l'être et de la finitude, et il lui sera difficile de trouver un chemin vers l'infini et le supra-sensible. Si elle part de l'**action**, elle se place à l'endroit même où se lient ces deux mondes, et elle pourra les embrasser d'un seul regard » (Fichte, *Œuvres choisies de philosophie première* (1794-1797), trad. A. Philonenko, Vrin, Paris, 1990 ; cité par Emmanuel Terray, *op. cit.*, p. 224).

Fichte « se prononce donc tout naturellement pour le second terme de l'alternative », et, par là, « dévalorise » le concept traditionnel d' « être », ou, du moins, **subordonne l'*être* à l'*acte*** : « L'essence de l'idéalisme transcendental [...] consiste en ceci : le concept de l'être ne peut être considéré comme un concept premier et originaire, mais seulement comme un concept dérivé, et, pour s'exprimer véritablement, dérivé par rapport à l'**activité**, c'est-à-dire seulement comme un concept négatif » ». (Fichte, *id.*, p. 298 ; cité par Emmanuel Terray, *op.cit.*, p. 224). Or, cette « activité », c'est, pour l'idéaliste, la **« liberté »**. Seule, donc, « la liberté est positive pour l'idéaliste ; l'être n'est pour lui que la négation de celle-ci » (Emmanuel Terray, *op.cit.*, p. 224). Or, pour Kant, la liberté elle-même est un **« fait »**. Cette idée de **« fait »** („*Tatsache*") apparaît dans la philosophie (allemande) donc déjà chez Kant pour qui elle s'identifie à la ***liberté***. Comme le dit Philippe Grosos dans *Système et subjectivité* : « La liberté est un fait („*Tatsache*"), nous dit la ***Critique de la faculté de juger***, et nous pouvons la compter parmi les *scibilia*, les savoirs possibles ». En vérité, - comme le souligne Denis Thouard -, chez Kant ce **« fait »** est *d'abord* la **« loi »** : « Et comment avons-nous conscience de cette liberté ? Nous la connaissons sans doute par la loi, mais comment vient cette **conscience de la loi** ? Kant la qualifie de **"fait de la raison"** (V, 51). [...] Le sujet moral se découvre donné à lui-même dans la conscience de la loi ; celle-ci s'impose à lui, non comme un fait empirique - Kant le souligne - mais comme la manifestation de son autonomie ». (Denis Thouard, *Kant*, p.129-130). C'est sur ce fait, sur ce « fait » en tant que **« donné »**, que Jean-Luc Marion, dans son ouvrage ***Etant donné. Essai d'une phénoménologie de la donation***, a, lui aussi, mis l'accent. Donnant la priorité au « donné », à ce qui, dans le « phénomène », est « donné » (quasiment « offert », donné comme « présent » („*Geschenk*") !), Jean-Luc Marion souligne le fait que ce qui, chez Kant, est « donné d'abord », ce n'est pas la « conscience de la liberté », mais la **« conscience de la loi »**, plutôt même la **« loi » comme « fait »**. Comme l'écrit Kant, la **raison pratique** se donne, s'annonce, « s'impose à nous comme donnant originellement la loi – *sich als urspünglich gesetzgebend [...] ankündigt* ». (Jean-Luc Marion, *op.cit.*, p. 201). À partir de là, Jean-Luc Marion fait remarquer que c'est précisément pour cette raison que la raison kantienne est **sans « fondement »** : c'est parce que le **donné** peut « s'imposer originairement sans aucun fondement » que « la raison [pour Kant] ne peut se "fonder" comme pratique ni par déduction discursive (dans ce cas elle ne serait plus originaire, et d'ailleurs la rationalité n'établit aucun fait), ni par intuition empirique (qui ne peut fonder une loi), ni par intuition pure (nous ne disposons d'aucune intuition intellectuelle) » (*ibid.*). Autrement dit, le donné peut, « sans aucun fondement, s'imposer originairement », parce que « en tant que donné » il « s'annonce, s'impose et m'arrive (arrivage) dans le style d'un fait – **fait de la raison** ». (*Ibid.*). Comme l'écrit encore Jean-Luc Marion (en jouant sur le mot « faire »), « la raison pure se fait un fait pour se faire pratique ; ainsi parvient-elle à se donner » (*id.*, p. 201). C'est de cette façon que la raison pure parvient à se donner comme **« pratique »**, ce qui, « en principe (selon Kant du moins) » devrait être la manière propre et unique de se donner des « phénomènes sensibles » et même une meilleure manière de se donner qu'eux, puisqu'ils se donnent *a priori*, ce qui fait partie des « traits de la **facticité** repérée par Schelling » (*id.*, p. 201-202). Schelling, en effet, va mentionner ce « fait » („*Tatsache*") déjà dans sa **« philosophie de la nature »**, c'est-à-dire dans une philosophie qui ne sort, en réalité, pas de l'« identité » (de l'identité entre « sujet » et « objet » et de son assimilation avec la « conscience humaine ») (voir Schelling, ***Exposition de l'empirisme philosophique. A partir de l'introduction dans la philosophie*** (*Darstellung des philosophischen Empirismus. Aus der Einleitung in die Philosophie*). Mais il va aussi, et surtout, en parler dans sa **philosophie de la *révélation***. Comme l'écrit Jean-Luc Marion, « [étant donné que] la facticité ne remplace pas l'effectivité dans le donné », mais, « l'annule et en libère le phénomène », « il faudrait appliquer à tout phénomène donné le caractère de fait que Schelling décrit si parfaitement à propos d'un seul [phénomène] », à savoir **« la révélation »**, la « Révélation », c'est-à-dire - comme l'écrit Schelling - l'« événement [dont] on ne peut rien affirmer, si ce n'est précisément qu'il s'est produit, qu'il a eu lieu ». Le phénomène, ou l'événement, de la « Révélation », c'est « pour ainsi dire le **fait primordial** (le commencement de l'histoire), le *factum*, l'advenu ». (*id.*, p. 199-200). Comme le dit encore Franck Fischbach à propos du système schellingien, « sur le versant positif du système, en l'occurrence dans la ***Philosophie de la mythologie***, ce passage à l'acte du pouvoir-être [„das *Seinkönnende*"] sera interprété comme l'**„*Urereignis*"**, l' **« événement primordial »** qui est aussi l'**acte immémorial**, « en-deçà duquel la conscience ne peut plus rien s'imaginer, *i.e.* rien se rappeler » ». (Franck Fischbach, ***L'être et l'acte. Enquête sur les fondements de l'ontologie moderne de l'agir***, Vrin, 2002, p. 107, note 3 ; citation de Schelling, ***Philosophie de la mythologie***, trad. A. Pernet, Grenoble, Jérôme Millon, 1994, p. 102 ; S.W. XII, p. 153). Pour Schelling, donc, cet événement, - dont « on ne peut rien affirmer, sinon qu'il a eu lieu » – « est « le fait primordial même » ou encore « le fait irrécusable ». (*ibid.*). Et Schelling « précise aussitôt que « fait » est à entendre ici comme **«*factum*»** : c'est un fait qui est un effet, qui n'est donc pas un donné („*Tatsache*"), mais bien un **acte („*Tat*"** ou **„*Faktum*"**) » (*ibid.* ; la citation de Schelling est tirée de sa ***Philosophie de la mythologie***, p. 101 ; *S.W.*, XII, p. 153).

Remarque 1 : En ce qui concerne la paternité du mot **„*Tatsache*"**, il faudrait aussi mentionner **Lessing** et son ouvrage ***L'Education du genre humain*** (*Die Erziehung des Menschengeschlechts*). Comme le dit Marc B. de Launay, « avec beaucoup de verve et un talent de polémiste consommé, Lessing déplace l'objet de la **Révélation** vers un plan divin d'éducation morale dont il expose les différentes étapes ». Pour Lessing, « l'**Ancien Testament**, première époque de la révélation, était destiné à l'enfance d'une humanité incapable de comprendre autre chose qu'une parole simpliste, brutale et punitive, l'**Evangile chrétien** constitue une seconde étape de l'éducation morale dans laquelle l'humanité obéit non plus à la crainte du châtiment mais à l'espérance d'éternité ». Et c'est « cette deuxième étape [qui] doit laisser

place à un **troisième âge**, « cet âge de la perfection où l'homme... fera le bien parce que c'est le bien... », cet âge [qui] est l'**oméga de la révélation**, la réalisation ultime de la Trinité, l'**âge de l'Esprit** ». Comme le dit Lessing, « il viendra, il arrivera sûrement cet âge de la perfection de l'homme ». Pour Marc B. de Launay, ce texte, « repère important de la pensée maçonnique, [...] demeure pour nous une curiosité rare ». « Dans le cadre d'une pensée formée au sein de la théologie », en effet, Lessing élabore et développe « une théodicée audacieuse et lyrique » qui « dessine les contours de la raison critique ». (Marc B. de Launay, quatrième de couverture de ***L'Éducation du genre humain***, inédit en français, traduit de l'allemand par Marc B. de Launay).
Remarque 2 : Dans son ouvrage ***Etant donné. Essai d'une phénoménologie de la donation***, et avant d'arriver à parler de Kant, Jean-Luc Marion fait, pour ainsi dire, l'historique de l'idée de **« fait »** (**„*Tatsache*"**) ou de **« facticité »** (**„*Tatsächlickeit*"**) dans l'histoire de la philosophie (essentiellement histoire de la phénoménologie !). Il est intéressant de constater que les **trois** plus grands penseurs du « fait » que sont **Schelling, Kant et Husserl**, ont, tour à tour, mis l'accent sur un **« fait »** ***spécifique*** qui correspond, chacun, à une « spécialisation », à un domaine « *spécifique* », de la métaphysique générale ! : « Nous venons de suivre trois autorités. Husserl pense la facticité à partir du **fait du monde** ; Kant, à partir du **fait de la raison** donné au sujet moral ; et Schelling, à partir du **fait de la révélation** (et de la mythologie). Elles tracent certes ensemble une figure de la facticité, dont la cohérence même provoque une difficulté. Car leur triade pourrait aisément se lire comme une répétition à peine déplacée des trois disciplines de la métaphysique spéciale – facticité selon la ***cosmologia rationalis***, puis selon la ***psychologia rationalis*** et enfin selon la ***theologia rationalis*** ». (Jean-Luc Marion, *op. cit*., p. 202). Ce serait donc cette **spécification du « fait »** (spécification qui s'est exprimée et formulée dans l'*histoire* de la philosophie) qui serait reprise par Rosenzweig dans sa propre philosophie sous la forme de la trilogie : **« théologie » - « cosmologie » - « anthropologie »**, trilogie qui scande, et articule, *L'Etoile de la rédemption*, et qui, comme on le verra plus loin (voir la note sur Christian Wolff), définit et circonscrit un « Dieu métaphysique », un « monde métalogique » et un « homme métaéthique ».
Remarque 3 : Chez **Fichte**, on ne trouve pas, comme chez Kant, l'idée de „*Tatsache*", mais celle de **„*Tathandlung*"**, qu'on peut (littéralement) traduire (comme le fait Franck Fischbach) par **« l'action en acte »**. On a vu que, dans la *Critique de la faculté de juger*, Kant considère la liberté comme un **« fait »** („*Tatsache*"). Mais, cela dit, dans sa ***Première introduction à la critique de la faculté de juger***, on trouve également chez Kant le terme „*Handlung*" (« action »), mais c'est pour désigner la « *faculté de juger* simplement réfléchissante ». A propos de celle-ci, Kant écrit en effet : « On comprend également par là pourquoi c'est dans une **action** [„*Handlung*"] - qu'à titre de **faculté de juger** simplement **réfléchissante** [...] - [que la faculté de juger] rapporte la réflexion de manière immédiate à la seule **sensation**, qui, comme toutes les sensations, est toujours accompagnée de **plaisir** ou de **déplaisir** (ce qui n'arrive jamais pour aucun autre pouvoir supérieur de connaître) ». (Kant, ***Première introduction à la critique de la faculté de juger et autres textes***, traduction de L. Guillermit, Librairie philosophique J. Vrin, Paris, 1997, p. 51). Ce qui, en effet, caractérise la « faculté de juger » en tant que **« *réfléchissante* »**, c'est qu'en elle cette **« action »** (**„*Handlung*"**) s'**« exerce pour elle-même »**, c'est-à-dire « sans

le fondement d'un concept d'objet », qu'elle exerce donc cette « action » « non pas dans un rapport de la **représentation** donnée à sa propre règle avec conscience de cette dernière ». (Kant, *ibid.*). Pour Kant, - comme pour Fichte la « faculté de juger » (réfléchissante) est une ***forme*** : la **forme de la *réflexion*.** Son action qui agit (simplement) « pour elle-même » - comme dans une espèce d' « auto-jouissance » - est **« accompagnée de plaisir ».** Or, Kant souligne que ce « sentiment de plaisir » ne dépend « non pas de la sensation dans une représentation empirique de l'objet, non plus que du concept de celui-ci » et que « par conséquent il faudra le considérer comme dépendant uniquement de la **réflexion** et de sa **forme**. » Kant ajoute entre parenthèses : « c'est l'action propre de la faculté de juger. » Car c'est la ***forme*** de la réflexion qui permet au **sentiment - esthétique - du plaisir** « de passer de façon générale des intuitions empiriques aux concepts, et cela comme lié à cette réflexion selon un principe *a priori* ». (*id.*, p. 82). Ce **sentiment du plaisir** lié à la faculté de juger (esthétique) ***réfléchissante*** « ne fait qu'un avec la représentation de la *finalité subjective* ». (*ibid.*). Il y a donc ici relation étroite entre *jugement*, *finalité* (subjective), *forme*, sentiment de *plaisir* et *réflexion.*

Dans son livre sur Kant, ***La philosophie critique de Kant***, Deleuze se demande justement « quelle est la représentation qui, dans le **jugement esthétique**, peut avoir comme effet ce plaisir supérieur ? » (Gilles Deleuze, *La philosophie critique de Kant*, p. 68). Et il répond : « Puisque l'existence matérielle de l'objet reste indifférente, il s'agit encore de la représentation d'une **pure forme** » (*ibid.*). Mais de quelle **« forme »** s'agit-il ? Deleuze souligne que « cette fois, c'est une forme d'objet ». (*Ibid.*). Mais comme cette « forme » « ne peut pas être simplement celle de l'intuition, qui nous rapporte à des objets extérieurs existant matériellement », elle signifie « en vérité maintenant ceci : **réflexion** d'un objet singulier dans l'**imagination** ». (Serait-ce une espèce d' « *autoréflexion* » de l'imagination sur elle-même ?). La **« forme »** est donc « ce que l'imagination réfléchit d'un objet, par opposition à l'élément matériel des sensations que cet objet provoque en tant qu'il existe ["extérieurement" à nous] et agit sur nous » (*ibid.*). Autrement dit, la « forme » est l'**aspect « formel »** (par opposition à l'aspect « matériel ») de nos sensations, aspect qui ne se « réfléchit » que dans notre imagination ! (La « forme » est l'aspect *« réflexif »* de l'objet dans l'imagination). C'est pourquoi « il arrive à Kant de demander : une couleur, un son peuvent-ils être dits beaux en eux-mêmes ? Peut-être le seraient-ils si, au lieu d'appréhender matériellement leur effet qualitatif sur nos sens, nous étions capables par notre imagination de **réfléchir les vibrations** dont ils se composent ». (*id.*, p. 68-69). Mais, faute de pouvoir saisir et appréhender, réfléchir (immédiatement) ces vibrations, de pouvoir saisir et appréhender la « forme » (vibratoire) de la **couleur** – car, pour nos sens trop grossiers, insuffisamment subtils, « la couleur et le son sont trop matériels, trop enfoncés dans nos sens » – notre sens de la beauté doit se contenter de réfléchir (en soi) la **« forme »** [avec un degré de vibration moindre !] du **dessin**. C'est pourquoi, pour Kant, les couleurs (dans leur aspect - exclusivement - matériel) « sont des adjuvants, plus que des éléments de la beauté », de sorte que « l'essentiel, c'est le dessin, c'est la composition, qui sont précisément des manifestations de la réflexion formelle » (*id.*, p. 69). Car, pour Kant, seule la « forme » ***en tant que « réfléchie »***, la **« représentation réfléchie de la forme »** est « cause, dans le jugement esthétique, du plaisir supérieur du beau » (*ibid.*). Comme le dit Deleuze, la raison, chez Kant, ne fait pas que raisonner, mais elle **« symbo-**

lise » aussi ! : « La raison ne se contente pas de raisonner par rapport aux concepts de l'entendement, elle « symbolise » par rapport à la matière du phénomène ». Elle ne « symbolise » donc pas seulement par rapport à la **« forme »** du phénomène, mais également par rapport à la **« matière »** du phénomène, c'est-à-dire par rapport au **« divers du sensible »** : « [Si] les phénomènes [sont] formellement soumis à l'unité de la synthèse, ils présentent du **point de vue de leur matière**, une diversité radicale [où], là encore, l'entendement n'aurait plus l'occasion d'exercer son pouvoir » et c'est la raison qui « construit » le « concept de genre » ou le « concept général » sans lesquels il n'y aurait « plus d'entendement » (*id.*, p. 31). « Car l'entendement ne peut légiférer sur les phénomènes que du **point de vue de la forme** », mais non pas du point de vue de la « matière » (*ibid.*). « Il faut donc que, non seulement les phénomènes du point de vue de la forme soient soumis aux **catégories**, mais que les phénomènes du point de vue de la matière correspondent ou symbolisent avec les **idées de la raison** ». (*id.*, p. 31-32). Deleuze fait remarquer qu' « une harmonie, une finalité se réintroduisent à ce niveau », *mais* qu' « on voit que, ici, l'harmonie est simplement postulée entre la **matière** des phénomènes et les **idées** de la raison » (*id.*, 32). À ce sujet on peut revenir à l'idée de **« fondement »** que, comme le montre bien Deleuze, Kant pose dans le cadre du postulat d' **« un accord libre et indéterminé »** entre les **facultés de l'esprit**. Chacune des facultés peut, tour à tour, jouer le rôle de faculté principale, grâce à une « combinatoire » qui consiste dans le fait que « l'accord des facultés est capable de ***plusieurs proportions*** », proportions selon lesquelles « c'est telle ou telle faculté qui détermine le rapport » entre elles. Selon Deleuze, « c'est seulement au niveau de cet **accord libre et indéterminé** (*sensus communis aestheticus*) que *pourra être posé* le problème d'un **fondement** de l'accord ou d'une genèse du sens commun ». (*id.*, p. 36). C'est pourquoi, pour Deleuze, « nous n'avons pas à attendre de la *Critique de la raison pure*, ni de la *Critique de la raison pratique*, la réponse à une question qui ne prendra son vrai sens que dans la *Critique du jugement* » (*ibid.*) Pour ce qui est du « fondement pour l'**harmonie des facultés** », en effet, « les deux premières critiques ne trouvent leur achèvement que dans la dernière » (*ibid.*). C'est là, aux yeux de Deleuze, la raison profonde pour laquelle « les deux premières Critiques ne peuvent pas résoudre le problème originaire du **rapport entre les facultés**, mais seulement l'indiquer, et nous renvoyer à ce problème comme à une tâche ultime » (Gilles Deleuze, ***La philosophie critique de Kant***, p. 32). On peut aussi, au sujet de cet aspect de la philosophie de Kant, consulter l'ouvrage de John Sallis, ***Espacements de la raison et de l'imagination dans les textes de Kant, Fichte et Hegel***. Dans cet ouvrage, en effet, « John Sallis révèle [chez Kant] le rôle essentiel, mais refoulé, de l'**imagination** dans les efforts même les plus ambitieux pour représenter la raison pure ». Cet auteur « s'attache à certaines opérations d' **« espacement »** en métaphysique – les écarts et sauts textuels par lesquels la raison est déplacée, suspendue ou entravée ». C'est ainsi que Sallis « révèle le jeu de l'imagination et de la métaphore qui les masquent », et « s'attachant à ce qu'on a pu appeler la clôture de la métaphysique, il examine des textes où la **suppression de l'espacement** est mise en œuvre de la manière la plus rigoureuse, pour faire place au **pur espace de la vérité** ». (*Cf.* quatrième de couverture). On peut aussi consulter l'article de Henri d'Aviau de Ternay, ***De l'opportunité d'une relecture de la philosophie du Droit de Kant à partir de la troisième Critique***, article paru dans la *Revue de métaphysique et de morale* (Armand Colin, juin 1996, n° 2, pp. 225-243). Dans la

Rosenzweig, au contraire, l'idée de but relève de la **facticité** du **fait de la révélation**. Ici Rosenzweig a plutôt à l'esprit la « Thora ». C'est ce qui ressort de la suite de sa lettre à Gertrud Oppenheim : « Et ce n'est pas le « monothéisme », mais la Thora qui fait le juif [1] ». La Thora, en effet, est « la maison terrestre et la terre cultivable de la foi »[2]. À partir d'elle et en elle, Dieu n'est pas une « hypothèse métaphysique » ou une « idée », mais il est une certitude[3]. Mais, en vérité, cette certitude, pour le juif, est à peine nécessaire, car « on n'est précisément pas un gaillard qui spécule, mais qui, au contraire, paît sur les verts pâturages[4] ». C'est-à-dire on a les deux pieds sur terre, on vit dans l'existence, et on n'a donc pas besoin de démonstration de l'essence. Voulant se démarquer de son collègue Martin Buber qui avait déjà utilisé le mot **« relation »** dans sa dialogique, Rosenzweig va réinsister, dans une lettre de 1922 à **Martin Buber**, sur l'idée de **« fait »** (qui, comme nous l'avons vu, se confond avec la révélation) en utilisant cette formule laconique : « **« Relation »** chez vous, **« fait »** chez moi[5] ». Et il précisera que c'est ce **« fait »** qui oblige à

Critique du jugement, il s'agit donc de la **« pure opération de juger »**, opération qui « se présente d'abord dans le jugement esthétique du type « c'est beau » ». (Gilles Deleuze, *La philosophie critique de Kant,* p. 68). Or, en allemand, **« juger »** signifie **„ *urteilen*"**, ce qu'on pourrait traduire par « partager » ou « effectuer une partition » (plutôt que « diviser » et « effectuer une division »). **„*Urteilen*"** signifie donc *partager, couper en deux* (parties), « *partitionner* ». On peut alors se demander, s'il n'existe pas une relation étroite entre l'**„*urteilen*"** esthétique kantien (le « jugement *réfléchissant* » - et non « déterminant » ! - comme le souligne, à juste titre, Blandine Saint-Girons dans son ouvrage ***Fiat lux. Une philosophie du sublime***) et le... **„*schweben*"** - le « flottement » - fichtéen !? (On peut, à ce sujet, consulter l'ouvrage très profond d'Hermann Timm ***La révolution sainte*** *(Die heilige Revolution)* qui a comme sous-titre significatif : « Le concept religieux de totalité du préromantisme : Schleiermacher - Novalis - Friedrich Schlegel », ouvrage qui a une position un peu plus nuancée sur ce sujet ...) ; au sujet de Schleiermacher, et de la « configuration de l'expérience religieuse », on peut aussi consulter l'ouvrage, plus théologique, de Juvénal Ilunga Muya, ***L'expérience de la pluralité. Un lieu théologique***).

[1] Lettre à Gertrud Oppenheim, 31.5.17, GS I,1, p. 414. (ma trad.).

[2] *Ibid.*

[3] *Ibid.*

[4] *Id.*, p. 414-415.

[5] Lettre à Martin Buber, 20.9.22 ; GS I, 2, p. 829. « C'est à partir de *la* réponse (qui, pour elle-même, est imprononçable, tellement imprononçable que c'est ici précisément que la plus non-congruente des paroles s'installe facilement. **« *relation* »** chez Vous, **« *facticité* »** chez moi, mais c'est à partir de la réponse que tout devient susceptible d'être questionné, médité et prononcé ». („ Von *der* Antwort aus (die für sich unaussprechbar ist, so unaussprechbar dass sich grade hier leicht das unkongru-

penser, qui trace une trajectoire de pensée, trajectoire qui n'est pas un « chemin qui tend vers un but », mais « une tribulation pleine de force », à l'image d'une vie, qui est à la fois sans but et unitaire („*einheitlich*"), car « découlant d'un **point-source** » („*aus einem Quellpunkt fliessend*")[1]. Finalement, c'est le ***judaïsme*** lui-même qui apparaît comme le **«*fait*»** : « Le judaïsme est tout simplement la facticité[2] ». Et si Rosenzweig insiste tellement sur la facticité de ce fait, c'est parce qu'il le considère comme le seul rempart efficace contre la tendance (eschatologique) du christianisme à se dissoudre dans une **« pneumatologie »**, ou « spiritualité », - « esprit » au sens de *pneuma* -, gnostique. C'est donc par le « fait » du judaïsme que « le christianisme est prémuni contre la tentation de dissoudre l'eschatologique dans le pneumatologique[3] vers lequel il ne cesse de tendre[4] », c'est par leur **volonté de facticité** que les juifs forcent l'Église à *se rendre « visible »*, et c'est dans l'aspect ***« incarné »*** de l'Église chrétienne que Rosenzweig voit un rempart qui lui permet de résister à sa **« johannéisation »**, c'est-à-dire à sa dissolution dans ses *tendances spiritualistes* (inspirées de l'Évangile de saint Jean). C'est là, pour Rosenzweig, l'unique raison de l'aspect **« charnel »** du dogme chrétien. L'Église chrétienne, elle aussi, est un « fait », mais seulement un **fait *historique***. Elle se caractérise par « la résurrection du corps comme fait historique, la naissance virginale comme fait historique, la crucifixion comme fait historique »[5]. Si, donc, l'Église doit fixer l'aspect « charnel » de son dogme, c'est pour que la tendance johannéisante du christianisme ne l'emporte pas dans l'histoire, sinon la chrétienté se scinderait en deux camps : « les suicidaires et les païens[6] ». Curieusement Rosenzweig ici rapproche - pour ne pas dire assimile - le caractère de **« facticité »** du judaïsme du caractère **« charnel »** du christianisme, car ce sont ces deux caractères qui confèrent à ces deux religions leur efficacité comme ***rempart***

---

enteste Wort einstellt, ***„Beziehung"*** *bei Ihnen,* ***„Tatsache"*** *bei mir), aber von der Antwort aus wird alles fragbar, bedenkbar, aussprechbar"*) (voir aussi ***Introduction aux écrits juifs d'Hermann Cohen***, GS III, p. 218-219).

[1] Lettre à Martin Buber, GS, I, 2, p. 829.

[2] ***Paralipomena***, GS III, p. 106 („*Das Judentum ist die krude Tatsächlichkeit*").

[3] Voir aussi ***La Bible en allemand***, GS III, note p. 793, où Rosenzweig, faisant une analyse philologique de la **Genèse**, compare le mot grec ***pneuma*** avec le mot latin ***spiritus*** et le mot allemand ***„Geist"***, auxquels il oppose le mot ***phoné***, « voix » ...

[4] *Ibid.*

[5] ***Paralipomena***, GS III, p. 106.

[6] *Ibid.*

contre l'idéalisme johannique. Nous rencontrons ici encore un autre aspect de l'idée rosenzweigienne de **« fait »** : son caractère de **« corps »**, de **« corporéité »**, par opposition à toute idéalisation et spiritualité dissolvante (qui dissout le corps dans l'esprit). Rosenzweig souligne cet aspect à plusieurs reprises, notamment dans une conférence qui se présente comme une **« initiation à la pensée juive »**. Dans cette conférence (restée à l'état de projet), Rosenzweig caractérise la pensée juive comme étant celle qui veut maintenir à tout prix **séparés** « esprit » *et* « matière », « esprit » *et* « nature », « culture » *et* « civilisation », caractéristique que Rosenzweig retrouve de façon inattendue dans le ***christianisme catholique*** (le christianisme *protestant* ayant précisément rendu possible l'hérésie idéaliste !). Se rendant compte que sa conception du judaïsme se rapproche du christianisme catholique, Rosenzweig fait laconiquement remarquer que « contre le christianisme, du moins contre le [christianisme] protestant – le [christianisme] catholique nous est plus proche[1] ». Rosenzweig cherche donc à jeter les fondements philosophiques d'un ***judaïsme « charnel »***. Pour lui, il y a dans le judaïsme un lien étroit et spécifique entre **« esprit » et « corps »**. Ce lien spécifique, Rosenzweig cherche à le préciser dans ses lettres, ses articles et ses conférences. Dans une lettre à Gertrud Oppenheim dans laquelle il « annonce » son futur livre, ***l'Etoile***, il va même rattacher cette **relation esprit-corps** à celle qui existe entre ***peuple*** et ***sainteté*** (et à celle d'« esprit et de sang », „*Blut und Geist*"), en l'opposant à la sacralité ou au sacré :

> « ... Car ce n'est qu'à titre posthume que j'ouvrirai totalement ma bouche. Comme je vois au-delà des chemins, je ferai briller devant les yeux des juifs de ce temps qui vient maintenant l'unité du but. À quoi ce livre ressemblera et quand je pourrai l'écrire – tout cela je ne le sais pas ; mais je place ma vie entièrement sous le caractère posthume de ce livre. Dans ce livre ne se trouvera rien d'autre que l'idée suivante : que le devoir juif („*das jüdische Müssen*") et le vouloir juif („*das jüdische Wollen*") (le **« sang »** et l' **« esprit »**, la « race » et la « religion », le capitalisme et la Thora, le journaliste et le juif du Talmud, Buber et Cohen, Klatzkin et Achad Haam, et tous les autres noms auxquels on peut encore affubler l'antithèse) sont *un*, sont incompréhensiblement un, car tout ce qu'on appelle *histoire* se produit de telle sorte qu'un vouloir glisse sur un devoir et, par là, doit lui-même finalement devenir un nouveau devoir, avec le-

[1] ***Initiation à la pensée juive***, GS III, p. 60 (voir aussi les ouvrages de Hans Urs von Balthasar, notamment, ***Prométhée. Etudes sur l'histoire de l'idéalisme allemand*** (*Prometheus. Studien zur Geschichte des deutschen Idealismus*)).

quel la chanson recommence par le début ; car ici précisément c'est un morceau d'anhistoricité qui est jetée dans l'histoire. Par qui ? – Tu te le *demandes* ? ? ? – En vue de quoi ? C'est là-dessus (sur ce « en vue de quoi ? ») que je veux - avec toute la modestie nécessaire - chercher à donner une réponse en tant qu'être humain qui questionne et qui parle, pour que le livre ne fasse pas simplement que décrire, mais aussi explique, donne des explications[1] ».

Rosenzweig, à ce sujet, et dans une autre lettre à Gertrud Oppenheim[2], mentionne un article qui est paru dans la revue ***Der Jude*** et dont l'auteur fut Theodor Klatzkin (mentionné dans la lettre à Gertrud Oppenheim citée ci-dessus !). Il s'agit de l'article ***Fondements du judaïsme national***[3]. Dans cet article l'auteur réduit le nationalisme des peuples à un simple « nationalisme naïf » non réfléchi. Rosenzweig, au contraire, distingue entre un **« nationalisme naïf »** et un **« nationalisme réfléchi »**. Il s'oppose donc à la thèse de Klatzkin, car, pour lui, « même chez [les peuples] le nationalisme naïf », - la « forme » -, est « déjà une *étape* historique qui, pour l'atteindre, rend nécessaire le « nationalisme réfléchi » », - le « contenu » ou l'« esprit »[4]. Il n'y a donc pas, pour un peuple, une simple existence nationale, mais une existence qui est *déjà déterminée par une conscience*, par une conscience *de soi*. Il s'agit, plus précisément, d'une « simple existence [„*Dasein*"] et d'une conscience de soi [„*Selbstbewusstsein*"], [qui] se conditionnent mutuellement[5] », de sorte qu'en agissant l'une sur l'autre elles font tourner le « moteur » de l'histoire.

En disant cela, Rosenzweig pense plus particulièrement à **Fichte**, plus précisément « au rôle que Fichte a joué sur le chemin qui conduit à **Bismarck**[6] ». Chez les peuples, donc, ça se passe ainsi : « une situation spirituelle devient sans cesse une réalité naïve, réalité qui sans cesse se spiritualise à nouveau, et ainsi de suite[7] ». Pour Rosenzweig, c'est de la même façon qu'il faut comprendre « la genèse

[1] Lettre à Gertrud Oppenheim, 1.5.1917, GS, I,2, p. 400. (ma trad.).
[2] Lettre à Gertrud Oppenheim, 9.1.17, GS I,1, p. 330-332.
[3] Klatzkin, ***Fondements du judaïsme national***, in « Der Jude », I, p. 534 ff.
[4] Lettre à Gertrud Oppenheim, p. 330.
[5] *Ibid.* „ *Das blosse Dasein und das Selbstbewusstsein bedingen sich gegen seitig.* "
[6] Lettre à Gertrud Oppenheim, p. 330.
[7] *Ibid.*

du terme générique „*Deutsch*“ pour désigner les « peuplades » germaniques (Francs, Allemands, etc.) qui existaient seules avant[1]».

Corps *et* esprit - « la simple existence et la conscience de soi » - se conditionnent donc mutuellement, de sorte que, « dans le progrès historique, ils se poussent en avant l'un l'autre[2] ». Si Rosenzweig pense que c'est ainsi que, chez Fichte, l'idée (réfléchie) de nation a joué un grand rôle sur le chemin qui a conduit à Bismarck, c'est-à-dire au nationalisme allemand [3], c'est parce que, pour lui, cette idée fichtéenne de « nation » est un amalgame de l'idée (mystique) de **vie** - ou d'existence - et d'**esprit**, amalgame appliqué à l'idée de peuple. Or, ce sur quoi Rosenzweig veut insister ici, c'est sur le fait que *ce qui est vrai pour les « peuples » n'est plus vrai pour le peuple juif*, que si « ça se passe ainsi chez les peuples », c'est « tout différent chez le « peuple unique »[4] ».

Avec le peuple juif, en effet, cet amalgame entre **vie** et **esprit** n'est plus valable, ou, du moins, s'avère plus complexe et moins immédiat, tout simplement parce que le peuple juif « n'*est* pas un peuple[5] ». C'est aussi pourquoi il manque au judaïsme - y compris au judaïsme oriental - « le rythme sain de l'existence et de la conscience (de la vie et de l'esprit), parce que sa vie *elle-même* est déjà esprit, parce que, pour ainsi dire, il n'a pas un vrai corps, mais seulement l'analogon d'un corps[6] ». Mai si ce peuple unique n'a pas un vrai corps, il n'a pas non plus - « comme on peut s'en douter » - un « vrai esprit[7] ». Ce peuple unique et singulier n'a pas de « vrai esprit » comme l'ont les autres peuples, à savoir **« un esprit qui se *nourrit* du corps et *construit* le corps[8] »**, un esprit, donc, ***« incarné »***. Étant dépourvu de « corps », l'esprit juif est obligé de « jouer à être corps », d'être à la fois (un) esprit et (un) simulacre du corps [9], un esprit, donc,

---

[1] *Id.*, p. 330-331.

[2] *Id.*, p. 330 „... und im geschichtlichen Fortgang treiben sie sich gegenseitig vorwärts“.

[3] *Ibid.*

[4] *Id.*, p. 331.

[5] *Ibid.*

[6] *IbId.*

[7] *Ibid.*

[8] *Ibid.*

[9] Lettre à Gertrud Oppenheim, p. 331. Nous voudrions souligner ici que l'originalité de Rosenzweig est de ne plus se placer au point de vue du chrétien pour juger de la « désincarnation » de l'« esprit » (juif), mais de se placer au *point de vue juif* pour

« désincarné ». Ce faisant, son esprit devient « malade », et c'est cet aspect-là de l'esprit juif, son aspect ***désincarné***, que perçoivent et soulignent - jusqu'à la caricature - les **« antisémites[1] »**. Autrement dit, n'étant pas soumis au (même) **métabolisme organique « sacrificiel »** auquel sont soumis les (autres) peuples (par leur nature de « corps » ou leur « corporéité » précisément), l'esprit juif se « corrompt[2] ». Mais, pour Rosenzweig, cet état de « corruption » témoigne de l'*existence pure et dure* du peuple juif, ***existence*** qui colle à la « peau » de l'***esprit*** juif. C'est à cause de cette existence à l'état brut, dans laquelle il n'y a pas d'échappatoire vers le « spirituel », que cet esprit « ne peut pas danser les danses de l'esprit libre[3] ». Si, donc, l'esprit juif ne peut pas « se sentir aussi libre qu'un oiseau », c'est parce qu'« à lui tient en même temps l'**existence** nue de ses porteurs[4] », le **« fait » d'exister** !

Tout cet effort intellectuel de Rosenzweig pour dégager la ***spécificité*** **du peuple juif** en tant que peuple est un lointain écho du débat entre Rosenzweig et Rosenstock qui eut lieu au cours de l'année 1916 dans leur correspondance sur le judaïsme et le christianisme et qui porta précisément sur la **notion de « peuple »**. Rosenstock, en effet, eut alors des mots très durs contre le peuple juif. Il reprocha au juif d'être **sans patrie** et, donc, de ne pas pouvoir, ou savoir, **mourir pour sa patrie** :

> « Le juif ne meurt pour aucune patrie et pour aucune mission. Ne faisant pas l'expérience des barrières de la vie, il vit d'un fantomatique reflet de toute vie réelle, qui est impensable sans la mort sacrificielle et la proximité de l'abîme[5] ».

Cette **vie « abstraite » du juif** est due, selon Rosenstock, au fait que le juif est viscéralement attaché à deux choses sacrées pour lui. C'est deux choses sont la **famille** et la **Loi**. La vie du juif est entièrement soumise à la Loi, sous le signe de la Loi. Elle n'est qu'« un simple paragraphe de la Loi », rien de plus : « Pour que le

---

montrer la raison d'être profonde et légitime de cette « désincarnation », c'est-à-dire pour légitimer celle-ci *de l'intérieur de l'économie interne du judaïsme…*

[1] Lettre à Gertrud Oppenheim, p. 331.

[2] *Ibid.*

[3] *Ibid.*

[4] *Ibid.*

[5] Lettre de Rosenstock à Rosenzweig, 30.10.16 (« lettre sur le judaïsme »), GS I,1, p. 280. (ma trad.).

peuple juif puisse vivre, le juif singulier dépend du succès et du nombre de ses enfants. Il est un paragraphe de la Loi ; « c'est tout »[1] ». Pour illustrer son propos, Rosenstock, dans une autre lettre, va utiliser une image qui constituera la trame de la suite de leur correspondance, l'image du navire. Le peuple juif est comparé à un navire. C'est un navire qui ne s'échoue jamais, qui n'a jamais eu à déplorer des naufragés, car il ne s'est, en vérité, jamais aventuré sur la mer :

> « Vous avez beau croire que vous avez un navire qui vous est propre, qui vous appartienne. Mais vous ne connaissez même pas la mer, sinon vous ne parleriez pas ainsi. Vous qui n'avez jamais été des naufragés – vous ne pouvez jamais vous perdre, vous voyez Dieu avec toujours la même clarté et n'avez pour cela pas besoin de médiateur ».[2]

À cela Rosenzweig répond en disant que le peuple juif est, par rapport aux - autres - peuples, un « navire-fantôme » („Gespensterschiff") [3] . Or, c'est précisément ce que Rosenstock reproche au peuple juif (en tant que peuple), car, pour lui, un peuple n'est peuple que s'il se met (volontairement) des limites, des barrières qui le poussent à *s'éprouver* et à *se surmonter*, bref, que s'il a un **« corps »** pour lequel il est prêt à **se sacrifier** :

> « … [Que les peuples païens croyaient qu'ils étaient issus des dieux, qu'ils étaient engendrés par les dieux, cela avait pour effet que] l'homme et les peuples devaient vivre en libre activité [„in freier Wirksamkeit"] sans crainte et sans barrières *fortuites*. De la même façon que le peuple qui ne se défend plus physiquement lui-même périt, de la même façon chaque peuple a besoin dans la sphère spirituelle du développement indépendant *en soi* de ses lois de vie[4] … »

Rosenstock semble même donner une interprétation ésotérique de ce processus, puisqu'il a recours à l'idée de force et à la métaphore de la **lumière** :

> « Toute force doit s'*éprouver* contre tout danger. Se dérober et se faire tout petit, cela la **lumière** ne connaît pas. Elle s'introduit partout. Elle *surmonte* et montre ainsi ce qu'elle est[5] ».

---

[1] *Ibid.* „Damit **Juda** lebe, hängt der einzelne Jude […] von der Zahl seiner Kinder ab".

[2] Voir lettre de Rosenstock à Rosenzweig, 7.11.1916 (jeudi), GS I, 1, p. 288.

[3] *Id.*, p. 279.

[4] *Ibid.*

[5] *Ibid*

À ce reproche Rosenzweig va réagir violemment et, à son tour, va reprocher à Rosenstock d'avoir – dans l'intention de mieux pouvoir le critiquer et le rejeter – *paganisé* le judaïsme, d'avoir combattu « le judaïsme en tant que paganisme[1] ». Et il va opposer à l'argument de Rosenstock une explication et définition minutieuse de la **notion de « peuple »** à partir de la **notion grecque d'« ethnie »** propre aux païens. Il expliquera ainsi comment le nationalisme moderne est issu de l'***« ethnicisation »* de l'idée de *« nation »*** ou de la ***« nationalisation »*** de l'idée d'« *ethnie* », plus précisément de la ***« christianisation de l'idée de peuple »*** :

> « N'est-il pas singulier et étonnant que les ***ethné*** [les ethnies païennes, c'est-à-dire, au fond, les peuples !], n'aient pas d'*ismos*[2] [...], alors qu'assurément aux *ethné* correspondent aussi des ***ioudaioi*** [des juifs]. [...] Ce n'est que l'Islam qui va former un concept historique du temps du pagan***isme*** (le ddschahilijjaisme)[3] et ce n'est que le... XIXe siècle qui va ajouter à *éthnos* le - ***ismos***, mais désormais sous la forme du ***nationalisme***. Or, celui-ci ne signifie plus ce qu'***ethnismos*** [„Heidentum"] aurait signifié aux alentours de l'an 0 : le devenir-idée du paganisme, mais la **christianisation** accomplie du **concept de peuple**[4] ».

Car, pour Rosenzweig, **« nationalisme »** « signifie que les peuples ne croient pas simplement qu'ils sont issus *de* Dieu » (cela Rosenstock l'avait aussi dit dans sa précédente lettre à propos des païens), mais qu'ils croient à présent qu'ils « marchent *vers* Dieu[5] ». Autrement dit, le nationalisme des peuples est né le jour où les peuples étaient persuadés qu'ils marchaient vers un *but* lointain. Mais, pour Rosenzweig, cette espérance (que cultivent les peuples) est une illusion, car « la christianisation du concept de peuple n'est pas encore la christianisation des peuples[6] ». Cette christianisation *des* peuples doit fatalement échouer, étant donné que « l'élection du peuple juif » ne signifie précisément rien d'autre que le peuple juif est « la seule

---

[1] Rosenstock avait écrit, l'une à la suite de l'autre, deux lettres à Rosenzweig, l'une qui traitait (plus particulièrement) du ***paganisme*** (lettre du 28.10.1916, appelée par Rosenzweig lui-même **« lettre sur le paganisme »**) et l'autre traitant du ***judaïsme*** (lettre du 30.10.1916, appelée par Rosenzweig lui-même **« lettre sur le judaïsme »**).

[2] En allemand « pagan***isme*** » signifie „Heiden***tum***".

[3] „ Ddschahilijja***tum.*** "

[4] Lettre de Rosenzweig à Rosenstock, du 7.11.1916, GS I,1, p. 281.

[5] *Ibid.*

[6] *Ibid.*

réelle incarnation *visible* du but *atteint* qui est l'Unité (le but atteint est le « peuple unique sur terre » comme il se nomme lui-même dans la prière du sabbat), alors que les peuples ne sont, et doivent n'être, que sur la voie[1], sur le chemin qui conduit vers ce but *à atteindre,* si jamais il doit un jour être réellement atteint »[2], car ce que Rosenzweig va souligner et préciser dans la suite de sa lettre, c'est que « l'idée juive de l'élection est depuis le début tout sauf « naïve »[3] ». Est-ce à dire que le peuple juif – (mis) à l'écart des autres peuples - s'il ne peut se « nourrir » - comme les autres peuples - d'un « corps » qui lui est propre, se « nourrit » exclusivement d'... éternité ? Comment concilier cette idée avec l'image que, dans *l'Étoile*, Rosenzweig donne du peuple juif en citant le poète juif Jehuda Halévy qui, pour illustrer l'interaction du peuple juif avec son « milieu », recourt précisément à une métaphore « biologique » ou « organique », « organologique»[4] ? :

> « [...] Dieu a son propre plan en ce qui nous concerne, un plan qui ressemble à celui du grain de blé : il tombe en terre, et en apparence il devient terre, eau et fumier, et il n'en reste rien à quoi un œil puisse le reconnaître ; et pourtant, à l'inverse, n'est-ce pas lui qui transforme la terre et l'eau pour en faire son propre être, qui désagrège et reforme l'un après l'autre leurs éléments pour les assimiler à sa propre matière, jusqu'à produire de l'écorce et des feuilles ; en son cœur se forme la pulpe pour que puisse entrer en lui la l'empreinte évolutive („das Werdebild", « l'image en devenir ») de sa semence initiale, et il prend ainsi une nouvelle forme incarnée („zu neuer Leiblichkeit", « une nouvelle corporéité ») ; à ce moment, l'arbre produit un fruit semblable à celui qui était autrefois à l'origine de sa semence[5] ».

---

[1] *Ibid. „auf dem Wege"*.

[2] *Id.*, p. 282. Le concept de « *voie* » („*Weg*") est un concept-clé qui structure *l'Étoile* (concept-clé qu'il ne faut pas confondre avec le concept de « trajectoire » *(„Bahn")* qui, par les traducteurs de *l'Etoile*, a également été traduit par « voie »). Pour Rosenzweig, la différence entre les chrétiens et les juifs est précisément que, si les derniers sont déjà au cœur même de la « vie » (c'est-à-dire dans le noyau de *l'Etoile* (ou « dans le but (déjà) atteint »), les premiers ne sont encore que sur la **« voie »**, c'est-à-dire en chemin, sur les rayons de *l'Etoile* (ou « *vers* le but - encore - à atteindre »).

[3] *Ibid.* Rosenzweig pose ici une question cruciale : « ***Les souffrances du peuple juif sont-elles naïves ?*** **»** (voir lettre citée, p. 284).

[4] Johannes Hirschberger, dans sa ***Petite histoire de la philosophie*** (*Kleine Philosophiegeschichte*) qualifie ainsi la pensée de Hegel (voir, en particulier, le point (c) : **« La patrie spirituelle de Hegel »** (*Hegels geistige Heimat*), in : *op. cit.*, p. 159).

[5] *L'Étoile*, p. 446-447 ; *Stern*, p. 421.

Cette image ne donne-t-elle pas une dimension « *charnelle* » au peuple juif ? Cette image, en tous les cas, Rosenzweig la rattache à Moïse :

> « [...] de même, l'enseignement de Moïse attire à soi tous ceux qui viennent après lui, en les transformant en vérité, même si chacun le rejette en apparence[1] ».

Et il la rattache aussi à la venue (finale) du Messie, voyant dans ces peuples une « préparation et anticipation du Messie » :

> « Et ces peuples sont préparation et anticipation du Messie, que nous attendons avec impatience, et qui sera alors le fruit, et tout l'arbre deviendra un arbre unique. Alors ils louent et vénèrent la racine que naguère ils méprisaient, selon le mot d'Isaïe[2] ».

Le « livre Kousari », qui est un livre de la liturgie juive, a recours à une allégorie semblable. Cette liturgie, en effet, « se réfère au chapitre d'Isaïe concernant la souffrance substitutive du Serviteur inconnu de Dieu, qui souffre à la place des peuples du monde marchant dans la claire lumière de l'histoire[3] ».

Mais cette allégorie souligne surtout le retour, le « suprême retour », qui n'est rien d'autre que « la reconnaissance de la semence dans le fruit[4] ». Ce qui veut dire en clair que la voie chrétienne (éternelle et finie) « arrive à son terme là où l'on atteint la patrie ». Sa fin étant située dans l'éternité, et la vérité étant au bout du chemin, ou venant après, venant « après la voie », ce retour est « le retour chez soi de l'***ex***périence, de l'***é***preuve de la vérité[5] ». Car « là où tout est feu, il n'y a plus de rayons », mais « tout est une seule lumière ». Dans cette lumière, « la terre sera remplie de la connaissance de l'Éternel, comme les eaux recouvrent la mer ». Dans cette « mer de lumière », « toute voie s'efface comme un songe » et seule subsistera la « vérité » : **« Mais toi, Dieu, tu es vérité[6] ».**

---

[1] *L'Étoile*, p. 447 ; *Stern*, p. 421.
[2] *Ibid.*
[3] *L'Étoile*, p. 447 ; *Stern*, p. 422 (ma trad.). „Es schildert, anknüpfend an das Jesakapitel vom stellvertretenden Leiden des unerkannten Gottesknechts für die im hellen Licht der Geschichte wandelnden Völker der Welt."
[4] *Ibid.*
[5] *Ibid.*
[6] *Ibid.* Dans *l'Étoile,* Rosenzweig insiste sur l'éternité « ontologique » du peuple juif (voir, dans le Premier Livre de la troisième Partie, le paragraphe intitulé **« Le peuple**

b) « *Écoute Israël* » : le nouveau « *cogito* »

On peut donc considérer que la pensée de Rosenzweig est une pensée plus *relationnelle* que celle de Rosenstock : pensée « dialogique » plus que pensée simplement « du langage ». Nous avons vu que c'est là le point de vue que prend Anna Bauer dans son ouvrage sur la pensée de Franz Rosenzweig :

> « La pensée de Rosenstock est "pensée du langage" [„*Sprachdenken*"], mais n'est pas une pensée dialogique, car il y va, pour lui, en dernière analyse, de la détermination de l'essence de l'homme : celle de l'homme en tant qu'être d'écoute [„*hörendes Wesen*"]. Par là, Rosenstock a fait une découverte très importante, mais ce n'est que Rosenzweig qui prolonge cette découverte en l'élévant jusqu'au réellement dialogique[15] ».

Le point commun des deux, c'est la « découverte » de l'importance de la « parole » (opposée à la « contemplation » idéaliste). Car il n'y a pas de parole sans écoute. Et c'est l'*écoute* qui devient l'organe essentiel de la révélation (par opposition à la vue qui est l'organe central de la contemplation idéaliste). Rosenzweig lui-même, dans une lettre à Rudolf Ehrenberg - dans laquelle il compare sa conception à celle de Rosenstock - souligne ce point :

> « Rosenstock s'est précisément méfié depuis le début de ce Dieu « silencieux », parce qu'il a, depuis le début, cru dans le « Verbe ». Vouloir *contempler* le « visage » divin est précisément du paganisme -- même s'il est très sublimé. « Vous n'avez entendu que la voix ». *Entendu !!* Vouloir contempler Dieu, c'est le considérer comme « silencieux ». La figure [„*Gestalt*"] serait visible, même si personne n'y regarde, la parole n'est prononcée que si quelqu'un écoute[2] ».

C'est pourquoi Rosenzweig reprendra à son compte certaines idées développées sommairement par Rosenstock dans leur correspondance. Mais s'il les reprend à son compte, c'est *pour les intégrer à sa conception personnelle du judaïsme*, c'est-à-dire du judaïsme tel qu'il l'a vécu lors de sa conversion le jour du « Yom Kippour » dans une synagogue à Berlin. Fort de sa nouvelle expérience, en effet, il va

---

éternel : destin juif » (*Das ewige Volk : jüdisches Schicksal*) et celui intitulé **« *Les peuples du monde : politique messianique* »** (*Die Völker der Welt : messianische Politik*) et aussi le paragraphe intitulé **« L'éternité de la promesse »** (*Die Ewigkeit der Verheissung*). Voir, à ce sujet, *L'Étoile*, p. 353-396 ; *Stern*, p. 331-372.

[1] Anna Bauer, *La pensée du langage de Franz Rosenzweig dans l'« Étoile de la rédemption... »*

[2] Lettre du 9.7.1917 à Rudolf Ehrenberg, GS I,1, p. 421 (ma trad.).

tenter de réélaborer et de dépasser ces idées sommaires de Rosenstock. Au centre de son judaïsme, il y a la célèbre exhortation : « Écoute Israël. » C'est donc aussi sur l'*écoute*, et non – comme c'est le cas chez les « chrétiens platonisants » – sur la vision („Anschauung"), que Rosenzweig va mettre l'accent ! C'est pourquoi, dans son ***Initiation à la pensée juive***, il cherche à déterminer la différence entre le nom propre et le concept. Il pose la question : « Mais que signifie – le nom ? Quelle différence y a-t-il avec le concept ?[1] ». Et il répond : « Je *comprends*. Mais je *suis* nommé. Je reçois mon nom. Non, je l'*ai* reçu. J'*écoute*[2] ». Faisant allusion au titre d'un des ouvrages du juif libéral Léo Baeck - ***L'« essence » du judaïsme***[3] - il n'y a pas, pour Rosenzweig, d'« essence » du judaïsme – ce qui ferait du judaïsme un « concept ». Mais « il n'y a qu'un : **« Écoute Israël »** ».[4] Bien que, comme nous l'avons vu, Rosenstock s'attache au ***Logos*** qui « sauve », au ***Logos*** qui libère le *logos* (de la pensée humaine) de sa « prison », lui aussi met l'accent sur l'écoute. C'est particulièrement le cas dans un de ses ouvrages écrits en anglais et au titre qui claque comme un défi : „*I am an impure thinker*"[5] (« *Je suis un penseur impur* ») ! On peut notamment y lire : « L'*Écoute Israël* est le commandement le plus général ou la description de notre devoir d'écouter les autres[6] ». Voulant renouveler les fondements de la pensée moderne, il va substituer au fameux - et « égocentrique » - *cogito* cartésien („*cogito ergo sum*", « je pense, donc je suis ») une nouvelle formule qu'il considère comme révolutionnaire : „ *audio, ut fiam*" (« j'écoute, afin que je fasse »)[7]. On a vu que, dans sa lettre du 19 octobre 1917 adressée à Rosenstock[8], Rosenzweig avait utilisé des formules semblables. Faisant allusion au livre de Finck sur les langues dans lequel celui-ci imagine des langues qui privilégient d'autres

[1] ***Initiation à la pensée juive***, GS III, p. 601. (ma trad.). „*Was heisst das aber - Name ? Was ist der Unterschied vom Begriff ?*".

[2] Ibid. (ma trad.). „ *Ich* begreife. *Aber ich* werde *genannt. Ich empfange meinen Namen. Nein, ich* habe *ihn empfangen. Ich höre.*"

[3] Leo Baeck, ***L'essence du judaïsme*** (*Das Wesen des Judentums*). Voir aussi, de Leo Baeck, ***Les Évangiles, une source juive***, traduit de l'allemand par Maurice-Ruben Hayoun.)

[4] ***Initiation à la pensée juive***, GS III, p. 601 (ma trad.).

[5] Eugen Rosentsock, ***I'm an impure thinker*** (Argo Books, Norwich/Vermont, 1970) p. 65 (ma trad.).

[6] *Id.*, p. 66.

[7] *Ibid.*

[8] Lettre du 19.10.17 à Eugen Rosenstock, GS I,1, p. 471.

pronoms personnels que le *Je* et le *Tu*, Rosenzweig y encourage Rosenstock à remplacer le « cogit*o* » (« *Je* pense ») par le „ *cogitare meum* “ (« me penser »), nouvelle formule dans laquelle il y a déjà la volonté de *renverser la préséance de la pensée*. Quant à Rosenstock, il avoue lui-même que ne voulant pas sortir complètement du cadre philosophique, il a fait une concession à « l'égocentrique formule cartésienne » en transformant le traditionnel **« Écoute, toi, homme »** („*Harken, thou man*“) en une formule plus « philosophique[1] ». Que veut dire cette formule ? Que le fait d'« être appelé par son vrai nom est, pour n'importe quel auditeur, une partie du processus de devenir authentiquement soi-même[2] ». Autrement dit, le fait de recevoir un nom des autres fait partie du « processus qui nous conduit à une totale et nouvelle naissance[3] ». Mais Rosenstock sait le prix à payer pour cette « transformation » : il ne s'agit pas tellement de sacrifier l'esprit grec - qui, certes, est incapable de penser une pareille expérience - que de se sacrifier *soi-même*, car « que nous puissions devenir des hommes transformés, bien que nous souffrions, bien que nous dussions souffrir, même mourir... c'est là l'expérience quotidienne de n'importe quelle âme vivante[4] ».

c) Nouvelle *grammaire* et « *corps du temps* »

La pensée *grammaticale* de Rosenstock revêt un caractère *temporel*. Elle entretient un lien étroit avec le temps (et l'éternité). Voilà pourquoi, dans l'introduction au deuxième tome de sa ***Sociologie***, Rosenstock déclare :

> « *Je suis un penseur impur, temporel.* À partir de l'espace de mort (*Todesraum*) de l'atemporalité idéaliste, je ne peux pas jeter un regard scientifique sur les trois temps des vivants. Il m'est commandé de ne pas sortir des trois temps, mais au contraire de m'y enraciner, et pour élever leur rythme, je dois aussi regarder hors de l'espace des morts. J'appartiens à un éon qui suit l'accomplissement de la scolastique et de l'académie[5] ».

---

[1] Eugen Rosenstock, ***I'm an impure thinker***, p. 66 (ma trad.).

[2] „*To be called by his true name is part of any listener's process of becoming his true self*“ (ma trad.).

[3] „*The process of being fully born*“ (*ibid.* ; ma trad.).

[4] *Ibid.* (ma trad.).

[5] Eugen Rosenstock, ***Sociologie***, IIe tome, p. 19 (ma traduction ; c'est nous qui soulignons). Rosenstock a divisé sa *Sociologie* en deux tomes bien distincts : tome I : La Tyrannie des espaces (*Die Übermacht der Räume*) ; tome II : *La plénitude numérique des temps* (*Die Vollzahl der Zeiten*). Dans ce 2e tome, Rosenstock analyse, en

Ce lien entre *temps* et *grammaire* ressort clairement dans le passage suivant de sa ***Sociologie*** :

> « Mais l'humilité de la solidarité scientifique et du progrès investigateur a assurément permis à ces scolastiques et académiciens d'établir des **corps temporels**, des corps temporels à l'image de l'Éternité, dans lesquels **« résonne tard ce qui résonna tôt »** [„spät erklingt, was früh erklang"], et au sein desquels le dépérissement mortel du temps est vaincu par le fait qu'une science *rend présent* [„vergegenwärtigt"] un regard de la vérité [„Anblick der Wahrheit"] et au sein desquels une science, sans cesse, relaie une autre en tant que science fondamentale. La mathématique s'est autrefois substituée à la logique. Qu'elle cède maintenant la place à la **grammaire**[1] ! ».

On voit dans ce passage que Rosenstock relie sa **nouvelle « science »** à une idée particulière du ***temps***, un temps qui est conçu comme étant « à l'image de l'Éternité » („Abbild der Ewigkeit") et comme **s'« incarnant », se « présentifiant »** („sich vergegenwärtigend") dans le temps historique dans un but bien précis, à savoir vaincre le **« dépérissement mortel du temps »**. (Dans un article intitulé « L'Eternel » et sous-titré « Mendelssohn et le Nom de Dieu »[2], Rosenzweig interprète le *tétragramme* divin également dans le sens d'une **« présentification »** („Vergegenwärtigung") et en « déduit » les trois premières « personnes » de nos langues - ou « pronoms personnels » - ***Je, Tu, Il.*** Dans ce sens on peut dire que chez Rosenzweig aussi l'amour apparaît comme un ***« processus de présentification »*** („Vergegenwärtigungsprozeß")). L'« impureté » de la pensée de Rosenstock s'enracine dans un **temps *ternaire*** :

> « *Je suis un penseur impur*, que la *Critique de la raison pure* et le *Somme théologique* ne regardent pas, car elles ne peuvent pas procéder de façon authentique à un enracinement. Si toutes les deux déracinent l'esprit de leur temps, alors je cherche un chemin pour m'enraciner, avec un regard libre, dans mes trois temps vivants, qui sont des temps chantés, controversés, promis, et, au sein de cet enracinement, je cherche à les mettre

---

quelque sorte, les **« forces formatrices de la communauté »**. Le 1er tome est divisé en 3 parties qui se concluent par *l'effondrement de la « tyrannie des espaces »*... Le 2e tome est divisé en trois parties : première partie : « Le retour des expériences vécues (*trajectivum*) » ; deuxième partie : « La marche des événements (*praejectivum*) »; troisième partie : « Les institutions. (Les expériences vécues et les événements se renforcent mutuellement) ».

[1] Eugen Rosenstock, *id.*, p. 308.

[2] Voir ***« L'Eternel ». Mendelssohn et le Nom de Dieu***, GS III, p. 801.

> rétroactivement en vibration. C'est pour ce **nouvel enracinement** que je me bats[1]... ».

C'est pourquoi Rosenstock envisage l'existence d'un **« corps du temps »** et parle de ***« corps temporels »*** („*Zeitkörper*") :

> « [...] La science apparaît aux positivistes comme un fait éternel. Et ils ne savent même pas que tous les faits [„alle Tatsachen"] avaient un jour dû être des actes [„Taten"]. Ils ne savent pas que les sciences, pour qu'elles puissent être opérantes, ne doivent pas être des corps abstraits, mais des **corps temporels** [„Zeitkörper"], des présentifications [„Gegenwärtigkeiten"][2] ».

Pour Rosenstock, le « progrès » de la science est donc lié au « présent », c'est-à-dire à ce *processus de présentification* : « Le progrès n'est pas possible sans présent[3] ». Le *progrès* n'est pas possible sans *présent*... à condition que « le présent soit **réinterprétation du sens**, soit liberté » :

> « La recherche scientifique qui nous assure aujourd'hui la vie [„die uns heut das Leben fristet"] n'a donc été créée que par le fait que des hommes ont créé des *corps temporels* dans lesquels il y eut pendant plusieurs siècles un *progrès*[4] ».

Or, pour Rosenstock, le **« présent des sciences »** est lié à... l'**« omniprésence de Dieu »**, elle-même **« incarnée » dans l'« Église »**. Le « présent des sciences, leur progrès et leur liberté vivante, proviennent de l'Église ». Pour l'Église, en effet, « Dieu est omniprésent » („Gott ist allgegenwärtig"). À la lumière de son image nous sommes partiellement présents, mais toutes les sciences ont été créées à l'image de l'omniprésence divine[5]. Dans la mesure où les sciences ont été **créées « à l'image » de Dieu**, elles sont elles-mêmes « [omni]présentes ». En vérité, ce sont les scientifiques, certains

---

[1] *Sociologie*, tome II, p. 19. (ma trad.) (C'est nous qui soulignons).
[2] *Id.*, p. 307. (ma trad.). Rosenstock distingue entre „***Körper***" et „***Leib***", deux mots aux significations différentes qu'en français on traduit chaque fois par « corps » (voir deuxième tome de sa *Sociologie*, p. 303).
[3] *Ibid.* (ma trad.).
[4] *Ibid.* (ma trad.).
[5] *Id.*, p. 307 ; „ im Ebenbild der Allgegenwart Gottes ".

scientifiques, les plus connus - car ce furent des esprits *créateurs* - qui sont **« omniprésents »**, c'est-à-dire qui ***« incarnent »*** la science :

> « De **Max Planck** nous disions qu'il n'a pas pu être simplement identifié avec son corps matériel, car il **incarnait** « la physique ». Le deuxième millénaire, comme le premier, croit dans l'**incorporation** [„Verkörperung"], dans l'**incarnation** [„Inkarnation"] [1] ».

Par là, Rosenstock affirme avoir fourni la « deuxième proposition de la foi chrétienne » qui « elle aussi traverse les deux millénaires », à savoir celle par laquelle « à la révélation de l'omniprésence de Dieu [„Allgegenwart Gottes"] le deuxième millénaire répond par la **création** [„Schaffung"] de **présents humains exemplifiants** [„ebenbildliche Gegenwarten"] [2] ». Mais cette **« exemplification »** dans la **« présence »** a un prix :

> « [...] Car aucune découverte ne porte de fruits s'il n'y a pas un sol labouré qui les reçoit comme semences. Toute science est du présent **créé dans le sacrifice** [„Alle Wissenschaft ist opfervoll geschaffene Gegenwart"][3] ».

C'est par ce biais que, dans la philosophie du langage de Rosenstock, la notion de ***« sacrifice »*** apparaît comme centrale. Car seul le sacrifice de la vie sauve la vie de la mort, de la mort qui n'est pas ponctuelle (dans le temps), mais qui est... omniprésente, **omniprésente *dans le temps***, car elle est le temps, ou, plutôt, le **temps** est un des « symptômes » de la mort, un **« symptôme » de mort** :

> « Les sciences présentifient notre savoir des morts, des choses mortes et des hommes morts, et c'est ainsi qu'elles **sauvent, de la mort, l'histoire de la création**, qu'elles la sauvent dans la liberté vivante *où elle devient indéterminée*. Car le **présent**, c'est de la **liberté**[4] ».

Mais, étant donné qu'« à la fin du deuxième millénaire un trop grand nombre de sciences ont renié leur simple exemplification [„Ebenbildlichkeit"] », nous sommes confrontés aujourd'hui à la **« confusion babylonienne des langues des sciences positives[5] »**. La

[1] *Ibid.* (ma trad.).
[2] *Ibid.*
[3] *Ibid.*
[4] *Id.*, p. 308.
[5] ***Sociologie***, tome II, p. 308.

pensée de Rosenzweig aussi s'enracine dans un *processus de présentification*, processus qui, lui-même, s'enracine dans une expérience « *exodique* » de Dieu[1]. De ce point de vue, donc, la pensée de Rosenzweig n'est pas tellement éloignée de celle de Rosenstock. Mais ce qui à nouveau la distingue de cette dernière, c'est une façon différente de concevoir la ***scansion du temps***. Même si ce qui est commun aux deux pensées, c'est le rejet, sans concession et sans appel, de la dialectique hégélienne, le fait que toutes deux se positionnent par rapport à Hegel[2], la pensée de Rosenzweig reste « ternaire », alors que celle de Rosenstock, contre le « ternaire » hégélien, se revendique ***quaternaire***, mettant l'accent sur l'***élévation à la puissance deux*** du « deux » :

> « [...] je suis hanté par le combat contre la dialectique et l'ordre déductif : majeure, mineure, conclusion, c'est-à-dire contre le nombre trois. J'adore le nombre ***quatre*** : **2 à la puissance 2**, comme le fondement de toute **comparaison**, de tout rapport et de tout relativisme. Ces deux-là sont des principes formels qui gouvernent la construction de l'ensemble, la construction elle-même[3] ».

[1] Voir, de Rosenzweig, ***L'Ecriture et Luther*** (*Die Schrift und Luther*), *in* GS III, p. 770.

[2] Toute la correspondance entre Rosenzweig et Rosenstock sur le judaïsme et le christianisme prend son essor dans une critique radicale de la dialectique hégélienne, en particulier, pour Rosenzweig, dans la lettre du 8 juin 1916 (*in* GS I,1, p. 194), pour Rosenstock, dans la lettre du 26 novembre 1916, (*in* GS I,1, p. 312). Dans sa lettre, Rosenzweig met l'accent sur le chiffre **« 4 »** qui serait le ressort secret de la **dialectique hégélienne**. Il écrit à Rosenstock : « Connaissez-vous le nombre quatre au sein de la dialectique hégélienne ? Vous trouverez les endroits dispersés (...) partout où il fait des **quadripartitions** ; le quatre apparaît surtout dans la philosophie de la nature ; il est, chez lui, le *nunc stans* » (lettre citée, GS I, 1, p. 194). Quant à Rosenstock, il compare, dans sa lettre, la dialectique hégélienne à une « péristaltique intestinale » pour... porcs ! Il attribue cela au fait que Hegel - en rejetant Hölderlin - a confondu, dans sa forme d'exposition, ***communication*** („*Mitteilung*“) et ***doctrine*** („*Lehre*“) (voir lettre citée, GS I, p. 312). En vérité, tous les deux rejettent le côté « professoral » et « doctoral » de la philosophie de Hegel, et pensent que dans cette philosophie le « professeur » a tué le « philosophe ». Contre le statut de « professeur » - et les institutions qui l'incarnent - ils ont des mots très durs, très ironiques, très irrespectueux : « Le philosophe est devenu superflu (professeur) » écrit Rosenzweig (*id.*, p. 194) ; tandis que, de son côté, Rosenstock écrit ironiquement au sujet de Hegel et de Hölderlin : « La crainte devant leur propre perruque de professeur a fait tellement peur aux étudiants du [Tübinger] „Stift“ qu'ils ont rejeté Hölderlin et qu'ils laissèrent derrière eux le „Stift“ comme une baraque abstraite pour petits poussins » (*id.*, p. 312) (ma trad.).

[3] Lettre de Rosenstock à Rosenzweig, 29.5.16, GS I,1, p. 191. (ma trad.).

Il faut dire que chez Rosenstock le ***quaternaire*** prend souvent la forme de la... *Croix* chrétienne (sous la forme de la « croisée » des chemins, par exemple)... Si Rosenstock rejette le ternaire, c'est parce qu'il l'assimile immédiatement au triple temps de la dialectique hégélienne. Mais, sous sa forme *trinitaire*, il ne dédaigne pas du tout le ternaire. Dans une autre lettre plus tardive (lettre du 19 novembre 1916), en effet, Rosenstock avouera à Rosenzweig que sa pensée tire son inspiration de la... *trinité*, et que c'est pourquoi elle vise le *dépassement* de la dialectique *ternaire* hégélienne :

> « [...] Le temps des simples antithèses est terminé. Dans la réalité cesse la simple scission abstraite, le simple acte d' « hégélianiser », de disputer de deux choses : la trinité, ce *rocher de bronze* de la foi, qui, avec raison, est toujours irritante pour toute pensée scolastique, triomphe de la dialectique[1] ».

Pour Rosenstock, cette Trinité est très concrète : c'est la *nature*, l'*esprit* et l'*âme*, et c'est par cette Trinité *concrète* - qui refuse de confondre ces trois instances - que le christianisme s'oppose au *paganisme* des peuples :

> « Nature, esprit et âme, il y a trois royaumes sur terre. C'est par ce cri que, depuis son avènement, le christianisme interpelle les peuples[2] ».

La pensée du langage de Rosenstock s'enracine donc dans une pensée inspirée de la *Trinité* et de la *Croix* chrétienne. Et si on veut pousser l'analyse encore plus loin, on découvre derrière la « pensée du langage » de Rosenstock la pensée... *augustinienne* de la Trinité. Sous cette forme cette pensée prend une dimension *musicale*, comme l'a bien mis en évidence un exégète allemand de la pensée de Rosenstock, **Wilfried Rohrbach**. Allant chercher, dans sa thèse sur Rosenstock[3], la source du projet *grammatical* de Rosenstock jusque dans la pensée augustinienne, il y découvre son origine cachée, à savoir « la triple

---

[1] Lettre de Rosenstock à Rosenzweig, 19.11.16, GS, I,1, p. 300 (ma trad.).

[2] *Ibid.*

[3] Wilfried Rohrbach, ***Das Sprachdenken Eugen Rosenstock-Huessys, Historische Erörterung und systematische Explikation*** (*La pensée du langage d'Eugen Rosenstock-Huessy, exposé historique et explication systématique*), Stuttgart u.a.1973 (cité par Anna Bauer, *op. cit.*, note 22, p. 65). Dans cette thèse, l'auteur souligne les origines **augustiniennes** de la pensée de Rosenstock et l'influence qu'a eu sur la pensée de ce dernier la philosophie du langage du théosophe **Georg Hamann**.

résonance coulée dans les langues ». C'est cette « triple résonance » („*Dreiklang*") [1] qui s'extériorise sous la forme des *trois pronoms personnels*, de la « *structure triple des personnes* » („*Dreipersonenstruktur*")[2], extériorisation qui lui permet de **s'« incarner »** dans le monde humain.

Pour Wilfried Rohrbach, c'est sur cette idée fondamentale que reposent les recherches *sociogrammaticales* de Rosenstock. Mais si Rosenstock envisage de cette façon les ***trois personnes grammaticales***, il s'oppose néanmoins à leur accentuation unilatérale[3]. C'est précisément en ce point qu'Anna Bauer, dans sa comparaison entre la pensée de Rosenzweig et celle de Rosenstock, voit une des faiblesses de la « pensée du langage » de Rosenstock, faiblesse qui la différencierait de la « pensée dialogique » de Rosenzweig et ne lui permettrait pas d'être qualifiée de la même façon. Rosenstock ne serait par là *qu'un précurseur* de la « nouvelle pensée », sa « grammaire "supérieure" » ne pouvant - comme le souligne Rohrbach - être considérée comme une « pensée dialogique au sens strict[4] ». Mai peut-être est-ce l'accent que Rohrbach met sur le « *sens strict* » qui est important ici. Car au lieu de voir, comme le fait Anna Bauer, dans cette opposition à l'« accentuation unilatérale des trois personnes grammaticales », une « infériorité » de la pensée de Rosenstock, on pourrait y voir plutôt la « supériorité » de cette pensée, dans le fait qu'elle veut penser les trois personnes *simultanément*. Cette *simultanéité*, en effet, aurait quelque chose à voir avec l'intention de Rosenstock de « couler la triple résonance dans les langues [5] ». Cet aspect de la pensée du langage de Rosenstock a particulièrement été souligné par Wilfried Rohrbach dans sa thèse sur Rosenstock. Par la référence *acoustique*, quasi *musicale*, qu'il semble sous-entendre, cet aspect nous paraît d'une très grande importance. Si Anna Bauer, dans son ouvrage sur Rosenzweig, n'a pas attiré

---

[1] *Ibid.* ; cité par Anna Bauer, *op. cit.*, note 16, p. 63-64.

[2] *Ibid.*

[3] Anna Bauer, *op. cit.*, p. 63 (voir p. 61, note 2 qui fait référence à un ouvrage d'Adam Zak qui traite aussi ce sujet. Il s'agit de l'ouvrage intitulé ***De la pensée pure à la raison linguistique. Étude sur les motifs fondamentaux de la philosophie de la révélation de Franz Rosenzweig*** (*Vom reinen Denken zur Sprachvernunft. Über die Grundmotive der Offenbarungsphilosophie Franz Rosenzweigs*, Stuttgart u.a. 1987, Münchener Philosophische Studien NF Bd. 1, 41).

[4] *Ibid.*

[5] Wilfried Rohrbach, *op. cit.* (voir Anna Bauer, *op. cit.*, note 16, p. 63-64).

l'attention sur cet aspect de la pensée de Rosenstock, il affleure pourtant à la surface de pratiquement toutes les pages de la ***Sociologie*** de Rosenstock. S'il est permis de faire un rapprochement aussi osé, on peut dire que cette référence acoustique - la « triple résonance » - dans la pensée de Rosenstock évoque curieusement l'idée de **« triple résonance du corps sonore »** que le compositeur et théoricien français de la musique, ***Jean-Philippe Rameau***, prétendait trouver au plus profond des structures musicales[1]...

Cette spécificité de la pensée du « langage » de Rosenstock semble aussi être présente dans la pensée « *dialogique* » de Rosenzweig. De cette pensée, en effet, on peut dégager des **structures *musicales***. À cet égard Anna Bauer, dans son ouvrage sur Rosenzweig, analyse en détail un *article inédit* de Franz Rosenzweig, article découvert par Bernhard Casper et intitulé par ce dernier - en référence à Margret Ehrenberg, l'épouse de Rudolf Ehrenberg -, **„*Gritlianum*"**. Dans cet étrange article - que connaissait Rosenstock et que Rosenzweig a qualifié de **« fruit préalable de *L'Étoile*[2] »** - Rosenzweig décrit le dialogue entre le *Je* et le *Tu* de façon inattendue en recourant à des métaphores *sonores*. La lecture de cet article, - et son commentaire par Anna Bauer -, donne l'impression d'entrer dans le laboratoire secret de la pensée *dialogique* de Rosenzweig, d'une pensée qui *dialogue*

---

[1] Ce rapprochement peut paraître osé, d'autant plus que, dans l'histoire de la musique, **Rameau** est considéré - en opposition à **Rousseau** qui, comme on sait, cherchait le fondement du langage musical dans le sentiment et les émotions - comme ayant donné un fondement *physique* et *mathématique* (et nullement théologique !) à la musique. Mais peut-être que l'idée de Rameau d'un **« corps sonore »** n'avait pas qu'une **résonance *physique***... (voir, à ce sujet, les intéressantes considérations de Gilles Deleuze dans son livre (sur Leibniz) ***Le pli. Leibniz et le baroque.*** On peut aussi consulter, dans une tout autre optique, les ouvrages de Catherine Kintzler sur ce musicien et sur la musique de ce siècle « rationaliste » en général, en particulier, son ouvrage ***Jean-Philippe Rameau. Splendeur et naufrage de l'esthétique du plaisir à l'âge classique***). Rosenstock lui-même évoque ce sujet dans une de ses conférences qu'il relate dans son petit livre autobiographique ***I am an impure thinker*** (chapitre 6, note 1, p. 69). Il s'agit de la conférence qu'il a prononcée en 1961, dans le cadre de son enseignement de la philosophie sociale, à la « St. Augustine Church » de Santa Monica en Californie, conférence qui avait pour titre ***The twelve tones of the spirit*** (« *Les douze sons de l'esprit* ») et qui commençait par ces mots : ***„Spirit and love are stronger than death"*** (« L'Esprit et l'amour sont plus forts que la mort »), formule qui fait étrangement écho à celle par laquelle Rosenzweig, dans *l'Étoile*, commence son chapitre sur la « Révélation » : **« L'amour est fort comme la mort »** (voir *L'Étoile*, p. 187 ; *Stern*, p. 174). ...

[2] Anna Bauer, *op. cit.*, p. 71.

avec elle-même[1]. Y aurait-il donc malgré tout des affinités secrètes entre la **« pensée du *dialogue* »** de Rosenzweig et la **« pensée du *langage* »** de Rosenstock ? …

d) De l'*ordre* contraignant à l'*appel* non contraignant

Nous venons de voir ce qui rapproche la « pensée du langage » de Rosenstock et la « pensée dialogique » de Rosenzweig. Le point commun qui rapproche ces deux pensées, c'est l'accent mis sur l'écoute, c'est-à-dire la réponse à une parole (ou à un appel). Mais en dépit de ce point commun, il y a pourtant entre ces *deux pensées de l'écoute* une différence fondamentale. Cette différence réside dans la *nature* de l'appel et du *type* de réponse qui en découle nécessairement. Alors que, pour Rosenstock, l'appel serait plutôt un *ordre* („*Befehl*") auquel l'homme ne peut répondre que par un acte d'obéissance („*Gehorsam*"), pour Rosenzweig, l'appel est un « *commandement* » („*Gebot*") qui invite à l'écoute („ge*horchen*") et au dialogue. Il y a donc entre Rosenstock et Rosenzweig la même différence que celle qu'il y a entre un *ordre* et un *commandement* (au sens spécifique où l'entend Rosenzweig). C'est ce que souligne aussi Anna Bauer :

> « Ce qui, pour Rosenstock, représente le centre et le point de départ de sa pensée du langage, à savoir le ***Tu*** en tant que être-appelé par son nom et un ordre, arrive, pour Rosenzweig, à un instant précis, à savoir quand l'homme dans le dialogue de la Révélation avec Dieu écoute le commandement divin. Le contenu de ce commandement est formé par l'amour vers ce Dieu qui a déjà aimé l'âme préalablement[2] ».

Un tel *commandement* ne peut être confondu avec un *ordre*, et Rosenzweig le distingue même de la *loi*. Ce qui, dans le commandement, importe « c'est que dans l'écoute au commandement d'amour divin la *singularité* de l'homme ne sombre pas, mais, au contraire, le *Tu* se vérifie comme fidélité[3] ». Voilà pourquoi le *Tu*, chez Rosenzweig, ne peut pas, comme chez Rosenstock, être une

---

[1] Dans le ***dialogue*** entre l'**âme** qui s'éveille et **Dieu** qui lui parle et la tire de son sommeil, Rosenzweig fait une distinction importante entre ***„Schall"*** et ***„Klang"*** (qui, en français, signifient tous les deux « son »), distinction qui établit une séparation décisive entre l'âme encore bercée par la nature (par les *sons* („*Schall*") de la *nature*) et l'âme qui (réveillée par le *son* („*Klang*") de la *parole divine*) se réveille de son som-meil « dogmatique » et de son envoûtement par les sons de la nature (voir Anna Bauer, *op. cit*., p. 89-90).

[2] Anna Bauer, *op. cit*., p. 64. (ma trad.).

[3] *Ibid.*

personne appelée par un être *extérieur* se constituant par et dans cet appel, mais il doit venir en deuxième lieu, car la personne centrale serait, et resterait, chez Rosenzweig, le *Je*. Bien que pertinente, cette vision des deux penseurs nous semble un peu simplificatrice, car, en vérité, chez Rosenzweig aussi, c'est le *Tu* qui est premier et qui, comme nous l'avons vu, engendre le *Je*. Dans un projet de conférence qu'il voulait intituler « La science de Dieu », Rosenzweig affirme : « Nous ne pouvons sérieusement déduire de notre *Je* ni le *Il* impersonnel ni le *Tu*[1] ». À vrai dire, pour Rosenzweig, Dieu n'est ni *notre* Il (*es*), - objet d'un « philosophème » -, ni *notre* Tu, - objet d'une « expérience vécue » -, ni *notre* Je, - objet de la « mystique[2] ». Car *Dieu nous précède toujours* : c'est lui qui nous a fait, « c'est lui qui est le *Je* qui fait de nous un *Tu*, qui nous recrée de notre simple moi-même en un *Tu*[3] ». Et si c'est Lui, alors « les attributs de notre *Je*, qui ne résultent que de notre être-là pour lui, c'est-à-dire de notre interpellation, éveil et renouvellement [par Lui], sont Son œuvre[4] ».

e) Esprit *vivant* et texte *révélé*

Des titres d'ouvrages tels que ***Le souffle de l'Esprit*** (*Der Atem des Geistes*) indiquent clairement que l'idée qui sous-tend toutes les réflexions de Rosenstock est inspirée de la formule biblique que l'Esprit vivifie, tandis que la lettre tue. Sa philosophie du « langage » peut alors être considérée comme une variante de cette formule, variante que, dans son langage spécifique, on pourrait formuler comme suit : le Nom vivifie, le concept tue (ou : le *Logos* vivifie, le *logos* tue). Ainsi Rosenstock, dans sa *Sociologie*, écrit :

> « Le *logos* dont parlent la philosophie et les philosophes, qu'en est-il ? Il est l'unité qui règne entre adresser la parole [„ansprechen"] et discuter [„besprechen"], entre déclarer vivant mon auditeur et déclarer mort mes objets, puisque les deux sont des actes inséparablement liés. Celui qui parle vivifie et tue en même temps. Celui qui écoute est renforcé ou affaibli[5] ».

Philosophie du langage, sa pensée est aussi une **philosophie des noms**, car, pour lui, le ***Logos*** est une « force de nomination » :

---

[1] ***La science de Dieu***, GS III, p. 624 (ma trad.).
[2] *Ibid.*
[3] *Ibid.* (c'est nous qui soulignons).
[4] *Ibid.*
[5] *Sociologie*, tome I, p. 201.

> « J'ai plusieurs fois soulignées et je le répète ici que nous ne pouvons plus traîner avec nous le ***Logos*** de la Bible comme une sorte de fossile. Nous devons le traduire. Je le traduis par **force de nomination** [„Nennkraft“]... Le ***Logos*** est la force de nomination avec laquelle nous traversons en tant que vivants le monde des cadavres ».[1]

C'est pourquoi ce que Rosenstock voit dans la pensée *grecque*, - par rapport à la pensée judéo-chrétienne - c'est essentiellement une « géométrie », une « *solidification du langage* », vision qui - en soulignant ce qu'on y a perdu plutôt que ce qu'on y a gagné (par cette « solidification ») - relativise singulièrement ce qu'on a convenu d'appeler le **« miracle grec »** :

> « Dans le pas en avant qui conduit d'Égypte en Grèce on ne comptabilise que le bénéfice, jamais la perte. On parle de la naissance, en Grèce, de la science pure. Pourtant, pour la vie de notre société, ce qui est au moins aussi important que cette « naissance » est le fait que nous reconnaissions la géométrie comme une solidification du langage[2] ».

La pensée grecque est essentiellement une pensée du *jugement* et de la *dispute*. Qui plus est, la dispute philosophique y prend essentiellement la forme d'une discussion devant le tribunal. Ce qui explique sa nature exclusivement *déductive*. Or, « la dispute dévore ce que l'amour crée[3] ». Ce qui n'est pas le cas du « texte présent », c'est-à-dire du texte qui *rend présent* („vergegenwärtigt“), comme c'est le cas pour le texte *révélé*. Ce qui caractérise ce texte, en effet, c'est qu'en lui « aucun mot ne provient d'arguments de débats philosophiques », contrairement aux écrits des philosophes, de **Parménide** à **Hegel**[4].

Comme Rosenstock l'avoue lui-même dans son ouvrage de *philosophie sociale*, la source des mots n'est pas dans la pensée philosophique, mais dans le mariage des deux *puissances verbales* que sont, pour lui, la foi et l'amour[5]...

---

[1] *Ibid.* Etant donné que, pour désigner les « noms », il utilise dans sa *Sociologie* plusieurs fois le mot *„Kraft“* (« force ») ou *„Kraftfeld“* (« champ de forces »), on peut penser qu'il y a un rapport étroit entre un **« champ de forces »** et ce que Rosenstock appelle la **« grammaire »**, la grammaire de l'âme. (voir, plus loin, le point (f))

[2] ***Sociologie***, tome I, p. 199.

[3] *Id.*, p. 194.

[4] *Id.*, p. 195.

[5] *Ibid.*

Rosenzweig, lui aussi, à travers toute son œuvre, insiste sur l'importance du « nom », du « nom propre ». Il en fait l'objet principal de son ***Livret de l'entendement humain sain et malsain***[1]. Et, dans *l'Étoile*, Rosenzweig souligne le fait paradoxal que le nom propre („Eigenname") de l'homme n'est précisément pas propre („eigen"), dans ce sens qu'il « n'est pas un nom que l'homme s'est arbitrairement donné », mais c'est « le nom que Dieu lui-même a puisé et créé pour lui, et qui pour cette unique raison - être une création du Créateur - lui appartient en propre[2] ». Les noms propres, dit Rosenzweig dans ***Science de Dieu***, sont « théophores[3] ». L'homme est extrêmement sensible à son nom, il est comme soudé avec lui, à tel point que chaque événement de la vie y ajoute quelque chose[4]. Ce qui, donc, donne sa *singularité* à un individu, c'est son *nom*. L'« être-appelé-par-son-nom », qu'Anna Bauer assimile à un *ordre* („*Befehl*") et attribue exclusivement à Rosenstock, peut donc être aussi bien le fait d'un commandement. Il est vrai que ce qui, pour Rosenzweig, caractérise un *commandement*, c'est son ***instantanéité***. Or, c'est précisément aussi là-dessus que, dans le passage déjà cité, Anna Bauer avait insisté[5]. Mais nous verrons dans ce qui suit que ces deux caractéristiques : *instantanéité* et *appel à l'amour* se retrouvent aussi dans l'ordre („*Befehl*") rosenstockien. On ne peut donc pas prétendre, comme le fait Anna Bauer, que ce qui distinguerait Rosenzweig de Rosenstock serait le fait que Rosenzweig, contrairement à Rosenstock, ne considèrerait pas le *Tu* comme « extérieur » au *Je* et donnerait au *Je* la préséance sur le *Tu*. La différence fondamentale entre la *pensée du Nom* de Rosenstock et la *pensée du nom* de Rosenzweig ne réside pas là !

f) « *Champs de forces* » et « *appel d'amour* » : conditions d'une grammaire « *charnelle* »

Nous avons vu que ce qui est primordial dans la pensée de Rosenzweig, c'est la relation („*Beziehung*") et même un **point focal**

[1] Franz Rosenzweig, ***Das Büchlein vom gesunden und kranken Menschenverstand*** ; voir, en particulier, p. 101.

[2] *Stern*, p. 196 ; *L'Étoile*, p. 209. (ma trad.).

[3] ***La science de Dieu***, GS III, p. 623.

[4] *Ibid.*

[5] « [...] le *Tu* comme être-appelé par le nom et par un ordre, cela se produit, selon Rosenzweig, à un **instant** déterminé... » (Anna Bauer, *op. cit*, p. 64).

de relations („*Beziehungsquellpunkt*")[1]. Il y a là une différence nette entre la pensée du langage de Rosenzweig et celle de Rosenstock : chez Rosenzweig, la grammaire est placée dans une relation plus globale régie par les trois « éléments », ou « phénomènes originels » („*Urphänomene*"), que sont *Dieu*, le *monde* et l'*homme*, alors que, pour Rosenstock, la grammaire, en tant que „*novum organum*", n'est que l'écriture secrète de l'âme qui permet de sonder ses arcanes et qui en fait une **« grammaire incarnée[2] »**. Eugen Rosenstock et Franz Rosenzweig ambitionnent tous les deux de remplacer l'« ancienne » logique (aristotélico-kantienne) par une « nouvelle » logique. Dans une lettre à Hermann Herrigel[3], Rosenzweig précise que cette « nouvelle » logique est exposée dans le ***Traité pratique de l'âme***[4] de Rosenstock, (ouvrage qui venait justement d'être publié) et dans la « seconde partie de *L'Étoile de la Rédemption* », c'est-à-dire probablement l'Introduction à la deuxième partie de *l'Étoile* intitulée « De la possibilité de faire l'expérience du miracle », où Rosenzweig va jeter les bases d'un « nouveau rationalisme », mais aussi le premier livre de la première partie qui porte sur la **« Création »** et où Rosenzweig va substituer à la logique *idéaliste* de l'« idée » une logique de la *Création.* Cette nouvelle logique est, selon Rosenzweig, aussi exposée dans le premier tome de la « somme » sur l'idéalisme allemand (en trois tomes) de **Hans Ehrenberg**, « somme » qui s'intitule ***„Disputatio. Trois livres au sujet de l'idéalisme"***[5]. Dans la même lettre, Rosenzweig caractérise cette ***nouvelle logique*** comme étant une logique « partant de l'écriture et de la parole normale et ne traitant ce qui est pathologique précisément que comme « cas »[6] ». L'ancienne logique, en effet, avait fait le contraire : « l'ancienne

[1] „*Beziehungspunkt*", „*Quellpunkt*", „*Beziehungsquellpunkt*". Nous y avions déjà fait allusion à la p. 174.

[2] „Eine leibhaftige Grammatik" (ou « doctrine du langage incarnante », „ eine inkarnierende Sprachlehre").Voir ***Le langage du genre humain***, 1er tome, note 1, p. 739 ; voir aussi p. 796 : « Esprit - Âme - Corporéité » („*Geist - Seele - Leib*").

[3] Lettre à Hermann Herrigel, 9. 1. 25, GS I, 2, p. 1015. (Hermann Herrigel (né le 2 juin 1888 à Monakam/Bad Liebenzell ; mort le 19 octobre 1973 à Schorndorf) fut, jusqu'à 1935, rédacteur de la *Frankfurter Zeitung*. Ses parents étaient des protestants piétistes (wikipedia)).

[4] ***Angewandte Seelenkunde*** (Darrmstadt, 1924).

[5] Titre original : ***Disputatio. Drei Bücher vom Deutschen Idealismus***, München 1923-1925. Cet ouvrage (en trois tomes) est une critique (dialoguée) de la pensée idéaliste de **Fichte** (Ier tome), de **Schelling** (II tome) et de **Hegel** (IIIe tome).

[6] Lettre à Hermann Herrigel, 9. 1. 25, GS I, 2, p. 1015. (ma trad.).

logique, aussi bien la logique aris-totélicienne que la logique kantienne, avait considéré le cas pathologique comme normal ou, au moins, comme idéal, et avait considéré le cas normal comme inaccessible [1] ». Dans ce qui suit nous allons examiner la « grammaire » telle que l'entend et la comprend Rosenstock, la pensée grammaticale de Rosenstock. Rosenstock avait l'ambition de renouveler la psychologie de son temps. Il développa ainsi une curieuse **« science appliquée de l'âme »** (*Angewandte Seelenkunde*) qui semble concevoir les pulsions psychiques comme des « champs de forces [2] », dont le ressort secret, est, de façon inattendue et mystérieuse, la… mort (et l'amour). Visant, à partir de cette conception originale, l'interdisciplinarité, Rosenstock voyait dans cette **« grammaire »** ***énergétique*** **de l'âme** une clef pour ouvrir les arcanes de toutes les sciences humaines : psychologie, sociologie, « science politique », linguistique, etc. Car, en tant qu'étude des « champs de forces », c'est-à-dire des *forces de structuration* de l'âme, la « grammaire » est à la fois une « psychologie », une « sociologie » et une « science politique ».Cette « *grammaire* » *de l'âme* nous semble suffisamment importante et originale (pour ne pas dire révolutionnaire) pour y consacrer tout un chapitre. En même temps elle nous fera mieux comprendre en quoi la « grammaire » telle que l'entend Rosenzweig se laisse identifier à la « grammaire » telle que l'entend Rosenstock, et jusqu'où, et comment, elle s'en différencie tout à la fois[3].

g) Pensée *grammaticale* ou pensée *relationnelle* ?

Nous avons déjà dit au début de cette deuxième partie que c'est dans une lettre à Rosenstock (la dernière de leur échange sur le

---

[1] *Ibid.* (ma trad.).

[2] „*Kraftfeld*“. C'est Rosenstock lui-même qui utilise ce mot. (voir *Sociologie*, t. I ; voir aussi *Le langage du genre humain*, t. I, p. 773 : « Les forces de l'âme » („*Die Kräfte der Seele*“).

[3] Dans le cadre de cette étude comparative sur les pensées « grammaticales » de Rosenzweig et de Rosenstock, nous nous attarderons uniquement sur la philosophie de la « grammaire » de Rosenstock (voir l'article de Bernard Dupuy, ***Une philosophie du nom***, article qui examine de façon approfondie les « pensées grammaticales » de Rosenstock et de Rosenzweig (que Rosenzweig appellera « nouvelle pensée ») considérées toutes deux, par Bernard Dupuy, comme des **« philosophies de la nomination »**) (voir *Les Cahiers de « La nuit surveillée »,* n° 1 : « Rosenzweig », p. 137-145).

judaïsme et le christianisme)[1], que Rosenzweig demande à Rosenstock de lui préciser l'idée qu'il se fait du langage. Mais on ne trouve pas, dans la correspondance ultérieure de Rosenzweig avec Rosenstock, de réponse explicite à cette demande. Rosenstock néanmoins s'expliquera *plus tard* sur cette question dans le cadre de son ***Traité pratique de l'âme*** (traité qui formera une partie importante de son ouvrage général ***Le langage du genre humain***[2], ouvrage dans lequel Rosenstock étudie la nature et la fonction du langage). Ce traité relativement court fut appelé par Rosenzweig **« lettre sur le langage »** („*Sprachbrief*"). Nous allons, à présent, analyser de plus près cette fameuse, et mystérieuse, « lettre ». À la première page de ce traité, on peut trouver une note qui résume bien le projet « grammatical » de Rosenstock :

> « À présent, la première moitié de cette grammaire incarnée [„leibhaftige Grammatik"] est achevée. Assurément, leurs deux thèmes : « Qui parle ? » et « Comment est proférée une parole ? » sont capables d'un développement infini. Mais, par là, je pense avoir ouvert à un lecteur de bonne volonté le chemin qui, en nous faisant sortir de la grammaire alexandrine, telle qu'elle était en vigueur jusqu'à présent, nous fait entrer dans une grammaire incarnante [„in eine inkarnierende Sprachlehre"]. Le résumé suivant [il s'agit de toute la dernière partie du tome I, donc de tout le « traité »] fixera ses idées sur cette nouvelle problématique[3]… »

Rosenstock conclut sa note en faisant explicitement référence à Rosenzweig :

> « Franz Rosenzweig reçut [cette « grammaire »] en 1916 sous la forme d'une « lettre sur le langage » pour pouvoir se défendre contre toute philosophie du langage, et c'est ainsi qu'elle représente le plus ancien document d'une pensée du langage („Sprachdenken") dans laquelle est évacuée l'époque qui va de Parménide jusqu'à Hegel[4] ».

---

[1] Lettre de Rosenzweig à Rosenstock, octobre 16, GS I,1, p. 256-257.

[2] ***Le langage du genre humain*** (*Die Sprache des Menschengeschlechts*). (Cet ouvrage est un recueil d'articles différents qui concernent, de près ou de loin, le langage. Le 1er tome de cet ouvrage (divisé en deux parties : 1. Qui parle ? ; 2. Comment est proférée la parole ?) se termine par un résumé des deux premières parties, résumé intitulé « ***Qui*** *et* ***comment*** ». C'est ce « résumé » (de 68 pages) qui forme le contenu du « Traité pratique de l'âme » (titre global de cette partie de l'ouvrage)).

[3] *Id.*, tome I, note 1, p. 739 (ma trad.).

[4] *Ibid.*

Rosenzweig a fait de cette « lettre sur le langage » un bref commentaire dans une lettre à Rudolf Ehrenberg, en ces termes :

« Pense à la lettre sur le langage de Rosenstock. C'est un continuel « langage et –» sans qu'on ait, comme chez Hegel, le sentiment que le langage aurait sa place fixe dans un système. Cela est dû au fait qu'il devient le point central du questionnement et qu'à partir de là les points d'interrogation sont lancés dans toutes les directions. [...] Il s'agit donc d'un principe philosophique de relativité[1] ».

On voit ici que le *langage* comme « point central de questionnement » se recouvre avec le ***« point focal de(s) relations »*** (ou « point référentiel »„*Beziehungspunkt*", „*Quellpunkt*") dont Rosenzweig parle, comme on l'a vu, dans les ***Paralipomena***. À l'instar des relations qui, jaillissant de ce point se répandent dans tout l'espace, apparaissent ici des « points d'interrogation » qui « sont lancés dans toutes les directions[2] ». Ici le langage ne s'intègre pas, comme dans la philosophie hégélienne, dans un système qui l'englobe, mais il est nettement séparé des autres disciplines, ce qui est suggéré par la conjonction « et » : « c'est un continuel « langage et[3] ... ». Dans la philosophie de Rosenzweig aussi la conjonction « *et* » a une grande importance, car elle se substitue à la synthèse idéaliste et permet de jeter un « *pont* » entre la Révélation et la Rédemption. Mais, plutôt que de nous attarder sur cette conjonction « *et* » et sur son rapport étroit avec la *Rédemption* et le « langage », nous allons faire l'analyse du ***Traité pratique sur l'âme*** de Rosenstock, car, dans cet ouvrage, Rosenstock nous livre les ressorts secrets de l'âme humaine, ce qui nous donnera quelques éclairages sur l'idée rosenzweigienne de « rédemption ».

h) *Langage* et *forces de mort* : une nouvelle *philosophie sociale* et une *nouvelle anthropologie*

Même si, dans ce traité, Rosenstock semble parler de tout, sauf de langage (au sens strict du terme), c'est bien, en vérité, de « grammaire » qu'il nous parle, mais grammaire au sens étymologique du terme : **„*gramma*"**, **« *trace*[4] »**. Mais pour vraiment savoir ce qu'il entend par « *grammaire incarnante* », il faut préciser les prémisses et

---

[1] Lettre à Rudolf Ehrenberg, 1.12.17, GS I,1, p. 484-485 (ma trad.).

[2] *Id.*, p. 485.

[3] *Ibid.*

[4] Nous serions donc en présence de ce que Derrida a appelé une « grammatologie »...

les principes de cette nouvelle « grammaire ». Nous avons cru les trouver dans la quatrième partie de son ouvrage sur le *langage du genre humain*, partie concernant **« l'origine du langage[1] »**. Dans cette partie, en effet, Rosenstock conçoit le langage comme un **« champ de forces »** („*Kraftfeld*") et conçoit la nouvelle science du langage comme une « introduction à la méthode expérimentale » telle que la conçut Claude Bernard, à savoir que pour étudier et comprendre la vie - ici le langage - dans ses *fonctions*, il faut savoir en quoi et *comment elle résiste à la mort*. Les « forces » dont il s'agit donc ici sont des ***forces de mort***. Si Rosenstock parle de grammaire « incarnée » („*eine leibhaftige Grammatik*") et de « doctrine incarnante du langage » („*eine inkarnierende Sprachlehre*"), c'est qu'il veut d'emblée souligner la *dimension de la souffrance* qui existe pour un esprit « *incarné* », c'est-à-dire pour un esprit qui, *pour se maintenir en vie*, doit *constamment lutter contre les forces de mort* (et de désespoir) qui l'assaillent. Le langage, de ce point de vue, n'est rien d'autre que l'envers du *non-langage*, plus précisément du *« sans-voix »* (l'envers de la „*Sprache*", c'est la „*Sprachlosigkeit*"). Le langage naît d'une **situation extrême** dans laquelle l'individu (singulier) est resté littéralement **sans voix** ou risquait d'y rester (s'il n'avait précisément pas réagi contre cette situation en proférant un son). On voit ici poindre la vertu thérapeutique (bien connue des psychologues et psychothérapeutes) de la parole (positive) : « Si une certaine spécificité [„Eigenheit"] de la vie », écrit Rosenstock, « est impossible sans langage, alors le langage aura son origine dans le rétablissement ou la création de cette même spécificité[2] ». La « science de la parole ou du langage » est donc une « science qui a pénétré *l'enfer du non parlé* » („die Hölle des Nichtsprechens"). De sorte que, pour Rosenstock, chercher à connaître l'*origine* du langage revient à examiner les situations *pathologiques* qui se caractérisent par une *absence* de langage. C'est donc la *maladie* du langage („*Sprachkrankheit*") qui, tel un symptôme, va révéler l'état *sain* du langage, et, donc, son « origine ». La « santé » et l'« origine » se

---

[1] Cette « origine » fait l'objet de la quatrième partie (point B) de l'ouvrage *Le langage du genre humain*, et concerne l'« origine quotidienne du langage » (*Im Prägstock eines Menschenschlags oder der tägliche Ursprung der Sprache, op. cit.*, p. 451).

[2] Rosenstock, ***Le langage du genre humain***, tome 2, quatrième partie, p. 462 (ma trad.). Titre de ce paragraphe : « L'instant décisif lors de l'acte de parler » (*Der entscheidende Augenblick beim Sprechen*, p. 452).

trouvent ainsi être en étroite relation, relation qui peut se formuler comme suit :

> « La question de l'origine du langage acquiert du sens par la réponse à deux questions. D'abord : *où*, selon notre propre expérience, une nouvelle parole est-elle *indispensable ?* Et ensuite : *quand* le langage fut-il, pour cette raison, *indispensable*[1] *?* ».

De sorte que les trois questions : ***« Qu'est-ce que le langage ? »*** ; ***« Quelle est son origine ? »*** ; ***« Quand parlons-nous ? »*** ne forment qu'une seule et même question sous ses différents aspects[2]. L'origine du langage, c'est, paradoxalement, le *silence*, mais un **silence** qui **« attend de devenir parole**[3] **»**. C'est dans ce sens que ce même principe peut être appliqué aux groupes sociaux (et devenir le fondement d'une nouvelle sociologie ou philosophie sociale), car, comme dit Rosenstock, « nous apprendrons quelque chose de la maladie d'un groupe auquel manque le langage, bien que sa santé dépende de l'origine d'un nouveau langage en son milieu [4] ». Rosenstock va ainsi découvrir la fonction *thérapeutique* qu'ont, dans une société, les *rituels*. Peut-être ses intuitions « sociologiques » peuvent-elles être rapprochées de celles, « anthropologiques », de l'anthropologue **René Girard** dans la mesure où celui-ci voit aussi dans les dispositifs sociaux des sociétés anciennes, dispositifs qui nous paraissent primitifs et dépassés, des moyens pour canaliser et amortir la violence qui naît inéluctablement des heurts sociaux non régulés. Ces dispositifs serviraient donc à amortir cette violence, mais ne réussiraient à le faire que par un acte (ultime) de violence : le sacrifice, le sacrifice de la « victime émissaire », victime qui a été « choisie » arbitrairement par les forces convergentes de la violence généralisée (état chaotique de la société). Girard - comme son homologue américain **Grégory Bateson**[5] - décrit, dans un langage

---

[1] *Ibid* (ma trad.). Voir aussi p. 465 : « Les quatre maladies du langage ».

[2] *Ibid.*

[3] *Ibid.*

[4] *Ibid.*

[5] **Grégory Bateson** développe dans ses livres - en particulier dans ***Vers une écologie de l'esprit*** - des thèses analogues à celles de René Girard, mais en se référant explicitement aux nouvelles sciences de l'***information*** et de la ***communication*** (voir aussi, de Anthony Wilden, ***Système et structure. Essais sur la communication et l'échange***). Dans l'œuvre de Rosenzweig on trouve également des éléments pour une *nouvelle anthropologie* fondée sur une « *métabiologie* »…

emprunté à la cybernétique, les « mécanismes » régulateurs qui engendrent cette violence et la généralisent : par un effet d'emballement, ou de « feedback positif », cette violence, - comme dans un processus autocatalytique -, ***se nourrit d'elle-même*** **et va** ***se focaliser*** **sur une victime « arbitraire »**, – la **« victime émissaire »** -, qui permet d'évacuer la violence hors de la société et d'ériger en ***mythe sacrificiel*** le meurtre de la victime. C'est par ce mécanisme, donc, que le groupe social tout entier parvient à se cacher à lui-même son forfait et à faire passer pour nécessaire et irrémédiable l'arbitraire à la fois de son meurtre et du « choix » de la victime. La société tout entière apparaît ainsi comme un ***organisme malade*** auquel on applique un traitement homéopathique qui, à travers un **processus catalytique**, « expulse » le « germe pathologique » hors d'elle-même, de sorte que Girard, pour étayer son hypothèse, fera appel au ***pharmakon*** platonicien qui avait précisément cette fonction ***thérapeutique*** dans la société grecque. ...

C'est dans cette optique qu'une société peut devenir ***malade de son langage***, « maladie » d'un groupe social révélatrice d'un dysfonctionnement « organique » dans ce groupe. Ce ***symptôme social*** est donc le signe en creux, le signe « négatif » du besoin - et, donc, de l'émergence - d'un nouveau langage qui permettrait à ce groupe « malade » de recouvrer sa « santé ». C'est dans ce sens que la santé est « origine » (du langage), le *langage* n'étant ici rien d'autre que le *signe visible d'un équilibre retrouvé*. Là où il y a langage, il y a *rétablissement d'un équilibre* (qui avait été rompu). Là où il y a langage, *il y avait* donc maladie. En d'autres mots, le langage surgit d'une situation extrême d'*absence* de langage. Mais cette absence n'est pas un zéro passif et neutre, mais une force *négative* qui tend à absorber, à *anéantir* à tout jamais l'esprit, la conscience. C'est donc une force négative d'*anéantissement absolu*[1]. Le langage n'a pas surgi du néant, mais d'une situation de risque d'*anéantissement*, comme une réponse ultime à une situation de détresse (extrême). La *philosophie du langage* devient ainsi une *thérapie de l'âme.* C'est dans ce sens que

---

[1] Y aurait-il là un rapport avec les « grandeurs négatives » si bien analysées par Kant dans son fameux ***Essai pour introduire le concept de grandeurs négatives dans la sagesse du monde***, essai dont s'est aussi inspiré Schelling pour sa « déduction de la matière ». On pourrait peut-être envisager l'idée kantienne de « grandeur négative » *active* (ou « négation *active* ») du point de vue de la dialogique du *oui* et du *non* de Rosenzweig, notamment dans la détermination, par Rosenzweig, de l'idée de ***« fond »*** et d' ***« abîme »*** (païen).

Rosenstock voit l'âme humaine comme un « *champ de forces* » qui se *structure* intérieurement par sa *résistance à la mort*[1].

De ce point de vue on arrive à un résultat curieux et inattendu : dans la mesure où la *prière* serait une *parole* qui cherche une *issue* à une situation « désespérée », cette *théorie des* ***« champs de forces » spirituelles*** („*seelische Kraftfelder*") serait une « *théorie* » *de la prière*[2]. On devient alors capable de définir exactement une… *communauté*, plus précisément – et c'est aussi ce que, dans *l'Étoile*, Rosenzweig a en vue – une communauté de… *prière*. Dans la mesure où une telle *communauté de prière* ne surgit pas par hasard dans l'histoire, qu'elle n'est pas le produit d'une genèse gratuite et arbitraire, il s'agit très exactement d'une **communauté *eschatologique* de prière**[3]. Cette définition de la communauté est la suivante : forment une *communauté* ceux qui trouvent *la* même réponse à une *situation désespérée* analogue. Sous cette optique, on

---

[1] Ces forces **« négatives »** auxquelles la vie, ***pour se structurer et évoluer***, doit ***résister*** de toutes ses forces, Rosenstock les a bien connues et elles se sont bien réellement « incarnées » dans sa vie sous la forme des ***forces de mort du nazisme***. Chez Rudolf Ehrenberg, ce fut la mort de son propre fils tué à la guerre qui prit le visage de cette force négative (voir la conférence de Rudolf Ehrenberg intitulée ***« Le déroulement de la vie. Une conférence biologique-métabiologique »*** (*Der Lebensablauf, Eine biologische metabiologische Vorlesung*, Heidelberg 1946), conférence qui est mentionnée par Hedwig Conrad-Martius dans son livre ***Bios et psyché***. Maria Ehrenberg, dans sa conférence intitulée ***« La théorie biologique et la métabiologie de Rudolf Ehrenberg. Le dialogue entre Rudolf Ehrenberg et Franz Rosenzweig a-t-il contribué à sa naissance ? »*** (*Rudolf Ehrenbergs theoretische Biologie und Metabiologie. Hat der Dialog zwischen Rudolf Ehrenberg und Franz Rosenzweig zu ihrer Entstehung beigetragen ?*), mentionne également cette conférence et expose la philosophie « biologique » sacrificielle qui y est incluse. Cette conférence fut publiée dans les actes du colloque *Le philosophe Rosenzweig (1886-1929), Congrès international de Cassel 1986* (*Der Philosoph Franz Rosenzweig, Internationaler Kongress Kassel 1986*), tome I, pp. 159-177. Rosenstock fut un combattant des Corps francs allemands après 1918 et participa bien concrètement et charnellement à un **mouvement de résistance à Hitler** (voir, de Eugen Rosenstock, ***I'm an impure thinker*** et ***Hitler and Israel, or On Prayer***, in : *Journal of Religion*, 25 (1945) 132).

[2] C'est en ce sens que son ***Traité appliqué de l'âme*** (*Angewandte Seelenkunde*) aurait pu s'appeler : « **Traité appliqué** des ***forces de l'âme potentiées par la souffrance*** » („Angewandte Kunde der durch das Leiden potenzierten Seelenkräfte").

[3] Rosenzweig, dans *L'Étoile*, développe une idée semblable dans son « analyse grammaticale du Psaume 115 » (voir *L'Étoile*, p. 297).

peut reconsidérer ce qu'avait écrit Rosenstock à Rosenzweig à propos du christianisme :

> « [...] Mais le christianisme délivre l'individu singulier de la famille et du peuple en formant une nouvelle unité de tous les pécheurs, de tous ceux qui ploient sous la peine et sont lourdement chargés. C'est cela la chrétienté et sa solidarité dans une *commune détresse*[1] ».

La chrétienté se caractérise donc par le fait d'être une **« communauté soudé par une commune détresse[2] ».** Et nous avons vu que cette dernière a un lien étroit avec la « confusion babylonienne » des langues. C'est la *commune détresse*, donc, qui rend la *communauté chrétienne* capable de guérir l'esprit de la ***confusion babylonienne*** des ***langues***. En quoi consiste cette ***guérison*** ? Nous avons vu que, pour Rosenstock, la guérison de la « maladie du langage » consiste dans « la sortie, par effraction, hors de la prison » de l'*ego*. Mais il faut préciser ici qu'elle consiste aussi, et en même temps, dans « l'apposition du sceau sur la nouvelle langue » („*das Siegel auf die neue Zunge*"), sceau qui, désormais, anime le langage. C'est par ce « langage à présent animé » („*die nun beseelte Sprache*")[3] que la « guérison » est donc elle-même un ***événement* de *langage*** : le langage („*die Sprache*") est guéri par une **« nouvelle langue »** („*eine neue Zunge*"). En allemand, *salut* („*Heil*") et *guérison* („*Heilung*") sont issus du même mot „heilen" (guérir). La guérison de la « confusion babylonienne » par la « Révélation » est donc à la fois une *réanimation* de la *langue* („*Zunge*") et une *régénération* du *langage* („*Sprache*") : il s'agit de ***régénérer le langage*** en le réanimant, en lui **rendant son « âme »**, en lui **rendant son « souffle[4] »**.

> **Remarque** : **Royaume et Organicité :** Nous venons de voir que les deux cousins de Rosenzweig, Eugen Rosenstock et Rudolf Ehrenberg, ont, chacun pour leur part, réagi à des forces « réactives » et destructrices, réaction qui les poussa à développer des idées semblables sur la vie et la mort. Rudolf Ehrenberg, en particulier, en a conçu toute une « biologie théorique », biologie qui se place au point de vue de ***l'irréversibilité du***

---

[1] Lettre de Rosenstock à Rosenzweig du 28.10.16, *in* GS I, 1, p. 278 (ma trad.) (*c'est nous qui soulignons*).
[2] *Ibid.*
[3] *Ibid.*
[4] *Ibid.*

processus élémentaire de la vie[1]. Au centre de cette « biologie » se trouve l'idée de **sacrifice**, de sacrifice jusqu'à la mort („*Opfertod*") et, à partir de là, Rudolf Ehrenberg établit une relation inattendue entre **« royaume de Dieu »** et… embryologie, entre « Royaume de Dieu » et ***processus*** **embryogénétique**, relation dans laquelle s'enracine une… théorie « organique » de la **prière** qu'on trouve explicitement exposée et développée dans un article de Rudolf Ehrenberg intitulé **« *Royaume de Dieu et vie organique*[2] »**. Cette théorie, on la trouve également exposée, sous une autre forme, dans *L'Étoile de la rédemption* de Rosenzweig où Rosenzweig développe une **« *nouvelle anthropologie* »** qui est directement liée au concept de **« révélation »**, puisque celle-ci est d'emblée considérée comme révélation de l'amour, et que cet *amour* est défini par Rosenzweig comme **« *fort comme la mort*[3] »**. En tant que telle la **révélation** participe d'un ***processus « néguentropique »*** qui s'oppose au processus **« *entropique* »** de la **« mort »**. Le lien de ce processus « *néguentropique* » avec l'embryogenèse peut s'établir avec la nécessité, dans cette morphogenèse, d'une **double coordination** : celle, d'une part, de l'organisation des cellules ***dans l'espace*** et, d'autre part, de l'organisation des cellules ***dans le temps***. En d'autres mots, le processus, dans son déroulement équilibré (régulé), dépend à la fois du **« *juste lieu* »** et du **« *juste temps* »** (ou du « juste instant »), „*zur rechten Zeit*"). Autrement

[1] Rudolf Ehrenberg, ***Biologie théorique du point de vue de l'irréversibilité du processus élémentaire de la vie*** *(Theoretische Biologie vom Standpunkt der Irreversibilität des elementaren Lebensvorgangs).*

[2] Rudolf Ehrenberg, « **Royaume de Dieu et vie organique** » (*Gottesreich und organisches Leben*). Cet article parut, pour la première fois, dans le premier cahier de la revue ***Die Kreatur*** (erster Jahrgang, 1926/1927, p. 370), revue à laquelle participait également Rosenzweig. Il s'agit, pour ainsi dire, d'une théorie biologique de la vie sacrificielle, théorie qui, comme nous l'avons déjà dit, fait aussi l'objet de la conférence de Maria E. Ehrenberg intitulée **« *La théorie biologique et la métabiologie de Rudolf Ehrenberg. Le dialogue entre Rudolf Ehrenberg et Franz Rosenzweig a-t-il contribué à sa naissance ?* »**… Si on veut comparer cette théorie « biologique » du sacrifice (jusqu'à la mort) à la « théorie » du sacrifice de Hegel, on peut, avec profit, se référer au beau livre de Gwendoline Jarcyk intitulé ***Au confluent de la mort. L'universel et le singulier dans la philosophie de Hegel*** (Editions ellipses, collection « Philo », 2002) et au livre de Joseph Cohen sur ***Le sacrifice de Hegel*** (avec une préface de Gérard Bensussan). (On peut aussi voir le livre original (très « heideggerien » et d'inspiration derridéenne) de Serge Margel intitulé ***Logique de la nature. Le fantôme, la technique et la mort*** qui traite de la « puissance infinie » de la technique et de la capacité d' « auto-destruction » de la nature telle qu'elle s'exprime, selon lui, dans la philosophie hégélienne. On peut, à ce sujet, et dans ce cadre, aussi se référer avec profit au livre original de Jean-Michel Le Lannou initulé ***La puissance sans fin. Essai sur la dissolution du monde*** (Editions Hermann, collection philosophie, 2005).

[3] Le IIe livre de la IIe partie de *L'Etoile* sur la « révélation » commence précisément par cette formule biblique : **« L'amour est fort comme la mort »** („Stark wie der Tod ist Liebe") (*L'Étoile*, p. 187 ; *Stern*, p. 174).

dit, les différentes **phases de développement** de l'embryon doivent se dérouler au **« bon endroit »** et au **« bon moment »**, comme le précise Hedwig Conrad-Martius dans son ouvrage ***Bios et psyché*** :

« [....] toujours et partout la formation des organes et des parties d'organes est assurée par des puissances formatrices internes qui, pour chaque phase de développement [« donc normalement toujours au bon moment »] recouvre, ou plus exactement, soustendent la matière germinale dans une nouvelle formation et répartition « orientée » [« donc aussi au bon endroit »], de sorte qu'ensuite, éventuellement, il ne reste plus qu'à les activer par des facteurs stimulants à effet dissolvant[1] ».

---

[1] (Ma trad.). Hedwig Conrad-Martius, ***Bios et psyché****. Deux exposés* (*Bios et psyché. Zwei Vortragsfolgen*) (*op. cit*., p. 15). Le *premier exposé* étudie « Le développement créateur du vivant » (*Die schöpferische Entwicklung des Lebendigen*) ; le *deuxième exposé* étudie les « Structures fondamentales du rapport corps-âme » (*Grundstrukturen des Leib-Seele - Verhältnis*). Texte original : „ [...] *immer und überall wird die Bildung der Organe und Organteile durch eigene* ***innere Gestaltungspotenzen*** *besorgt, die für jede Entwicklungsphase (also normalerweise immer zur rechten Zeit) in neuer sinngemässer Bildung und Verteilung (also auch am rechten Ort) die Keimesmaterie bedecken oder, richtiger gesagt, sie unterbauen, um dann eventuell nur mehr noch durch auflösende Reizfaktoren zur Tätigkeit erweckt zu werden*". (*op. cit*., p. 15).

Remarque : « Savoir absolu » et « Soi » chez Hegel. Hegel, en vérité, semble développer une idée semblable dans sa préface à la ***Phénoménologie de l'esprit*** : « Le contenu montre que la déterminité [„Bestimmtheit"] n'est pas reçue d'un autre et n'est pas apposée [„aufgeheftet"] à lui [par le « Je pense »], mais qu'il se la donne à soi-même et se range de soi-même **à un moment** ou **à une place** du tout [„rangiert sich aus sich zum Momente und zu einer Stelle des Ganzen"] » (Hegel, *Phénoménologie de l'Esprit,* p. 46 [39, 40]). Catherine Malabou cite ce passage (dans son ouvrage sur ***L'Avenir de Hegel. Plasticité, temporalité, dialectique***, p. 215) dans le cadre d'une explicitation du « savoir absolu » hégélien comme « synthèse ***sans Moi*** » : « Désormais, *la synthèse se fait sans Moi.* » C'est l'étape suprême du **« savoir absolu »**. Au chapitre du « Savoir absolu », Hegel écrit en effet : « Chaque moment se dessaisit („lässt... ab") pour l'autre de l'indépendance de sa déterminité dans laquelle il surgit en contraste avec l'autre moment. Ce dessaisissement [„dies Ablassen"] est cette même renonciation („*Verzichtung*") à l'unilatéralité du concept qui en soi constituait le commencement » (*Phénoménologie de l'esprit*, 2, p. 301 ; *in op. cit*., p. 215). Catherine Malabou ne manque pas de faire remarquer que cela ne peut se faire qu'après un long et douloureux processus de « simplification dialectique » qui aiguise et affine les éléments qui devront plus tard entrer dans le « tout », de sorte qu'ils forment chacun un « *potentiel en lequel puise l'automatisme du système* ». Car ce n'est qu'à cette condition que ces éléments pourront s'insérer dans le « tout », former un tout. (voir Catherine Malabou, *op. cit*., p. 215). Mais une *synthèse sans Moi* est-elle possible ? Selon Hegel, oui ! Comme le souligne Catherine Malabou, pour Hegel, « l'**unité originairement synthétique** – mise en relation a priorique des opposés – n'a pas toujours été et n'est plus celle de l'aperception, s'il faut entendre par « aperception » l'identité absolue du sujet définie comme **Moi = Moi** ». (*id*., p. 214). Dès lors, la synthèse peut se faire ***sans Moi***.

On voit que, par là, Rosenzweig déplace le sens de la **« justice »** („*Gerechtigkeit*") vers celui de la **« justesse »** („*Richtigkeit*"). Le lien qu'il y a entre la « justesse » et la... « prière », c'est celui que Rosenzweig nous donne dans *l'Étoile*. Dans l'introduction à la troisième partie de *l'Étoile* où Rosenzweig étudie et analyse la « figure ou le surmonde éternel », introduction intitulée « **De la possibilité d'obtenir le royaume par la prière** », il donne, en effet, beaucoup d'importance à la prière, à un certain type de prière, celle qui doit être priée... au **« bon moment »**. Il traite le problème de la prière à partir de la formule biblique qu'il ne faut pas **« forcer le royaume »**, formule qui recèle un avertissement, à savoir que « le royaume des cieux ne se laisse pas prendre par la violence[1] ». Le royaume de Dieu, en effet, croît, et sa croissance s'inscrit, d'une façon paradoxale, dans la croissance naturelle du monde. Or, « l'homme illuminé dans la prière aimerait bien amener le Royaume des cieux par la **violence** », c'est-à-dire, **« avant le temps prévu[2] »**. Dans cette perspective, le problème de la prière (« juste ») réside dans la relation (« juste ») qu'établit la prière entre la Révélation et le monde, oeuvrant ainsi à la **Rédemption** du monde. Cette relation « juste » c'est « la relation de l'acte d'amour à la vie changeante de ce monde[3] », relation qui s'inscrit ainsi dans une « dialectique » du ***prochain*** et du ***lointain***. Il y a donc un « ordre divin du monde » (intimement lié à l'« ordre humain » sans se confondre avec lui). Mais il y a aussi « le temps de Dieu » (auquel est intimement lié le « temps terrestre »). S'il y a un problème de la prière, c'est parce que « tout dépend de savoir si l'avenir du royaume en est accéléré ou ralenti ». C'est-à-dire

---

Le maître d'œuvre de cette nouvelle synthèse, de ce nouveau type de synthèse, est le **« Soi »**, mais un Soi qui, précisément, n'est *plus maître de soi* !, ou, du moins, ne devient maître de la nature pas avant qu'il ne soit devenu **maître de lui-même**. Alain Lacroix conclut son petit livre sur la *philosophie de la nature* de Hegel par ces mots : « Il se pourrait bien alors que la dénégation, dont la visée même de la ***Philosophie de la nature*** a été, jusqu' il y a peu, l'objet, soit en même temps celle d'un des derniers mots de la ***Philosophie de l'esprit*** de 1905 : « L'homme ne devient pas maître de la nature jusqu'à ce qu'il soit devenu maître de lui-même ». (Alain Lacroix, ***Hegel. La philosophie de la nature***, p. 123 ; citation de Hegel, *Philosophie de l'esprit*, 1805, traduction par Guy Planty-Bonjour). On peut continuer le questionnement : « Comment cet abandon de soi et ce libre dessaisissement sont-ils possibles ? En tant que « décision » [„Entschluss"], ne procèdent-ils pas encore d'une instance de maîtrise ? Abandonner la « fixité de son auto-position », n'est-ce pas, encore, prendre position ? On retrouverait ici la thématique du coup de force : *qui* décide du dessaisissement ? » (Catherine Malabou, *op. cit.*, p. 215). À cette question, Hegel répond : « Soi [„Selbst"] ». C'est le « Soi » qui *décide* du désaisissement ! Mais qu'est-ce que le « Soi » ? Le **« Soi »**, pour Hegel, c'est le **« Système »**, c'est-à-dire la **« subjectivité originaire »**, l'« **instance synthétique** plus ancienne que celle du « Moi » », celle « où se rassemblent et se composent les déterminations ». (ibid.).

----

[1] Voir *L'Étoile*, p. 320.

[2] *Ibid.*

[3] Voir *L'Étoile*, p. 315.

la prière n'est exaucée que si elle se produit au « bon moment », ou au « moment favorable », c'est-à-dire au **« temps de la grâce**[1] **»**.

---

[1] *Ibid*, p. 322. Dans cette « curieuse expression » de ***« temps de la grâce »***, Rosenzweig voit deux choses importantes :
1) que ce **« bon moment »** dépend de la coïncidence « réussie » entre illumination (par la prière) et l'amour du prochain, entre l'illumination-vision et l'amour-sentiment (sentiment au sens du toucher !), entre le ***regard*** (qui « voit ») et les ***mains*** (qui « touchent »), entre, donc, le sens de la *vision* et le sens du *toucher* ;
2) que le représentant par excellence de cet orant (qui sait faire « coïncider » prière et amour, c'est-à-dire prière et « destin » personnel ou singulier) fut… **Goethe**.
Ad 1) Le ***plus proche*** et le ***plus lointain*** : sens du ***toucher*** et sens de la ***vision.*** Rosenzweig conçoit l'homme en prière littéralement comme un… projecteur qui émet des rayons ! Et sa prière est exaucée quand… son heure est venue ! Dans ce chapitre de *L'Etoile*, Rosenzweig se pose donc une question d'une grande portée : Comment l'acte d'amour (l'amour en tant qu'acte) qui, dans son expansion rayonnante **« aveugle »**, n'a pas la finalité *étroite* de **« l'acte intéressé »** (parce qu'il calcule), peut-il atteindre son objet ? C'est un problème quasi ***« optique »*** qu'il pose là ! Puisque l'effet de ce rayonnement « profitera à l'objet qui dans l'instant est réellement le **« plus proche »**, qu'il s'agisse de celui que le sentiment, qui tâtonne à l'aveuglette, devait tenir pour tel ou qu'il s'agisse de n'importe quel autre ; et cet objet, en tant qu'il est véritablement le plus proche, est alors mûr pour accueillir l'âme » (c'est-à-dire pour accueillir l'amour) (voir *L'Étoile*, p. 318 ; *Stern*, p. 300). « Pour cet objet véritablement le plus proche, l'essentiel, c'est donc que l'amour le trouve réellement, car dans la vie du monde qui croît, il est exactement **porté au point** où le temps, son temps, est venu pour lui, – et cette réalité la plus **proche**, de fait, on la trouve toujours » (*ibid.*). Paradoxalement, un amour aveugle (guidé par le *sentiment, le sens du toucher*) est plus efficace qu'un amour précis qui (guidé par l'*intérêt*) veut cibler son objet ! Voilà pourquoi, « lorsqu'au lieu de sortir pas à pas de l'homme comme un amour aveugle guidé par le sentiment, l'amour cherche à saisir au **bond** un objet qui lui est indiqué dans une **brusque illumination** […], cette réalité la plus proche… n'est pas trouvée » (*id.*, p. 318). Car le bond… *rate sa cible* ! : « Car le bond bondit par-dessus ; et si d'aventure, ce que le bond dépasse comportait ce dont le **temps** est ***justement venu***, alors un acte d'amour se serait à coup sûr déversé dans le vide. » Car un tel **amour pressé** n'a pas le temps, ni même la possibilité de *prendre du recul* : « […] car le chemin pour reculer est le chemin qu'il ne peut prendre, vu son absence de recul. Or, ce danger existe pour la prière. » (*L'Étoile*, p. 318-319).
Si l'***acte*** de l'amour est aveugle, la prière ne l'est pas : « […] mais la prière n'est pas aveugle, elle place l'instant et l'acte qui vient d'être réalisé en lui, ainsi que la volonté qui vient de se décider, donc ce qui de cet instant solitaire est le **passé le plus proche** et le **futur le plus proche**, dans la lumière du visage divin. » La prière est « supplique pour être illuminée » : « Illumine mes yeux » (*L'Étoile*, p. 316). Illumine mes yeux, « car ils sont aveugles », et ils sont aveugles « aussi longtemps que travaillent les mains », c'est-à-dire aussi longtemps que le **sens du toucher** prédomine. Car « ce n'est pas l'œil scrutateur [„das suchende Auge"] qui découvre le prochain et le tout proche, mais la **main tâtonnante** qui les découvre tels qu'ils se trouvent justement devant elle ». L'amour agit « comme si, au fond, non seulement

Conclusion : *Ordre* ou *Appel* ?

Revenons à notre question du début : y a-t-il une réelle différence entre la « *pensée du langage* » de Rosenstock et la « *pensée dialogique* » de Rosenzweig ? Cette différence consiste-t-elle vraiment, comme le prétend Anna Bauer, dans le fait que, alors que chez Rosenzweig le *Je* est malgré tout central, chez Rosenstock, c'est

---

il n'y avait pas de Dieu, mais encore comme s'il n'y avait même pas de monde ». Pour l'amour, en effet, c'est « le prochain qui remplace le monde, et c'est ainsi qu'il dissimule à l'œil la vue ». Cependant, en demandant d'être éclairée, la prière regarde… non pas à côté du prochain, mais **par-delà le prochain**, et pour autant qu'il s'éclaire pour elle, elle voit le monde entier. Elle libère ainsi l'amour de ses liens avec le **sens du toucher** dû à la main et elle lui apprend à chercher le prochain avec ses yeux **»**, en se servant de son **sens de la vision** (dû aux yeux). Ainsi, ce qui, à l'amour, « apparaissait jusque-là inévitablement comme le tout proche sera peut-être à partir de là projeté au loin, et, inversement, ce qui jusque-là lui était complètement inconnu lui apparaît tout à coup tout proche » (*Stern*, p. 298, *L'Etoile*, p. 316) (ma traduction.). « Si la **prière** n'est dans son essence rien d'autre que prière pour être illuminé, et si donc l'illumination est la suprême réalité qui puisse être accordée à l'orant par la force de sa prière, comment la prière pourrait-elle intervenir dans le cours des choses ? L'illumination ne semble survenir qu'à l'orant, ses yeux sont illuminés – mais qu'importe au monde ? » (*L'Étoile*, p. 317). En fait, dans l'***instant***, le temps **se concentre**, se condense, se contracte, et le passé devient « le passé le plus proche » et le futur devient « le futur le plus proche », plus précisément, le futur devient « l'instant contemporain le plus proche » („der nächst gegenwärtige Augenblick") et devient ainsi **« mûr pour entrer dans l'éternité »**. C'est ainsi que la « prière de l'individu » qui « illumine celui qui prie » est exaucée (*L'Étoile*, p. 320). Mais, en vérité, cette prière « illuminée » exaucée, étant celle de **l'*individu***, « tente Dieu », c'est-à-dire risque de passer *à côté* du **« bon moment »**. Seule la prière illuminée (par le but lointain) qui vise la « ***communauté*** » (eschatologique), ne sera plus tentatrice de Dieu. La prière fonde ainsi l'« *ordre humain du monde* ». C'est ce qu'on peut appeler la **« magie de la prière »**…

Ad 2) ***Goethe** et la **révolution post-goethéenne.*** Goethe est considéré, par Rosenzweig, comme le plus « païen » des chrétiens ou le plus « chrétien » des païens, c'est-à-dire comme « le seul chrétien tel que le Christ l'aurait voulu » (*L'Étoile*, p. 327). Pourquoi ? Précisément parce qu'il a su prier au **« bon moment »**, et cela non pas parce qu'il était chrétien, mais parce qu'il était païen ! Pourquoi ? Parce que la piété païenne pensait qu' « on n'a le droit de prier les dieux que pour ce qu'ils daignent bien nous octroyer ». C'est cette « connaissance morte », mais ***juste***, à laquelle « la foi donne vie » (*L'Étoile*, p. 322). Mais, si la prière goethéenne est une **prière « juste »** qui a lieu au **moment juste**, au « bon moment » ou au « moment favorable » (ou opportun), elle n'en reste pas moins, pour Rosenzweig, une prière **« incroyante »**. Ce sera seulement son union avec la prière **« croyante »** qui en fera une prière une et « unifiée », c'est-à-dire une ***prière… communautaire***.

le *Tu* qui est primordial et se manifeste sous la forme d'un ordre („*Befehl*") extérieur.

Nous avons vu, en effet, que, dans la « pensée du langage » de Rosenstock, le *Toi* peut être compris comme celui qui reçoit un *ordre* divin. Pourtant, dans sa *philosophie sociale*, Rosenstock fait des réflexions qui prouvent qu'il connaissait, lui aussi, la limite de l'ordre donné, et que, lui aussi, cherchait, comme Rosenzweig, à *dépasser cet ordre*, à le dépasser en s'élevant - comme il l'explique dans sa Préface au premier tome de sa *Sociologie* - du service *militaire* („*Militär-dienst*") au service *divin* („*Gottesdienst*")[1]. Ayant été lui-même officier pendant la guerre, il savait que, « dans la troupe d'armées, au lieu de la conversation, il doit y avoir obéissance et ordre », c'est-à-dire discipline. Mais il savait aussi quelles *limites étouffantes* la discipline imposait à la conversation. Il connaissait la *contrainte rigide* que constituait la discipline par rapport à la « *conversation* » („*Gespräch*"), l'équivalent, pour Rosenstock, du « dialogue ». Il savait que cette *discipline* avait précisément pour finalité « d'empêcher l'expression de la dangereuse contrainte du nom[2] », afin que l'entretien et la *communication* soient remplacés par le *maintien de l'ordre et de la hiérarchie*. Mais si Rosenstock était ainsi bien conscient des *institutions sociales* qui avaient précisément pour fonction de brider l'expression (contraignante) du *nom*, il ne s'est cependant pas arrêté là, mais il a, lui aussi, conçu le langage comme un « *appel d'amour* » (et cela même jusque dans le règne animal !) :

> « Le langage, après tout, est **appel d'amour** [„*Liebesanruf*"] et voix qui m'entraîne au-delà de ma forme individuelle. C'est ce que nous constations dans le règne animal et cela continue jusqu'à des appariements [„*Begattung*"] de plus en plus élevés. Nous sommes des créatures, parce que nous devons d'abord encore être créés[3] ».

À quoi Rosenzweig (dans son *Livret de l'entendement sain et malsain*) « répond » comme en écho : « Un homme a son nom pour pouvoir être appelé. C'est ce qu'il y a de plus grand de ce qui peut lui

---

[1] ***Sociologie***, tome I, (préface), p. 171. (ma trad.). Cette préface de Rosenstock au 1er tome de son ouvrage est une bonne introduction à sa pensée.

[2] *Ibid.* (ma trad.). „Die Unterhaltung wird hier ersetzt durch die Niederhaltung des gefährlichen Namenszwanges".

[3] ***Sociologie***, tome I, p. 292-293.

arriver : recevoir un appel[1]... ». Mais il ajoute : « [...] Dieu n'a pas son Nom pour être appelé... Mais nous, nous devons l'appeler. Il a son Nom à cause de nous, pour que nous puissions l'appeler. C'est à cause de nous qu'il se laisse nommer. C'est à cause de nous, nous qui, par ce nom que nous appelions en commun, sommes devenus nous[2] ».

Pour résumer rapidement cette étude comparative succincte, on peut dire que, même si Rosenstock a ouvert les yeux à Rosenzweig pour le *Tu*, pour le *dialogique*, c'est Rosenzweig qui a développé la dimension « *dialogique* » du langage et qui l'a mis explicitement en relation avec le *temps*, avec le *temps qui arrive* („*die Zeit, die geschieht*"), ou avec l'*événement* („*das Ereignis*"), ce qui ne contredit pas le témoignage suivant de Rosenstock :

> « Franz Rosenzweig reçut de moi – comme il n'a jamais cessé de l'assurer tout au long de sa vie, la doctrine du ***Toi*** qui précède le ***Je***[3] ».

On peut rapprocher ces paroles de la formule semblable (déjà citée) où Rosenstock explique le lien particulier qui le relie à son cousin. Nous avons vu que Rosenstock, en effet, se considère, par rapport à Rosenzweig, comme la « boule de billard » qui a donné à son interlocuteur (pas toujours très tendre) la chiquenaude pour avancer, mais qui l'a laissé lui-même figé sur place :

> « Franz et moi étions comme des boules de billard. C'est là une chose tout à fait singulière à propos du billard - une boule heurte l'autre ; lui transmet son impulsion et reste sur place. Ce fut aussi comme ça avec nous. Je le heurtai en 1917 - il s'élança comme un fou furieux sur sa trajectoire et je restai là figé sur place[4] ».

Rosenzweig, plus précisément, se trouvait avec Rosenstock dans une *relation dialogique*, relation dialogique analogue à celle qu'ils posent tous les deux entre Dieu et l'homme comme une réponse à une sollicitation ou interpellation, comme une réponse („*Antwort*") à une

---

[1] Franz Rosenzweig, ***Livret de l'entendement sain et malsain*** (*Das Büchlein vom gesunden und kranken Menschenverstand*), p. 101. (ma trad.).
[2] *Ibid.*
[3] Cité par Anna Bauer, in : *op. cit.*, p. 70.
[4] Introduction de l'éditeur Martinus Nijhoff à la partie de la correspondance entre Rosenzweig et Rosenzweig qui a pris le nom de « lettres sur le judaïsme et le christianisme » (voir GS I, 1, p. 190) (ma trad.). Voir aussi Eugen Rosenstock-Huessy, ***Oui et Non. Fragments autobiographiques***, p.166 sq. .

parole („*Wort*“). Pour Rosenstock, *l'Étoile*, est précisément « une profession de foi brillante qui n'est compréhensible que comme réponse [„*Antwort*“] à ma parole [„*Wort*“][1] », ce qui expliquerait pourquoi il y a immédiatement eu *deux pensées du langage* : celle de *Rosenstock* et celle de *Rosenzweig*, deux pensées du langage qui sont *dialectiquement liées* ! Rosenstock le dit explicitement : « Il y a donc, depuis les années 1913 jusqu'à 1923 que nous avons passées ensemble, une double doctrine du langage ; l'une est celle présentée par moi et l'autre est celle ajoutée dialectiquement à côté par Rosenzweig[23] ».

[1] Eugen Rosenstock, cité par Anna Bauer, *op. cit.*, p. 70, note 44 (ma trad.).

[2] *Ibid.* voir, sur la relation entre le ***dialogique*** et la ***pensée*** (et son rapport avec la ***Critique de la faculté de juger*** de Kant), la lettre de Rosenzweig à Ludwig Strauss, celle du 15.3.27, *in* GS I, 2, p. 1126.

CONCLUSION

La « *nouvelle pensée* » de Franz Rosenzweig

Nous venons de faire la découverte progressive du concept de *révélation*, et de celui d'***intersubjectivité*** - qui, comme nous l'avons vu, y est étroitement lié - à travers les pensées de Rosenzweig, de Rosenstock et de Cohen. Nous avons vu que ce concept s'appréhendait le mieux à travers le ***langage*** et sa « *grammaire* », car la « **structure des trois personnes »** („*Dreipersonenstruktur*"), qui nous est familière dans la ***conversation*** de tous les jours, s'est comme « cristallisée » dans le langage sous la forme des **trois « pronoms personnels »** ***Je, Tu*** **et** ***Il***. Nous savons maintenant que cela n'est pas qu'une simple métaphore, mais – comme nousl'ont surtout appris Rosenzweig et Cohen - que ces « pronoms » forment, ***au sein de la langue hébraïque***, comme des « récipients préparés par Dieu », comme si l'Esprit de Dieu lui-même s'était coulé dans le récipient de la langue. Ces « récipients » sont, selon Rosenzweig, **« l'hébreu et le grec »**. Or, la tradition *grecque* se caractérise par la *pensée*, plus précisément par la pensée ***abstraite*** **et** ***désincarnée***, pensée qui, parce qu'elle est abstraite, est ***incapable de penser l'autre***, car de l'autre, elle fait précisément ***abstraction***. C'est pourquoi, pour Rosenzweig, l'affirmation du concept de « révélation » va de pair avec une ***critique radicale de l'idéalisme***, car ce dernier prolonge cette tradition de la pensée *abstraite* et la *systématise*. Elle aurait même atteint son *point culminant* dans la **pensée «** ***rationnelle*** **» de** ***Hegel***, de sorte que toute pensée qui veut penser autrement qu'abstraitement doit nécessairement se déclarer **«** ***posthégélienne*** **»**. C'est ainsi qu'avec sa ***« nouvelle pensée »*** Rosenzweig inaugure ce qu'il appelle lui-même une ***« révolution post-hégélienne » de la philosophie***. Prétendant « rivaliser avec le concept de Création », l'idéalisme a voulu, « avec une unilatéralité aveugle, faire entrer de force toute chose dans le schéma de la Création[1] ».

---

[1] *Stern*, p. 161; *L'Étoile*, p. 175 (ma trad.).

Il croyait, en effet, qu'il pouvait « extraire ce concept du circuit de la Révélation[1] » et qu'il serait ainsi en mesure de le « maîtriser scientifiquement comme concept à part[2] ». Mais, pour Rosenzweig, c'est précisément son *unilatéralité* qui « fut le péché pour lequel il fut puni[3] ». En quelque sorte, en subsituant le « chaos » à la Création, la pensée au langage, l'idéalisme allemand renouvela, réitéra le ***« péché originel »***. La « logique » de la Création plongeant ses racines dans le postulat biblique de la ***creatio ex nihilo***, Rosenzweig va mettre en œuvre une **logique de l'« origine »** qui veut maintenir une **« différence ontologique »** entre la Révélation et la Création, et qui, dans ce sens, se veut une alternative au calcul différentiel (qui, comme on sait, fonde, dans sa forme leibnizienne, la différentielle sur une continuité) en mettant en œuvre une « logique » qui émerge du concept de ***« néant différentiel »***, concept servant à neutraliser - ou à court-circuiter - la continuité du « fond »[4], « fond » qui, chez

[1] „Aus dem Stromkreis der Offenbarung herausnehmen …“. (*ibid.*) (ma trad.).

[2] *Ibid.* (ma trad.).

[3] *Ibid.* (ma trad.).

[4] On pourrait appeler cette logique (du *oui* et du *non*) une ***herméneutique mathématique***, herméneutique à partir de laquelle on pourrait analyser plus en détails les concepts de **« néant »** („*Nichts*“) et de **« fond »** („*Grund*“) - fond ***païen*** - utilisés par Rosenzweig (donnant, par là, une autre signification au calcul infinitésimal que celle que lui a donnée Leibniz, une signification qui met l'accent sur la ***discontinuité*** plutôt que - comme l'a fait Leibniz - de mettre l'accent sur la ***continuité*** ! On peut faire remarquer ici que Novalis a une position plus nuancée, plus équilibrée, à l'égard de la « continuité » leibnizienne, puisque à la fois il l'approuve et l'intègre à sa propre philosophie, et il la dépasse en formulant un cinglant démenti à l'affirmation leibnizienne ***„ natura non facit saltus “***. Dans le fragment 776 de son ***Brouillon général***, Novalis écrit en effet : « La **nature** se transforme ***par sauts*** ». Il y mentionne plus exactement trois « lois connues de la nature », parmi lesquelles il y a la loi de continuité. Ces trois « lois » sont : « 1. *Lex continui.* 2. *Lex parsimoniae.* […] 3. Loi *de conservation* ». À propos de la „ *lex parsimoniae* “, Novalis écrit : « Cette dernière affirme également qu'elle ne crée chaque individu qu'une seule fois. » Et Olivier Schefer, qui a traduit le *Brouillon général* de Novalis, cite, à ce propos, **Kant** qui avait affirmé **:** « La nature prend le plus court chemin („*lex parsimoniae*“) ; toutefois elle ne fait pas de saut (…) („*lex continui in natura*“) » (Kant, *Critique de la faculté de juger*, AK, V, 183 ; cité par Olivier Schefer, *in* : *Novalis, Le Brouillon général*, Œuvres philosophiques de Novalis, tome IV, note 235, p. 300). Mais si, comme le souligne Olivier Schefer, les deux premières lois, la **« loi de la continuité »** et la **« loi d'économie »**, sont « deux principes leibniziens, essentiels pour la métaphysique et la philosophie de la nature du XVIIIe siècle », « la position de Novalis sur ce point est ambiguë », car s'il « reprend à son compte la loi de continuité (notamment à travers la récente découverte du galvanisme animal chez Ritter, affirmant qu'un galvanisme constant accompagne le règne animal »), « en même

Rosenzweig, s'assimile au néant indifférencié lui-même), neutralisation qui incite à ne pas voir, comme d'habitude, dans le néant différentiel une discontinuité pure, - qui, sinon, resterait encore tributaire d'une continuité préalable, ou qui, par définition, se

---

temps [il] nie cette même loi », en particulier dans le **fragment n° 183** du *Brouillon général* où il écrit : « La nature se transforme ***par sauts***. Conséquences de cela. Les **opérations synthétiques** sont des **sauts** – idées soudaines – décisions » (Novalis, *Le Brouillon général*, traduction d'Olivier Schefer, p. 54-55). C'est ce que dit Novalis aussi dans le **fragment n° 993** où il précise que le **« phénomène de la réflexion »** consiste, pour la « **force réfléchissante** », à « ***sauter par-dessus ses propres épaules* »**, acte de sauter qui a pour conséquence la « division du mouvement » (Novalis, id., p. 241). C'est, en fait là, pour Novalis, une définition du **« génie »** ! : « Le génie est le **„*Springer par excellence*"** », le **« sauteur par excellence »** (*Le Brouillon général*, fragment n° 183) (voir la définition du « saut » que donne Olivier Schefer dans le glossaire à la fin de sa traduction du *Brouillon général* de Novalis ; *op. cit.*, glossaire, p. 323). Si, donc, Novalis « s'inspire de la **méthode** leibnizienne (la combinatoire) », il « n'en adopte pas nécessairement les présupposés philosophiques » ! (Olivier Schefer, *op. cit.*, note 235, p. 300). Olivier Schefer précise en outre que, chez Novalis, « le thème du saut, et son corollaire l'**acte de sauter**, sont récurrents » et qu' « ils sont chargés d'une connotation à la fois spéculative et théologique ». (id., glossaire, p. 323). En particulier, le **fragment n° 100** du *Brouillon général* « évoque, de façon mystique, le rapport à l'« autre monde » » en ces termes : « Nous sautons comme une étincelle électrique dans l'autre monde, etc. Augmentation de la capacité. **La mort est transformation** - *suppression du principe individuel* - qui établit à présent une **nouvelle liaison**, *plus solide et de meilleure qualité* ». (Novalis, *id.*, p. 41). Olivier Schefer mentionne également, au sujet du **saut novalisien**, la notion kantienne d' **« abîme »** (assimilée, par Novalis, à la troisième *Critique* de Kant !) : « Le saut novalisien, parce qu'il n'est pas conçu depuis la provenance [*„Abkunft"*] d'un Absolu originel, mais plutôt **au-dessus d'un abîme et d'un gouffre ontologique**, (« le gouffre immense » de la troisième *Critique* kantienne), apparaît comme un **mouvement en transcendance** ». (*Le Brouillon général*, traduction d'Olivier Schefer, glossaire, notion de « saut », p. 323). (Rosenzweig fera, lui aussi, allusion à ce « gouffre », ou « abîme », au sein de la troisième *Critique* de Kant, notamment dans une de ses lettres à Hans Hess !). Comme le souligne encore Olivier Schefer, Schelling, dans ***Philosophie et Religion***, envisagera *autrement* cet **« abîme »** et concevra de manière **dramatique** le moyen de le surmonter : il « pensera tout d'abord l'absence de transition entre les deux termes sur un mode proprement dramatique ». C'est alors à la faveur de ce « drame » que, dans la **philosophie de la religion** de Schelling, « s'ouvre un **hiatus**, une **béance** requérant un ***saut*** hors de l'Absolu », saut qui « dans un esprit chrétien, prend la dimension d'une **« chute »**, terme par lequel Hegel désignera la **philosophie de la nature** comme « chute de l'Idée à partir d'elle-même » (*„Abfall von sich selbst der Idee"*) ». (Olivier Schefer, traduction du *Brouillon général* de Novalis, la notion de « saut » du glossaire, p. 323).

« détacherait » sur le « fond » d'une continuité préalable -, mais à y voir plutôt, et plus profondément, une ***différentialité pure***.

Par sa « méthode », dans laquelle est centrale l'idée de « Création », Rosenzweig interdit l'accès immédiat à la ***pensée comme manifestation***. La pensée y fait, en effet, l'*expérience de ses limites*. Elle prend dès lors une dimension « *existentielle* ». Parmi les commentateurs de la pensée de Rosenzweig, c'est Wolfdietrich Schmied-Kowarzik qui a le plus mis l'accent sur l'aspect « *existentiel* » de sa pensée. Dans son ouvrage ***Franz Rosenzweig. Pensée existentielle et vie éprouvée dans la vérité*** (*Franz Rosenzweig. Existentielles Denken und gelebte Bewährung*) – ouvrage dans lequel, comme il le dit lui-même en préambule, il cherche à cerner la pensée de Rosenzweig « avant tout à partir du contexte génétique des conversations avec les amis - Hans Ehrenberg, Eugen Rosenstock, Martin Buber » - il écrit ceci :

> « [...] C'est mûri dans la confrontation critique avec l'idéalisme allemand que Rosenzweig soulève les questions fondamentales au sujet de la limitation négative de notre pensée, du fond existentiel de notre être-là, de sa temporalité et de son caractère langagier ainsi qu'au sujet de l'autre et du nous de la communauté – des questions qui déterminent encore aujourd'hui le débat philosophique contemporain[1] ».

Pour Schmied-Kowarzik, donc, si la **« nouvelle pensée »** de Rosenzweig est une pensée du ***temps*** et du ***langage***, c'est parce que c'est dans le temps et le langage que la pensée réflexive fait l'*expérience de ses limites*. L'auteur y souligne plus précisément le caractère d'« autolimitation » de cette pensée, autolimitation « qui l'empêche de se comprendre de façon erronée comme créatrice du monde réel[2] ». C'est pourquoi, dans une pensée *existentielle* de ce type, la « conscience de soi » ne se pense pas de manière idéaliste comme *être de la conscience* („*Sein des BewusstSeins*"), ou -- comme dans l'idéalisme allemand -- comme ***conscience de la conscience*** („*Bewusstsein des Bewusstseins*"),

[1] Wolfdietrich Schmied-Kowarzik, *op. cit.*, quatrième de couverture (ma trad.). Voir aussi « ***De l'expérience totale de la foi. Considérations critiques au sujet de la philosophie positive de Schelling et de Rosenzweig*** » (*Vom Totalexperiment des Glaubens. Kritisches zur positiven Philosophie Schellings und Rosenzweigs*), in : *Le philosophe Franz Rosenzweig (1886-1929)*, Congrès international à Kassel 1986 (édité par Wolfdietrich Schmied-Kowarzik), Editions Karl Alber Freiburg/München 1988, volume II : « La nouvelle pensée et ses dimensions » („Das neue Denken und seine Dimensionen"), p. 771.

[2] *Id.*, p. 97. (ma trad.).

mais elle est « pensée radicalement jusqu'au bout comme pensée qui s'enracine dans l'**examen de conscience** de la pensée », comme ***„Bedenken des Denkens"*** [1]. Cette pensée « existentielle » refait donc entrer dans la problématique de la *conscience* („Bewusstsein") la problématique de la *conscience morale* („Gewissen"), ce que Hegel avait déjà fait, à sa manière, et dans le cadre de sa propre dialectique, en particulier dans sa ***Philosophie du droit*** où la conscience *morale* („Gewissen")[2] joue un grand rôle dans ce que Joachim Ringleben (dans son ouvrage *La théorie du péché de Hegel*) a appelé une ***« dialectique de l'innocence »*** [3], dialectique qui « découle » du mythe du « péché originel » tel que Hegel l'a dégagé et interprété dans sa ***Philosophie du droit***.

Si, donc, la ***« nouvelle pensée »*** peut être qualifiée d'**« existentielle »**, c'est dans la mesure où, étant une pensée du ***temps*** et du ***langage***, c'est-à-dire de deux domaines *limités*, elle fait faire à la pensée réflexive l'*expérience de ses limites*. La « mobilité » (*„Bewegtheit"*) de Dieu, du monde et de l'homme, n'est pas donnée d'avance de façon pleinement manifeste, mais, au début, **Dieu est caché**, de sorte qu'« à cause de ce caché initial » (*„wegen dieser anfänglichen Verborgenheit"*), il a besoin, pour se « révéler », d'une *méthode* spécifique, d'« une méthode capable de découvrir les origines de cette mobilité initiale[4] ». Chez Rosenzweig, cette méthode est celle de sa **« phénoménologie »**, phénoménologie fondée, comme on l'a vu, sur les **structures *« prélinguistiques »* du langage**. Ce sont, en effet, seulement ces structures qui permettent de s'arracher à l'unité-totalité de la pensée englobante qui, comme Rosenzweig l'écrit dans *l'Étoile,* « irrigue le

---

[1] *Ibid.* L'expression **„Bedenken des Denkens"** est intraduisible dans sa variation sur le thème „ denken ". On pourrait la traduire, non pas par « auto-réflexion de la pensée », mais par **« interrogation angoissée de la pensée sur elle-même »**.

[2] Hegel, ***Principes de la philosophie du droit*** *(Grundlinien der Philosophie des Rechts),* Reclam Verlag, 1981), deuxième partie (« La moralité »), troisième section : « Le bien et la conscience morale » (*Das Gute und das Gewissen*), § 129-14, p. 211-283.

[3] Il s'agit plus exactement de la dialectique de la ***faute*** et de l'***innocence*** („ Dialektik der *Schuld* und *Unschuld* ") ; voir, à ce sujet, tout le chapitre 2 (*Dialektik der Unschuld*) de l'ouvrage de Joachim Ringleben, ***La théorie hegelienne du péché. La construction subjective et logique d'un concept théologique*** (*Hegels Theorie der Sünde. Die subjektivitätslogische Konstruktion eines theologischen Begriffs*), pp. 38-46, en particulier le point (b) : „Unschuld als Widerspruch" (« L'innocence comme contradiction »), p. 39.

[4] Reiner Wiehl, *art. cit.,* p. 639.

monde de son système aux embranchements multiples de déterminations singulières[1] ». Mais, comme nous l'avons vu, cette unité-totalité, en vérité, est en-dehors de ce monde (raison pour laquelle ce dernier est précisément appelé monde « *métalogique* »). Ce « système » qui permet d'introduire de la cohérence dans le monde n'est utile que pour que l'homme puisse « appliquer » sa pensée au monde, pour qu'il puisse avoir prise sur lui, la science et la technique n'étant que le prolongement et l'aboutissement de ce pouvoir d'application ou de cette capacité d'emprise („*Anwendbarkeit*"). « Le système des déterminations de la pensée », écrit Rosenzweig dans *l'Étoile*, « n'est pas système par le fait de surgir d'une **origine unitaire**, mais par l'unité de son application, de son domaine de validité[2] ». C'est ainsi que « l'unité de la pensée reste en-dehors » du monde. Elle doit se contenter de détenir, au sein des « murs fermés du monde », **« l'unité de l'application[3] ».** Mais « l'unité infinie de l'être divin », unité « qui se trouve expressément avant toute identité de la pensée et de l'être », donc avant la « pensée valable pour l'être » comme avant « l'être pensable », et qui est probablement la « source d'où jaillit le système logique d'irrigation qui irrigue le champ du monde[4] », cette unité-là lui est à jamais inaccessible. Il y a donc une différence fondamentale entre la méthode « phénoménologique » de Rosenzweig et les méthodes traditionnelles de la logique idéaliste, qu'il s'agisse ici de la méthode transcendantale de Kant ou de la méthode spéculative de Hegel. Alors que ces dernières partent d'emblée du ***« manifesté »***, la méthode de Rosenzweig part du ***« caché »*** et, à partir de là, passe au **« manifesté »** par **éclatement de la totalité** et ouverture aux ***autres*** unités. Pour l'idéalisme (surtout hégélien), *tout ce qui est* ***pensable et connaissable*** *était* ***manifeste*** **avant** la Création[5]. Il manquait plus, pour passer du concept à la réalité, d'une « saisie progressive de la **Création** révélée dans des formes manifestes de la connaissance philosophique[6] ». Cette « saisie dans la forme philosophique de la connaissance » fut alors une affaire du passage correct « de l'auto-identité du concept à l'auto-identité du réel, d'une détermination de la réalité à une autre ». De cette façon, « tout était devenu méthode et la

[1] *L'Étoile*, p. 56 ; *Stern*, p. 46 (ma trad.).
[2] *Ibid.* (ma trad.).
[3] *L'Étoile*, p. 57 ; *Stern*, p. 47 (ma trad.).
[4] *Ibid.* (ma trad.).
[5] Voir Reiner Wiehl, *art. cit.*, p. 640.
[6] *Id.*, p. 641.

méthode spéculative de l'idéalisme pouvait, en conséquence, avoir la prétention légitime d'être une méthode absolue[1] ».

De ce point de vue, l'« idéalisme critique » de Cohen ne fait pas exception. Si Rosenzweig a vu en Cohen l'inventeur d'une nouvelle logique, d'une logique non idéaliste, il a vu en lui en même temps un « hégélien » - et cela, même si à ses yeux ce « néokantien » dépassait à la fois Hegel et Schelling. Dans son *Introduction aux écrits juifs de Cohen*, en effet, Rosenzweig fait remarquer que « Cohen, en dégageant du concept d'expérience de Kant la positivité et en remplissant ce concept ainsi défini avec le contenu de l'expérience de la culture de l'humanité, a fait faire un tournant au kantisme en l'élevant au rang de système, du système de la culture, comme une fois de plus Hegel l'avait érigé en dernier lieu[2] ». C'est en ce sens que Rosenzweig voit dans la philosophie de ce néo-kantien un « hégélianisme inconscient », un hégélianisme « vraiment génial[3] ». Ce qui prouve que, pour Rosenzweig, Cohen était *plus qu'un néokantien*. Son idéalisme qui (sous sa forme épistémologique) s'exprime surtout dans ses deux ouvrages ***Logique de la connaissance pure*** et ***Le principe de la méthode infinitésimale et son histoire***, était bien plus proche de la méthode *spéculative* de Hegel que de la méthode *transcendantale* de Kant[4]. Et c'est dans cette mesure que la critique rosenzweigienne de l'idéalisme atteignait également l'« hégélien » Cohen, de sorte qu'on peut aussi, comme l'a fait Reiner Wiehl, différencier la méthode de Rosenzweig de celle de Cohen en considérant la première - celle de Rosenzweig - comme une « *herméneutique de la métamathématique* » *du caché*, et la seconde, - celle de Cohen - comme une **« *logique idéaliste* »** *du* ***manifeste***[5].

---

[1] *Ibid.*

[2] *Introduction à l'édition académique des écrits juifs d'Hermann Cohen*, GS III, p.181.

[3] *Id.*, p. 182.

[4] Reiner Wiehl, *art. cit.*, p. 640.

[5] *Id.*, p. 639. Dans *Système et subjectivité*, Philippe Grosos considère l'ontologie hégélienne « comme une pure *onto-théophanie* » (*op. cit.*, p. 172). Or, « cette **pure *théophanie*** de la religion hégélienne résulte explicitement de l'horizon d'immanence et de la volonté d'auto-manifestation transparente de l'ensemble de cette pensée », une « auto-manifestation de l'esprit », ou l'esprit en son « auto-manifestation » (*ibid.*). Or, « c'est précisément cela que sait la religion **manifeste** (*die **offenbare** Religion*) », à savoir (comme le dit Hegel « dans l'ultime version de l'*Encyclopédie* ») que « dans le concept de la religion vraie, c'est-à-dire de celle dont le contenu est l'esprit absolu, il est impliqué essentiellement qu'elle soit ***révélée*** [***„geoffenbart“***] et, à la vérité, *par Dieu* » (Hegel, cité par Philippe Grosos, *op. cit.*,

p. 172-173). Car « dans la **religion absolue**, c'est l'esprit absolu qui se manifeste, non plus des moments abstraits de lui-même, mais lui-même » (Hegel ; cité par Philippe Grosos, *id.*, p. 173), plus exactement, « la **révélation** de Dieu comme Père, Fils et Saint-Esprit est, sans le voile de la représentation, celle-là même que l'Idée absolue dévoile dans la pureté transparente du concept » (Philippe Grosos, *op. cit.*, p. 173). Il est vrai que « son **auto-déploiement** en ses moments différenciés - pureté élémentaire, processus interne d'**auto-différenciation**, puis retour à soi - permet de ressaisir unitairement l'ensemble de la Trinité » (*id.*, p. 173). « Le voile de la représentation, dont est encore couvert le savoir religieux, n'est qu'un voile langagier. Il ne dissimule pas la vérité de son contenu, qui est d'être, en tant que révélé, ***transparent*** **à soi**. Avec le passage à une conception spéculative de la **Trinité**, Dieu est ici ressaisi dans une **manifestation pure**, libre de tout secret et de tout mystère ». (*ibid.*). En fait, Hegel joue ici « sur les termes d'***offenbar*** (manifeste) et de ***geoffenbart*** (révélé) », jeu - comme le souligne Philippe Grosos - « soutenu par la langue usuelle allemande et véritable croix du traducteur » et qui permet à Hegel de concevoir la **« révélation »** comme une **« manifestation »**, c'est-à-dire comme un dévoilement absolu sans reste qui ne laisse subsister plus aucune once de secret ni de mystère, conçus comme « obstacle » et « opacité » (*ibid.*). C'est pourquoi, comme le souligne Bernard Sève dans ***La question philosophique de l'existence de Dieu***, pour Hegel, « prouver » l'« existence » de Dieu consiste à prendre conscience du mouvement de Dieu en lui-même, de sorte que « la preuve est l'**exposition** de Dieu » et qu'ainsi « l'exposé s'identifie avec l'objet », c'est-à-dire Dieu (Bernard Sève, *La question philosophique de l'existence de Dieu*, p. 246). En fait, pour Hegel, cette « exposition », ou « prise de conscience du mouvement interne de Dieu », est une **« élévation de l'esprit » vers l'Esprit** (de Dieu). Comme le fait remarquer Philippe Grosos, c'est à partir de **« deux pôles essentiels »**, à savoir l'« *immanence* du contenu » et la « *représentation* dans la forme exposée », que « le concept hégélien de religion se laisse appréhender » (Philippe Grosos, *op. cit.*, p. 166). Pour Philippe Grosos - qui se fonde ici sur Luther - il ne s'agit ici pas tellement de « manifestation » que d' **« essence de la manifestation »**. C'est cette dernière, « ressaisie dans le cadre exclusif d'un horizon d'immanence absolue qu'exige le système » hégélien, système qui, de ce fait, « aboutit à la revendication d'une pleine et entière présence à soi du sens », de sorte que Philippe Grosos peut en conclure que, d'une façon générale, « ***cette effectivité de la présence à soi absolue constitue le sens le plus profond de ce que l'idéalisme allemand a revendiqué sous le nom de système.*** » (*id.*, p. 172). « Dès lors y intégrer [dans ce système] le savoir religieux, c'est nécessairement le faire passer sous cet horizon d'immanence », horizon qui permet à Hegel « de déployer, lorsque le **voile de la représentation** est ultimement levé, une conception purement transparente, exclusivement ***théophanique*** de la théologie », une **« pure *onto-théophanie* »** (*ibid.*). Ainsi « l'exigence d'un **« Vendredi Saint spéculatif »**, que Hegel appelle de ses vœux, en 1802, à l'aube du système et en conclusion de ***Foi et savoir*** (*Glauben und Wissen*), est véritablement réalisée dès 1807 avec le premier système de la *Phénoménologie de l'esprit*, puis confirmée, de 1817 à 1830, dans celui définitif de l'*Encyclopédie* » (*ibid.*). « Le savoir spéculatif, écrit Hegel dans la *Phénoménologie*, sait Dieu comme pensée ou pure essence, sait cette **pensée comme être et être-là**, et sait l'être-là comme la négativité de soi-même, donc précisément comme Soi, **ce Soi-ci** et **Soi universel**. Or c'est précisément cela que sait la **religion manifeste** [„*offenbare Religion*"] ». (*ibid.*).

Remarque : Il faut quand-même faire remarquer ici que Hegel, en vérité, ne dit pas que l'esprit accède ***immédiatement*** à Dieu ! Il s'y oppose même en s'opposant aux conceptions « intuitives » et « sentimentales » de Jacobi et de Schleiermacher de l'accès à Dieu ! (voir Raymond Vancourt, *La pensée religieuse de Hegel*, p. 59 ; voir aussi Philippe Grosos, *Philosophie et théologie de Kant à Schelling*). Pour Hegel, en effet, l'accès à Dieu se fait par, et à travers, une **« élévation de l'esprit »** qui, tout en étant (une expérience) sensible, est elle-même une rupture avec les « séries du sensible », est un **« saut »** dans le **« suprasensible »** ! Cette élévation spirituelle mobilise toutes les ressources (spirituelles) de la pensée, toutes les facultés (intellectuelles) de l'esprit, ce qui en fait une expérience (spirituelle) riche et complète ! C'est une expérience sensible qui passe par les médiations (différentielles) de la pensée, car « à ceux qui voudraient séparer comme au couteau raisonnement et intuition, **médiation** et **immédiateté** », Hegel objecte « le fait qu'il existe ni savoir, ni sensation, ni représentation, ni vouloir, ni activité, ni qualité ou état propre de l'esprit... qui ne contienne simultanément la détermination de la médiation et de l'immédiateté ». (Hegel, *Les preuves de l'existence de Dieu*, trad. Niel, pp. 55-56 ; in : *Encycl.*, n°s 76 suiv., cité par Raymond Vancourt, in : *La pensée religieuse de Hegel*, p. 59). Hegel, d'ailleurs, ajoute, et précise, que c'est là non seulement un fait, mais « un **fait universel** que la ***Logique*** en philosophie expose dans toutes les détermi nations de la pensée, montrant, comme il va de soi, sa nécessité » (*ibid.*) Autrement dit, pour Hegel, il n'y a « pas d'intuition sans pensée discursive, ni vice versa » (*ibid.*). Hegel assimile donc la **pensée** elle-même (comme « opération » ou comme « passage ») à une **élévation spirituelle**, comme il l'affirme clairement lui-même dans l'*Encyclopédie* : « On ne peut regarder ce qu'on appelle les preuves de l'être-là [ou de l'existence] de Dieu que comme les *descriptions* et analyses du cheminement en lui-même *de l'esprit*, qui est un **esprit *pensant***, et **pense le sensible**. L'*élévation* de la pensée **au-dessus du sensible**, son mouvement d'*aller au-delà* du fini en direction de l'infini, le *saut* que l'on ferait dans le suprasensible en rompant avec les séries du sensible, tout cela c'est la pensée même, ce passage est *seulement pensée*. Si un tel passage ne doit pas être opéré, cela signifie qu'on ne doit pas penser » (Hegel, *Encyclopédie*, § 50 (*E-SL*, p. 310-311)). Bernard Sève, qui fait cette citation de Hegel dans son ouvrage *La question philosophique de l'existence de Dieu*, la fait immédiatement suivre du commentaire éclairant de Bernard Bourgeois qui souligne, lui aussi, le rôle que joue, dans la conception hégélienne de la religion, l'**« élévation [spirituelle] de la pensée »** : « *penser* le fini, c'est le saisir comme moment de l'infini, comme l'infini se finitisant pour être précisément l'infini vrai (qui n'a pas hors de lui le fini comme un Autre qui le limiterait) ; l'apparente élévation de la pensée du fini à l'infini, du monde à Dieu, n'est rien d'autre que la définition même de la pensée. Penser, c'est toujours penser l'infini, comme unité de lui-même et du fini, c'est toujours **penser l'identité**, comme **identité de l'identité et de la différence** » (Bernard Bourgeois, préface à l'*Encyclopédie*, *ibid.*, note 4 ; cité par Bernard Sève, *op. cit.*, p. 247).

BIBLIOGRAPHIE

I. Ouvrages de Rosenzweig

1) Œuvres complètes

Franz Rosenzweig, Der Mensch und sein Werk. Gesammelte Schriften ; édité par Rachel Rosenzweig et Edith Rosenzweig-Scheinmann, avec la collaboration de Bernhard Casper, édition Martinus Nijhoff, Den Haag, 1976-1984; en 4 volumes :

I. ***Briefe und Tagebücher*** (divisés en 2 tomes)[1] :
1. Band[2] : 1900-1918 ; 2. Band[3] : 1918-1929, édition Martinus Nijhoff , Den Haag, 1979 ;

II. ***Der Stern der Erlösung***[4], avec une introduction de Reinhold Mayer, édition Martinus Nijhoff , Den Haag, 1976 ;

III. ***Zweistromland. Kleinere Schriften zu Glauben und Denken***[5], édité par Reinhold et Annemarie Mayer, Den Haag, 1984;

IV. ***Sprachdenken im Übersetzen***, édité par Rachel Bat-Adam, Den Haag, 1984. 1.Band : *Jehuda Halevi. Fünfundneunzig Hymnen und Gedichte. Deutsch und Hebräisch. herausgegeben von Rafael Rosenzweig* ; 2. Band : *Arbeitspapiere zur Verdeutschung der Schrift.*

---

[1] Les lettres sont reproduites en Appendice de l'ancienne édition de la correspondance de Franz Rosenzweig : ***Briefe***, 637-720. Elles ont été traduites en anglais ; *cf.* Eugen Rosenstock-Huessy (éd.), ***Judaism Despite Christianity. The Letters on Christianity and Judaism between Eugen Rosenstock-Huessy and Franz Rosenzweig***, New York, 1971. *Cf.* la traduction française : A. Altmann, « **Franz Rosenzweig et Eugen Rosenstock-Huessy, Introduction à leurs « Lettres sur le judaïsme et christianisme »**, in : *Cahiers de La nuit surveillée*, 1982, pp. 187-204.

[2] En abrégé : GS I,1.

[3] En abrégé : GS I,2.

[4] En abrégé : *Stern.*

[5] En abrégé : GS III.

2) Ouvrages

Hegel und der Staat, *zwei Bände in einem Band, Scientia Verlag Aalen*, 1982 : I. Band : *Lebensstationen (1770-1806),* München und Berlin, 1920 ; II. Band : Weltepochen (1806-1831), München und Berlin, 1920.

Hegel et l'État, tomes I et II (traduction de *Hegel und der Staat* par Gérard Bensussan), « Philosophie d'aujourd'hui », PUF, 1991.

Das Büchlein vom gesunden und kranken Menschenverstand, édité et introduit par Nahum Norbert Glatzer, Joseph Mezler Verlag, Düsseldorf, 1964, traduction de *Understanding the sick and the healthy. A view of world, Man and God*, New York, 1954.

Die Schrift, Aufsätze, Übertragungen und Briefe, édité par Karl Thieme, Jüdischer Verlag Athenäum, Königstein/Ts., 1984.

Das älteste Systemprogramm des deutschen Idealismus, Sitzungsberichte der Heidelberger Akademie der Wissenschaften (Philosophisch-historische Klasse), Heidelberg, 1917.

L'Étoile de la rédemption, traduction de *Der Stern der Erlösung* (Francfort, 1921) par Alexandre Derczanski et Jean-Louis Schlegel, Collection « Esprit », Éditions du Seuil, Paris, 1982.

II. Ouvrages sur Rosenzweig

ALTMANN, Alexander, ***Franz Rosenzweig on history***, in *Between East and West : Essays dedicated to the memory of Bela Horovitz*, pp. 194-214, East and West library, London, 1958.

ANCKAERT, Luc ; CASPER, Bernhard, ***Franz Rosenzweig, An exhaustive Rosenzweig Bibliography, Primary and Secondary Writings***, Bibliotheek van de Faculteit Godgeleerdheid, Leuven,1995. Instrumenta Theologica XIV.

BAUER, Anna Elisabeth, ***Rosenzweigs Sprachdenken im « Stern der Erlösung » und in seiner Korrespondenz mit Martin Buber zur Verdeutschung der Schrift***, Peter Lang-Verlag, Frankfurt am Main, 1992.

BIEBERICH, Ulrich, ***Wenn die Geschichte göttlich wäre. Rosenzweigs Auseinandersetzung mit Hegel***, EOS Verlag Erzabtei St. Ottilien, Dissertationen Theologische Reihe, 1990, Band 38.

CASPER, Bernhard, ***Das dialogische Denken : Eine Untersuchung der religionsphilosophischen Bedeutung Franz Rosenzweigs, Ferdinand Ebners und Martin Bubers***, Freiburg-im-Breisgau–Basel–Wien, Herder Verlag, 1967.

CHALIER, Catherine, ***Pensées de l'éternité : Spinoza, Rosenzweig***, « La nuit surveillée », Éditions du Cerf, Paris, 1993.

COHEN, Joseph, ***Le sacrifice de Hegel***, Editions Galilée, Paris, 2007.

DOBER, Hans Martin, ***Die Zeit ernst nehmen. Studien über Franz Rosenzweigs « Stern der Erlösung »***, Königshausen & Neumann, Epistemata, Würzburger Wissenschaftliche Schriften, Reihe Philosophie, Band LXXXIV, 1990.

EMMET, Dorothy M., ***The letters of Franz Rosenzweig and Eugen Rosenstock-Huessy***, in : *The Journal of Religion*, vol. XXV, n° 4, pp. 261-273, octobre 1945 (republié, par Eugen Rosenstock-Huessy dans son livre *Judaism despite christianity. The letters on christianity and judaism between Eugen Rosenstock-Huessy and Franz Rosenzweig*).

FLEISCHMANN, M. Eugène, ***Le christianisme « mis à nu »***, Editions Plon, Paris, 1970.

FREUND, Else, ***Die Existenzphilosophie Franz Rosenzweigs***, Leipzig/ Berlin, 1933.

GLATZER, Nahum N. (présenté par), ***Franz Rosenzweig. His life and thought***, Schocken Books, New York, 1975.

GÖRTZ, Heinz-Jürgen, ***Tod und Erfahrung. Rosenzweigs„erfahrende Philosophie" und Hegels Wissenschaft der „Erfahrung des Bewusstseins"***, Patmos (Themen und Thesen der Theologie), Düsseldorf, 1984.

GUTTMANN, Julius, ***Histoire des philosophies juives. De l'époque biblique à Franz Rosenzweig*** (traduit de l'anglais par Sylvie Courtine-Denamy), Editions nrf-Gallimard, Paris, 1994.

HUFNAGEL, Cordula, ***Die kultische Gebärde. Kunst, Politik und Religion im Denken Franz Rosenzweigs*** Fermenta philosophica, Verlag Karl Alber GmbH Freiburg/München, 1994.

MAYER, Reinhold, ***Zeit ist's. Zur Erneuerung des Christseins durch Israel-Erfahrung***, Beicher Verlag, 1996.

MAYER, Rudolf, ***Franz Rosenzweig. Eine Philosophie der dialogischen Erfahrung***, Verlag Kaiser, München, 1973.

MISKOTTE, Dr. Kornelis Heiko, ***Het Wezen der joodsche Religie. Vergelijkende Studie over de voornaamste structuren der joodsche Godsdienstphilosophie van dezen tijd***, Kampen, H.J. Paris Amsterdam, 1982.

MOSES, Stéphane, ***Système et révélation. La philosophie de Franz Rosenzweig***, Editions du Seuil, Paris, 1982.

id., ***L'Ange de l'histoire. Rosenzweig, Benjamin, Scholem***, Editions du Seuil, Paris, 1992.

MÜNSTER, Arno, ***Utopie, Messianismus und Apokalypse im Frühwerk von Ernst Bloch***, suhrkamp taschenbuch wissenschaft, 1982.

Id., ***Le principe dialogique. De la réflexion monologique vers la proflexion intersubjective*** *(Essais sur M. Buber, E. Lévinas, F. Rosenzweig,G. Scholem et E. Bloch)*, Editions Kimé, Paris, 1997.

PETITDEMANGE, Guy, ***Rosenzweig ou « la reprise de parole »***, in : *Juifs et chrétiens : un vis-à-vis permanent* (chapitre III, p. 55), ouvrage collectif auquel ont contribué Bernard Dupuy, Gilbert Dahan, Guy Petitdemange, Jacques Cazeaux, Gilles Bernheim, Bernard Lauret, Maurice R. Hayoun, collection « Théologie », publications des facultés universitaires Saint-Louis, n° 42, Bruxelles, Facultés Universitaires Saint-Louis, 1988.

ROSENSTOCK-HUESSY, Eugen, ***Judaism despite christianity. The letters on christianity and judaism between Eugen Rosenstock-Huessy and Franz Rosenzweig***, avec deux etudes, celle d'Alexander Altmann et celle de Dorothy Emmet, édité par Harold Stahmer, University of Alabama Press, New York, 1969 (traduit en français sous le titre *Lettres sur le christianisme et le judaïsme* et republié en anglais, en 1971, dans l'édition Paperback Shocken Books).

SCHMIED-KOWARZIK, Wolfdietrich, ***Franz Rosenzweig, Existentielles Denken und gelebte Bewährung***, Verlag Karl Alber Freiburg / München, 1991.

SCHOLEM, Gershom G., ***Les grands courants de la mystique juive*** (trad. par M.M. Savy), Editions Payot, Paris, 1950.

Id., ***Le messianisme juif. Essais sur la spiritualité du judaïsme***, préface, traduction, notes et bibliographie de Bernard Dupuy, Collection « Diaspora », Editions Calmann-Lévy, Paris, 1974.

STAHMER, Harold M., ***Speak That I May See Thee ! The religious significance of language : Studies in the works of J.G. Hamann, Eugen Rosenstock-Huessy, Franz Rosenzweig, Martin Buber, and Ferdinand Ebner***, New York, The Macmillan Co., 1968.

TEWES, Joseph, ***Zum Existenzbegriff Franz Rosenzweigs***, Meisenheim am Glan, 1970.

TRAVERSO, Enzo, ***Les Juifs et l'Allemagne. De la « symbiose judéo-allemande » à la mémoire d'Auschwitz***.Editions La Découverte, Paris, 1992.

Id., ***L'Histoire déchirée. Essai sur Auschwitz et les intellectuels***, Collection « Passages », Éditions du Cerf, 1997.

ZAK, Adam, ***Vom reinen Denken zur Sprachvernunft.Über die Grundmotive der Offenbarungsphilosophie Franz Rosenzweigs***, Reihe « Münchner philosophische Studien », Verlag W. Kohlhammer, Stuttgart, 1987.

III. Articles sur Rosenzweig

ALTMANN, Alexander, ***Franz Rosenzweig et Eugen Rosenstock-Huessy : Introduction à leurs « Lettres sur le judaïsme et le christianisme »***, in : Cahiers de « *La nuit surveillée* », n° 1 : « Franz Rosenzweig », éditions *La nuit surveillée* et les auteurs, 1982, textes rassemblés par Olivier Mongin, Jacques Rolland et Alexandre Derczanski sur l'œuvre de Rosenzweig, pp. 187-204.

BIENENSTOCK, Myriam, ***Franz Rosenzweig et sa critique des philosophies de l'esprit***, in : *Revue de métaphysique et de morale*, n° 3 (« Varia »), septembre 1999, PUF, pp. 291-312.

BOUREL, Dominique, ***Un soupir de Rosenzweig***, in Cahiers de « *La nuit surveillée* » (n° 1 : « Franz Rosenzweig »), éditions *La nuit surveillée* et les auteurs, 1982, pp. 171-180.

DUPUY, Bernard, ***Judaïsme et christianisme : le lien indestructible***, in : *Juifs et chrétiens : un vis-à-vis permanent* (chapitre I, p. 13), ouvrage collectif auquel ont contribué Bernard Dupuy, Gilbert Dahan, Guy Petitdemange, Jacques Cazeaux, Gilles Bernheim, Bernard Lauret, Maurice R. Hayoun, collection « Théologie », Publications des facultés universitaires Saint-Louis, n° 42, Facultés Universitaires Saint-Louis, Bruxelles, 1988.

EHRENBERG, E. Maria, ***Rudolf Ehrenbergs theoretische Biologie und Metabiologie. Hat der Dialog zwischen Rudolf Ehrenberg und Franz Rosenzweig zu ihrer Entstehung beigetragen?***, in : *Der Philosoph Franz Rosenzweig (1886-1929)*, Band I : "Das Gespräch mit den Freunden", pp. 159-177.

FRIEDMANN, Friedrich Georg, ***Das neue Denken Franz Rosenzweigs. Sein Beitrag zum deutsch-jüdischen Dialog***, in : *Der Philosoph Franz Rosenzweig (1886-1929)*, Band I (« Die Herausforderung an das Christentum »), pp. 399-411.

GÖRTZ, Heinz-Jürgen, ***Zum "Konstruktionsgesetz" des "Stern der Erlösung"***, in *Der Philosoph Franz Rosenzweig (1886-1929)*, Band II : "Erfahrung, Liebe und Erlösung", pp. 657-671.

HEERING, Herman Johan, ***Die alten jüdischen Worte. Over F.R. als Joods filosoof***, in : *Tijdschrift voor Filosofie*, 1976, pp. 535-558.

HORWITZ, Rivka, ***La conception du langage chez Hamann et Rosenzweig***, in : *Revue de l'histoire des religions*, Editions P.U.F., octobre-décembre 1996, tome 213, n° 4 (« Langue et Kabbale »), pp. 501-534.

LEVINAS,Emmanuel, ***Entre deux mondes. Biographie spirituelle de Franz Rosenzweig***, in : E. Amado Lévy-Valensi et J. Halperin, *La conscience juive. Données et débats*, Editions P.U.F., 1963, pp. 121-137 ; republié in *Difficile liberté*, Editions Albin Michel, Paris, 1963, pp. 235-260 ; rééd. in : Le Livre de poche, Paris, 1976, p. 275.

Id., ***Franz Rosenzweig, Une pensée juive moderne***, in : Les Cahiers de *La nuit surveillée*, Editions « *La nuit surveillée* et les auteurs », 1982, n° 1 : « Franz Rosenzweig », pp. 65-78 (article paru pour la première fois dans la *Revue de théologie et philosophie*, N.S., 15, 1965, pp. 200-221).

MARX, Werner, ***Die Bestimmung des Todes im "Stern der Erlösung"***, in : *Der Philosoph Franz Rosenzweig (1886-1929)*, Band II, (« Erfahrung, Liebe und Erlösung »), pp. 611-619.

MONGIN, Olivier, ***Entrer dans le vingtième siècle. La guerre et ses arrière-pensées***, *in* Les Cahiers de « *La nuit surveillée* » et les auteurs, 1982, n° 1 : « Franz Rosenzweig », pp. 223-232.

MOSES, Stéphane, ***La critique de la totalité dans la philosophie de Franz Rosenzweig***, in : *Les Etudes philosophiques*, III, 31, 1976, pp. 351-366.

Id., ***Livre-montage Franz Rosenzweig. L'Étoile de la rédemption***, in : *Le Débat*, n° 13, juin 81, pp. 110-128.

Id., ***L'Esthétique de Franz Rosenzweig***, in : Les Cahiers de « *La nuit surveillée* », 1982, n° 1 : « Franz Rosenzweig », pp. 119-136.

Id., ***Le dernier journal de Franz Rosenzweig***, in : Les Cahiers de « *La nuit surveillée* », 1982, n° 1 : « Franz Rosenzweig », pp. 207-222.

Id., ***Franz Rosenzweig : Le* Je *et le* Tu *dans l'expérience de la révélation***, in : *Revue de l'Institut catholique de Paris*, octobre-décembre 1988.

MÜHLE, Eduard, ***Aus dem Geist des Judentums. Franz Rosenzweig - Denker, Lehrer, Übersetzer***, in : *Frankfurter Allgemeine Zeitung*, Samstag 3. Januar 1987, Nummer 2.

MÜLLER, Lothar, ***"(…) dass die Stummheit der letzten Jahrhunderte aufhört". Franz Rosenzweigs Beziehungen zur Zeitschrift Die Kreatur***, in : *Das Freie Jüdische Lehrhaus - eine andere Frankfurter Schule*, pp. 65-90 (ouvrage collectif édité par Raimund Sesterhenn), Schriftenreihe der Katholischen Akademie der Erzdiözese Freiburg, Verlag Schnell & Steiner, München-Zürich, 1987.

NEHER, André, ***Une approche théologique et sociologique de la religion judéo-chrétienne : Le dialogue Franz Rosenzweig-Eugen Rosenstock***, in : *Recherches et dialogues philosophiques et économiques*, 6, Série M, 1959 ; republié in : *L'existence juive, solitude et affrontements*, Paris, 1962, pp. 204-231.

PETITDEMANGE, Guy, ***Hegel et Rosenzweig, la différence se faisant***, in : Les Cahiers de « *La nuit surveillée* », n° 1 : « Franz Rosenzweig », 1982, textes rassemblés par Olivier Mongin, Jacques Rolland et Alexandre Derczanski sur l'œuvre de Rosenzweig, pp. 157-170.

Id., ***Rosenzweig ou "la reprise de parole"***, in : *Juifs et chrétiens : un vis-à-vis permanent*, (chapitre III, p. 55), ouvrage collectif auquel ont contribué Bernard Dupuy, Gilbert Dahan, Guy Petitdemange, Jacques Cazeaux, Gilles Bernheim,Bernard Lauret, Maurice R. Hayoun, Collection « Théologie », publications des Facultés universitaires Saint-Louis, n° 42, Facultés universitaires Saint-Louis, Bruxelles, 1988.

RICŒUR, Paul, ***La "figure" dans "L'Etoile de la rédemption"***, in : *Esprit*, décembre 1988, pp. 131-146.

RIVELAYGUE, Jacques, ***Franz Rosenzweig et l'idéalisme allemand***, in : *Les Cahiers de « La nuit surveillée »*, n° 1 : « Franz Rosenzweig », 1982, textes rassemblés par Olivier Mongin, Jacques Rolland et Alexandre Derczanski sur l'œuvre de Rosenzweig, pp. 149-156.

SAMUELSON, Norbert M., ***The concept of ''Nichts'' in Rosenzweig's ''Star of Redemption''***, in : *Der Philosoph Franz Rosenzweig (1886-1929)*, Band II (« Erfahrung, Liebe und Erlösung »), pp. 643-656.

SCHLEGEL, Jean-Louis, ***L'Étoile de la Rédemption ou la révélation du prochain***, in : *Les Cahiers de « La nuit surveillée »*, n° 1 : « Franz Rosenzweig », Editions *La nuit surveillée* et les auteurs, 1982, textes rassemblés par Olivier Mongin, Jacques Rolland et Alexandre Derczanski sur l'œuvre de Rosenzweig, pp. 81-98.

SCHOLEM, Gershom, ***Franz Rosenzweig et son livre L'Etoile de la Rédemption***, in : *Les Cahiers de « La nuit surveillée »*, no 1 : « Franz Rosenzweig », Editions *La nuit surveillée* et les auteurs, 1982, textes rassemblés par Olivier Mongin, Jacques Rolland et Alexandre Derczanski sur l'œuvre de Rosenzweig, pp. 17-37.

STAHMER, Harold M., ***"Speech-Letters'' and "Speech-Thinking" : Franz Rosenzweig and Eugen Rosenstock-Huessy***, in : *Modern Judaism*, A Journal of Jewish Ideas and Experience, Volume 4, Number 1, The Johns Hopkins University Press, Baltimore, February 1984.

WIEHL, Reiner, ***Logik und Metalogik bei Cohen und Rosenzweig***, in : *Der Philosoph Franz Rosenzweig (1886-1929)*, Band II, (« Erfahrung, Liebe und Erlösung »), pp. 623-642.

IV. Autres

Der Philosoph Franz Rosenzweig (1886-1929), Internationaler Kongress Kassel 1986, herausgegeben von Wolfdietrich Schmied-Kowarzik, Verlag Karl Alber Freiburg / München, 1988 : Band I : "Die Herausforderung jüdischen Lernens" ; Band II : "Das neue Denken und seine Dimensionen".

Franz Rosenzweig, in : **Les Cahiers de « *La nuit surveillée* »**, n° 1, Editions *La nuit surveillée* et les auteurs, 1982, textes rassemblés par Olivier Mongin, Jacques Rolland et Alexandre Derczanski sur l'œuvre de Rosenzweig.

Die Kreatur (1926-1929), revue créée et éditée par Joseph Wittig, Martin Buber et Victor von Weizsäcker, Editions Lambert Schneider, Berlin, 1926-1929.

V. Ouvrages généraux

ABENSOUR, Miguel, ***La démocratie contre l'État. Marx et le moment machiavélien***, Les Essais du Collège International de Philosophie, Éditions PUF, Paris, 1997.

ALLEAU, René, ***La science des symboles. Contribution à l'étude des principes et des méthodes de la symbolique générale***, Editions Payot, Paris, 1976.

ALLIEZ, Eric (avec la collaboration de Jean-Clet Martin), ***L'Œil-Cerveau. Nouvelles histoires de la peinture moderne***, Collection « Essais d'art et de philosophie », Librairie philosophique J. Vrin, Paris, 2007.

ALTHAUS, Paul, ***Die Theologie Martin Luthers***, Gütersloher Verlagshaus Gerd Mohn, 1963.

ANTIER, Jean-Jacques, ***Le mysticisme féminin. Epouses du Christ***, Libairie Académique Perrin, Paris, 2001.

ANCELET-HUSTACHE, Jeanne, ***Maître Eckhart et la mystique rhénane***, Collection « Maîtres spirituels », Éditions du Seuil, Paris, 1956.

ANTONI, Gérald, ***La prière chez saint Augustin. D'une philosophie du langage à la théologie du Verbe***, Collection « philologie et Mercure » (sous la direction de Pierre Magnard), Librairie philosophique, Vrin, Paris, 1997.

ARENDT, Hannah, ***Condition de l'homme moderne*** (traduit de l'anglais par Georges Fradier et avec une préface de Paul Ricœur), Editions Calmann-Lévy, Paris, 1961 et 1983.

Id., ***Le concept d'amour chez Augustin***, (avec un avant-propos de Guy Petitdemange ; traduit de l'allemand par Anne-Sophie Astrup), Collection « Rivages poche », Editions Payot et Rivages, Paris, 1999.

ASSMANN, Aleida, ***Construction de la mémoire nationale. Une brève histoire de l'idée allemande de Bildung***, Éditions de la Maison des Sciences de l'Homme, Paris, 1994.

ASVELD, Paul, ***La pensée religieuse du jeune Hegel. Liberté et aliénation***, Editions Desclée de Brouwer & Publications Universitaires de Louvain, Paris & Louvain, 1953.

AUGE, Marc, ***Génie du paganisme***, Editions Gallimard, Paris, 1982.

AUGUSTIN (Saint), ***Confessions*** (traduit du latin par Louis de Mondadon ; présenté par André Mandouze), Collection « Points Sagesses », Éditions du Seuil, Paris, 1982.

BAECK, Leo, ***Das Wesen des Judentums***, Fourier Verlag, Wiesbaden, 1979 (traduction française : *L'Essence du judaïsme*, Collection « Questions », Editions P.U.F., Paris, 1993, traduit de l'allemand et présenté par Maurice-Ruben Hayoun, avec une préface de Francis Kaplan).

Id., ***Les Évangiles, une source juive*** (traduit de l'allemand par Maurice-Ruben Hayoun), Editions Bayard, Paris, 2002.

BAGOT, Jean-Pierre, ***Connaissance et amour. Essai sur la philosophie de Gabriel Marcel***, Collection « Bibliothèque des archives de philosophie », Éditions Beauchesne, Paris, 1958.

BALTHASAR (von), Hans Urs, ***L'amour seul est digne de foi***, Collection « Foi vivante », Editions Aubier-Montaigne, Paris, 1966.

BARLIER, Etienne, ***B-A-C-H. Histoire d'un Nom dans la musique***, Editions Zoé, Genève, 1997.

BAROT, Emmanuel ; SERVOIS, Julien (sous la direction de), ***Kant face aux mathématiques modernes***, Collection « Bibliothèque d'histoire de la philosophie », Librairie philosophique J. Vrin, Paris, 2009.

BARRET-KRIEGEL, Blandine, ***L'État et les esclaves.*** *Réflexions pour l'histoire des États*, Editions Calmann-Lévy, Paris, 1979.

BARTH, Karl, ***La théologie protestante au XIXe siècle***, Editions Labor et Fides, Genève, 1969 (titre original : *Die protestantische Theologie im 19ten Jahrhundert*, EVZ-Verlag, Zürich, 1946).

BASSET, Jean-Claude, ***Le dialogue interreligieux.*** *Histoire et avenir*, Collection « Cogitatio Fidei », Les Éditions du Cerf, Paris, 1996.

BATESON, Grégory, ***Vers une écologie de l'esprit***, tome 1 (traduit de l'américain), Éditions du Seuil, Paris, 1977.

BAUDRILLARD, Jean, ***L'échange symbolique et la mort***, nrf, Editions Gallimard, Paris, 1976.

BEAUFRET, Jean, ***Introduction aux philosophies de l'existence, De Kierkegaard à Heidegger***, Editions Denoël/Gonthier, Paris, 1971.

BEC, Christian, ***Machiavel***, Collection « Phares », Editions Balland, Paris, 1985.

BECCHI, Paolo, ***Hegels Kritik der romantischen Politik***, Steiner, Stuttgart, 1988.

BEGUIN, Albert (textes et études publiés sous la direction de), ***Le romantisme allemand***, Editions Les Cahiers du Sud, Marseille, 1949.

BENDA, Julien, ***La trahison des clercs*** (édition revue et augmentée), Éditions Grasset, Paris, 1927.

BENJAMIN, Walter, ***Origine du drame baroque allemand***, Editions « Champs »-Flammarion, Paris, 1985 (traduit de l'allemand par Sibylle Muller, avec le concours d'André Hirt) (avec une préface de Irving Wohlfahrt).

Id., ***Le concept de critique esthétique dans le romantisme allemand***, traduit de l'allemand par Philippe Lacoue-Labarthe et Anne-Marie Lang, Editions « Champs »-Flammarion, Paris, 2002.

BENOIST, Jocelyn ; GERARD, Vincent (sous la direction de), ***Lectures de Husserl***, Éditions Ellipses, Paris, 2010.

BENSUSSAN, Gérard, ***La philosophie allemande dans la pensée juive***, Editions P.U.F., Paris, 1997.

Id., ***Le temps messianique. Temps historique et temps vécu***, Librairie philosophique J. Vrin, Paris, 2001.
Id., ***Le sacrifice de Hegel***, Editions Galilée, Paris, 2007.
BENVENISTE, Emile, ***Problèmes de linguistique générale***, (tome 1 et 2), Collection « tel », Editions Gallimard, Paris, 1966.
BENZ, Ernst, ***Les sources mystiques de la philosophie romantique allemande***, Editions Vrin, Paris, 1968/1987.
BERDIAEV, Nicolas, ***Sources et sens du communisme***, Collection «Idées», Editions nrf-Gallimard, Paris, 1951.
Id., ***Esprit et liberté*** (avec une préface d'Oliver Clément), Collection « Théophanie », Editions Desclée de Brouwer, Paris, 1992.
BERTHOZ, Alain ; PETIT, Jean-Luc, ***Phénoménologie et physiologie de l'action***, Editions Odile Jacob, Paris, 2006.
BESSET, Maurice, ***Novalis et la pensée mystique***, Editions Aubier-Montaigne, Paris, 1947.
BIALE, David, ***Gershom Scholem. Cabale et contre-histoire***, suivi de *Gershom Scholem : « Dix propositions anhistoriques sur la cabale »*, texte et commentaire (traduit de l'anglais par Jean-Marc Mandosio), Éditions de l'Eclat, Paris, 2001.
BIEMEL, Walter (dargestellt von), ***Heidegger in Selbstzeugnissen und Bilddokumenten***, Rowohlt Taschenbuch Verlag (rororo), 1973.
BIENENSTOCK, Myriam, ***Politique du jeune Hegel***. *Iéna 1801-1806*, Collection « Questions », Editions P.U.F., Paris, 1992.
BILLIG, Joseph, ***L'hitlérisme et le système concentrationnaire***, Collection « Quadrige », Editions P.U.F., Paris, 2000.
BIRAULT, Henri, ***Heidegger et l'expérience de la pensée***, Collection « Bibliothèque de Philosophie », Editions Gallimard, Paris, 1978.
BLOCH, Ernst, ***Sujet-objet. Eclaircissements sur Hegel***, Editions Gallimard, Paris, 1977 (titre original : *Subjekt-Objekt. Erläuterungen zu Hegel*, Frankfurt/Main, Suhrkamp Verlag, 1962).
Id., ***Die Lehren der Materie***, Suhrkamp Verlag, 1978.
Id., ***Thomas Münzer : théologien de la révolution***, Editions 10/18, Paris, 1975.
Id., ***Abschied von der Utopie ? Vorträge***, herausgegeben von Hanna Gekle, Suhrkamp Verlag, 1980.
BLOCHER, Henri, ***Le Mal et la Croix : la pensée chrétienne aux prises avec le mal***, Collection « Alliance », Les Editions Sator, Méry-sur-Oise, 1990.
BLUMENBERG, Hans, ***Paradigmes pour une métaphorologie***, traduction française par D. Gammelin, Vrin, Paris, 2006.
BOBRINSKOY, Boris, ***Le Mystère de la Trinité. Cours de théologie orthodoxe***, Collection « Théologies », Les Éditions du Cerf, Paris, 1986.

BOCKMÜHL, Klaus, ***Leiblichkeit und Gesellschaft. Studien zur Religionskritik und Anthropologie im Frühwerk von Ludwig Feuerbach und Karl Marx***, Brunnen Verlag, Giessen und Basel, 1980.
BODAMER, Theodor, ***Hegels Deutung der Sprache***, Meiner Verlag Hamburg, 1969.
BOESPFLUG, François ; LABBE, Yves (sous la direction de), ***Assise, dix ans après 1986-1996***, Les Éditions du Cerf, Paris, 1996.
BOISSIERE, Anne (dir.), ***Musique et philosophie,*** Documents, actes et rapports pour l'éducation, Centre national de documentation pédagogique (CNDP), Paris, 1997.
BOMAN, Thorleif, ***Das hebräische Denken im Vergleich mit dem Griechischen***, zweite durchgesehene Auflage, Vandenhoeck & Ruprecht, Göttingen, 1954.
BORMANN, Alexander von (hrsg.), ***Volk, Nation, Europa : zur Romantisierung und Entromantisierung politischer Begriffe***, Königshausen & Neumann, Würzburg, 1998.
BOUCHARD, Yves, ***Le holisme épistémologique de Kant***, Collection « Analytiques –15 », Editions Bellarmin/Vrin, Paris, 2004.
BOUILLARD, Henri, ***Karl Barth. Parole de Dieu et existence humaine (deuxième Partie),*** Collection « Théologie », Editions Aubier Montaigne, Paris, 1957.
BOULNOIS, Olivier, ***L'Être et la représentation.*** *Une généalogie de la métaphysique moderne à l'époque de Duns Scot (XIIIe-XIVe siècle)*, Editions P.U.F., Paris, 1999.
BOURDEAU, Michel, ***Pensée symbolique et intuition***, Collection « Philosophies », Editions P.U.F, Paris, 1999.
BOUREL, Dominique ; LE RIDER, Jacques, ***De Sils-Maria à Jérusalem. Nietzsche et le judaïsme. Les intellectuels juifs et Nietzsche***, Collection « La nuit surveillée », Les Editions du Cerf, Paris, 1991.
BOURETZ, Pierre, ***Témoins du futur. Philosophie et messianisme***, Collection « Essais », Editions nrf-Gallimard, Paris, 2001.
BOURGEOIS, Bernard, ***Fichte (1862-1814)***, Collection « Philosophes », Editions ellipses, Paris, 2000.
BOURGEOIS, Henri ; GIBERT, Pierre ; JOURJON, Maurice, ***L'expérience chrétienne du temps***, Collection « Cogitatio fidei », Les Éditions du Cerf, Paris, 1987.
BOUTON, Christophe, ***Temps et esprit dans la philosophie de Hegel. De Francfort à Iéna***, Editions Vrin, Paris, 2000.
BRAUNMÜNSTER, Otto, (herausgegeben und eingeleitet von Prof. Dr.), ***Schellings Philosophie***, Deutsche Bibliothek in Berlin, 1918.
BRETON, Stanislas, ***Spinoza, théologie et politique***, Editions Desclée, Paris, 1977.
Id., ***Théorie des idéologies***, Editions Desclée, Paris, 1976.

BRUAIRE, Claude, ***Logique et religion chrétienne dans la philosophie de Hegel***, Editions du Seuil, Paris, 1964.
Id., ***Philosophie du corps***, Editions du Seuil, Paris, 1968.
Id., ***Une éthique pour la médecine.*** *De la responsabilité médicale à l'obligation morale*, Editions Fayard, Paris, 1978.
BRUN, Jean, ***Platon et l'Académie***, 7e édition mise à jour, Collection « Que sais-je ? », Editions P.U.F., Paris, 1983.
Id., ***Aristote et le lycée***, 7e éd. corr., Collection « Que sais-je ? », Editions P.U.F., Paris, 1992.
BRUNE, François, ***Pour que l'homme devienne Dieu***, Ymca-Press, Paris, 1983.
BUBER, Martin, ***Je et Tu. La vie en dialogue***, traduit de l'allemand par Jean Loewenson-Lavi, avec un avant-propos de Gabriel Marcel et une préface de Gaston Bachelard, Collection « Philosophie de l'esprit », Editions Aubier Montaigne, Paris, 1969.
Id., ***Utopie et socialisme*** (avec une préface d'Emmanuel Lévinas), traduit de l'allemand par Paul Corset et François Girard, Bibliothèque sociale, Editions Aubier Montaigne, Paris, 1977.
Id., ***Une terre et deux peuples : la question judéo-arabe***, Collection « Essais », Les Éditions du Lieu commun, Paris, 1985.
BULTMANN, Rudolf, ***Geschichte und Eschatologie***, traduit de l'allemand par Eva Krafft, Tübingen, Mohr, 1958.
BURBAGE, Frank ; CHOUCHAN, Nathalie, ***Leibniz et l'infini***, Collection « Philosophies », Editions PUF, Paris, 1993.
CALVEZ, Jean-Yves, ***La pensée de Karl Marx***, Collection « Esprit », Éditions du Seuil, Paris, 1956.
CANTAGREL, Gilles, ***Le moulin et la rivière***. *Air et variations sur Bach*, Editions Fayard, Paris, 1998.
CARDON, Alain, ***Modéliser et concevoir une machine pensante. Approche de la conscience artificielle***, Collection « Automates intelligents », Editions Vuibert, Paris, 2004.
CARDORFF, Peter, ***Martin Heidegger***, Reihe Campus Einführungen, Campus Verlag, Frankfurt am Main, 1991.
CARON-PARTE, Maxence, ***Lire Hegel***, Collection « Philo », Editions ellipses, Paris, 2000.
CASATI, Roberto ; DOKIC, Jérôme, ***La philosophie du son***, Collection « Rayon Philo », Editions Jacqueline Chambon, Paris, 1994.
CASSIRER, Ernst, ***La philosophie des formes symboliques***, *tome 2 : « La pensée mythique »*, Les Éditions de Minuit, Paris, 1972. (traduction par Jean Lacoste de *Philosophie der symbolischen Formen, 2. Band : « Das mythische Denken »*, Darmstadt, 1969).
Id., ***Liberté et forme. L'idée de la culture allemande***, Collection « Passages », Les Éditions du Cerf, Paris, 2001.

CASTILLO, Monique, ***La responsabilité des modernes***. *Essai sur l'universalisme kantien*, Collection « Philosophie en cours », Editions Kimé, Paris, 2007.
CELLIER, François, ***La folie de Dieu*** (Essai), Editions Concordia, Paris, 1986.
CERTEAU (de), Michel, ***La fable mystique, 1, XVIe-XVIIe siècle***, Editions « Tel »-Gallimard, Paris, 1982.
CHALIER, Catherine, ***Judaïsme et altérité***, Collection « Les Dix Paroles », Editions Verdier, Paris, 1982.
CHAPELLE, Albert, ***Hegel et la religion***, Collection « Encyclopédies Universitaires », Editions Universitaires, Paris, 1971.
CHATELET, François, ***Hegel***, Editions du Seuil, Paris, 1968.
CHATELET, Gilles, ***Les enjeux du mobile***. *Mathématique, physique, philosophie*, Collection « Des Travaux », Editions du Seuil, Paris, 1993.
CHERNI, Amor, ***Epistémologie de la transparence***. *Sur l'embryologie de A. von Haller*, avec une préface de François Dagognet, Librairie philosophique J. Vrin, Paris, 1998.
CHRETIEN, Jean-Louis, ***La lueur du secret***, Bibliothèque des mythes et des religions, Éditions de l'Herne, Paris, 1985.
CLAVEL, Maurcice, ***Ce que je crois***, Éditions Grasset & Fasquelle, Paris, 1975.
Id., ***Deux siècles chez Lucifer***, Éditions du Seuil, Paris, 1978.
CLAVIER, Paul, ***Kant. Les idées cosmologiques***, Collection « Philosophies », Editions P.U.F., Paris, 1997.
CLEMENT, Olivier, ***La révolte de l'Esprit***, Collection « Monde ouvert », Editions Stock, Paris, 1979.
Id., ***Les visionnaires***. *Essai sur le dépassement du nihilisme*, Collection « Connivence », Editions Desclée de Brouwer, Paris, 1986.
COBBEN, Paul, ***Das Gesetz der multikulturellen Gesellschaft***. *Eine Aktualisierung von Hegels ''Grundlinien der Philosophie des Rechts''*, Verlag Königshausen & Neumann, 2002.
COHEN, Hermann, ***Religion der Vernunft aus den Quellen des Judentums***, (nach dem Manuskript des Verfassers neu durchgearbeitet und mit einem Nachwort von Bruno Strauss), FourierVerlag, Wiesbaden, 3. Auflage, 1995.
Id., ***Religion de la raison tirée des sources du judaïsme***, traduit de l'allemand par Marc B. de Launay et Anne Lagny, Editions P.U.F, Paris, 1994.
Id., ***La religion dans les limites de la philosophie*** (traduction de *Der Begriff der Religion im System der Philosophie* par Marc B. de Launay et Carole Prompsy), Collection « *La Nuit surveillée* », Éditions du Cerf, Paris 1990.
Id., ***Le principe de la méthode infinitésimale et son histoire***, Collection « Textes philosophiques », Librairie J. Vrin, Paris, 1999.

Id., ***Commentaire de la « Critique de la raison pure » de Kant***, Collection « Passages », Éditions du Cerf, Paris, 2000.

Id., ***Logik der reinen Erkenntnis***, Sämtliche Werke, herausgegeben vom Hermann Cohen-Archiv am Philosophischen Seminar der Universität Zürich unter der Leitung von Helmut Holzhey, Band 6, « *System der Philosophie* »,1. Teil, 4. Auflage, Georg Olms Verlag, Hildesheim-New York, 1977.

Id., ***Ethik des reinen Willens***, Sämtliche Werke, herausgegeben vom Hermann Cohen-Archiv am Philosophischen Seminar der Universität Zürich unter der Leitung von Helmut Holzhey, Band 7, « *System der Philosophie* », 2. Teil, 5. Auflage, Introduction by Steven S. Schwarzschild, Georg Olms Verlag, Hildesheim-New York, 1981.

Id., ***Ästhetik des reinen Gefühls***, Sämtliche Werke, herausgegeben vom Hermann Cohen-Archiv am Philosophischen Seminar der Universität Zürich unter der Leitung von Helmut Holzhey, Bd. 8-9, « *System der Philosophie* », 3. Teil, 3. Auflage, Einleitung von Gerd Wolandt, Georg Olms Verlag, Hildesheim-New York, 1982.

COLLANGE, Jean-François, ***Théologie des droits de l'homme***, Éditions du Cerf, Paris, 1989.

COLOMB, Chantal, ***Roger Munier et la « topologie de l'être »***, Collection « Ouverture Philosophique », Editions L'Harmattan, Paris, 2004.

CONRAD-MARTIUS, Hedwig, ***Bios und Psyché. Zwei Vortragsfolgen***, Köselverlag, 1949.

CORIN, Adolphe, Léon, ***Sermons de Tauler***, tome I, Sermons I-XXII (De Noël à l'Ascension), traduction sur les plus anciens manuscrits allemands par les RR. PP. Hugueny, Théry, O.P. et A. L. Corin de l'Université de Liège, Éditions de la Vie Spirituelle, Librairie Desclée et Cie, Paris,1927.

Id., ***Comment faut-il prononcer l'allemand ?***, avec une préface de Joseph Masson, collection Bibliothèque de la faculté de philosophie et lettres de l'université de Liège, Librairie Edouard Champion, Paris, 1931.

Id., ***Sermons de Tauler***, tome III, Semons LV-XXXVIII, Éditions de la Vie Spirituelle, Librairie Desclée et Cie, Paris, 1935.

CORM, Georges, ***L'Europe et le mythe de l'Occident***. *La construction d'une histoire*, Éditions La Découverte, Paris, 2009.

CORMAN, Louis, ***Nietzsche, psychologue des profondeurs***, Editions P.U.F., Paris, 1982.

COSSUTA, Frédéric (sous la direction de), ***Le dialogue : introduction à un genre philosophique***, Éditions des Presses Universitaires du Septentrion (P.U.S.), Villeneuve d'Ascq, 2004.

COUNET, Jean-Michel, ***Mathématiques et dialectique chez Nicolas de Cues***, Collection « Etudes de philosophie médiévale », Librairie philosophique, Éditions Vrin, Paris, 2000.

COURTINE, Jean-François, ***L'extase de la raison***. *Essais sur Schelling*, Editions Galilée, Paris, 1990.
CREPON, Marc, ***Nietzsche : l'art et la politique de l'avenir***, Collection « Perspectives germaniques », Editions P.U.F., Paris, 2003.
Id., ***Les géographies de l'esprit***. *Enquête sur la caractérisation des peuples de Leibniz à Hegel*, Editions Payot et Rivages, Paris, 1996.
CUES, Nicolas de, ***De la docte ignorance***, Collection « Speculum dei », Guy Trédaniel-Éditions de la Maisnie, Paris, 1979 (avec une traduction de L. Moulinier, un avant-propos de Bernard Dubant et une introduction d'Abel Rey dans laquelle on apprend comment Nicolas de Cues fut le précurseur du calcul infinitésimal de Leibniz).
CULLMANN, Oscar, ***Le salut dans l'histoire***. *L'existence chrétienne selon le Nouveau Testament*, traduit de l'allemand par Marc Kohler, Collection « Bibliothèque théologique », Editions Delachaux et Niestlé, Neuchâtel Suisse, 1966.
DARRAS, Jacques, ***Nous sommes tous des romantiques allemands***. *De Dante à Whitman en passant par Iéna*, Collection « Petite bibliothèque des idées », Editions Calmann-Lévy, Paris, 2002.
DASTUR, Françoise, ***Heidegger et la question du temps***, Collection « Philosophies », Editions P.U.F., Paris, 1990.
Id., ***La mort. Essai sur la finitude***, Collection « Optiques philosophie », Editions Hatier, Paris, 1994.
DAUDET, Léon, ***Goethe et la synthèse***, Editions Grasset, Paris, 1932.
DAUZAT, Pierre-Emmanuel, ***Le nihilisme chrétien***, Collection « Perspectives critiques », Editions P.U.F., Paris, 2001.
DAVID, Pascal, ***Schelling. De l'absolu à l'histoire***, Collection « Philosophies », Editions P.U.F., Paris, 1998.
DAVID-MENARD, Monique, ***La folie de la raison pure. Kant lecteur de Swedenborg***, Librairie philosophique Vrin, Paris, 1990.
DEBRAY, Régis, ***Le moment fraternité***, Editions nrf-Gallimard, Paris, 2009.
DEKENS, Olivier, ***Comprendre Kant***, Editions Armand Colin, Paris, 2011.
DELEURY, Guy, ***Les fêtes de Dieu. La foi, l'histoire, les mythes***, Éditions du Félin, Paris, 1994.
DELEUZE, Gilles, ***Différence et répétition***, Collection « Bibliothèque de Philosophie Contemporaine », Editions P.U.F., Paris, 1976.
Id., ***La philosophie critique de Kant***, Collection « Quadrige », Editions P.U.F., Paris, 1963.
Id., ***Le bergsonisme***, Editions P.U.F., Paris, 1966.
Id., ***Le pli. Leibniz et le baroque***, Collection « Critique », Éditions de Minuit, Paris, 1988.
DELEUZE, Gilles ; GUATTARI, Felix, ***Qu'est-ce que la philosophie ?***, Les Editions de Minuit, Paris, 1991.

Id., ***L'Anti-Œdipe****. Capitalisme et schizophrénie*, Collection « Critique », Les Editions de Minuit, Paris, 1972-1973.
Id., ***Mille plateaux****. Capitalisme et schizophrénie 2*, Collection « Critique », Les Éditions de Minuit, Paris, 1980.
DELMAS, Philippe, ***Le bel avenir de la guerre***, Collection « Folio actuel », Editions Gallimard, Paris, 1995.
Id., ***De la prochaine guerre avec l'Allemagne***, Éditions Odile Jacob, Paris, 1999.
DELUMEAU, Jean, ***Le cas Luther***, Editions Desclée de Brouwer, Paris, 1983.
DEMPF, Alois, ***Christliche Philosophie*** *(Der Mensch zwischen Gott und der Welt)*, Bonner Buchgemeinde, 1952.
Id., ***Meister Eckhart. Eine Einführung in sein Werk***, Verlag Jakob Hegner, Leipzig, 1034.
DENIS, Henri, ***Je crois en Dieu créateur***, Desclée de Brouwer, 1997.
DEPRAZ, Nathalie, ***Husserl***, collection « Philosophie Synthèse », Editions Armand Colin, Paris, 1999.
DERBOLAV, Josef, ***Platons Sprachphilosophie im Kratylos und in späteren Schriften*** (*Impulse der Forschung, Band 10), Wissenschaftliche Buchgesellschaft*, Darmstadt, 1972.
DONLEY, Michael, ***Céline musicien. La vraie grandeur de sa "petite musique"***, Librairie Nizet, Saint-Genouph, 2000.
DOZ, André, ***La Logique de Hegel et les problèmes traditionnels de l'ontologie***, Librairie J. Vrin, Paris, 1987.
DREYER, Mechthild, ***Die Idee Gottes im Werk Hermann Cohens***, Verlag Anton Hain, 1958.
DRIJVERS, Pius, ***Les Psaumes. Genres littéraires et thèmes doctrinaux***, traduit du néerlandais, Collection « Lectio Divina » n° 21, Les Éditions du Cerf, Paris, 1958.
DROZ, Jacques, ***Le romantisme politique en Allemagne***, Armand Colin, Paris, 1963.
Id., ***Le romantisme allemand et l'État***, Payot, Paris, 1966.
Id., ***Histoire des doctrines politiques en Allemagne***, Collection « Que sais-je ? », Editions P.U.F., Paris, 1978.
DRUET, Pierre-Philippe (présentation et choix de textes par), ***Fichte***, Editions Seghers, PUM (Presses Universitaires de Namur), 1977.
DUBARLE, Dominique ; DOZ, André, ***Logique et dialectique***, Larousse, Sciences humaines et sociales, Paris, 1972.
DUCHESNEAU, François, ***Les modèles du vivant de Descartes à Leibniz***, Mathesis, Vrin, Paris, 1998.
DUFLO, Colas, ***La finalité dans la nature : de Descartes à Kant***, Collection « Philosophies », Editions P.U.F., Paris, 1996.

DUFOUR, Dany-Robert, ***Les mystères de la Trinité***, Editions nrf-Gallimard, Paris, 1990.
DUFOUR-KOWALSKA, Gabrielle, ***L'art et la sensibilité, de Kant à Michel Henry***, Collection « Essais d'art et de philosophie », Librairie philosophique J. Vrin, Paris, 1996.
DUMAS, Robert, ***Traité de l'arbre. Essai d'une philosophie occidentale***, Actes Sud, Paris 2002.
DUMONT, Louis, ***Essais sur l'individualisme***. *Une perspective anthropologique sur l'idéologie moderne*, Les Editions du Seuil, Paris, 1983.
id., ***Homo hierarchicus***, *Essai sur le système des castes*, Editions Gallimard, Paris, 1971.
Id., ***Homo Aequalis I***. *Genèse et épanouissement de l'idéologie économique*, Editions nrf-Gallimard, Paris, 1977.
Id., ***Homo Aequalis, II***. *L'idéologie allemande. France-Allemagne et retour*, Editions nrf-Gallimard, Paris, 1978.
DUPERON, Isabelle, ***Gustav Théodor Fechner : le parallélisme psychophysiologique***, Editions P.U.F., Paris, 2000.
DUPUY, Michel, ***L'Esprit, souffle du Seigneur***, Desclée de Brouwer, Paris, 1988.
Id., ***Le Christ de Bérulle***, Collection « Jésus et Jésus-Christ », Desclée, Paris, 2001.
DURAND, Gilbert, ***Science de l'homme et tradition : le nouvel esprit anthropologique***, Collection « Ile verte », Editions Berg International, 1979.
DURANDIN, Guy, ***Les fondements du mensonge***, Collection « Nouvelle Bibliothèque Scientifique », Editions Flammarion, Paris, 1972.
DUTHUIT, Georges, ***Représentation et présence***. *Premiers écrits et travaux (1923-1952)* (avec une introduction d'Yves Bonnefoy), Editions Flammarion, Paris, 1974.
DWELSHAUVERS, Georges, ***Wundt et la psychologie expérimentale***, M. Weissenbruch, Imprimeur du roi, Paris, 1911.
ECKARTSHAUSEN, Karl von, ***La nuée sur le sanctuaire***, Bibliothèque des Amitiés Spirituelles, Paris, 1979-1991.
EDMAIER, Alois, ***Dialogische Ethik***. Perspektiven-Prinzipien, Eichstätter Studien, herausgegeben von der Phil.-Theol. Hochschule Eichstätt, Neue Folge, Band III, Verlag Butzon & Bercker, 1969.
EHRENBERG, Hans, ***Die Parteiung der Philosophie. Studien wider Hegel und die Kantianer***, Verlag von Felix Meiner, Leipzig, 1911.
Id., ***Disputation. Drei Bücher vom deutschen Idealismus*** (Bd. I : *Fichte* ; Bd. II : *Schelling* ; Bd. III : *Hegel*), Drei Masken Verlag, München, 1924.
EHRENBERG, Rudolf, ***Theoretische Biologie vom Standpunkt der Irreversibilität des elementaren Lebensvorganges***, Berlin, 1923.

id., ***Der Lebensablauf. Eine biologisch-metabiologische Vorlesung***, Verlag Lambert Schneider, Heidelberg, 1946.

EKELAND, Ivar, ***Le meilleur des mondes possibles. Mathématique et Destinée***, Les Editions du Seuil, Paris, 2000.

ELSTER, Jon, ***Leibniz et la formation de l'esprit capitaliste***, Editions Aubier-Montaigne, Paris, 1975.

ENRIQUEZ, Eugène, ***De la horde à l'État. Essai de psychanalyse du lien social***, Collection « Connaissance de l'inconscient », Editions nrf-Gallimard, Paris, 1983.

ERNST, Friedrich Daniel, ***Schleiermacher. De la religion. Discours aux personnes cultivées d'entre ses mépriseurs***, traduction nouvelle de l'allemand, Préface et notes de Bernard Reymond, Van Dieren Editeur, collection « Références théologiques », Paris, 2004.

ESCHBACH, Gérard, ***Jean Tauler. La naissance de Dieu en toi***, Editions OEIL, Paris, 1986.

EUVE, François, ***Crainte et tremblement, une histoire du péché***, Paris, Editions du Seuil, Paris, 2010.

FACKENHEIM, Emile, ***Penser après Auschwitz***, *Affirmations juives et réflexions philosophiques* (traduit de l'anglais par Marguerite Delmotte et Bernard Dupuy, avec une préface de Bernard Dupuy), collection « *La nuit surveillée* », Les Editions Le Cerf, Paris, 1986.

FAIVRE, Antoine, ***Eckartshausen et la théosophie chrétienne***, Editions Klincksieck, Paris, 1969.

Id., ***Philosophie de la Nature. Physique sacrée et théosophie (XVIIIe-XIXe siècle)***, Editions Albin Michel, Paris, 1996.

FALQUE, Emmanuel, ***Saint Bonaventure et l'entrée de Dieu en théologie***, Collection « Etudes de Philosophie Médiévale », Librairie Philosophique J. Vrin, Paris, 2000.

FATTAL, Michel, ***Pour un nouveau langage de la raison. Convergences entre l'Orient et l'Occident*** (avec une préface de Pierre Aubenque), Beauchesne, Paris, 1987.

FAYE, Jean-Pierre, ***Langages totalitaires. La raison critique de l'économie narrative***, Editions Hermann, Paris, 1972.

FEBVRE, Lucien, ***Un destin. Martin Luther***, Editions P.U.F., Paris, 1945.

FERRAROTTI, Franco, ***Une théologie pour athées***, Librairie des Méridiens, Paris, 1984.

FEUERBACH, Ludwig, ***Das Wesen des Christentums***, avec une postface de Karl Löwith, Reclam Jun. Verlag, Stuttgart, 1978.

Id., ***Principes de la philosophie de l'avenir*** (1843), in : *Manifestes philosophiques* (textes de Feuerbach choisis (1839-1845) et traduits par Louis Althusser), « Epiméthée », PUF, Paris, 1973.

FICHTE, Gottlieb, ***Die Anweisung zum seligen Leben***, neu herausgegeben von Fritz Medicus, zweite Auflage (Philosophische Bibliothek, Band 131b), Leipzig, 1923, Verlag von Felix Meiner, 1920.

Id., ***Les principes de la Doctrine de la science*** (*Grundlage der gesammten Wissenschaftslehre*) (juin 1794), trad. A. Philonenko, in : *Oeuvres choisies de philosophie première*, Editions Vrin, Paris, 1980.

Id., ***Fondement du droit naturel selon les principes de la doctrine de la science* (1796-1797)** (*Grundlage des Naturrechts*), trad. Alain Renaut, Editions P.U.F., Paris, 1984.

Id., ***Le système de l'éthique selon les principes de la doctrine de la science*** (*System der Sittenlehre*, mars 1798), trad. P. Naulin, Editions P.U.F., Paris, 1986.

Id., ***Essai d'une critique de toute révélation*** (1792), trad. Jean-Christophe Goddard, Editions Vrin, Paris, 1988.

Id., ***Discours à la nation allemande*** (*Reden an die deutsche Nation*, 1807-1808), trad. Alain Renaut, Imprimerie Nationale, Paris, 1992.

FINANCE, Joseph (de), ***L'affrontement de l'autre***, Università Gregoriana Editrice, Roma, 1973.

FOESSEL, Michaël, ***Kant et l'équivoque du monde***, CNRS Éditions, Paris, 2008.

FONTANIER, Jean-Michel, ***La Beauté selon saint Augustin***, nouvelle édition revue et augmentée, Presses Universitaires de Rennes, 2008.

FORTHOMME, Bernard, ***L'être et la folie***, Peeters-Louvain, 1997.

FRANCK, Didier, ***Nietzsche et l'ombre de Dieu***, PUF, Collection « Epiméthée », Paris, 1998.

Id., ***Chair et corps. Sur la phénoménologie de Husserl***, Collection Arguments, Les Éditions de Minuit, Paris, 1981.

Id., ***Heidegger et le christianisme. L'explication silencieuse***, Collection « Epiméthée », PUF, Paris, 2004.

FRANCOIS, Marcel, ***Processions, Dialectique, Structures***, Beauchesne, Paris, 1977.

FRANK, Manfred, ***Das Problem "Zeit" in der deutschen Romantik. Zeitbewusstsein und Bewusstsein von Zeitlichkeit in der Frühromantischen Philosophie und in Tiecks Dichtung***, Verlag Schöningh, Paderborn, 1990.

FRANZ, Erich, ***Goethe als religiöser Denker***, J.C.B. Mohr (Paul Siebeck), Tübingen, 1932.

FREMONT, Christiane, ***L'Être et la Relation ; avec trente-cinq lettres de Leibniz au R.P. Des Bosses*** (traduites du latin et annotées par Christiane Fremont et avec une préface de Michel Serres), Vrin, Paris, 1981.

FUHRMANS, Horst, ***Schellings Philosophie der Weltalter. Schellings Philosophie in den Jahren 1806-1821, zum Problem des schellingschen Theismus***, Verlag L. Schwann, Düsseldorf, 1954.

FUJITA, Masakatsu, ***Philosophie und Religion beim jungen Hegel : unter besonderer Berücksichtigung seiner Auseinandersetzung mit Schelling***, Hegel-Studien, *herausgegeben von Friedhelm Nicolin und Otto Pöggeler*, Beiheft 26, Bouvier Verlag Herbert Grundmann, Bonn, 1985.

GARELLI, Jacques, ***Introduction au logos du monde esthétique. De la chôra platonicienne au schématisme transcendental et à l'expérience phénoménologique de l'être-au-monde***, Beauchesne, Paris, 2000.

GARO, Isabelle, ***Marx, une critique de la philosophie***, Collection « Points inédit essais », Éditions du Seuil, Paris, 2000.

GARRIDO, Juan-Manuel, ***La formation des formes***, Collection « La philosophie en effet », Editions Galilée, Paris, 2008.

GAUDEMAR (de), Martine, ***Leibniz : de la puissance au sujet***, Librairie Philosophique J. Vrin, Paris, 1994.

GEISENHANSLÜKE, Achim, ***Le sublime chez Nietzsche***, Editions L'Harmattan, Paris, 2000.

GETHMANN, Carl Friedrich, ***Dasein : Erkennen und Handeln im phänomenologischen Kontext***, Reihe "Philosophie und Wissenschaft. Transdisziplinäre Studien", Walter de Gruyter, Berlin/New York, 1993.

GILSON, Etienne, ***Linguistique et philosophie****. Essai sur les constantes philosophiques du langage*, Collection « Essais d'art et de philosophie », Librairie philosophique J. Vrin, Paris, 1969.

GIRARD, René, ***La violence et le sacré***, Grasset, Paris, 1972.

Id., ***Des choses cachées depuis la fondation du monde***, recherches avec Jean-Michel Oughourlian et Guy Lefort, Éditions Grasset, Paris, 1989.

GIRAUD, Vincent, ***Augustin, les signes et la manifestation***, Collection « Epiméthée », Editions P.U.F., Paris, 2013.

GLOCKNER, Dorothea, ***Das Versprechen : Studien zur Verbindlichkeit menschlichen Sagens in Soeren Kierkegaards Werk "Die Taten der Liebe"***, Mohr Siebeck Verlag, 2009.

GLUCKSMANN, André, ***Le discours de la guerre***, Éditions Grasset, Paris, 1979.

GODDARD, Jean-Christophe (sous la direction de), ***Le corps***, Collection « thema », Librairie philosophique J. Vrin, Paris, 2005.

Id., ***Mysticisme et folie****. Essai sur la simplicité,* collection *« Philosophie »*, Editions Desclée de Brouwer, Paris, 2002.

GODIN, Christian, ***La Totalité***, Prologue : ***Pour une philosophie de la totalité,*** Editions Champ Vallon, Paris, 1998.

Id., ***La Totalité***, Volume 1 à 5, Editions Champ Vallon, Paris, 1998.

Id., ***La Totalité***, Volume 6 : ***La Totalité réalisée : l'histoire***, Editions Champ Vallon, Paris, 1998.

GOEDERT, Georges, ***Nietzsche, critique des valeurs chrétiennes. Souffrance et compassion***, Editions Beauchesne, Paris, 1977.

GOETHE, Wolfgang, ***Der Versuch, die Metamorphose der Pflanzen zu erklären***, erschienen in Gotha 1790, Martin Schmitz Verlag, Berlin-Reykjavik, 2002.

Id., ***La métamorphose des plantes et autres écrits botaniques***, introduction et notes de Rudolf Steiner, traduit par Bideau, Éditions Triades, Paris, 1992.

GOLDMANN, Lucien, ***La communauté humaine et l'univers chez Kant***, Collection « Bibliothèque de Philosophie Contemporaine », Editions P.U.F., Paris, 1948.

GOLDSCHMIDT, Victor, ***Les dialogues de Platon : structure et méthode dialectique***, Editions P.U.F., Paris, 1947.

GOLLWITZER, Helmut (*mit einem Geleitwort von*), ***Selbstzeugnisse des deutschen Judentums, 1870-1945***, Fischer Bücherei, 1962.

GOMEZ-PIN, Victor, ***Ordre et substance : l'enjeu de la quête aristotélicienne***, éditions anthropos, Paris, 1976.

GOUTIERRE, Marie-Dominique, ***Hegel. L'intelligence de la foi ?***, Collection « Aletheia », Editions Fayard, Paris, 1997.

GRATZEL, Stephan, ***Die philosophische Entdeckung des Leibes***, Franz Steiner Verlag, Wiesbaden GMBH Stuttgart, 1989.

GREISCH, Jean, ***L'Arbre de vie et l'arbre du savoir. Les racines phénoménologiques de l'herméneutique heideggerienne (1919-1923)***, Collection « Passages », Les Éditions du Cerf, Paris, 2000.

GRIMALDI, Nicolas, ***Ontologie du temps.*** *L'attente et la rupture*, Editions P.U.F., Paris, 1993.

Id., ***Etudes cartésiennes***. *Dieu, le temps, la liberté*, Collection « Bibliothèque d'Histoire de la Philosophie », Librairie J. Vrin, Paris, 1996.

Id., ***Descartes et ses fables***, Editions P.U.F., Paris, 2006.

GRIMAULT, Marguerite, ***Kierkegaard par lui-même***, Collection « Ecrivains de toujours », Éditions du Seuil, Paris, 1962.

GRISAR, Hartmann (S.J.), ***Martin Luther, sa vie et son œuvre***, traduit de l'allemand (2e édition) par l'abbé Ph. Mazoyer et P. Lethielleux, Librairie-Editeur, Paris, 1931.

GROSOS, Philippe, ***Système et subjectivité. Étude sur la signification et l'enjeu du concept de système. Fichte, Hegel, Schelling***, Vrin, Paris, 1996.

Id., ***Philosophie et théologie de Kant à Schelling***, Collection « Philo », Editions ellipses, Paris, 1999.

GROSS, Benjamin, ***Messianisme et histoire juive***, Collection « encyclopédie juive », berg international éditeurs, 1994.

GRÖZINGER, Karl-Erich, ***Martin Buber und die jüdische Tradition***, *in* Raimund Sesterhenn, (Hrsg.), *Das Freie Jüdische Lehrhaus - eine andere Frankfurter Schule*, Katholische Akademie Freiburg und Verlag Schnell und Steiner, München/Zürich, 1987.

GUELLUY, Robert, ***La Création***, Collection « Le Mystère chrétien », Editions Desclée, Tournai, 1963.
GUENOUN, Denis, ***Hypothèses sur l'Europe.*** *Un essai de philosophie*, Editions Circée, Paris, 2000.
GUIBAL, Francis, ***Dieu selon Hegel. Essai sur la problématique de la Phénoménologie de l'Esprit***, Aubier-Montaigne, Paris, 1975.
GUICHOU, Pierre, ***Les Psaumes commentés par la Bible***. Tome 1, Ps. 1-50, Les Éditions du Cerf, Paris, 1958.
GUILLERMIT, Louis (textes choisis et traduits par), ***Platon par lui-même***, Éditions de l'Eclat, Paris, 1989.
GUSDORF, Georges, ***Kierkegaard***, Collection « Philosophes de tous les temps », Editions Seghers, Paris, 1963.
Id., ***Fondements du savoir romantique***, Editions Payot, Paris, 1982.
Id., ***Du néant à Dieu dans le savoir romantique***, Editions Payot, Paris,1983.
HADOT, Pierre, ***Plotin ou la simplicité du regard***, Collection « folio essais inédit », Editions Gallimard, Paris, 1997.
HAERING, Theodor, ***Hegel. Sein Wollen und sein Werk. Eine chronologische Entwicklungsgeschichte der Gedanken und der Sprache Hegels***, 2 Bände, Leipzig und Berlin, 1929-1938.
Id., ***Novalis als Philosoph***, W. Kolhammer Verlag, Stuttgart, 1954.
HAMANN, Johann Georg, ***Aesthetica in nuce : métacritique du purisme de la raison pure et autres textes*** (titre original : *Vom Magus im Norden und der Verwegenheit des Geistes*, Parerga Verlag, Düsseldorf, 1993), Edi--tions Vrin, Paris, 2002.
HARDER, Yves-Jean, ***Histoire et Métaphysique***, Les Éditions de La Transparence, Paris, 2006.
HATEM, Jad, ***Marx, philosophe de l'intersubjectivité***, L'Harmattan, 2002.
HAYM, Rudolf, ***Hegel et son temps***, *Leçons sur la genèse et le développement, la nature et la valeur de la philosophie hégélienne* (traduit de l'allemand, présenté et annoté par Pierre Osmo), Editions nrf-Gallimard, Paris, 2008.
HEER, Friedrich (*ausgewählt und eingeleitet von*), ***Hegel***, Frankfurt am Main/Hamburg, Fischer Bücherei, 1955.
Id., ***Gottes erste Liebe.*** *2000 Jahre Judentum und Christentum*. Bechtle Verlag, 1967.
Id., ***Europa -- Mutter der Revolutionen***, Böhlau, Vienne et Cologne, 2004.
HEGEL, Wilhelm Friedrich, ***Phänomenologie des Geistes***, Verlag Philipp Reclam jun., Stuttgart, 1987.
Id., ***Phénoménologie de l'esprit***, tome I et II (traduction par Jean Hyppolite), Collection « Philosophie de l'esprit », Editions Aubier-Montaigne, Paris, 1941.
Id., ***Einleitung zur Phänomenologie des Geistes***, Kommentar von Andreas Graeser, Philipp Reclam Jun., Stuttgart, 1988.

Id., ***Grundlinien der Philosophie des Rechts***, *oder Naturrecht und Staatswissenschaft im Grundrisse*, Verlag Philipp Reclam jun., Stuttgart, 1981.
Id., ***Vorlesungen über die Philosophie der Religion. Die absolute Religion,*** Verlag Suhrkamp Taschenbuch Wissenschaft, 2010.
HEIDEGGER, Martin, ***Sein und Zeit***, Max Niemeyer Verlag, Tûbingen, 2001.
Id., ***Le principe de raison***, traduit de l'allemand par André Préau, avec une préface de Jean Beaufret, Collection « tel », Editions Gallimard, Paris, 1957.
Id., ***Qu'est-ce qu'une chose ?***, traduit de l'allemand par Jean Reboul et Jacques Taminiaux, Editions « Tel »-Gallimard, Paris, 1962.
Id., ***L'Être et le Temps***, Editions nrf-Gallimard, Paris, 1964.
Id., CASSIRER, Ernst, ***Débat sur le kantisme et la philosophie (Davos, mars 1929) et autres textes de 1929-1931***, présentés par Pierre Aubenque, traduits de l'allemand par P. Aubenque, J.-M. Fataud et P. Quillet (avec, en appendice, « Théologie et philosophie par Martin Heidegger »), Editions Beauchesne, Paris, 1972.
HELLER, Hermann, ***Hegel und der nationale Machtstaatsgedanke in Deutschland. Ein Beitrag zur politischen Geistesgeschichte***, B.G. Teubner, Leipzig, 1921.
HENRICH, Dieter (Hrsg.), ***All - Einheit. Wege eines Gedankens in Ost und West***, Klett-Cotta, Stuttgart 1985.
HENRY, Michel, ***L'Essence de la manifestation***, Collection « Epiméthée », Editions P.U.F., Paris, 1963.
id., ***Philosophie et phénoménologie du corps. Essai sur l'ontologie biranienne***, Collection « Epiméthée », Editions P.U.F., Paris, 1965.
Id., ***Voir l'invisible. Sur Kandinsky***, Editions François Bourin, 1988.
Id., ***C'est moi la vérité. Pour une philosophie du christianisme***, Editions du Seuil, Paris, mars 1996.
Id., ***Incarnation. Une philosophie de la chair***, Seuil, 2000.
HERDER, Johann Gottfried, ***Traité sur l'origine des langues*** (titre original : *Abhandlung über den Ursprung der Sprache* (1772), traduit de l'allemand par Lionel Duvoy), Editions Allia, Paris, 2010.
Id., ***Dieu***, Collection « Théologiques », Editions P.U.F., Paris, 1996.
Id., ***La plastique***, traduit par Pierre Pénisson, avec une préface de Jacqueline Lichtenstein, Collection Bibliothèque franco-allemande, Les Editions Le Cerf, Paris, 2010.
Id., ***Histoire et cultures -- Une autre philosophie de l'histoire. Idées pour la philosophie de l'histoire de l'humanité*** (extraits), traduit par Max Rouché et présenté par Alain Renaut, collection GF, Editions Flammarion, Paris, 2000.

Id., ***Vom Geist der hebräischen Poesie***, *Eine Anleitung für die Liebhaber derselben, und der ältesten Geschichte des menschlichen Geistes*, volume 1, Buchhandlung der Gelehrten, Dessau, 1782.

Id., ***Eine Metakritik zur Kritik der reinen Vernunft*** (1799), Verlag Nabu Press, 2010 (traduction de *Métacritique pour servir de pendant à la Critique de la raison pure*, Leipzig, 1799, 2 volumes in-8° : « Entendement et expérience » (1er tome) ; « Raison et langage » (2e tome)).

Id., ***Une autre philosophie de l'histoire. Auch eine Philosophie der Geschichte***, texte original traduit par Max Rouché, Collection Bilingue Allemand, Editions Aubier Montaigne, Paris, 1992.

HERMEIER, Rudolf (Hrsg.), ***Jenseits all unsres Wissens wohnt Gott. Hans Ehrenberg und Rudolf Ehrenberg zur Erinnerung***, Brendow Verlag, 1987.

HESCHEL, Abraham, ***Les bâtisseurs du temps***, Les Éditions de Minuit, Paris, 1957.

HILDEBRANDT, Kurt, ***Leibniz und das Reich der Gnade***, Martinus Nijhoff, Den Haag, 1953.

HIRSCH, Emmanuel (gesammelte Aufsätze von), ***Die idealistische Philosophie und das Christentum***, Druck und Verlag von C. Bertelsmann in Gütersloh, 1926.

HIRSCH, Samuel, ***Die Religionsphilosophie der Juden*** *(oder das Prinzip der jüdischen Religionsanschauung und sein Verhältnis zum Heidentum, Christentum und zur absoluten Philosophie)*, Goerg Olms Verlag, Hildesheim-Zürich-New York, 1986.

HIRSCHBERGER, Johannes, ***Kleine Geschichte der Philosophie***, Verlag Herder KG Freiburg im Breisgau, 1976.

HOBEIKA, Georges, ***Lessing : De la révélation à l'âge adulte de la raison***, avec une préface de Jacques Colette, collection « Passages », Éditions du Cerf, Paris, 1997.

HOUSSET, Emmanuel, ***Husserl et l'énigme du monde***, collection « Points Essais », Série « Philosophie », Éditions du Seuil, Paris, 2000.

HUCH, Ricarda, ***Les romantiques allemands*** (tome premier), (traduit de l'allemand par André Babelon), Pandora Editions, Paris, 1978 (ancienne édition : Bernard Grasset, Paris, 1933).

von HUMBOLDT, Wilhelm, ***De l'esprit de l'humanité et autres essais sur le déploiement de soi***, textes choisis et présentés par Yves Wattenberg et traduits de l'allemand par Olivier Mannoni, Éditions Premières Pierres, Charenton, 2004.

HUSSERL, Edmund, ***Ideen zu einer reinen Phänomenologie und phänomenologischen Philosophie*** *(Drittes Buch : Die Phänomenologie und die Fundamente der Wissenschaften)* (herausgegeben von Marly Biemel), Husserliana, Edmund Husserl Gesammelte Werke, Band V, Editions Martinus Nijhoff, Den Haag, 1971.

Id., ***Psychologie phénoménologique (1925-1928)*** (cours d'été 1925 traduits de l'allemand par Philippe Cabestan, Natalie Depraz et Antonino Mazzu, traduction revue par Françoise Dastur), Collection « Bibliothèque des Textes philosophiques », Librairie philosophique J. Vrin, 2001.

Id., ***La crise de l'humanité européenne et la philosophie*** *(avec un essai sur la* ***grammaire de Husserl*** *par Jean-Marc Guirao)*, Editions Aubier Montaigne, 1977.

HUYGHE, René, ***Formes et Forces.*** *De l'atome à Rembrandt*, Editions Flammarion, Paris, 1971.

HYPPOLITE, Jean, ***Introduction à la philosophie de l'histoire de Hegel***, Éditions du Seuil, Paris, 1983.

Id., ***Logique et existence, essai sur la logique de Hegel***, Collection « Epiméthée », Editions, PUF, Paris, 1953.

IDE, Pascal, ***Le corps à cœur.*** *Essai sur le corps humain*, préface de Xavier Lacroix, Collection « Enjeux », Éditions Saint-Paul, Versailles, 1996.

ISRAEL, Gérard, ***La question chrétienne. Une pensée juive du christianisme***, Editions Payot, Paris, 1999.

JACOBS, Wilhelm G., ***Gottesbegriff und Geschichtsphilosophie in der Sicht Schellings***, Stuttgart-Bad Cannstatt, Fromann-Holzboog "Spekulation und Erfahrung", 1993.

JANNICAUD, Dominique, ***Le tournant théologique de la phénoménologie française***, Collection « tiré à part », Editions de l'éclat, Paris, 2001.

JAQUET, Chantal, ***Le corps***, Collection « Philosopher », PUF, Paris, 2001.

JARCSZIK, Gwendolyne, ***Au confluent de la Mort. L'universel et le singulier dans la philosophie de Hegel***, Editions Ellipses Marketing, Paris, 2002

JAVET, Jean-Samuel, ***Dieu nous parla. Commentaire sur l'Epître aux Hébreux***, Éditions « Je Sers », Paris, 1941.

JOUSSE, Marcel, ***L'anthropologie du geste***, Collection « Voies ouvertes », Editions Gallimard, Paris, 1974.

JULIA, Didier, ***Fichte, sa vie, son œuvre, avec un exposé de sa philosophie***, Collection « Philosophes », Editions PUF, Paris, 1964.

JUTTEMANN, Gerd [Hrsg.], ***Wilhelm Wundts anderes Erbe : ein Missverständnis löst sich auf***, Vandenhoeck & Ruprecht, Göttingen, 2006.

KANT, Immanuel, ***La religion dans les limites de la simple raison*** (traduction de J. Gibelin, revue, introduite, annotée et indexée par M. Narr), Librairie Philosophique Vrin, Paris, 1983.

Id., ***Critique de la raison pratiqu***e, (présentation et traduction par Jean-Pierre Fussler), Collection « GF-Philosophie », Editions Flammarion, Paris, 2003.

Id., ***Critique de la faculté de juger***, (traduction et présentation par Alain Renaut), Editions GF-Flammarion, Paris, 2000.

Id., ***Première introduction à la critique de la faculté de juger et autres textes***, traduction de L. Guillermit, Librairie philosophique J. Vrin, Paris, 1997.
Id., ***Réponse à la question : « Qu'est-ce que les Lumières ? »***, traduit par Jacqueline Laffitte, Editions Nathan, Paris, 1994.
Id., ***Schriften zur Geschichtsphilosophie***, mit einer Einleitung herausgegeben von Manfred Riedel, Verlag Philipp Reclam Jun., Stuttgart, 1985.
Id., ***Kritik der reinen Vernunft***, Verlag Reclam Jun., Stuttgart, 1966.
Id., ***Critique de la raison pure*** (traduction française avec notes par A.Tremesaygues et B. Pacaud), Editions P.U.F., Paris, 1980.
Id. ***Fondements de la métaphysique des mœurs***, traduction nouvelle avec introduction et notes par Victor Delbos, Delagrave Librairie, Paris, 1967.
KANTOROWICSZ, Ernst, ***Les deux corps du roi. Essai sur la théologie politique au Moyen Age***, Editions Gallimard, Paris, 1989.
KASPER, Walter, ***Das Absolute in der Geschichte. Philosophie und Theologie der Geschichte in der Spätphilosophie Schellings***, Mathias-Grünewald-Verlag, Mainz, 1955.
Id., ***Logik der Liebe und Herrlichkeit Gottes. Hans Urs von Balthasar im Gespräch. Festgabe für Kardinal Lehmann zum 70. Geburtstag***, Matthias-Grünewald, Ostfildern 2006.
KERVEGAN, Jean-François, ***Hegel, Carl Schmitt : le politique entre spéculation et positivité***, Collection « Léviathan », Editions P.U.F., Paris, 1992.
KIERKEGAARD, Sören, ***L'école du christianisme*** *(précédée du Point de vue explicatif de mon œuvre)*, traduit du danois par P.-H. Tisseau, avec un avant-propos de Jean Brun, Librairie Académique Perrin, Paris, 1963.
Id., ***Le concept de l'angoisse***. *Simple éclaircissement psychologique préalable au problème du péché originel*, traduit du danois par Knud Ferlov et Jean J. Gateau, Editions nrf-Gallimard, Paris, 1935.
Id., ***Etapes sur le chemin de la vie*** (traduit du danois par F. Prior et M.-H. Guignot), Editions « tel »-Gallimard, Paris, 1975.
Id., ***Dans la lutte des souffrances***, *Discours chrétiens*, tome II, collection « Foi Vivante », Editions Delachaux et Niestlé, Paris, 1968.
Id., ***Des pensées qui attaquent dans le dos***, *Discours chrétiens*, tome III, Collection « Foi Vivante », Editions Delachaux et Niestlé, Paris, 1971.
KINTZLER, Catherine, ***Jean-Philippe Rameau, splendeur et naufrage de l'esthétique du plaisir à l'âge classique***, Collection « Voies de l'Histoire », série « Figures et problèmes », 2e éd. revue et augmentée, Editions Minerve, Paris,1988.
KIRSCHER, Roger, ***Théologie et lumières. Les théologiens « éclairés » autour de la revue de Friedrich Nicolai « Allgemeine deutsche Biblio-***

thek» (1765-1792), Collection « Histoire et civilisations », Editions P.U.S., Paris, 2001.

KLUCKHOHN, Paul, ***Die Auffassung der Liebe in der Literatur des 18. Jahrhunderts und in der deutschen Romantik***, Verlag von Max Niemeyer, Tübingen, 1922.

Id., ***Reihe Romantik***, 24 Bände, herausgegeben von Professor Dr. Paul Kluckhohn, 1938.

Id., ***Das Ideengut der deutschen Romantik***, Max Niemeyer Verlag, 1941.

Id., ***Deutsche Vergangenheit und deutscher Staat***, herausgegeben von Professor Dr. Paul Kluckhohn, Darmstadt, Wissenschaftliche Buchgesellschaft 1964, in Reihe Romantik, Band 10.

KNECHT, Herbert H., ***La logique chez Leibniz. Essai sur le rationalisme baroque***, Collection « Dialectica », Éditions L'Age d'Homme, Lausanne, 1981.

KOCKA, Urte, ***Phänomenologische Konstitution und Lebenswelt. Untersuchungen zu Edmund Husserls "Ideen II"***, Wissenschaftliche Reihe, Band 9, B. Kleine Verlag, 1980.

KOJEVE, Alexandre, ***Introduction à la lecture de Hegel : leçons sur la « Phénoménologie de l'esprit »***, professées de 1933 à 1939 à l'École des Hautes Etudes, réunies et publiées par Raymond Queneau, Editions « tel »-Gallimard, Paris, 1979.

KOKTANEK, Anton Mirko, ***Schellings Seinslehre und Kierkegaard***, *Mit Erstausgabe der Nachschriften zweier Schellingvorlesungen von G. M. Mittermair und Sören Kierkegaard*, R. Oldenbourg Verlag, München, 1962.

KOYRE, Alexandre, ***La philosophie de Jacob Böhme***, Editions Vrin, Paris, 1929.

Id., ***La philosophie et le problème national en Russie au début du XIXe siècle***, collection « Idées », nrf , Editions Gallimard, Paris, 1976.

Id., ***Du monde clos à l'univers infini***, Editions « tel »-Gallimard, Paris, 2008.

KRONENBERG, M. (Dr.), ***Die All-Einheit. Grundlinien der Welt- und Lebensauffassung im Geiste Goethes und Spinozas***, Verlag von Strecker und Schröder, Stuttgart, 1924.

KÜHN, Rolf, ***Wort und Schweigen. Phänomenologische Untersuchungen zum originären Sprachverständnis***, Georg Olms Verlag, Hildesheim, 2005.

KUNG, Hans, ***Menschwerdung Gottes. Eine Einführung in Hegels theologisches Denken als Prolegomena zu einer künftigen Christologie***, Serie Piper, München, Zürich, 1989.

LABARRIERE, Pierre-Jean, ***Dieu aujourd'hui. Cheminement rationnel et décision de liberté***, Desclée de Brouwer, Paris, 1977.

Id., ***Introduction à une lecture de la Phénoménologie de l'esprit***, Aubier-Montaigne, Paris, 1979,

LACROIX, Alain, ***Hegel. La philosophie de la nature***, Collection « Philosophies », Editions PUF, Paris, 1997.

LACOUE-LABARTHE, Philippe ; NANCY, Jean-Luc (présenté par) (avec la collaboration d'Anne-Marie Lang), ***L'Absolu littéraire.*** *Théorie de la littérature du romantisme allemand*, Collection « Poétique », Éditions du Seuil, Paris,1978.

LAGERLÖF, Selma, ***Les miracles de l'Antéchrist*** (titre original : *Antikrists mirakler*), traduit en français par Thekla Hammar et Marthe, Editions Stock, Paris, 1924.(Ce roman « apparut en 1897 et traite des miracles que l'imitation d'une image du Christ miraculeuse accomplit en Sicile au XIXe siècle. L'auteur qualifie cette image miraculeuse d' « Antéchrist », parce qu'elle n'est qu'une pâle imitation du Christ authentique. L'Antéchrist remplit ici la fonction d'un symbole pour le socialisme, dont la relation au christianisme est le thème du roman. Le titre du roman se réfère à une fresque de Luca Signorelli dans la cathédrale d'Orvieto à laquelle il est fait allusion dans le dernier chapitre de l'ouvrage ». (wikipedia). Le titre de ce roman est mentionné par Ulrich Bieberich dans son livre sur Franz Rosenzweig, *Si l'histoire était divine. La discussion de Rosenzweig avec Hegel*, p. 22).

LAKS, André, ***La naissance du paradigme herméneutique : Schleiermacher, Humboldt, Boeckl, Droysen***, Collection « Cahiers de philologie », n° 10, Editions P.U.S., Villeneuve-d'Ascq, 1991.

Id., ***Le vide et la haine : éléments pour une histoire archaïque de la négativité***, Collection « Libelles », Editions P.U .F., Paris, 2004.

Id., ***La naissance du paradigme herméneutique : de Kant et Schleiermacher à Dilthey***, Collection « Cahiers de philologie », volume 24, nouvelle édition revue et augmentée, Editions P.U.S., Villeneuve-d'Ascq, 2008.

LALOUP, Jean, ***Le christianisme dans l'autre sens : par l'interstance***, Editions Cabay, Librairie-Editeur, Louvain-la-Neuve, 1984.

LANCIANI, Albino, ***Mathématiques et musique. Les labyrinthes de la phénoménologie***, Collection « Krisis », Editions Jérôme Million, Grenoble, 2001.

LAPIDE, Pinchas, MOLTMANN, Jürgen, ***Jüdischer Monotheismus – christliche Trinitätslehre. Ein Gespräch***, Verlag Chr. Kaiser, München, 1979.

LAROCHELLE, Gilbert, ***Philosophie de l'idéologie. Théorie de l'intersubjectivité***, Editions P.U.F, Paris, 1995.

LAVOCAT, Marie-Hugues, ***L'Esprit de vérité et d'amour, Essai de synthèse doctrinale sur le Saint-Esprit***, Librairie Saint-Dominique et Librairie Saint-Charles, Paris, 1968.

LEBRUN, Gérard, ***L'envers de la dialectique, Hegel à la lumière de Nietzsche***, « L'Ordre Philosophique », Éditions du Seuil, Paris, 2004.

LECLERC, Eloi, ***Le Royaume caché***, Editions Desclée de Brouwer, Paris, 1987.

Id., ***Dieu plus grand***, Editions Desclée de Brouwer, Paris, 1990.

LECLERC, Gérard, ***Pourquoi veut-on tuer l'Église ?***, Editions Fayard, Paris, 1996.

LEDURE, Yves, ***La détermination de soi : anthropologie et religion***, Collection « Anthropologiques », Editions Desclée de Brouwer, Paris, 1997.

LEFEVRE, Jean-Pierre ; Pierre MACHEREY, ***Hegel et la société***, Collection « Philosophes », Editions P.U.F., Paris, 1987.

LE GUILLOU, M.-J., ***Le Christ et l'Église. Théologie du mystère***, Éditions du Centurion, Paris, 1963.

Id., ***Celui qui vient d'ailleurs, l'Innocent***, Les Éditions du Cerf, Paris, 1982.

LEIBNIZ, Gottfried Wilhelm, ***Confessio philosophi.*** *La profession de foi du philosophe*, texte, traduction et notes par Yvon Belaval, nouvelle édition revue et augmentée, troisième tirage, Collection « Bibliothèque des textes philosophiques », Librairie philosophique J. Vrin, Paris, 2004.

Id., ***Essais de théodicée, sur la bonté de Dieu, la liberté de l'homme et l'origine du mal***, Editions GF Flammarion, Paris, 1969.

Id., ***Système nouveau de la nature et de la communication des substances (et autres textes 1690-1703)***, Editions GF-Flammarion, Paris, 1994.

Id., ***L'entendement humain***, textes choisis par Louis Guillermit, Collection « SUP », Editions P.U.F., Paris, 1969.

Id., ***L'harmonie des langues***, présenté, traduit et commenté par Marc Crépon, bilingue allemand-français, Collection « Essais », Éditions du Seuil, Paris, janvier 2000.

LE LANNOU, Jean-Michel, ***La puissance sans fin. Essai sur la dissolution du monde,*** Collection « Philosophie », Editions Hermann, Paris, 2005.

LE RIDER, Jacques, ***Modernité viennoise et crises de l'identité***, Collection « Quadrige », Editions P.U.F., Paris, 1990.

LEROI-GOURHAN, André, ***Le geste et la parole*** (suivi de *La mémoire et les rythmes*), Collection « Sciences d'Aujourd'hui », Editions Albin Michel, Paris, 1965.

LESSING, Gotthold Ephraim, ***L'éducation du genre humain***, traduction de Marc B. de Launay, Editions Findakly, Paris, 1994.

LEVINAS, Emmanuel, ***Le temps et l'autre***, Collection « Quadrige », Editions P.U.F, Paris, 1983.

id., ***Difficile liberté : essais sur le judaïsme***, Collection « Biblio Essais », Editions Le Livre de poche, Paris, 1984.

Id., ***Humanisme de l'autre homme***, Collection « Biblio Essais », Editions Le Livre de poche, Paris, 1987.

Id., ***Totalité et infini, essai sur l'extériorité***, Collection « Biblio Essais », Editions Le Livre de poche, Paris, 2006.

Id. ; TILLIETTE, Xavier ; RICŒUR, Paul, ***Jean Wahl et Gabriel Marcel*** (avec une présentation de Jeanne Hersch), Collection « Bibliothèque des Archives de Philosophie », Nouvelle Série, n° 21, Editions Beauchesne, Paris, 1976.

LEVY-VALENSI, Eliane Amado, ***A la gauche du Seigneur ou l'illusion idéologique***, Editions Bibliophane, Paris, 1987.

LIBERA, Alain de, ***La querelle des universaux - De Platon à la fin du Moyen Âge***, Editions du Seuil, Paris, 1996.

Id., ***La Mystique rhénane d'Albert le Grand à Maître Eckhart***, Collection « Points Sagesses », Éditions du Seuil, Paris, 1994.

Id., ***Archéologie du sujet***, *I. Naissance du sujet*, *II. La quête de l'identité*, Editions Vrin, Paris, 2008.

LICHARZ, Werner ; KELLER, Manfred (Hg.), ***Franz Rosenzweig und Hans Ehrenberg. Bericht einer Beziehung***, Frankfurt-am-Main, 1986.

LIEBAERT, J., ***L'Incarnation***. *I. Des origines au concile de Chalcédoine*, Collection « Histoire des Dogmes » (tome III), Les Éditions du Cerf, Paris, 1966.

LIENHARD, Marc, ***Martin Luther. La passion de Dieu***, Bayard Éditions, Paris, 1999.

LINDENBERG, Daniel, ***Figures d'Israël*** *(L'identité juive entre marranisme et sionisme (1648-1998))*, Editions Hachette Littératures, Paris, 1997.

LITT, Theodor, ***Individuum und Gemeinschaft***, 3. Auflage, Leipzig, 1926.

Id., ***Kant und Herder : als Deuter der geistigen Welt***, Quelle & Meyer Verlag, Heidelberg, 1949 (2. verarbeitete Auflage).

Id., ***Hegel. Essai d'un renouvellement critique*** (titre original : *Hegel. Versuch einer kritischen Neuerung*), Collection « Médiations Gonthier », Editions Denoël, Paris, 1973.

LOEWY, Michael, ***Marxisme et romantisme révolutionnaire : essais sur Lukács et Rosa Luxemburg***, Collection « Petite bibliothèque », Editions Le Sycomore, Paris, 1979.

Id., ***Rédemption et utopie : le judaïsme libertaire en Europe centrale*** (une étude d'affinité élective), Éditions du Sandre, Paris, 2009.

LOREAU, Max, ***La genèse du phénomène. Le phénomène, le logos, l'origine***, collection « Arguments », Les Éditions de Minuit, Paris, 1989.

LOSURDO, Domenico, ***Hegel et la catastrophe allemande*** (traduit de l'italien par Charles Alunni), collection « Bibliothèque du Collège International de Philosophie », Editions Albin Michel, Paris, 1987.

LÖWITH, Karl, ***Philosophie der Vernunft und Religion der Offenbarung in Hermann Cohens Religionsphilosophie***, vorgelegt am 14. Dezember 1968, Carl Winter Universitäts-Verlag, Heidelberg, 1968.

id., ***De Hegel à Nietzsche*** (titre original : *Von Hegel zu Nietzsche. Der revolutionäre Bruch im Denken des neunzehnten Jahrhunderts*, W. Kohlhammer Verlag, Stuttgart, 1958), Editions « tel »-Gallimard, Paris, 1981.

Id., ***Nietzsche : philosophie de l'éternel retour du même*** (titre original : *Nietzsches Philosophie der ewigen Wiederkehr des Gleichen*, Felix Meiner Verlag GmbH, Hamburg, 1958), traduit de l'allemand par Anne-Sophie Astrup, Editions Hachette Littératures, Paris, 1998.

Id., ***Histoire et salut. Les présupposés théologiques de la philosophie de l'histoire*** (titre original : *Weltgeschichte und Heilsgeschehen. Die theologischen Voraussetzungen der Geschichtsphilosophie*), traduit de l'allemand par Marie-Christine Challiol-Gillet, Sylvie Hurstel et Jean-François Kervégan, avec une présentation de Jean-François Kervégan), collection « Bibliothèque de Philosophie », Editions nrf-Gallimard, Paris, 2002.

LÖWITH, Karl ; WEBER, Max, ***Hegel und die Aufhebung der Philosophie im 19. Jahrhundert***, Sämtliche Schriften, J. B. Metzler, Stuttgart, 1988.

LUBAC, Henri (de), ***Le drame de l'humanisme athée***, Editions 10/18, Paris, 1963.

LUCAS, Franz D. (Herausg.), ***Geschichte und Geist.*** *Fünf Essays zum Verständnis des Judentums*, Duncker und Humblot Verlag, Berlin, 1995.

LUKACS, Georg, ***Die Zerstörung der Vernunft***, Band I : *Irrationalismus zwischen den Revolutionen*, Sammlung Luchterhand, Hermann Luchterhand, 3. Auflage, 1981.

LUSTIGER, Jean-Marie, ***Le choix de Dieu***, Entretiens avec Jean-Louis Missika et Dominique Wolton, Éditions de Fallois, Paris, 1987.

MACLAGAN, David, ***La Création et ses mythes***, traduit de l'anglais par Edouard Deliman, Éditions du Seuil, Paris, 1977.

MAHNKE, Dietrich, ***Leibnizens Synthese von Universalmathematik und Individualmetaphysik***, Niemeyer, Halle, 1925.

Id., ***Unendlichkeitssphäre und Allmittelpunkt : Beiträge zur Genealogie der mathematischen Physik***, Halle, 1937.

Id., ***Eine neue Monadologie***, Reihe « Kant-Studien », Ergänzungshefte, 39, Verlag Liebing, Würzburg, 1971.

MAIER, Heinrich, ***Psychologie de la pensée émotionnelle*** (*Psychologie des emotionalen Denkens*), Tübingen, 1908.

MALABOU, Catherine, ***L'avenir de Hegel.*** *Plasticité, temporalité, Dialectique*, Editions Vrin, Paris, 1996.

Id., ***La chambre du milieu.*** *De Hegel aux neurosciences*, Collection « Le Bel Aujourd'hui », Hermann Editeurs, Paris, 2009.

Id., ***Le Change Heidegger.*** *Du fantastique en philosophie*, Collection « Non & Non », Editions Leo Scheer, Paris, 2004.

MALDINEY, Henri, ***Regard Parole Espace***, Editions L'Age d'Homme, Lausanne, 1973 et 1994.

Id., ***Penser l'homme et la folie***, Editions Millon, Grenoble, 1997.

MALDONADO, Luis, ***Vers une liturgie sécularisée*** (traduit de l'espagnol par Lucien Nève), Éditions du Cerf, Paris, 1971.
MANENT, Pierre, ***La Raison des nations. Réflexions sur la démocratie en Europe***, Collection « L'esprit de la Cité », Editions nrf-Gallimard, Paris, 2006.
Id., ***Les métamorphoses de la cité****. Essai sur la dynamique de l'Occident*, Editions Flammarion, Paris, 2010.
MARGEL, Serge, ***Le concept de temps. Étude sur la détermination temporelle de l'être chez Aristote***, Editions Ousia, Paris, 1999.
Id., ***Logique de la nature****. Le fantôme, la technique et la mort,* Editions Galilée, Paris, 2000.
MARION, Jean-Luc, ***Dieu sans l'être.*** *Hors-texte*, Collection « Communio », Les Éditions Fayard, Paris, 1982.
Id., ***Le visible et le révélé***, Collection « Philosophie et Théologie », Les Éditions du Cerf, Paris, 2005.
Id., ***Le phénomène érotique***. ***Six méditations***, Collection « Figures », Éditions Grasset & Fasquelle, Paris, 2003.
Id., ***Etant donné. Essai d'une phénoménologie de la donation**,* Collection « Epiméthée », Editions P.U.F, Paris, 1997.
Id., ***Sur l'ontologie grise de Descartes****. Science cartésienne et savoir aristotélicien dans les « Regulae »*, Librairie Philosophique J. Vrin, Paris, 1975.
Id., ***L'idole et la distance.*** *Cinq études*, Éditions Grasset, Paris, 1977.
Id., ***Sur la théologie blanche de Descartes****. Analogie, création des vérités éternelles, fondement*, Editions P.U.F., Paris, 1981.
Id., ***Au lieu de soi. L'approche de saint Augustin***, Editions P.U.F, Paris, 2008.
Id., ***Certitudes négatives***, Editions Grasset & Fasquelle, Paris, 2010.
MARITAIN, Jacques, ***Le mystère d'Israël et autres essais***, Editions Desclée de Brouwer, Paris, 1938.
Id., ***Humanisme intégral***, *problèmes temporels et spirituels d'une nouvelle chrétienté*, Editions Aubier-Montaigne, Paris, 1936/1968.
MAROLLEAU, Jean, ***La symbolique chinoise***, collection « Histoire et Tradition », Les Éditions Dervy-Livres, Paris, 1978.
MARQUARD, Odo, ***Des difficultés avec la philosophie de l'histoire*** (essais), préface de Catherine Colliot-Thélène, traduit de l'allemand par Olivier Mannoni, Editions de la Maison des Sciences de l'Homme, Paris, 2002.
MARQUARDT, Friedrich-Wilhelm, ***Die Juden im Römerbrief***, Theologische Studien 107, Theologischer Verlag Zürich, 1971.
Id., ***Die Juden und ihr Land***, GTB Siebenstern, 1986.
MARQUET, Jean-François, ***Liberté et existence****. Étude sur la formation de la philosophie de Schelling*, Collection « Bibliothèque des Idées », Éditions nrf-Gallimard, Paris, 1973.

Id., ***Singularité et événement***, Editions J. Million, Paris, 1995.

Id., ***Miroirs de l'identité : la littérature hantée par la philosophie***, collection « Savoir : Lettres », Hermann Editeurs des Sciences et des Arts, Paris, 1996.

Id., ***Restitutions. Etudes d'histoire de la philosophie allemande***, Editions Vrin, Paris, 2001.

MARSCH, Wolf-Dieter ; THIEME, Karl (*herausgegeben von*), ***Christen und Juden. Ihr Gegenüber vom Apostelkonzil bis heute***, Matthias-Grünewald-Verlag, Mainz und Vandenhoeck & Ruprecht in Göttingen, 1961.

MARTIN, Gottfried, ***Leibniz. Logique et Métaphysique***, traduit de l'allemand par M. Régnier, Collection « Bibliothèque des Archives de Philosophie », Nouvelle Série 4, Editions Beauchesne, Paris, 1966 (édition allemande : Kölner Universitätsverlag 1960).

MARX, Karl, ***La Question juive***, traduction Molitor, Editions A. Costes, Paris, 1946.

MATTEI, Jean-François (coordonné par), ***Heidegger, l'énigme de l'être***, collection « Débats philosophiques », Editions P.UF., Paris, 2004.

MECHONNIC, Henri, ***Politique du Rythme****. Politique du sujet*, Éditions Verdier, Paris, 1995.

MEINECKE, Friedrich, ***Die deutsche Katastrophe. Betrachtungen und Erinnerungen***, Eberhard Brockhaus Verlag Wiesbaden, 1946 (traduction de *The german catastrophe. Reflections and recollections,* traduit par Sidney Bradshaw Fay, Cambridge ; Massachusetts, Harvard University Press).

Id., ***Die Idee der Staatsräson in der neueren Geschichte***, *Dritter Band : "Machiavelismus, Idealismus und Historismus im Neueren Deutschland"*, R. Oldenbourg Verlag, München, 1963, 9. Auflage.

Id., ***Die Entstehung des Historismus***, in : *Werke, 3,* 4. Auflage, herausgegeben und eingeleitet von Carl Hinrichs, herausgegeben im Auftrage des Friedrich-Meinecke-Institutes der Freien Universität Berlin, von Hans Herzfeld, Carl Hinrichs, Walther Hofer, Eberhard Kessel / Stuttgart ; München ; Darmstadt / K. F. Koehler / R. Oldenburg Verlag / S. Toeche-Mittler, 1965.

Id., ***Weltbürgertum und Nationalstaat***, R. Oldenbourg Verlag, München, 1963, 9. Auflage.

Id., ***Schiller und der Individualitätsgedanke. Eine Studie zur Entstehungsgeschichte des Historismus***, Friedrich Meiner Verlag, Leipzig, 1937.

MICHON, Cyrille (ouvrage collectif sous la direction de), ***Christianisme : héritages et destins***, Le Livre de Poche, « biblio » essais, Librairie Générale Française, Paris, 2002.

MILLET, Louis, ***Aristote***, collection « Pour connaître », Éditions Bordas, Paris, 1987.

MINAZZOLI, Agnès, ***La première ombre***. *Réflexion sur le miroir et la pensée*, Éditions de Minuit, Paris, 1990.

MINDER, Robert, ***Die Entdeckung der deutschen Mentalität (Essays)***, Reclam Verlag, Leipzig, 1922.

MOINGT, Joseph, ***Dieu qui vient à l'homme. Du deuil au dévoilement de Dieu***, Collection « Cogitatio fidei », Les Éditions du Cerf, Paris, 2002.

MÖLLER, Joseph, ***Der Geist und das Absolute. Zur Grundlegung einer Religionsphilosophie in Begegnung mit Hegels Denkwelt***, Verlag Ferdinand Schöningh, Paderborn, 1951.

Id., ***Die Chance des Menschen-Gott genannt***. *Was Vernunft und Erfahrung heute von Gott sagen können*, Benziger Verlag, 1975.

MOLNAR, Thomas, ***Dieu et la connaissance du réel*** (traduit de l'anglais), Editions P.U.F., Paris, 1976.

MONDZAIN, Marie-José, ***L'Image, l'économie et l'icône***. *Les sources byzantines de l'imaginaire contemporain*, Collection « L'ordre philosophique », Editions du Seuil, Paris, 1996.

Id., ***Le commerce des regards***, Editions du Seuil, Paris, 2003.

MONOD, Jean-Claude, ***La querelle de la sécularisation.*** *Théologie politique et philosophies de l'histoire de Hegel à Blumenberg*, collection « Problèmes et Controverses », Librairie Philosophique J. Vrin, Paris, 2002.

Id., ***Penser l'ennemi, affronter l'exception. Réflexions critiques sur l'actualité de Carl Schmitt***, Editions La Découverte, Paris, 2006.

MOREAU, Emile, « ***Et le Verbe s'est fait juif***... », Collection « Lumière du Monde », Editions Résiac, Paris, 1980.

MOSSE, G., L. ***Die völkische Revolution*** : ***über die geistigen Wurzeln des Nationalsozialismus***, traduit de l'américain par Renate Becker, Sonderausgabe Frankfurt am Main, Hain 1991 (traduction française : *La Révolution fasciste. Vers une théorie générale du fascisme* (recueil de textes de 1961-1996), Editions du Seuil, Paris, 2003).

Id., ***Jüdische Intellektuelle in Deutschland zwischen Religion und Nationalismus***, avec une introduction d'Aleida Assmann ; traduit de l'anglais par Christiane Spelsberg ; Campus Verlag, Frankfurt/New York, 1992.

MOUNIER, Emmanuel, ***Introduction aux existentialismes***, Collection « Idées », Editions nrf-Gallimard, Paris, 1962.

MOUTTAPA, Jean, ***Dieu et la révolution du dialogue***. *L'ère des échanges entre les religions*, Editions Albin Michel, Paris, 1996.

MUCHEM BLED, Robert, ***Une histoire du Diable. XIIe-XXe siècle***, Éditions du Seuil, Paris, 2000.

MULLER, Adam Heinrich, ***Elemente der Staatskunst*** (*mit einer Einführung, erklärenden Anmerkungen und bisher ungedruckten Original Dokumenten versehen*), Fischer Verlag, Iena, 1922.

MULLER, Wunibald, ***Empathie. Der Seele eine Stimme geben***, Matthias-Grünewald-Verlag, Mainz, 1991.

MUSSNER, Franz, ***Traktat über die Juden***, Verlag Kösel, 1979.

MUYA, Juvénal Ilunga, ***L'expérience de la pluralité. Un lieu théologique***, Borengässer Verlag, Bonn, Alfter, 2000.

NAERT, Emilienne, ***La pensée politique de Leibniz***, Collection « Initiation philosophique », Editions P.U.F., Paris, 1964.

NAUDON, Paul, ***La Tradition et la connaissance primordiale dans la spiritualité de l'Occident.*** *Les Silènes de Rabelais*, Collection « Histoire et Tradition », Éditions Dervy-Livres, Paris, 1973.

NEDONCELLE, Maurice, ***Conscience et logos.*** *Horizons et méthodes d'une philosophie personnaliste*, Éditions de l'Epi, Paris, 1961.

NEHER, André, ***Moïse et la vocation juive***, Collection « Maîtres spirituels », Éditions du Seuil, Paris, 1956.

Id., ***L'existence juive : solitude et affrontements***, Éditions du Seuil, 1962.

Id., ***Ils ont refait leur âme***, Éditions Stock, Paris, 1979.

Id., ***L'essence du prophétisme***, collection « Diaspora », Éditions Calmann-Lévy, Paris, 1983.

Id. ; NEHER, Renée, ***Histoire biblique du peuple d'Israël*** (troisième édition, revue et corrigée), Librairie d'Amérique et d'Orient Adrien Maisonneuve, Paris 1982.

NICOLAS, Serge, ***Psychologie de Wilhelm Wundt (1832-1920)***, Editions L'Harmattan, Paris, 2003.

NIEL, Henri, ***De la médiation dans la philosophie de Hegel***, collection « Philosophie de l'Esprit », Editions Aubier Montaigne, Paris, 1945.

NIETZSCHE, Friedrich, ***L'Antéchrist***, traduit et présenté par Dominique Tassel, Editions 10/18, Paris, 1967.

NOVALIS, ***Le Brouillon général***, Oeuvres Philosophiques de Novalis, tome IV, traduit de l'allemand, annoté et précédé de *Encyclopédie et combinatoire* par Olivier Schefer, Éditions Allia, Paris, 2000.

NYGREN, Anders, ***Eros et Agapè***. *La notion chrétienne de l'amour et ses transformations* (traduction de Pierre Jundt ; avec une préface de Maurice Goguel), collection « Les Religions », Éditions Aubier, Paris, 1944-1952, 3 volumes (nouvelle édition : Les Éditions du Cerf, Paris, 2009, avec une préface de Lucrèce Luciani Zidane).

OLENDER, Maurice, ***Les langues du paradis***. *Aryens et Sémites : un couple providentiel*, préface de Jean-Pierre Vernant, Éditions du Seuil, Paris, 1989.

OLIVIER, Alain Patrick, ***Hegel et la musique***. *De l'expérience esthétique à la spéculation philosophique* (avec une préface de Bernard Bourgeois), collection « Musique et musicologie », Librairie Honoré Champion, Paris, 2003.

OPIELA, Stanislas, ***Le réel dans la Logique de Hegel***, Editions Beauchesne, Paris, 1983.

Ory, Pascal (textes réunis et présentés par), ***L'Europe ?, L'EUROPE***, Editions Omnibus, Paris, 1998.

PAQUE, Ruprecht, ***Das Pariser Nominalistenstatut. Zur Entstehung des Realitätsbegriffs der Neuzeitlichen Naturwissenschaft***, *Guillaume d'Occam, Jean Buridan, Pierre d'Espagne, Nicolas d'Autrecourt et Grégoire de Rimini*, Walter De Gruyter & Co, Berlin, 1970 (traduit de l'allemand par Emmanuel Martineau).

PAQUET, Léonce, ***Platon. La médiation du regard. Essai d'interprétation***, Leyden, Brill, 1973.

PARFAIT, Nicole, ***Une certaine idée de l'Allemagne. L'identité allemande et ses penseurs de Luther à Heidegger***, Editions Desjonquères, Paris, 1999.

PASCAL, Georges, ***Kant***, collection « Pour connaître », Editions Bordas, 1966. PAUL, André, ***Le monde des juifs à l'heure de Jésus. Histoire politique***, Petite Bibliothèque des Sciences Bibliques, Editions Desclée, Paris, 1981.

PAUL, Jean-Marie, ***Dieu est mort en Allemagne. Des Lumières à Nietzsche***, Coll. « Bibliothèque scientifique Payot », Editions Payot et Rivages, Paris, 1994.

PEELMAN, Achiel, ***Le salut comme drame trinitaire***. *La* Theodramatik *de Hans Urs von Balthasar*, collection « Brèches théologiques », Editions Médiaspaul, Montréal, 2002.

PEGUY, Charles, ***Note conjointe***, Editions nrf-Gallimard, Paris, 1935.

PENISSON, Pierre, ***J. G. Herder. La raison dans les peuples***, Les Editions Le Cerf, Paris, 1992.

PERLER, Dominik, ***théories de l'intentionnalité au Moyen Âge***, collection « Conférences Pierre Abélard », Librairie Philosophique J. Vrin, Paris, 2003.

PETITDEMANGE, Guy, ***Philosophes et philosophies du XXe siècle***, collection « La Couleur des Idées », Éditions du Seuil, 2003.

PETITOT, Jean ; COCORDA, ***Les catastrophes de la parole : de Roman Jakobson à René Thom***, collection « Recherches interdisciplinaires », Editions Maloine, Paris, 1985.

PETITOT, Jean, ; VARELA, Francisco J. ; PACHOUD, Bernard ; ROY, Jean-Michel, ***Naturaliser la phénoménologie. Essais sur la phénoménologie contemporaine et les sciences cognitives***, CNRS Éditions, Paris, 2002.

PHILONENKO, Alexis, ***L'œuvre de Fichte***, collection « A la recherche de la vérité », Librairie philosophique J. Vrin, Paris, 1984.

Id., ***Le transcendental et la pensée moderne. Etudes d'histoire de la philosophie***, collection « Epiméthée », Editions « P.U.F., Paris, 1990.

PICLIN, Michel, ***Les philosophies de la triade ou l'histoire de la structure ternaire***, Librairie philosophique, Editions Vrin, Paris, 1980.

PIEPMEIER, Rainer, ***Aporien des Lebensbegriffs seit Oetinger***, Symposion Philosophische Schriftenreihe, Verlag Karl Alber, Freiburg im Breisgau, 1978.

PIEROBON, Frank, ***Système et représentation****. La déduction transcendantale des catégories dans la Critique de la raison pure*, Editions Jérôme Million, Paris, 1993.

Id., ***Kant et les mathématiques.*** *La conception kantienne des mathématiques,* Librairie Philosophique J. Vrin, Paris, 2003.

PIGUET, Jean-Claude, ***Philosophie et musique***, Georg Editeur, Chêne-Bourg, Suisse, 1996.

PIRET,Pierre, ***Les athéismes et la théologie trinitaire : A. Comte, L. Feuerbach, K. Marx, F. Nietzsche***, collection « IET », num. 15, Éditions de l'Institut d'études théologiques de Louvain, 1994.

PLANTY-BONJOUR, Guy (sous la direction de), ***Actualité de Schelling***, Centre de documentation et recherche sur Hegel et sur Marx, « Bibliothèque d'Histoire de la Philosophie », Editions Vrin, Paris, 1979.

Id., ***Le projet hégélien***, Librairie philosophique Vrin, Paris, 1993.

POIZAT, Michel, ***Vox populi, vox dei***, Editions Anthropos, Paris, 1998.

POMIAN, Krzysztof, ***L'ordre du temps***, Editions nrf-Gallimard, Paris, 1984.

PORZIG, Walter, ***Das Wunder der Sprache****. Probleme, Methoden und Ergebnisse der modernen Sprachwissenschaft*, 4. Auflage, Verlag UTB Francke, Bern, 1967.

PREPOSIET, Jean, ***La profanation du monde. Destin de l'Occident***, Editions Kimé, Paris, 2000.

QUESNEL, Michel, ***Paul et les commencements du christianisme***, Les Editions Desclée de Brouwer, Paris, 2001.

QUILLIEN, Jean, ***G. de Humboldt et la Grèce. Modèle et Histoire***, Editions P.U.L., Paris, 1983.

Id., ***L'anthropologie philosophique de G. de Humboldt***, P.U.L., 1991.

RAMEAU, Jean-Philippe, ***Musique raisonnée***, textes choisis, présentés et commentés par Catherine Kintzler et Jean-Claude Malgoire, Éditions Stock, Paris, 1980.

RAMSEY, Arthur Michael, ***Dieu, le Christ et le monde. Essai sur la théologie contemporaine***, traduit de l'anglais par Jacques Potin, collection « Christianisme et mouvement », Editions Casterman, Tournai-Paris, 1969.

RANKE, Leopold, ***Geschichten der romanischen und germanischen Völker von 1494 bis 1514,*** 3. Auflage, Duncker & Humblot, 1885.

RATZINGER, Joseph, ***L'Esprit de la liturgie*** (traduit de l'allemand : *Der Geist der Liturgie*, Herder Verlag 2000), Editions Ad Solem, Paris, 2002.

RAULET, Gérard (textes et commentaires par), ***Aufklärung. Les Lumières allemandes***, textes et commentaires, Editions GF-Flammarion, Paris, 1995.

Id., ***La philosophie allemande depuis 1945***, Editions Armand Colin, Paris, 2006.

REHM, Patricia, ***Herder et les Lumières. Essai de biographie intellectuelle***, Hildesheim, Olms, 2007.

RENAN, Ernest, ***Qu'est-ce qu'une nation ?*** *(et autres essais politiques)*, (textes choisis et présentés par Joël Roman), collection « Agora Les Classiques », Editions Presses Pocket, Paris, 1992.

RENAULT, Laurence, ***Dieu et les créatures selon Thomas d'Aquin***, collection « Philosophies », Editions P.U.F., Paris, 1995.

REY, Jean-François, ***La mesure de l'homme. L'idée d'humanité dans la philosophie d'Emmanuel Lévinas***, Editions Michalon, Paris, 2001.

RICHIR, Marc, ***Le Rien et son apparence : fondements pour la phénoménologie (Fichte : doctrine de la science 1794/95)***, Editions Ousia, Bruxelles, 1979.

RICŒUR, Paul, ***Temps et récit***, tome 1-3, Seuil, 1983-1985.

Id., ***La mémoire, l'histoire, l'oubli***, collection « L'ordre philosophique », Éditions du Seuil, Paris, 2000.

RINGLEBEN, Joachim, ***Hegels Theorie der Sünde. Die subjektivitätslogische Konstruktion eines theologischen Begriffs***, Walter De Gruyter, Berlin, New York, 1977.

RITTER, Gerhard ; STADELMANN, Rudolf (herausgegeben von), ***Bismarck, Gedanken und Erinnerungen*** (*ungekürzte Ausgabe*), collection « Goldmann Sachbuch », Wilhelm Goldmann Verlag, 1962.

RIVELAYGUE, Jacques, ***Leçons de métaphysique allemande***, tome I et II (tome I : *De Leibniz à Hegel* ; tome II : *Kant, Heidegger, Habermas*), collection « biblio essais » Le Livre de Poche, Éditions Grasset & Fasquelle, Paris, 1990-1992.

ROBINET, André, ***Leibniz***, collection « Philosophes de tous les temps », Editions Seghers, Paris, 1968.

Id., ***Le défi cybernétique. L'automate et la pensée***, collection « Les Essais », Editions Gallimard, Paris, 1973.

Id., ***G.W. Leibniz : Le meilleur des mondes par la balance de l'Europe***, collection « Fondements de la politique », Editions P.U.F., Paris, 1994.

ROHRBACH, Wilfried, ***Das Sprachdenken Eugen Rosenstock-Huessys***, W. Kohlhammer, 1973.

ROMBACH, Heinrich, ***Strukturontologie (Eine Phänomenologie der Freiheit)***, Verlag Karl Alber Freiburg / München, 1988.

Id., ***Substanz, System, Struktur. Die Ontologie des Funktionalismus und der philosophische Hintergrund der modernen Wissenschaft***, (*2 Bände*), Alber Verlag, Freiburg-München, 1966.

ROSANVALLON, Pierre, ***La démocratie inachevée*** (*Histoire de la souveraineté du peuple en France*), Editions nrf-Gallimard, Paris, 2000.

ROSENKRANZ, Karl, ***Vie de Hegel***, suivi de ***Apologie de Hegel contre le docteur Haym*** (traduit de l'allemand, présenté et annoté par Pierre Osmo), Editions nrf-Gallimard, Paris, 2004.

ROSENSTOCK-HUESSY, Eugen, ***Angewandte Seelenkunde*** *: Eine programmatische Übersetzung*, collection "Bücher der deutschen Wirklichkeit", Verlag Lambert Schneider, Darmstadt, 1924.

Id., ***Soziologie,*** *2 Bände (I. Band : Die Übermacht der Räume ; II. Band; Die Vollzahl der Zeiten*), W. Kohlhammer, Stuttgart, 1956-58.

Id., ***Die Sprache des Menschengeschlechts, Eine leibhaftige Grammatik in vier Teilen***, Band I und II, Verlag Lambert Schneider, Heidelberg, 1963-1964.

Id., ***Ja und Nein. Autobiographische Fragmente aus Anlaß des 80. Geburtstages des Autors***, hrsg. von Georg Müller, Lambert Schneider, Heidelberg,1968.

Id., ***I am an impure thinker***, *foreward by W.H. Auden*, Argo Books, Norwich /Vermont, 1970.

Id., ***Des Christen Zukunft, oder : Wir überholen die Moderne*** (titre original : *The Christian Future*), Kaiser Verlag, München, 1955.

ROSENTHAL, Victor ; VISETTI, Yves-Marie, ***Köhler***, collection « Figures du Savoir », Editions Les Belles Lettres, Paris, 2003.

ROSIER, Irène, ***La parole comme acte : sur la grammaire et la sémantique au XIIIe siècle***, collection « Sic et non », Librairie Philosophique J. Vrin, Paris, 1994.

ROTENSTREICH, Nathan, ***Immediacy and its limits : a study in Martin Buber's thought***, Harwood, 1991.

Id., ***Alienation : the concept and its reception***, Reihe "Philosophy of history and culture", Leiden [u.a.] : Brill, 1989.

ROUSSEAU, Hervé, ***Le Dieu du mal***, collection « Mythes et Religions », Editions P.U.F, Paris, 1963.

ROUX, Jean-Paul, ***Le sang ; mythes, symboles et réalités***, Editions Fayard, Paris, 1988.

ROVAN, Joseph, ***Bismarck, l'Allemagne et l'Europe Unie (1898-1998)***, Editions Odile Jacob, Paris, 1998.

RUBEL, Maximilien (édition établie et annotée par), ***Philosophie***, introduction à la philosophie marxiste de Louis Janover et Maximilien Rubel, collection « folio essais », Editions Gallimard, Paris, 1982.

SAFRANSKI, Rüdiger, ***Romantik. Eine deutsche Affäre***, Carl Hanser Verlag, München, 2007.

SAGNOL, Marc, ***Tragique et tristesse.*** *Walter Benjamin, archéologue de la modernité* (avec une préface de Stéphane Mosès), collection « Passages », Éditions du Cerf, Paris, 2003.

SAINT-GIRON, Blandine, ***Fiat lux. Une philosophie du sublime***, Quai Voltaire, « Edima », Paris, 1993.

SAINT-SERNIN, Bertrand, ***Genèse et unité de l'action***, collection « Histoire des Idées et des doctrines », Librairie philosophique J. Vrin, Paris, 1989.

SALAMITO, Jean-Marie, ***Les virtuoses et la multitude. Aspects sociaux de la controverse entre Augustin et les pélagiens***, collection « Nomina », Editions Jérôme Million, Grenoble, 2005.

SALLANTIN, Xavier, ***La science à la découverte du sens***, collection « Sciences et Spiritualité : Epistémologie », Aubin Editeur, Saint-Etienne, 1996.

SALLIS, John, ***Espacements – de la raison et de l'imagination*** (dans des textes de Kant, Fichte et Hegel), (traduit de l'américain par Maurice Elie, Michel Fuchs, Jean-Luc Gautero, Caëla Gillespie et Dominique Janicaud), Librairie Philosophique J. Vrin, Paris, 1997

SAND, Shlomo, ***Comment le peuple juif fut inventé ?***, collection « Champs essais », Editions Flammarion, Paris, 2010.

SCHAERER, René, ***La question platonicienne ; étude sur les rapports de la pensée et de l'expression dans les Dialogues*** (deuxième édition revue et augmentée d'une postface), Editions Vrin, Paris, 1969.

SCHEFER, Olivier, ***Poésie de l'infini. Novalis et la question esthétique***, collection « Essais », Editions de la Lettre volée, 2001.

SCHELLNG, Friedrich Wilhelm Joseph, ***Schellings Werke***, (6 Bände + 6 Ergänzungsbände), Münchner Jubiläumsdruck, nach der Originalausgabe in neuer Anordnung herausgegeben von Manfred Schröter, C.H. Beck'che Verlagsbuchhandlung, München, 1968-1979.

Id., ***Die Weltalter (Fragmente)***, in den Urfassungen von 1811 und 1813, herausgegeben von Manfred Schröter, Nachlassband, C.H. Beck'che Verlagsbuchhandlung, München, 1979.

Id., ***Philosophische Untersuchungen über das Wesen der menschlichen Freiheit*** *und die damit zusammenhängenden Gegenstände*, (*Mit einem Essay von Walter Schulz : Freiheit und Geschichte in Schellings Philosophie*), Suhrkamp Taschenbuch Wissenschaft, 1975.

Id., ***Philosophie der Offenbarung 1841/42***, herausgegeben und eingeleitet von Manfred Frank, Suhrkamp Taschenbuch Wissenschaft, 1977.

Id., ***Textes esthétiques***, présentation et notes de Xavier Tilliette, traduction d'Alain Pernet, collection « L'esprit et les formes », Editions Klincksieck, Paris, 1978.

SCHEURER, Paul, ***Révolution de la science et permanence du réel***, Editions P.U.F., Paris, 1979.

SCHILLER, Friedrich, ***Lettres sur l'éducation esthétique de l'homme*** *(Briefe über die ästhetische Erziehung des Menschen),* texte original et version française par Robert Leroux, Collection « Domaine allemand bilingue », Editions Aubier, Paris, 1992.

SCHLANGER, Judith E., ***Schelling et la réalité finie*** : *Essai sur la philosophie de la nature et de l'identité*, collection « Bibliothèque de philosophie contemporaine », Editions P.U.F., Paris, 1966.

Id., ***Les métaphores de l'organisme***, Librairie philosophique J. Vrin, Paris, 1971.

SCHLEIERMACHER, Friedrich, ***Über die Religion. Reden an die Gebildeten unter ihren Verächtern***, in : *Weltanschauung der Frühromantik*, herausgegeben von Universitätsprofessor Dr. Paul Kluckhohn, Verlag von Philipp Reclam jun., Leipzig, 1932.

SCHMITT, Carl, ***Théologie politique***, traduit de l'allemand et présenté par Jean-Louis Schlegel, Editions nrf-Gallimard, Paris, 1988.

Id., ***Le Léviathan dans la doctrine de l'État de Thomas Hobbes*** : *sens et échec d'un symbole politique*, Collection « L'Ordre Philosophique », Éditions du Seuil, Paris, 2002.

SCHMITT, Jean-Claude, ***La raison des gestes dans l'Occident médiéval***, Collection « Bibliothèque des Histoires », Editions nrf-Gallimard, Paris, 1990.

SCHNADELBACH, Herbert, ***Geschichtsphilosophie nach Hegel. Die Probleme des Historismus***, "Kolleg Philosophie", Verlag Karl Alber, Freiburg/ München, 1974.

SCHNEEBERGER, Guido, ***Friedrich Wilhelm Joseph Von Schelling, Eine Bibliographie von Guido Schneeberger*** (mit acht Faksimile-Reproduktionen und drei Beilagen), Francke Verlag, Bern, 1954.

SCHOBER, Angelika (dir.), ***Le christianisme dans les pays de langue allemande. Enjeux et défis***, Editions PULIM (Presses Universitaires de Limoges), Limoges, 1997.

SCHULTHESS, Daniel, ***Leibniz et l'invention des phénomènes***, présentation de Laurent Jaffro, Collection « Philosophie d'aujourd'hui », Editions P.U.F., 2009.

SCHULZ, Walter, ***Der Gott der neuzeitlichen Metaphysik***, Pfüllingen,1974.

Id., ***Die Vollendung des deutschen Idealismus in der Spätphilosophie Schellings***, Köln, 1955.

Id., ***Metaphysik des Schwebens. Untersuchungen zur Geschichte der Ästhetik***, Pfullingen, 1985.

SCHUMACHER, Ferdinand, ***Der Begriff der Zeit bei Franz von Baader***, "Symposion Philosophische Schriftenreihe", Verlag Karl Alber, Freiburg / München, 1983.

SCHWAB, Claude, ***Pourquoi Jésus ?***, Collection « Alethina », Editions L'Âge d'Homme, Lausanne, 1974.

SCHWENK, Theodor, ***Le chaos sensible. Création de formes par le mouvement de l'eau et de l'air***, (avec une préface du Commandant Cousteau), Éditions du Centre Triades, Paris, 1982.

SEGUY-DUCLOT, Alain, ***Le « Parménide » de Platon*** *ou le jeu des hypothèses*, collection « L'extrême Contemporain », Editions Bélin, Paris, 1998.

SERRES, Michel, ***Le système de Leibniz et ses modèles mathématiques.*** *Etoiles-Schémas-Points*, collection « Epiméthée », Editions P.U.F., Paris, 1968.

Id., ***Variations sur le Corps***, Éditions Le Pommier, Paris, 1999.

SESBOUE, Bernard, ***Tout récapituler dans le Christ. Christologie et sotériologie d'Irénée de Lyon***, collection « Jésus et Jésus-Christ », n° 80, Editions Desclée, Paris, 2000.

SESTERHENN, Raimund, (Hrsg.), ***Das Freie Jüdische Lehrhaus – eine andere Frankfurter Schule***, (mit Beiträgen von Michael Bühler, Karl-Erich Grözinger, Josef Reiter, Lothar Müller, Rainer Funk, Ludwig Wenzler), Katholische Akademie Freiburg und Verlag Schnell und Steiner, München/Zürich, 1987.

SEVE, Bernard, ***La question philosophique de l'existence de Dieu***, Editions P.U.F., Paris, 1994.

Id., ***L'altération musicale ou ce que la musique apprend au philosophe***, Collection « Poétique », Éditions du Seuil, Paris, 2002.

SEVE, Lucien, ***Penser avec Marx aujourd'hui***, *tome I : Marx et nous*, Éditions « La Dispute », Paris, 2004.

SEVERAC, J.-B., ***Vladimir Soloviev***, introduction et choix de textes traduits pour la première fois par J.-B. Séverac, collection « Les Grands Philosophes français et étrangers », Editions Louis Michaud, Paris, 1912.

SICHERE, Bernard, ***Seul un Dieu peut encore nous sauver. Le nihilisme et son envers***, Desclée de Brouwer, Paris, 2002.

id., ***Le jour est proche. La révolution selon Paul***, Collection « Philosophie », Editions Desclée de Brouwer, Paris, 2003.

SLOTERDIJK, Peter, ***La folie de dieu.*** *Du combat des trois monothéismes* (titre original : *Gottes Eifer*, traduit de l'allemand par Olivier Mannoni), Libella-Maren Sell Editions, Paris, 2008.

SOLOVIEV, Vladimir, ***Le judaïsme et la question chrétienne*** (avec une préface d'Alain Besançon), Les Editions Desclée/Bégédis, Paris, 1992.

SORKIN, David, ***Moïse Mendelssohn. Un penseur juif à l'ère des Lumières***, Collection « Présences du Judaïsme », Editions Albin Michel, Paris, 1996.

SOUCHE-DAGUES, Denise, ***Le cercle hégélien***, Collection « Philosophie d'aujourd'hui », Editions P.U.F., Paris, 1986.

SOUZENELLE, Annick de ; MOUTTAPA, Jean, ***La Parole au cœur du corps***, Editions Albin Michel, Paris, 1993.

SPENGLER, Oswald, ***Le déclin de l'Occident. Esquisse d'une morphologie de l'histoire universelle*** (titre original : *Der Untergang des Abendlandes. Abriss einer Morphologie der Weltgeschichte*), Editions nrf-Gallimard, Paris, 1948.

SPLETT, Jörg, ***Die Trinitätslehre G.W.F. Hegels***, Symposion, Verlag Alber, 1984.

STAROBINSKI, Jean, ***Jean-Jacques Rousseau. La transparence et l'obstacle,*** *suivi de Sept essais sur Rousseau*, Editions « tel »-Gallimard, Paris, 1971.

Id., ***Action et réaction. Vie et aventures d'un couple***, édition revue et corrigée, Collection « La Librairie du XXIe siècle », Editions du Seuil, Paris, 1999.

STEFANSKY, Georg, ***Das Wesen der deutschen Romantik. Kritische Studien zu ihrer Geschichte***, J.B. Metzlersche Verlagsbuchhandlung, Stuttgart, 1923.

STEINER, Georg, ***Martin Heidegger***, (titre original : *Heidegger*, Fontana Modern Masters, 1978), traduit de l'anglais par Denys de Coprona, Collection « Les Grandes Traductions », Editions Albin Michel, Paris, 1981.

STOCKMANN, Alois, ***Die deutsche Romantik : Ihre Wesenszüge und ihre ersten Vertreter***, Herder & Co. GmbH Verlagsbuchhandlung, Freiburg im Breisgau, 1921.

SUAREZ-NANI, Tiziana, ***Les anges de la philosophie. Subjectivté et fonction cosmologique des substances séparées à la fin du XVIIIe siècle***, Collection « Etudes de philosophie médiévale », Librairie philosophique J. Vrin, Paris, 2002.

SUSINI, Eugène, ***Franz von Baader et le romantisme mystique***, Librairie J. Vrin, Paris, 1942.

SZONDI, Peter, ***Poésie et poétique de l'idéalisme allemand***, Editions Gallimard, Paris, 1975.

TAUBES, Jakob, ***Abendländische Eschatologie***, München, Matthes & Seitz, 1991 (traduction française : *Eschatologie occidentale*, précédé de *La guérilla herméneutique de Jacob Taubes* de Raphaël Lellouche & Michel Pennetier, Collection « Philosophie imaginaire », Éditions de l'éclat, Paris, 2009).

Id., ***La théologie politique de Paul.*** *Schmitt, Benjamin, Nietzsche et Freud* (quatre conférences traduites de l'allemand par Mira Köller et Dominique Séglard), Collection « Traces écrites », Éditions du Seuil, Paris, 1999.

Id., ***En divergent accord. À propos de Carl Schmitt***, (titre original : *Gegenstrebige Fügung*), avec une Préface d'Elettra Stimilli, traduit de l'allemand par Philippe Ivernel, Editions Payot & Rivages, Paris, 2003.

TAYLOR, John V., ***Puissance et patience de l'esprit***, Editions Desclée de Brouwer Bellarmin, Paris, 1977.

TERESTCHENKO, Michel, ***Amour et désespoir. De François de Sales à Fénelon***, Collection « Essais Philosophie », Éditions du Seuil, Paris, 2000.
TERRAY, Emmanuel, ***Une passion allemande (Luther, Kant, Schiller, Hölderlin, Kleist)***, « La Librairie du XXe siècle », Éditions du Seuil, Paris, 1994.
THEUNISSEN, Michael, ***Der Andere. Studien zur Sozialontologie der Gegenwart***, Walter de Gruyter & Co, Berlin, 1965.
Id., ***Hegels Lehre vom absoluten Geist als theologisch-politischer Traktat***, Walter de Gruyter & Co, Berlin, 1970.
THIBON, Gustave, ***Nietzsche ou le déclin de l'esprit***, Fayard, Paris, 1975.
THIERRY, Yves, ***Conscience et humanité selon Husserl. Essai sur le sujet politique***, Editions P.U.F., Paris, 1995.
THOM, René, ***Modèles mathématiques de la morphogénèse***. *Recueil de textes sur la théorie des catastrophes et ses applications*, Editions 10/18, Paris, 1974.
Id., ***Stabilité structurelle et morphogénèse.*** *Essai d'une théorie générale des modèles*, (2e édition), Interéditions, Paris, 1977.
Id., ***Paraboles et catastrophes***, *Entretiens sur les mathématiques, la science et la philosophie* (traduit de l'italien par Luciana Berini), Editions Flammarion, Paris, 1983.
THON, Nikolaus, ***Ikone und Liturgie***, Paulinus-Verlag, Trier, 1979.
THOUARD, Denis (introduits et annotés par), ***Critique et herméneutique dans le premier romantisme allemand*** *(textes de F. Schlegel,F. Schleiermacher, F. Ast, A. W. Schlegel, A.F. Bernhardi, W. Dilthey)*, collection « Cahiers Philologiques », Volume 10, Editions P.U.S., Paris, 1996.
Id., ***Kant***, Editions Les Belles Lettres, Paris, 2001.
Id. (éditeur), ***Aristote au XIXe siècle*** (articles de Liliana Albertazzi, Pierre Aubenque, Jean-François Courtine *et alii*), collection « Cahiers de philologie », volume 21. Série « Apparat critique », Editions P.U.S., Paris, 2004.
TILLICH, Paul, ***Théologie de la culture***, collection « Médiations », Editions Gonthier, Paris, 1968.
Id., ***Mystik und Schuldbewusstsein in Schellings philosophischer Entwicklung***, Gütersloh, Druck und Verlag von C. Bertelsmann, 1912.
TILLIETTE, Xavier, ***L'intuition intellectuelle de Kant à Hegel***, Collection « Bibliothèque d'histoire de la philosophie », Editions Vrin, Paris 1995.
Id., ***Schelling. Une philosophie en devenir*** : I : *Le Système vivant, 1794-1821* ; II. *La Dernière Philosophie, 1821-1854*, Librairie philosophique Vrin, Paris, 1970 (2e éd. 1992).
Id., ***La mythologie comprise. L'interprétation schellingienne du paganisme***, Editions Bibliopolis, Naples,1984 (distribution Vrin).

Id., ***L'Absolu et la philosophie. Essais sur Schelling***, collection, « Epiméthée », Editions P.U.F., Paris, 1987.
Id., ***Le Christ de la philosophie.*** *Prolégomènes à une christologie philosophique*, Collection « Cogitatio fidei », Les Éditions du Cerf, Paris, 1990.
Id., ***Schelling.*** *Biographie*, Collection « Les vies des philosophes », Éditions Calmann-Lévy, Paris, 1999.
Id., ***La mémoire et l'invisible***, Editions Ad Solem, Genève, 2002.
TIMM, Hermann, ***Die heilige Revolution. Das religiöse Totalitätskonzept der Frühromantik. Schleiermacher-Novalis-Friedrich Schlegel***, Verlag Syndikat, Frankfurt am Main, 1978.
Id., ***Fallhöhe des Geistes. Das religiöse Denken des jungen Hegel***, Verlag Syndikat, Frankfurt am Main, 1979.
TIRZI, Alain, ***Kant et la musique***, Collection « Le Philosophe en commun », Editions L'Harmattan, Paris, 2003.
TODOROV, Tzvetan, ***Le jardin imparfait. La pensée humaniste en France***, Collection « Essai », Les Éditions Grasset, Paris, 1998.
TRABANT, Jürgen, ***Humboldt et le sens du langage***, Collection « Philosophie et Langage », Editions Mardaga, Bruxelles, 1992.
TRESMONTANT, Claude, ***Essai sur la pensée hébraïque***, Éditions du Cerf, Paris, 1953.
Id., ***La métaphysique du christianisme et la naissance de la philosophie chrétienne***, Éditions du Seuil, Paris, 1961.
Id., ***Les idées maîtresses de la métaphysique chrétienne***, Éditions du Seuil, Paris, 1962.
Id., ***Les origines de la philosophie chrétienne***, Les Editions de l'OEIL, Montreuil, 1962.
Id., ***Judaïsme et christianisme***, Les Editions de l'OEIL, Montreuil, 1996.
TRIGANO, Shmuel, ***La Demeure oubliée. Genèse religieuse du politique***, Collection « Spiritualité », Éditions Lieu Commun, Paris, 1984.
TROLL,Wilhelm, (*ausgewählt und eingeleitet von*), ***Goethes Morphologische Schriften***, mit 5 farbigen und 32 schwarzen Tafeln sowie 91 Abbildungen, Eugen Diederichs Verlag, Iena, 1926, 2. Auflage 1932.
Id., ***Vergleichende Morphologie der höheren Pflanzen***, Verlag von Gebrüder Borntraeger, Berlin,1937.
TSCHIPKE O.P., ***L'humanité du Christ comme instrument de salut de la divinité*** (titre original : *Die Menschheit Christi als Heilsorgan der Gottheit*), traduit de l'allemand par Philibert Secrétan, Collection « Studia Friburgensia 94 », Editions Saint-Paul, Fribourg Suisse, 2003.
TUCKER, Robert, ***Philosophie et mythe chez Karl Marx***, Collection « Bibliothèque Scientifique », Editions Payot, Paris, 1963.
UEXKÜLL, Jakob von, ***Mondes animaux et monde humain,*** *suivi de* ***Théorie de la signification***, Collection « Médiations », Editions Gonthier, 1965, avec une traduction et une présentation de Philippe Müller (titre

original : *Streifzüge durch die Umwelten von Tieren und Menschen ; Bedeutungslehre*, Rowohlt Verlag, Hamburg, 1956).

UTHMANN, Jörg von, ***Le diable est-il allemand ?***, Denoël, Paris,1984.

VALADIER, Paul, ***Lettres à un chrétien impatient***, Collection « Essais », Éditions La Découverte, Paris, 1991.

Id., ***Nietzsche et la critique du christianisme***, Éditions du Cerf, Paris,1974.

VANCOURT, Raymond, ***La pensée religieuse de Hegel***, Editions P.U.F., Paris, 1964.

VAN DOOREN, Wim (Ph. D.), ***Het totaliteitsbegrip bij Hegel en zijn Voorgangers***, Editions Van Gorcum, Assen, 1965.

VANEIGEM, Raoul, ***La résistance au christianisme. Les hérésies des origines au XVIIIe siècle***, Editions Fayard, Paris, 1993.

Id., ***Le mouvement du libre-esprit****. Généralités et témoignages sur les affleurements de la vie à la surface du Moyen Âge, de la Renaissance, et, incidemment, de notre époque*, Editions Ramsay, Paris, 1986.

VARELA, Francisco, J., ***Autonomie et connaissance. Essai sur le vivant***, Collection « La couleur des idées », Éditions du Seuil, Paris, 1989.

VERGELY, Bertrand, ***La souffrance. Recherche du sens perdu***, Collection « Folio Essais », Editions Gallimard, Paris, 1997.

Id., ***Le silence de Dieu face aux malheurs du monde***, Presses de la Renaissance, Paris, 2006.

Id., ***Retour à l'émerveillement***, Collection « Essais/Clés », Editions Albin Michel, Paris, 2010.

VETO, Miklos, ***Le fondement selon Schelling***, Editions Beauchesne, Paris, 1977.

VIALLANEIX, Nelly, ***Kierkegaard. L'unique devant Dieu***, Collection « Horizon philosophique », Les Éditions du Cerf, Paris, 1974.

VIATTE, Auguste, ***Les sources occultes du romatisme. Illuminisme-Théosophie (1770-1820)***, tome I et tome II, Editions Honoré Champion, Paris, 1928.

VIEILLARD-BARON, Jean-Louis, ***Platon et l'idéalisme allemand (1770-1830)***, Collection « Bibliothèque des Archives de Philosophie », Editions Beauchesne, Paris, 1979.

VIERHEILIG, Jutta ; LANWER-KOPPELIN, W., ***Martin Buber – Anachronismus oder Neue Chance für die Pädagogik?***, mit Beiträgen von Martin Buber und Eugen Rosenstock-Huessy, Butzbach-Griedel, Afra Verlag 1996.

VOSSLER, Otto, ***Geist und Geschichte. Von der Reformation bis zur Gegenwart***, *Gesammelte Aufsätze*, Piper Paperback, München, 1964.

WACKERNAGEL, Wolfgang, ***Ymagine denudari. Ethique de l'image et métaphysique de l'abstraction chez Maître Eckhart***, Librairie philosophique J. Vrin, Paris, 1991.

WAHL, Jean, ***Introduction à la pensée de Heidegger*** (*cours donnés en Sorbonne de janvier à juin 1946*), Le Livre de poche, Collection « Biblio Essais », Librairie Générale Française, Paris, 1998.

Id., ***Etudes kierkegaardiennes***, Collection « Bibliothèque d'histoire de la philosophie », Librairie philosophique, Paris, 1949.

Id., ***Du rôle de l'idée de l'instant dans la philosophie de Descartes*** (avec une introduction de Frédéric Worms : « D'un instant à l'autre : Descartes, Bergson, Jean Wahl et nous »), Editions Descartes & Cie, Paris, 1994.

WARD, Barbara, ***Le sens de l'histoire et la liberté*** (traduit de l'anglais par J. M. Faber), Editions « La Colombe », Paris, 1957.

WEHR, Gerhard (dargestellt von), ***Jakob Böhme*** *in Selbstzeugnissen und Bilddokumenten*, Rowohlts Monographien, Rowohlt Taschenbuch Verlag, Reinbek bei Hamburg, 1971.

WEIDNER, Daniel (Hg.), ***Urpoesie und Morgenland. Johann Gottfried Herders*** « ***Vom Geist der Ebräischen Poesie*** », Kulturverlag Kadmos, Berlin, 2008.

WEISCHEDEL, Wilhelm, ***Der Gott der Philosophen*** *(Grundlegung einer philosophischen Theologie im Zeitalter des Nihilismus)*, Erster Band : *Wesen, Aufstieg und Verfall der philosophischen Theologie*; Zweiter Band : *Abgrenzung und Grundlegung*, Wissenschaftliche Buchgesellschaft Darmstadt, 1972.

WEISGERBER, Leo, ***Grundzüge der inhaltbezogenen Grammatik***, 4. Auflage, Reihe "Von den Kräften der deutschen Sprache", Düsseldorf, Schwann, 1971.

Id., ***Die geistige Seite der Sprache und ihre Erforschung,*** 1. Auflage, Reihe „Sprache der Gegenwart", Düsseldorf, Schwann, 1971.

WEISS, Isabel, ***Expression et spéculation dans l'idéalisme hégélien***, Collection **« Ouverture Philosophique »**, Editions L'Harmattan, Paris,2003.

WEIZSÄCKER, Carl Friedrich von, ***Die Tragweite der Wissenschaft***, *Band 1 : Schöpfung und Weltentstehung : die Geschichte zweier Begriffe*, 5. unveränderte Auflage, Stuttgart / Hirzel, 1976.

Id., ***Zum Weltbild der Physik***, 12. Auflage, Stuttgart / Hirzel, 1976.

WEIZSÄCKER, Viktor von, ***Der Gestaltkreis. Theorie der Einheit von Wahrnehmen und Bewegen***, fünfte unveränderliche Auflage, Verlag Thieme, Stuttgart, 1986 (traduit de l'allemand par Michel Foucault sous le titre de « *Le Cycle de la Structure* » en 1958 chez Desclée de Brouwer, sacrifiant à la mode structuraliste, alors que « *Le cycle de la Forme* » aurait été un titre plus approprié).

WENZLER, Ludwig, ***Die Freiheit und das Böse nach Vladimir Soloviev***, Reihe "Symposion", Verlag Alber, München / Freiburg, 1978.

WERSINGER, Anne Gabrièle, ***Platon et la dysharmonie***, *Recherches sur la forme musicale*, Collection « Tradition de la Pensée classique », Editions Vrin, Paris, 2001.

WETZ, Franz Josef, ***Friedrich W. J. Schelling zur Einführung***, 1. Auflage, Verlag Junius, Hamburg, 1996.
WETZEL, Marc, ***La méchanceté***, Éditions Quintette, Paris, 1986.
WIEDEBACH, Hartwig, ***Die Bedeutung der Nationalität für Hermann Cohen***, Verlag Georg Olms, Hildesheim, 1997.
Id., ***Hirntod als Wertverhalt : medizinethische Bausteine aus Jonas Cohns Wertwissenschaft und Maimonides' Theologie***, Reihe "Naturwissenschaft, Philosophie, Geschichte", Münster, 2003.
WILDEN, Anthony, ***Système et structure. Essais sur la communication et l'échange*** (traduit de l'anglais par Georges Khal), Editions Boréal Express, Montréal, 1983.
WILL, Edouard ; ORRIEUX, Claude, ***« Prosélytisme juif » ? Histoire d'une erreur***, Collection « Histoire », Editions Les Belles Lettres, Paris, 1992.
WISMANN, Heinz ; BOLLACK, Jean, ***Héraclite ou la séparation***, Collection « Le sens commun », Éditions de Minuit, Paris, 1972.
Id. ; de LA COMBE, Pierre Judet, ***L'avenir des langues : repenser les humanités***, Les Éditions du Cerf, Paris, 2004.
WORMS, Frédéric, ***La philosophie en France au XXe siècle. Moments***, Editions Gallimard, Paris, 2009.
WUNDT, Wilhelm, ***Völkerpsychologie : eine Untersuchung der Entwicklungsgesetze von Sprache, Mythus und Sitte*** (10 vol.) (traduit en français sous le titre *Psychologie des peuples)*, W. Engelmann & Kröner, Leipzig, 1920-1929.
XHAUFFLAIRE, Marcel, ***Feuerbach et la théologie de la sécularisation***, Collection « Cogitatio Fidei », Éditions du Cerf, Paris, 1970.
ZAC, Sylvain, ***La philosophie religieuse d'Hermann Cohen***, Librairie Vrin, Paris, 1984.
ZARKA, Yves Charles, ***Philosophie et politique à l'âge classique***, Collection « Fondements de la politique », Editions P.U.F., 1998.
Id., ***Aspects de la pensée médiévale dans la philosophie politique moderne***, Collection « Fondements de la politique », Editions P.U.F., 1999.
ZIMA, Pierre V., ***L'Ecole de Francfort. Dialectique de la particularité***, Éditions Universitaires, Paris, 1974.

VI. Ouvrages collectifs

La Révélation (ouvrage collectif), Publications des Facultés Universitaires Saint-Louis, Bruxelles, 1984.
Der ungekündigte Bund. Neue Begegnung von Juden und christlicher Gemeinde, im Auftrag der Arbeitsgemeinschaft Juden und Christen beim Deutschen Evangelischen Kirchentag von Dietrich Goldschmidt und

Hans-Joachim Kraus, herausgegeben von Dietrich Goldschmidt und Hans-Joachim Kraus, Kreuz-Verlag, Stuttgart, 1962.

Das gespaltene Gottesvolk, im Auftrag der Arbeitsgemeinschaft Juden und Christen beim Deutschen Evangelischen Kirchentag von Dietrich Goldschmidt und Hans-Joachim Kraus, herausgegeben von Helmut Gollwitzer und Eleonore Sterling, Kreuz-Verlag, Stuttgart, 1966.

VII. Articles, Revues, Thèses et Mémoires

Articles

d'AVIAU DE TERNAY, Henri, ***De l'opportunité d'une relecture de la philosophie du Droit de Kant à partir de la troisième Critique***, in : *Revue de métaphysique et de morale*, Editions Armand Colin, Paris, juin 1996, n° 2 (« Philosophie politique »), pp. 225-243.

BARASH, Jeffrey Andrew, ***Mythologie du politique au XXe siècle dans la perspective de Hermann Heller, Ernst Cassirer, Karl Löwith***, in : *Bulletin du Centre de recherche français de Jérusalem*, 2000.

Id., ***La politique comme théologie et comme mythe***, in : *Dieu et la cité : le statut contemporain du théologico-politique*, Les Éditions du Cerf, Paris, 2008, p. 251- 259.

Id., ***Karl Löwith et la politique de la sécularisation***, in : *Critique*, n° 607, Éditions de Minuit, 1998. (traduction de : ***"Karl Löwith und die Politik der Säkularisierung"***, in : *Einbruch der Wirklichkeit. Die Realität der Moderne zwischen Säkularisierung und Entsäkularisierung*, Verlag Jens Mattern, Vorwerk 8, Berlin, 2002, pp. 191-209) (titre original : *The Sense of History : On the Political Implications of Karl Löwith's Interpretation of Secularisation*).

Id., ***Après Davos : l'éthique à l'épreuve du politique chez Ernst Cassirer et Emmanuel Levinas***, in : *Critique*, 2008, p. 145-157.

BARTH, Hans-Martin, ***Die Lehre vom Heiligen Geist in reformatorischer und ostkirchlicher Tradition***, in : *Ökumenische Rundschau*, Januar 1996, 45. Jahrgang, Heft 1, Verlag Otto Lembeck, Frankfurt am Main, pp. 54-68.

BAYER, Oswald, « ***La peur que Dieu n'existe pas. Au sujet du judaïsme dans la philosophie de Max Horkheimer*** », in : *Histoire et Esprit. Cinq essais pour comprendre le judaïsme*, édité par Franz D. Lucas, Duncker et Humblot, Berlin, 1995, pp. 35-54.

BEHLER Ernst, ***Historismus und Modernitätsbewusstsein in Herders Schrift „Auch eine Philosophie der Geschichte zur Bildung der Menschheit"***, in : *Etudes Germaniques*, juillet-septembre 1994 (49e année, n° 3).

BENTATA, Victor, ***Exsistence et ressaisissement : expérimenter avec Kierkegaard***, in : *Les Etudes Philosophiques*, n° 2 (« Kierkegaard »), avril-juin 1979, Editions P.U.F., pp. 207-216.

BENZ, Ernst, ***Schellings theologische Geistesahnen***, in : *Abhandlungen der geistes- und sozialwissenschaftlichen Klasse*, Verlag der Akademie der Wissenschaften und der Literatur, Jahrgang 1955, Wiesbaden, Heft 3, S. 235-303.

BIEBER, Marianus, ***Eros und Transzendenz.*** *Die romantische Liebesreligion und ihre Vorläufer*, in : *Una Sancta*, Zeitschrift für ökumenische Begegnung, Hauptthema : "Erotik und Religiosität", 1/1996, 51, Jahrgang, pp. 55-69.

BIENENSTOCK, ***Myriam, Herder, lecteur de Kant : de la métaphysique à l'esthétique***, in : *Les Etudes Philosophiques*, n° 3 : « Herder », juillet-septembre 1998, Editions P.U.F., textes réunis et présentés par Marc Crépon, pp. 357-375.

BLUMENBERG, Hans, ***Licht als Metapher der Wahrheit.*** *Im Vorfeld der philosophischen Begriffsbildung*, in : *Studium Generale*, 10/1957, S. 432-447.

Id., recension de « ***Histoire et eschatologie*** » de Rudolf Bultmann, in : ***Gnomon***, n° 31, 1959, p. 163-166.

BOLLACHER, Martin, ***Johann Gottfried Herder et la conception de l'humanisme***, in : *Les Etudes Philosophiques*, n° 3 : « Herder », juillet-septembre 1998, Editions P.U.F., textes réunis et présentés par Marc Crépon, pp. 291-304.

BÖSCH, Sarah ; MESSLING, Markus (Hrsg.), ***Sprachdenken zwischen Berlin und Paris : Wilhelm von Humboldt / La pensée linguistique entre Berlin et Paris : Wilhelm von Humboldt***, in : *Kodiakas/Code ; Ars semeiotica,* An International Journal of Semiotics, vol. 27, n° 1/2, Actes des conférences données à Berlin en mars 2004.

BOUREL, Dominique, ***Juifs et Allemands : une « symbiose » problématique***, conférences et séminaires sur l'histoire de la Shoah, université de Paris I, 1993-1994, in : *Les cahiers de la Shoah* , n° 1, Les Éditions Liana Levi, 1994.

BOURGEOIS, Bernard, ***Le Christ hégélien***, in : *Hegel et la religion* (publication du CRDHM., sous la direction de Guy Planty-Bonjour), Editions P.U.F, Paris, 1982, pp. 177-211.

BOUTON, Christophe, ***Procès de Hegel***, in : *La Vie des idées*, 30 décembre 2008.

BRETON, Stanislas, ***Révélation, Méditation, Manifestation***, in : *Manifestation et révélation*, (ouvrage collectif avec des articles de J. Trouillard, J. Marello, X. Tilliette, Y. Ledure), Collection « Philosophie », Editions Beauchesne, Paris, 1976.

BUTTGEN, Philippe, ***Philosophie, théologie, luthéranisme***, in : *Les Etudes Philosophiques*, n° 3 : « Herder », juillet-septembre1998, Editions P.U.F., textes réunis et présentés par Marc Crépon, pp. 327-355.

CAPEILLERES, Fabien, ***Néokantismes et phénoménologies***, in : *Philosophie*, n° 74, Les Éditions de Minuit, 1er juin 2002, pp. 3-5.

Id., ***Concept, jugement et « forme sérielle ». À propos de la philosophie des formes symboliques comme ''logique des relations''***, in : *Revue de métaphysique et de morale*, juillet-septembre, 101e année / n° 3, pp. 337-360.

CAPUTO, John D., ***Apôtres de l'impossible : sur Dieu et le don chez Derrida et Marion***, in : *Philosophie*, n° 78 (« Jean-Luc Marion »), Les Éditions de Minuit, 1er juin 2003, pp. 33-51.

COHEN, Matty, ***Métaphores et figures littéraires dans le Cantique des Cantiques***, in : *Graphè*, n° 8 (« Le Cantique des Cantiques »), Centre de recherches de l'université Charles de Gaulle, Lille 3, pp. 11-31.

CORIN, Adolphe, Léon, ***Lettres inédites de J. Ernst Wagner à Jean Paul Fr. Richter*** (1802-1811), *précédées d'une étude sur la genèse du « Wilibald » de J. Ernst Wagner*, extrait des « Leuvensche Bijdragen », 1923-1924.

Id., ***Goethe – à n'en pas finir !***, Leuvensche Bijdragen, 1938.

Id., ***Hundert Briefe von Johann Ernst Wagner an Jean Paul Fr. Richter und August von Studnitz***, herausgegeben von A.L. Corin, o. Professor an der Universität Lüttich, Bibliothèque de la faculté de philosophie et lettres de l'université de Liège, Philologie Germanique, Fasc. LXXXV, Librairie E. Droz, Paris, 1942.

Id., ***L'idée génératrice du « Faust » de Goethe***, in : *Revue des langues vivantes*, 1949.

Id., ***A la recherche d'une organisation plus rationnelle et plus efficiente de la philologie germanique à l'université de Liège***, in : *Education : Tribune libre d'information et de discussion pédagogiques*, Université de Liège, Institut des sciences des l'éducation, Liège, juin 1951, tome 6, pp. 27-38.

COURTINE, Jean-François, ***Histoire supérieure et système des temps dans la dernière philosophie de Schelling***, in : Jean-Louis Vieillard-Baron (éd.), *Temps et hiérohistoire,* colloque tenu à Paris les 22, 23, 24 mai 1987, Paris, Berg international, 1988, in : *Cahiers de l'université Saint-Jean de Jérusalem,* 14, p.125-147. [repris in : J.-F. Courtine, *Extase de la raison. Essais sur Schelling*, Paris, Galilée, 1990, pp. 237-259].

CORNU, Michel, ***Ironie et humour selon Kierkegaard***, in : *Les Etudes Philosophiques*, avril-juin, 1979 (« Kierkegaard »), Editions P.U.F., pp. 217-228.

CREPON, Marc, ***Le jeu de Kant et Spinoza dans le livre XV des Idées sur la philosophie de l'histoire de l'humanité***, in : *Les Etudes Philosophi-*

ques, juillet-septembre 1998, P.U.F., n° 3 : « Herder », textes réunis et présentés par Marc Crépon, pp. 389-402.

DASTUR, Françoise, ***La problématique catégoriale dans la tradition néo-kantienne (Lotze, Rickert, Lask)***, in : *Revue de métaphysique et de morale*, n° 3 (« Néokantismes »), septembre 1998, p. 389.

Id., ***L'étude des théories du jugement chez le jeune Heidegger***, in : *Revue de métaphysique et de morale*, juillet-septembre, 101e année / n° 3, pp. 303-316.

Id., ***Husserl et la question du temps***, in : *Lectures de Husserl* (sous la direction de Jocelyn Benoist et Vincent Gérard), chapitre 6, p. 159.

DEKENS, Olivier, ***D'un point de vue géographique sur la philosophie kantienne***, in : *Revue de métaphysique et de morale*, n° 2, juin 1998 (« Varia »), pp. 259-277.

DELESALLE, Jacques, ***La raison et le dieu-Trinité***, in : *Mélanges de science religieuse*, revue trimestrielle, tome 50, n° 1, janvier-mars 1993, Université Catholique de Lille.

DELHOUGNE, Henri, ***Karl Barth et la critique feuerbachienne de Dieu***, in : *Mélanges de science religieuse*, n° 28, Lille 1971, pp. 121-163.

DÖRING, Heinrich, ***Eros – Urquell religiöser Erfahrung***, in : *Una Sancta*, Zeitschrift für ökumenische Begegnung, Hauptthema : "Erotik und Religiosität", 1/1996, 51, Jahrgang, pp. 26-38.

DUBARLE, Dominique, ***Révélation de Dieu et manifestation de l'Esprit dans la philosophie de la religion de Hegel***, in : *Manifestation et révélation*, (ouvrage collectif avec des articles de J. Trouillard, S. Breton, J. Marello, X. Tilliette, Y. Ledure), Collection « Philosophie », Editions Beauchesne, 1976.

DUPUY, Bernard, ***Le Dieu indévisageable***, in : *Les Nouveaux Cahiers*, n° 82 (numéro spécial sur Emmanuel Lévinas), automne 1985.

EHRENBERG, Hans, ***West und Ostökumene.*** *Einleitendes Wort über die Besprechungen auf höchster Ebene*, in : Rudolf Hermeier (herausgegeben von), ***Jenseits all unsres Wissens wohnt Gott.*** *Hans Ehrenberg und Rudolf Ehrenberg zur Erinnerung*, Brendow Verlag, 1987, pp. 45-73.

EHRENBERG, Rudolf, ***Gottesreich und organisches Leben***, in : *Die Kreatur*, erster Jahrgang, 1926/1927.

Id., ***Weltanschauung und Heilkunde***, in : Schriftenreihe *"Arzt und Seelsorger"*, Heft 24, Verlag Friedrich Bahn, Schwerin i. Mecklburg, 1931.

ESPAGNE, Michel, ***Wilhelm Wundt. La psychologie des peuples et l'histoire culturelle***, in : *Revue germanique internationale*, 10/1998.

Id., ***Friedrich Gottlieb Welcker à Bonn. De la* Bildung *à l'histoire des religions***, in : *Revue germanique internationale*, 14/2011.

FAIVRE, Antoine, ***De la figure divine à la figure concrète, ou la transparition par le miroir***, in : *Cahiers du Groupe d'études spirituelles comparées (« Images et Valeurs »)*, Archè Edidit, 1994.

FICHANT, Michel, ***De la puissance à l'action : la singularité stylistique de la dynamique***, in : *Revue de métaphysique et de morale*, n° 1 (« La métaphysique de Leibniz »), Editions Armand Colin, Paris, 1995.

FLOYD, W. W., ***Transcendence in the light of redemption : Adorno and the legacy of Rosenzweig and Benjamin***, in : *Journal of the American Academy of Religion*, vol. 61, n° 3, Oxford University Press, Cary, NC, Etats-Unis, 1993, pp. 539-551.

FORTHOMME, Bernard, ***L'épreuve affective de l'autre selon Emmanuel Lévinas et Michel Henry***, in : *Revue de métaphysique et de morale*, 1/1986, Editions Armand Colin, pp. 90-114.

GARCIA-BARO, Miguel, ***Le pluralisme religieux dans la perspective de la pensée juive d'après Franz Rosenzweig***, in : *L'Orient des dieux*, volume V, Université Saint-Joseph, Faculté des Sciences Religieuses, Beyrouth, 2005, pp. 39-62.

GAUDEMAR (de), Martine, ***Leibniz, mécanisme méthodique et vitalisme métaphysique. La question des formes substantielles***, in : Jean-Luc Petit (éd.), *Les neurosciences et la philosophie de l'action*, Collection « Problèmes et contrroverses », Éditions du Seuil, 1997, pp. 55-77.

GENS, Jean-Claude Gens, ***La doctrine du jugement correct dans la philosophie de Franz von Brentano***, in : *Revue de métaphysique et de morale*, juillet-septembre, 101e année / n° 3, pp. 361-381.

GODDARD, Jean-Christophe, ***Le Christ et l'histoire dans la « Staatslehre » de 1813***, in : *Revue de métaphysique et de morale*, mars 96, n° 1 (« La philosophie de l'histoire chez Fichte »), Editions Armand Colin, pp. 71-83.

Id., ***L'interprétation métaphysique du Prologue de Jean par Fichte dans l' « Initiation à la vie bienheureuse »***, in : *Graphè* (Université Lille III), n°10, 2001, pp. 143-157.

GROS-AZORIN, Caroline, ***Phénomène du corps (« Leib ») : une entente participative***, in : *Les Etudes Philosophiques*, octobre-décembre 1998 (« Le Phénoménal et sa tradition »), P.U.F., pp. 465-477.

GRUNDLACH, Horst, ***Wilhelm Wundt (1832-1920). La science des faits de conscience***, in : *Sciences Humaines,* Hors-série n° 7, septembre-octobre 2008.

GUIRE, Brigitte Mc, ***L'origine monadique de la logique selon Husserl***, in : *Les Etudes Philosophiques*, avril-juin 1998, P.U.F., pp. 161-178.

HABERMAS, Jürgen, ***L'idéalisme allemand et ses penseurs juifs***, in : *Profils philosophiques et politiques*, Editions Gallimard, 1987, pp. 53-86 (traduit de l'allemand par Françoise Dastur, Jean René Ladmiral, Marc B. de Launay, avec une préface de Jean-René Ladmiral).

HATEM, Jad, ***La mystique de l'amour dans L'Etoile de la rédemption de Rosenzweig***, in : *L'Orient des dieux*, Volume V, Université Saint-Joseph, Faculté des Sciences Religieuses, Beyrouth, 2005, pp. 19-38.

HAZAN, Albert, ***La notion du temps dans la pensée hébraïque***, in : *Les Etudes Philosophiques*, n° 2 (« Pensée juive et philosophie »), P.U.F., avril-juin, 1984, pp. 183-188.

HEERING, H.J., ***Die Begegnung zwischen Buber und Rosenzweig***, in : *Revue Internationale de Philosophie*, n° 126, fascc. 4 (« Martin Buber 1878-1978 »), 32e année, 1978, pp. 473-491.

HERDER, Johann Gottfried, ***Essai sur l'être (1764)***, in : *Les Etudes Philosophiques*, juillet-septembre 1998, P.U.F., n° 3 (« Herder »), textes réunis et présentés par Marc Crépon, pp. 377-387.

HIRSCH, E., ***Ethique et médecine dans la pensée de Claude Bruaire***, in : *Les Etudes philosophiques*, 1988/3, p. 355.

HOLZHEY, Helmut, ***Dieu et l'âme. Les rapports entre la critique de la métaphysique et la philosophie de la religion chez Hermann Cohen***, in : *Revue de métaphysique et de morale*, n° 3 : « Néokantismes », septembre 1998, P.U.F., p. 327.

D'HONDT, Jacques (dir.), ***La "philosophie de la religion de Hegel"***, in : *Hegel et la religion*, publication du CRDHM, sous la direction de Guy Planty-Bonjour, PUF, Paris, 1982, pp. 5-35.

ILTING, K.-H., ***Le Dieu hégélien***, in : *Hegel et la religion*, publication du CRDHM, sous la direction de Guy Planty-Bonjour, PUF., Paris, 1982, pp. 101-124.

IVALDO, Marco, ***L'approche pratique et éthique de l'histoire dans la philosophie transcendantale de Fichte***, in : *Revue de métaphysique et de morale*, Armand Colin, mars 1996, n° 1 (« La philosophie de l'histoire chez Fichte »), pp. 49-70.

KIMMERLE, Heinz, ***Hegels Naturphilosophie in Iena***, in : *Hegelstudien,* Beiheft 20 : "Hegel in Iena", hersg. von Dieter Henrich und Klaus Düsing, Bonn, 1980, S. 207-215.

KRIEGEL, Maurice, ***Réflexion philosophique et appartenance identitaire chez les penseurs juifs médiévaux***, in : *Revue de métaphysique et de morale,* n° 4 (« Philosophies juives médiévales »), P.U.F., décembre 1998, pp. 529-549.

KÜSTERMEIER, Rudolf, (Ehrenmitglied der Deutsch-Israelitischen Gesellschaft und Gründer der Israelisch-Deutschen Gesellschaft, Tel Aviv), ***Deutsche, Juden, Christen. Ein Gespräch mit Martin Buber (1953)***, in : Martin Buber : 1878-1978, hrsg. von Wolfgang Zink, 1. Auflage, Verlag Hochwacht, Bonn, 1978, p. 13.

LAGNY, Anne, ***Eschatologie, messianisme et apocalypse chez Hermann Cohen***, in : *Graphé* (Lectures de l'Ecriture), n° 3 (« Dire et voir l'Apocalypse »), Presses de l'Université Charles-de-Gaulle-Lille III, 1994.

LANCEREAU, Daniel, ***Poésie, philosophie et science chez Friedrich von Hardenberg (Novalis)***, in : *Les Etudes Philosophiques*, P.U.F., octobre-décembre, 1992, n° 4 (« Poésie et philosophie dans l'idéalisme allemand »), pp. 463-486.

LAUTH, Reinhard, ***Philosophie et prophétie***, in : *Revue de métaphysique et de morale*, Armand Colin, mars 1996, n° 1 (« La philosophie de l'histoire chez Fichte »), pp. 85-116.

LAVIGNE, Jean-François, ***Vérité phénoménale et phénomène de la vérité dans Etre et Temps***, in : *Les Etudes Philosophiques*, octobre-décembre 1998 (« Le Phénoménal et sa tradition »), P.U.F., pp. 451-463.

LEDURE, Yves, ***La révélation comme espacement préalable du phénomène religieux***, in : *Manifestation et révélation* ; ouvrage collectif, avec des articles de J. Trouillard, S. Breton, J. Marello, D. Dubarle, X. Tilliette ; Collection « Philosophie », Editions Beauchesne, 1976.

LEFEBVRE, Jean-Pierre, ***Hegel et les enfants sans histoire***, in : *Critique*, revue générale des publications françaises et étrangères, publié avec le concours du Centre National des Lettres, janvier-février 1986, p. 175-192.

LEROUX, Georges, ***Etude critique de Léonce Paquet. « Platon. La médiation du regard*** » (Leyden, 1973), in : *Philosophiques*, vol. 2, n° 2, 1975, p. 253-285.

LEVINAS, Emmanuel, ***Martin Buber, Gabriel Marcel et la philosophie***, in : *Revue Internationale de Philosophie*, n° 126, fasc. 4 (« Martin Buber 1878-1978 »), 32e année, 1978, pp. 49-51. (reproduction d'un texte d'une communication prononcée au Colloque consacré à Buber à l'Université Ben Gourion de Beer-Sheva et organisée par le professeur Yochanam Bloch au début de janvier 1978).

Id., ***De la prière sans demande***, in : *Les Etudes Philosophiques*, n° 2 (« Pensée juive et philosophie »), P.U.F., avril-juin, 1984, pp. 157-164.

LEVY-VALENSI, Eliane Amado, ***Les structures et le sens de la pensée hébraïque***, in : *Les Etudes Philosophiques*, n° 2 (« Pensée juive et philosophie »), P.U.F., avril-juin, 1984.

LÖWITH, Karl, ***Martin Heidegger and Franz Rosenzweig, or Temporality and Eternity***, in : *Philosophy and Phenomenological Research*, III, Buffalo, 1942. (traduit en allemand sous le titre : "*Martin Heidegger und Franz Rosenzweig. Ein Nachtrag zu « Sein und Zeit »*", in : *Zeitschrift für philosophische Forschung*, Vol. XII, 1958, pp. 161-188 ; republié in : *Gesammelte Abhandlungen*, Stuttgart, 1960, pp. 68-92).

MALABOU, Catherine, compte rendu de l'ouvrage de Didier Franck, ***Nietzsche et l'ombre de Dieu***, in : *Revue de métaphysique et de morale*, n°3/1999, p. 401.

MALANTSCHUCK, Gregor, ***Angoisse et existence chez Kierkegaard***, in : *Les Etudes Philosophiques*, avril-juin, 1979 (« Kierkegaard »), P.U.F., pp. 163-172.

MALLET, Marie-Louise, ***Nietzsche -- énigmes de l'écoute***, in : *L'Ecoute*, textes réunis par Peter Szendi, Les Cahiers de l'IRCAM, Editions L'Harmattan, IRCAM-Centre Pompidou, 2000.

MARELLO, Jacques, ***Création-révélation et manifestation***, in : *Manifestation et révélation*, (ouvrage collectif, avec des articles de J. Trouillard, S. Breton, D. Dubarle, X. Tilliette, Y. Ledure), Collection « Philosophie », Editions Beauchesne, 1976.

MARION, Jean-Luc, ***Eine andere « Erste Philosophie » und die Frage der Gegebenheit***, traduit du français par Susanne Sandherr et Josef Wohlmuth ; in : Jean-Luc Marion/Josef Wohlmuth, *Ruf und Gabe. Zum Verhältnis von Phänomenologie und Theologie,* Kleine Bonner Theologische Reihe (Vorträge-Aufsätze-Stellungnahmen), Verlag Borengässer, Bonn, 2000, pp. 13-34.

Id., ***La raison du don***, in : *Philosophie*, (« Jean-Luc Marion »), n° 78, Les Éditions de Minuit, 1er juin 2003, pp. 3-32.

MARQUET, Jean-François, ***Chaos et culture dans les philosophies du romantisme allemand***, in : *Les Etudes Philosophiques*, PUF, 1983, pp. 53-68 (reprise d'une conférence prononcée à l'Institut catholique de Toulouse, colloque « Romantisme et philosophie », mai 1980).

MIGAUD, Jean-François, ***La religion du "cœur amélioré". Réflexions sur le christianisme du jeune Herder***, in : Angelika Schober (coordinatrice), *Le christianisme dans les pays de langue allemande. Enjeux et défis*, Editions PULIM (Presses Universitaires de Limoges), 1997, pp. 47-60.

MINDER, Robert, ***Herrlichkeit bei Hegel oder Die Welt der schwäbischen Väter***, in : Robert Minder, *Die Entdeckung der deutschen Mentalität (Essays)*, Reclam Verlag, Leipzig, 1992, p. 27.

MOPSIK, C. ; SMILEVITCH, E., ***Observations sur l'œuvre de Gershom Scholem***, in : ***Pardès***, revue d'anthropologie, d'histoire, de philosophie et de littérature, Editions Jean-Claude Lattès, 1985, pp. 7-28.

NANCY, Jean-Luc, ***La déconstruction du christianisme***, in : *Les Etudes Philosophiques*, octobre-décembre 1998 (« Le Phénoménal et sa tradition »), Editions P.U.F., pp. 503-519.

Id., PONTBRIAND, Chantal, ***Un entretien***, in : *Parachute*, n° 100 (« Communauté et Gestes »), Editions Parachute, 2000.

NEHER, André, ***Le sionisme du Maharal de Prague d'après Martin Buber***, in : *Revue Internationale de Philosophie*, revue trimestrielle, n° 126, fasc. 4 (« Martin Buber 1878-1978 »), 32e année, 1978, pp. 526-535.

Id., ***Pensée biblique et non-philosophie***, in : *Les Etudes Philosophiques*, n° 2 (« Pensée juive et philosophie »), P.U.F., avril-juin, 1984, pp. 145-156.

NIETZSCHE, Friedrich, ***Von der Nächstenliebe***, in : *Also sprach Zarathustra. Ein Buch für Alle und Keinen*, [Die Reden Zarathustras], Werke, II. Band, Ullstein Buch, 1977, hersg. von Karl Schlechta, pp. 324-325.

Id., ***Vom Nutzen und Nachteil der Historie (1874)***, in : *Unzeitgemässe Betrachtungen, Zweites Stück*, Werke, I. Band, Ullstein Buch, 1977, hersg. von Karl Schlechta, pp. 209-285.

Id., ***Die Geburt der Tragödie aus dem Geist der Musik***, in : *Die Geburt der Tragödie oder Griechentum und Pessimismus*, Werke, Band I, Ullstein Buch, 1977, hersg. von Karl Schlechta, pp. 9-134.

OANCEA, Dorin, ***Eros und Gemeinschaft***, in : *Una Sancta*, Zeitschrift für ökumenische Begegnung, Hauptthema: ''Erotik und Religiosität'', 1/1996, 51. Jahrgang, pp. 39-46.

OEING-HANHOFF, L., ***La nécessaire histoire du concept hégélien de Dieu***, in : *Hegel et la religion*, (Publication du CRDHM, sous la direction de Guy Planty-Bonjour), P.U.F., Paris, 1982, pp. 77-99.

OMBROSI, Orietta, ***La dialectique de l'idée de catastrophe dans la pensée de Walter Benjamin***, in : *Archives de philosophie*, tome 69, cahier 2, été 2006, pp. 263-284.

ORTIGUES, Edmond, ***L'interprétation des modalités***, in : *Les Etudes Philosophiques*, n° 2 (« Pensée juive et philosophie »), P.U.F., avril-juin, 1984, pp. 245-264.

PENISSON, Pierre, ***Le Shakespeare de Herder***, in : *Les Etudes Philosophiques*, juillet-septembre 1998, P.U.F., n° 3 (« Herder »), textes réunis et présentés par Marc Crépon, pp. 305-310.

PEPERZAK, Adrien, ***Religion et politique dans la philosophie de Hegel***, in : *Hegel et la religion*, publication du CRDHM, sous la direction de Guy Planty-Bonjour, P.U.F., Paris, 1982.

PERROT, Maryvonne, ***L'absurde et le thème des possibles chez Kierkegaard***, in : *Les Etudes Philosophiques*, avril-juin1979 (« Kierkegaard »), pp. 185-194.

PETITOT, Jean, ***Juste l'objectivité. Quelques remarques rhapsodiques sur les rapports entre "paganisme" et rationalité***, in : *Matière et philosophie, architecture, science, théorie*, Collection « Espace International Philosophique », (à l'occasion du séminaire « Architecture, Science, Philosophie » qui s'est tenu au Centre Georges-Pompidou les 24, 25, 26 avril 1985).

PHILONENKO, Alexis, ***Le jeune Fichte et l'histoire***, in : *Revue de métaphysique et de morale*, Armand Colin, mars 1996, n° 1 (« La philosophie de l'histoire chez Fichte »), pp. 7-21.

PLANTY-BONJOUR, Guy, ***La transposition spéculative du thème classique de la « bonté de Dieu » dans la philosophie de la religion de Hegel***, in : *Hegel et la religion,* publication du CRDHM, sous la direction de Guy Planty-Bonjour, P.U.F., Paris, pp. 125-150.

POEGGELER, Otto, ***Qu'est-ce que la "Phénoménologie de l'Esprit" ?*** », in : *Archives de philosophie*, Recherches et documentation, revue trimestrielle publiée avec le concours du CNRS, avril-juin 1966, pp. 189-236,

Id., ***L' "Esprit du christianisme" de Hegel*** », in : *Archives de philosophie*, Recherches et documentation, revue trimestrielle publiée avec le concours du CNRS, tome 33, Cahier 4, octobre-décembre 1970, pp. 719-754.

Id., ***L'interprétation hégélienne du judaïsme***, in : *Archives de philosophie*, Recherches et documentation, revue trimestrielle publiée avec le concours du CNRS, tome 44, Cahier 2, avril-juin 1981, pp. 189-237.

Id., ***Hegel rencontre la Prusse***, in : *Archives de philosophie*, Recherches et documentation, revue trimestrielle publiée avec le concours du CNRS, tome 51, Cahier 3, juillet-septembre, 1988, pp. 355-383.

RADRIZZANI, Ives, ***Genèse de l'esthétique romantique : de la pensée transcendantale de Fichte à la poésie transcendantale de Schlegel***, in : *Revue de métaphysique et de morale*, n° 4 (« Philosophie et poésie »), Armand Colin, décembre 1996, p. 471-498.

Id., ***La doctrine de la science et l'engagement historique***, in : *Revue de métaphysique et de morale*, Armand Colin, mars 1996, n° 1 (« La philosophie de l'histoire chez Fichte »), pp. 23-47.

Id., ***Le concours de la révélation intérieure et de la révélation extérieure chez le premier Fichte, ou le christianisme comme béquille au théisme de la Doctrine de la science***, in : *Archives de philosophie,* Recherches et documentation, tome 69, cahier 2, été 2006, pp. 203-216.

REITER, Josef, ***Geheimnis und Plausibilität. Philosophische Aspekte von Abraham Joshua Heschels Verständnis zeitgemässer Religion***, in : *Das Freie Jüdische Lehrhaus – eine andere Frankfurter Schule*, pp. 43-64.

RICHIR, Marc, ***Qu'est-ce qu'un phénomène ?***, in : *Les Etudes Philosophiques*, P.U.F., octobre-décembre 1998 (« Le Phénoménal et sa tradition »), pp. 435-449.

RICŒUR, Paul, ***Herméneutique de l'idée de Révélation***, in : *La révélation*, publications des Facultés Universitaires Saint-Louis, Bruxelles, 1984.

RIVELAYGUE, Jacques, ***Schelling : du système à la critique***, in : *Les Etudes Philosophiques*, n°3, 1976, pp. 367-377.

ROTENSTREICH, Nathan, ***Immediacy and dialogue***, in : *Revue Internationale de Philosophie*, n° 126, fasc. 4 (« Martin Buber 1878-1978 »), 32e année, 1978, pp. 460-472.

SCHALLÜCK, Paul (Mitbegründer und langjähriger Vorsitzender der Gesellschaft für Christlich-Jüdische Zusammenarbeit e. V. Köln), ***Ich und Du – Die Welt Martin Bubers (1958)***, in : *Martin Buber : 1878-1978*, hrsg. von Wolfgang Zink, 1. Auflage, Verlag Hochwacht, Bonn, 1978, p. 50.

SCHAVAN, Annette, ***Über die Kunst des Politischen und die Versöhnung***, in : *Ökumenische Rundschau*, Januar 1996, 45. Jahrgang, Heft 1, Verlag Otto Lembeck, Frankfurt am Main, pp. 1-3.

SCHNEIDER, Monique, ***L'amour, passion de la causalité***, in : *Revue de métaphysique et de morale*, n° 2, juin 1998 (« Varia »), pp. 279-297.

SCHNELL, Alexander, ***La genèse de l'apparaître. Etudes phénoménologiques sur le statut de l'intentionnalité***, in : *Mémoires des annales de Phénoménologie*, Vol. V, Association pour la promotion de la phénoménologie, 2004.

SCHOBER, Angelika, ***Nietzsche et le christianisme***, in : *Le christianisme dans les pays de langue allemande. Enjeux et défis*, Editions Pulim (Presses Universitaires de Limoges), 1997, pp. 97-108.

SLOK, Johannes, ***Le concept de paradoxe chez Kierkegaard***, in : *Les Etudes Philosophiques*, n° 2 (« Kierkegaard »), avril-juin 1979, Editions P.U.F., pp. 173-184.

SONNET, J.-P., ***Le "Cantique", entre érotique et mystique : sanctuaire de la parole échangée***, in : *Nouvelle Revue Théologique*, tome 119/n° 4, octobre-décembre, 1997, pp. 481-502.

STUCKI, P.-A., ***La répétition chez Kierkegaard***, in : *Les Etudes Philosophiques*, n° 2 (« Kierkegaard »), avil-juin 1979, Editions P.U.F., pp. 195-205.

THIERRY, Yves, ***Situation du philosophe***, in : *Les Cahiers de Philosophie*, n° 7 (« Actualités de Merleau-Ponty »), Nouvelle série, Printemps 1989, pp. 7-16.

Id., ***Husserl et historicité de la raison***, in : *Recherches husserliennes*, volume 10, éditées par le Centre de Recherches Phénoménologiques des facultés universitaires Saint-Louis, Bruxelles, 1998, p. 81-97.

THON, Nikolaus, ***Hans Ehrenbergs Auseinandersetzung mit dem "östlichen Christentum". Gedanken eines ökumenischen Visionärs*** », in : Werner Licharz u. Manfred Keller (Hsg.), *Franz Rosenzweig und Hans Ehrenberg. Bericht einer Beziehung*, Frankfurt/Main, 1986 (Arnoldshainer Texte; 42).

THOUARD, Denis, ***Tradition directe et tradition indirecte, remarque sur l'interrogation de Platon par Schleiermacher et ses utilisations*** », in : *Les Etudes Philosophiques*, P.U.F., octobre-décembre 1998 (« Le Phénoménal et sa tradition »), pp. 543-556.

TIAR, Jean-Louis, ***L'ombre d'Israël dans « La cité de Dieu » de Saint-Augustin***, in : *Pardès*, revue d'anthropologie, d'histoire, de philosophie et de littérature, Editions Jean-Claude Lattès, 1985, pp. 89-109.

TILLIETTE, Xavier, ***La révélation de l'essence. Notes sur la philosophie de Michel Henry***, in : *Manifestation et révélation*, (ouvrage collectif, avec des articles de J. Trouillard, S. Breton, J. Marello, D. Dubarle, X. Tilliette et Y. Ledure), Collection « Philosophie », Editions Beauchesne, 1976.

TOURPE, Emmanuel, ***Manifestation et médiation. Franz von Baader lecteur de Jacob Boehme***, in : *Archives de philosophie.* Recherches et documentation, tome 69, cahier 2, été 2006, pp. 217-241.

TROELTSCH, Ernst, ***Die Krisis des Historismus***, in : *Die neue Rundschau.* Nr. 33, Jahrgang der freien Bühne. Berlin 1922, I, S. 572-590 (aussi in : *Der Historismus und seine Probleme*, Aalen 1961, IV).

TROUILLARD, Jean, ***La notion de « théophanie » chez Erigène***, in : *Manifestation et révélation*,(ouvrage collectif, avec des articles de S. Breton, J. Marello, D. Dubarle, X. Tilliette, Y. Ledure), Collection « Philosophie », Editions Beauchesne, 1976.

VANCOURT, Raymond, ***'Philosophie de l'avenir' et 'Religion de l'homme' selon Feuerbach***, in : *Nouvelle revue théologique*, vol. 96, n° 2, février 1974, pp. 167-185.

Id., ***'Philosophie de l'avenir' et 'Religion de l'homme' selon Feuerbach (suite)***, in : *Nouvelle revue théologique*, vol. 96, n° 3, mars 1974, pp. 266-282.

VERGOTE, Henri-Bernard, ***La relation chez Sören Kierkegaard et Martin Buber***, in : Martin Buber, *Dialogue et voix prophétique*, Éditions du Cerf, Paris, 1980.

VIEILLARD-BARON, Jean-Louis, ***L'idée et l'histoire dans la pensée de Hegel***, in : *Les Cahiers Philosophiques de Strasbourg*, n° 16 (« Idéalisme et historicisme »), Librairie Philosophique J. Vrin, automne 2003, pp. 97-125.

Id., ***La notion de matière et le matérialisme vrai selon Hegel et Schelling à l'époque d'Iena***, in : *Hegel in Iena*, Hegelstudien, Beiheft 20, herausgegeben von Dieter Henrich und Klaus Düsing, pp. 197-206.

VILLELA-PETIT, Maria, ***Art et vérité. La réhabilitation herméneutique de la mimésis et ses limites***, in : *Les Etudes Philosophiques*, P.U.F., avril-juin 1998, (« Recherches en phénoménologie »), pp. 219-236.

WAHL, Jean, ***Novalis et le principe de contradiction***, in : Albert Beguin, « Le romantisme allemand », Les Cahiers du Sud, Marseille, 1949, pp. 161-165.

WENZLER, Ludwig, ***"Lernen, um zu tun". Franz Rosenzweigs Sprachdenken und die Lehre des Alltags***, in : Raimund Sesterhenn, (Hrsg.), *Das Freie Jüdische Lehrhaus – eine andere Frankfurter Schule*, Katholische Akademie Freiburg und Verlag Schnell und Steiner, München/Zürich, 1987

WISMANN, Heinz, ***Religion et éthique dans la pensée de Hermann Cohen***, in : *Revue de l'histoire des religions*, P.U.F., Paris, 2004.

WOHLMUTH, Josef, ***Zur Phänomenologie Jean-Luc Marions – Eine Einführung***, in : Jean-Luc Marion/Josef Wohlmuth, *Ruf und Gabe. Zum Verhältnis von Phänomenologie und Theologie*, Kleine Bonner Theologische Reihe (Vorträge-Aufsätze-Stellungnahmen), Verlag Borengässer, Bonn, 2000, pp. 2-12.

YOVEL, Yimiahu, ***Perspectives nouvelles sur Nietzsche et le judaïsme***, communication faite à la Société des Etudes juives (29 janvier 1979), in :

Revue des études juives, publication subventionnée par le Centre National de la Recherche Scientifique et le Fonds Social Juif Unifié, tome CXXX-VIII, juillet-décembre 1979, fascicule 3-4, pp. 483-485.

Id., ***La religion de la sublimité*** », in : *Hegel et la religion*, publication du C.R.D.H.M., sous la direction de Guy Planty-Bonjour, PUF, Paris, 1982, pp. 151-175.

ZAC, Sylvain, ***Le rationalisme de Maïmonide et ses limites***, in : *Les Etudes Philosophiques*, n° 2 ("Pensée juive et philosophie"), PUF, avril-juin, 1984, pp. 205-216.

Revues

Archives de philosophie, recherches et documentation, revue trimestrielle publiée avec le concours du CNRS, de la Fondation de Montcheuil et du CNL, tome 69, cahier 2, été 2006.

Archives de philosophie, (« Le premier système de Schelling »), recherches et documentation, revue trimestrielle publiée avec le concours du CNRS, de la Fondation de Montcheuil et du CNL., tome 73, cahier 3, juillet-septembre 2010.

Chemins de Dialogue, *Revue théologique et pastorale sur le dialogue inter-religieux* fondée par l'Institut de Sciences et Théologie des Religions de Marseille publiée avec le concours de l'association « Chemins de dialogue », n° 7 (« L'esprit d'Assise »), avril 1996.

Communauté et Gestes, *Parachute*, n° 100, Editions Parachute, 2000.

Europe centrale : Mitteleuropa, *Revue Germanique Internationale*, P.U.F., 1/1994.

Germanité, judaïté, altérité, *Revue Germanique Internationale*, PUF,5/1996.

Herder, textes réunis et présentés par Marc Crépon, *Les Etudes Philosophiques*, P.U.F. , juillet-septembre 1998, n° 3.

Histoire et théories de l'art : De Winckelmann à Panofsky, *Revue Germanique Internationale*, P.U.F., 2/1994.

Kant : philosophie de l'histoire, *Revue Germanique Internationale*, n° 6, P.U.F., Paris, 1996.

Kierkegaard, *Les Etudes philosophiques*, P.U.F., avril-juin 1979.

La crise des Lumières, *Revue Germanique Internationale*, P.U.F., 1995.

Le miroir allemand, *Revue Germanique Internationale*, P.U.F., 4/1995.

Le phénoménal et sa tradition, *Les Etudes Philosophiques*, octobre-décembre 1998.

Lectures de l'Ecriture, *Graphé*, Presses de l'Université Charles-de-Gaulle-Lille III, 1994.

L'Interprétation ésotériste de Platon, textes réunis et présentés par Luc Brisson, *Les Etudes Philosophiques,* janvier-mars 1998, n° 1.

Lumière et théophanie. L'Icône, *Connaissance des Religions*, revue trimestrielle, numéro hors-série, décembre 1999, en coédition avec *Le Courrier du Livre*.

Martin Buber 1878-1978, *Revue Internationale de Philosophie*, revue trimestrielle, n° 126, fasc. 4, 32e année, 1978.

Néokantismes, *Revue de métaphysique et de morale*, n° 3, septembre 1998.

Néokantismes et phénoménologies, *Philosophie*, n° 74, Les Éditions de Minuit, 1er juin 2002.

Pardès, *Revue d'anthropologie, d'histoire, de philosophie et de littérature*, Editions Jean-Claude Lattès, 1985.

Péguy et le judaïsme, *Revue « L'amitié Charles Péguy »*, 22e année, n° 86, avril-juin 1999.

Pensée juive et philosophie, *Les Etudes Philosophiques*, n° 2, avril-juin 1984.

Philosophie, revue trimestrielle, n° 78 (« Jean-Luc Marion »), Les Editions de Minuit, 1er juin 2003.

Philosophie allemande, *Les Etudes Philosophiques*, janvier-mars 2000.

Philosophie et baroque, *Revue de métaphysique et de morale*, n° 2, avril-juin 1999.

Philosophies juives médiévales, *Revue de métaphysique et de morale*, n° 4, décembre 1998.

Poésie et philosophie dans l'idéalisme allemand, *Les Etudes Philosophiques*, n° 4, octobre-décembre 1992.

Quel avenir pour les nations ?, *Revue Documents*, revue des questions allemandes, 5/96.

Recherches en phénoménologie, *Les Etudes Philosophiques*,avril-juin 1998.

Recherches husserliennes, vol. 10, éditées par le Centre de recherches phénoménologiques des Facultés Universitaires Saint-Louis, Bruxelles, 1998.

Révélation et beauté. H. U. von Balthasar - Jean de la Croix - E. Lévinas, *Mélanges de science religieuse*, revue trimestrielle, tome 55, n° 3, juillet-septembre, Université catholique de Lille, 1998.

Revue de métaphysique et de morale, 1/1986, Armand Colin.

Revue des études juives, publication subventionnée par le Centre national de la recherche scientifique et le Fonds social juif unifié, tome CXXXVIII, juillet-décembre 1979, fascicule 3-4.

TSAFON, revue d'études juives du Nord, n° 8, hiver 1991-1992.

Thèses et mémoires

De JAEGER, Anne, ***Contemplation et altérité. Essai sur des penseurs contemporains de l'existence***, Atelier national de reproduction des thèses, Université de Lille III, thèse présentée pour l'obtention du doctorat ès Lettres et dirigée par Jean Brun, Faculté de lettres et de philosophie, Université de Dijon, 1981.

DELHOUGNE, Henri, ***Karl Barth et la rationalité : période de la dogmatique***, Collection « Thèses » (Université de Lille III, Atelier national de reproduction des thèses), Éditions du Cerf, Paris, 1983.

HOBAIKA, Georges, ***Raison et révélation.*** *Essai sur Gotthold Ephraim Lessing*, thèse de doctorat en philosophie sous la direction de M. Le professeur Jean-François Marquet, Université de Paris IV-Sorbonne, U.E.R. de Philosophie, Paris, 1991.

LAMARCHE, Vincent, ***Constance et temporalité selon Platon***, thèse de doctorat (nouveau régime) en histoire de la philosophie antique, présentée sous la direction de M. le Professeur Pierre Aubenque, Université de Paris IV- Sorbonne, juin 1988.

LEROUSSEAU, Andrée, ***Philosophie allemande et destin juif (1770-1850)***, thèse de doctorat soutenue à Lille III et dirigée par Pierre Vaydat.

MULLER, Alain, ***Le concept de nature dans la philosophie de la nature de Schelling***, mémoire de maîtrise présenté sous la direction du professeur Jean-François Crahay à l'Université de Liège.

PLANCHON, Félicien, ***Le langage théologique du mal et du salut dans la trilogie de Hans Urs von Balthasar : une base pour la réflexion sur le langage de la théologie***, thèse de doctorat sur le catalogue en ligne des bibliothèques de l'UCL, 2003.

ROHRBACH, Wilfried, ***Das Sprachdenken Eugen Rosenstock-Huessys. Historische Erörterung und systematische Explikation***, Stuttgart u. a., 1973.

SEVERAC, Jean-Baptiste, ***Les opinions de Nietzsche sur Socrate***, thèse de doctorat, présentée à la Faculté des Lettres de l'Université de Montpellier, Editions E. Cornély, Paris, 1906.

Id., ***La secte russe des Hommes-de-Dieu***, thèse de doctorat, présentée à la Faculté des lettres de l'Université de Montpellier, Editions E. Cornély, Paris, 1906.

WILLEMARCK, Paul, ***Histoire et déconstruction : considérations sur l'espacement de la vérité à partir d'une hypothèse de Jean-Luc Nancy***, thèse de doctorat dirigée par Daniel Payot, année académique 2001-2002, Université Marc-Bloch, Strasbourg.

VIII. Colloques et Cahiers

A. Colloques

Romantisme et politique (1815-1851), Colloque de l'Ecole normale supérieure de Saint-Cloud (21-23 avril 1966), Armand Colin, Paris, 1969.

Tentations et actions de la conscience juive. Données et débats, Actes du VIe et VIIIe Colloque des intellectuels juifs de langue française organisé par la Section Française du Congrès juif mondial, textes introductifs, présentés et revus par Eliane Amado Lévy-Valensi et Jean Halpérin, P.U.F., 1971.

Hegel et la pensée grecque, Session d'Etude du CRDHM (14-15 nov. 1970), sous la direction de Jacques d'Hondt, P.U.F., Paris, 1974 (Contributions de Clémence Ramnoux, Daniel Saintillan, Jeanne Delhomrne, Pierre Aubenque, Maurice de Gandillac, Dominique Janicaud, Livio Sichirollo).

Le modèle de l'Occident. Données et débats, préface de Jean Halpérin, Actes du XVIIe Colloque des intellectuels juifs de langue française organisé par la section française du *Congrès juif mondial*, textes introductifs, présentés et revus par Eliane Amado Lévy-Valensi et Jean Halpérin, P.U.F., Paris, 1977.

L'Acte Critique sur l'œuvre de Peter Szondi, Colloque organisé par Jean Bollack sur l'œuvre de Peter Szondi, Paris, 21-23 juin 1979, édité par Moyotte Bollack, in : *Cahiers de philologie* (publiés par le Centre de Recherche Philologique de l'Université de Lille III, direction Jean Bollack, vol. 5, P.U.L., Éditions de la Maison des Sciences de l'Homme, 1979).

La magie et ses langages, textes réunis par Margaret Jones-Davies, Travaux et Recherches, Colloque tenu à l'Université de Lille III, 1980.

La Bible au présent. Données et débats, Actes du XXIIe *Colloque des Intellectuels juifs de langue française*, Collection « Idées », Gallimard, 1982.

Walter Benjamin et Paris, Colloque international du 27-29 juin 1983, édité par Heinz Wismann, Collection « Passages », Éditions du Cerf, Paris, 1986.

Temps et hiérohistoire, Colloque tenu à Paris les 22, 23, 24 mai 1987, Berg international, Paris, 1988.

Le dernier Schelling : raison et positivité, textes issus du Colloque organisé les 4 et 5 juin 1992 par le GDR « Schellingiana », CNRS, à l'Université de Paris-IV Sorbonne, publié sous la direction de Jean-François Courtine et de Jean-François Marquet, Collection « Bibliothèque d'histoire de la philosophie », Editions Vrin, Paris, 1994.

Notizen zu einer Philosophie des Anderen, von Wolfdietrich Schmied-Kowarzik, Abschlussreferat, vorgetragen auf der Tagung « Der Blick und das Antlitz des Anderen » der Evangelischen Akademie Hofgeismar vom 18. bis 20.12.1992.

Plasticité, Actes du Colloque du Fresnoy, avec la participation de Jacques Derrida, Catherine Malabou, Georges Didi-Hubermann et d'autres, Editions Léo Scheer, Paris, 2000.

Wege zu Mitmenschlichkeit und Frieden, Franz-Fischer-Symposion 1994, Fischer-Verlag, Norderstedt, 2000.

B. Cahiers

Cahiers du groupe d'études spirituelles comparées, n° 1 : « Transmission culturelle, transmission spirituelle », Colloque tenu en Sorbonne les 13 et 14 juin, Éditions Archè Edidit, Paris, 1993.

Cahiers du groupe d'études spirituelles comparées, n° 2 : « Images et valeurs », Colloque tenu à Paris les 15 et 16 mai 1993, Editions Archè Edidit, 1994.

Cahiers du groupe d'études spirituelles comparées, n° 5 : « L'esprit et la nature », Colloque tenu à Paris les 11 et 12 mai 1996, Editions Arché Edidit, Paris, 1997.

Cahiers du groupe d'études spirituelles comparées, n° 7 : « L'Un et le Multiple », Colloque tenu à Paris les 6 et 7 juin 1998, Editions Archè Edidit, Paris, 1999.

Cahiers du groupe d'etudes spirituelles comparées, n° 8 : « Henry Corbin et le comparatisme spirituel », Colloque tenu à Paris les 5 et 6 juin 1999, Editions Archè Edidit, Paris, 2000.

Cahiers de l'hermétisme, « Kabbalistes chrétiens », avec un avant-propos d'Antoine Faivre et Frédérick Tristan, et avec des contributions de Gershom G. Scholem, Jacques Fabry, Geneviève Javary, Ernst Benz, Serge Hutin, Hermann Greive, Chaïm Wirszubski, Wolf-Dieter Müller-Jahncke, Anna Morisi, Pierre Deghaye, Editions Albin Michel, Paris, 1979.

Les Cahiers de l'Herne (dirigés par Maurice Kriegel), « Gershom Scholem », Editions de l'Herne, Paris, 2009.

Les Cahiers de « La nuit surveillée », n° 3 (« Emmanuel Lévinas »), Éditions Verdier, Paris, 1984.

Les Cahiers de philosophie, n° 7 (« Actualités de Merleau-Ponty »), Nouvelle série, printemps 1989.

Les Cahiers Philosophiques de Strasbourg, n° 16 (« Idéalisme et historicisme »), études réunies par Jean-Louis Vieillard-Baron, Librairie philo-sophique J. Vrin, automne 2003.

Les Nouveaux Cahiers, revue d'études et de libres débats publiée sous les auspices de l'*Alliance israélite universelle*, n° 82 (« Emmanuel Lévinas »), automne 1985.
Les Nouveaux Cahiers, revue d'études et de libres débats publiée sous les auspices de l'*Alliance Israëlite universelle*, n° 85 : « Catastrophes naturelles et crimes de l'homme. Le scandale du mal » (par Paul Ricœur, Bernard Dupuy et Emmanuel Lévinas), été 1986.
Les Nouveaux Cahiers, revue d'études et de libres débats publiée sous les auspices de l'*Alliance israëlite universelle*, n° 86 : « Une rationalité symbolique » (par Henri Atlan) ; « En Egypte, du Xe au XVe siècle : un judaïsme au féminin » (par Jacques Hassoun), automne 1986.
Norderstedter Hefte für Philosophie und Pädagogik, 1995/1, Herausgeber Franz-Fischer-Kreis, Anne-Fischer-Verlag, Norderstedt, 1995.

C. Cours et Conférences

BENDA, Julien, ***Discours à la nation européenne*** (1933), in : Pascal Ory ***L'Europe ?, L'EUROPE***, Editions Omnibus, 1998.
BRETON, Stanislas, ***La singularité du peuple juif***, Conférence au Collège des Etudes Juives de l'Alliance Israélite Universelle**,** Paris, mars 2005.
MARQUET, Jean-François, ***Schelling et Rosenzweig***, Cours à l'Université de la Sorbonne Paris IV, année 1991/1992.

TABLE DES MATIÈRES

Philosophie
aux éditions L'Harmattan

Dernières parutions

ÉCONOMIE (L') À LA LUMIÈRE DES PHILOSOPHES
Eyene Mba Jean-Rodrigue-Elisée
Ce livre permet de comprendre que les tentatives des économistes contemporains pour disqualifier la philosophie du processus d'élaboration des modèles, des lois et des principes économiques sont vouées à l'échec. Elles omettent souvent le dénominateur commun de l'économie et de la philosophie : l'épanouissement de l'homme, le maintien de l'équilibre social. Les problèmes que traitent les philosophes relèvent du domaine de la vie pratique de la société dont l'économie n'est qu'un des éléments constitutifs.
(Coll. Philosopher en Afrique, 15.50 euros, 152 p.)
ISBN : 978-2-336-30160-0, ISBN EBOOK : 978-2-296-53723-1

GILLES DELEUZE : PHILOSOPHIE ET LITTÉRATURE
Pombo Nabais Catarina - Préface de Jacques Rancière
Cet ouvrage aide à pénétrer une pensée complexe, et tente de rendre Deleuze accessible. L'auteur a pu définir un accès sensible et raisonné à l'un de ces points privilégiés où la philosophie deleuzienne se construit hors d'elle-même en investissant un espace «non philosophique», celui de la littérature. Il ne peut être question de résumer un travail qui s'attache à suivre, à travers l'analyse fine de quelques singularités, toutes les transformations de la pensée deleuzienne de l'expérimentation littéraire, entendue comme expérimentation de vie.
(Coll. La philosophie en commun, 49.00 euros, 526 p.)
ISBN : 978-2-343-00949-0, ISBN EBOOK : 978-2-296-53833-7

EROS ET INFINI (Tome I)
Le monde, le sujet, le sens
Bailly Jean Jacques
Cet ouvrage constitue la première partie d'*Éros et Infini, Éthique de la temporalité.* L'auteur entreprend une philosophie de l'évènement, de la nouveauté et du sens, de l'éros et du désir, soutenue par une compréhension du temps comme retrait créateur. La confrontation aux grands maîtres conduit à de nouvelles interprétations des grandes questions philosophiques. Ce tome I traite de l'expérience du monde, de la question du sujet, ainsi que de l'origine du sens et de l'éros de l'interprétation.
(Coll. Ouverture Philosophique, 24.00 euros, 228 p.)
ISBN : 978-2-343-00462-4, ISBN EBOOK : 978-2-296-53845-0

EROS ET INFINI (Tome II)
Le sens, le signe, l'éros du bien et du mal
Bailly Jean Jacques
Cet ouvrage constitue le tome II de *Éros et Infini, Éthique de la temporalité.* L'auteur y poursuit sa philosophie de l'évènement, de la nouveauté et du sens, de l'éros et du désir centrée sur l'expérience temporelle du monde. Les questions philosophiques fondamentales sont revisitées. Ce tome II aborde les formes de jouissances et de catharsis du sujet, approfondit la réflexion sur les limites et les configurations du monde, le langage et les signes, et l'enracinement érotique du bien et du mal.
(Coll. Ouverture Philosophique, 22.50 euros, 216 p.)
ISBN : 978-2-343-00499-0, ISBN EBOOK : 978-2-296-53846-7

NOUVELLE AVANT-GARDE (LA)
Vers un changement de culture
Sous la direction de Carine Dartiguepeyrou
La vision du monde postmoderne a beaucoup apporté en déconstruisant la modernité pour mettre en avant des valeurs postmatérialistes et une société plurielle. La nouvelle avant-garde n'est pas seulement une pensée : c'est une culture, une communauté de valeurs et de quête, le fruit d'une intuition collective qui rassemble des personnes de tous horizons autour d'un respect profond pour le vivant, de la conscience que nous ne connaissons qu'une part infime de l'univers.
(Coll. Avant-garde, 19.00 euros, 196 p.)
ISBN : 978-2-343-00822-6, ISBN EBOOK : 978-2-296-53858-0

UN MONDE PARFAIT. GÉOGRAPHIES DE L'AMÉRIQUE IMAGINAIRE
Magliacane Alessia
En vingt-deux chapitres ponctués d'éléments géographiques, minéralogiques, urbains, topographiques, l'auteur reconstruit un contre-scénario de la culture postcapitaliste en suivant une route de l'imaginaire nord-américain suspendue entre l'incessante demande d'émancipation politique, culturelle, raciale, de genre et les terribles rechutes sociales, économiques, symboliques et symptomatiques.
(Coll. Ouverture Philosophique, série Arts vivants, 25.00 euros, 246 p.)
ISBN : 978-2-343-00173-9, ISBN EBOOK : 978-2-296-53963-1

RENÉ SCHÉRER
ou la parole hospitalière
Sous la direction de Cany Bruno, Robveille Yolande
De tous les professeurs ayant participé à l'expérience vincennoise, René Schérer apparaît comme le philosophe hospitalier par excellence, c'est-à-dire celui qui invite à philosopher ensemble dans une communauté de réflexion et de discussion. Mais ce recueil rappelle que la communauté homogène est impossible, fantasmatique du seul fait que l'homogène est la destruction de la communauté. C'est pourquoi le philosophe hospitalier convie à une «communauté de singularités» constituée par la diversité et la pluralité.
(14.50 euros, 146 p.)
ISBN : 978-2-336-29899-3, ISBN EBOOK : 978-2-296-53809-2

POUR UNE ANTHROPOBIOLOGIE PHILOSOPHIQUE DU DÉSIR
Désir et consensus
Nzigou-Moussavou Alain
Moteur essentiel de sa vie mentale et psychique, le désir permet à l'homme de s'orienter dans le monde. Exister pour l'homme, c'est exister comme être de désir. Toutes ses connaissances et ses institutions sont ainsi ramenées à de pures et simples projections pulsionnelles. Voici tentée ici l'entreprise inédite de reconstruction anthropologique du désir.
(Coll. Pensée Africaine, 40.00 euros, 416 p.)
ISBN : 978-2-336-00731-1, ISBN EBOOK : 978-2-296-53951-8

MERLEAU-PONTY
Face aux défis du monde contemporain
Corporéité et solidarité
Mpuku Félicien Laku
Merleau-Ponty n'a jamais explicitement développé une pensée de la solidarité et aucun de ses commentateurs ne s'est attaché à interpréter sa philosophie sous cet angle. La pensée de Merleau-Ponty inclut des possibilités qui débordent ce qu'il a effectivement dit et écrit. Cet ouvrage découvre que notre conscience est d'emblée dans un corps et dans une situation vécue, et que, avant toute prise de conscience de son existence personnelle, l'être humain coexiste. Cette « existence-avec » est fondamentalement une co-présence des êtres corporels.
(Coll. Pensée Africaine, 31.00 euros, 304 p.)
ISBN : 978-2-343-00058-9, ISBN EBOOK : 978-2-296-53797-2

SOLITAIRE (LE) DES ALPES
Ou la vérité religieuse devant la raison
Yermolof Michel - Édition préparée par François Heidsiecck
Préface de Gérard Perrin-Gourron
Michel Yermoloff (1794-1870), homme très cultivé et orthodoxe de naissance, se convertira au catholicisme à 61 ans. Sans se contenter d'une démarche ecclésiale, il entend développer, discuter l'essentiel de sa foi. Dans ce véritable ouvrage d'apologétique rédigé sous forme de dix «Conversations», les Dialogues de ce Général fournissent un témoignage précieux du climat intellectuel de l'époque à travers des développements des thèmes pérennes de la philosophie et de la religion.
(Coll. Ouverture Philosophique, 22.50 euros, 216 p.)
ISBN : 978-2-296-99853-7, ISBN EBOOK : 978-2-296-53715-6

AU-DELÀ DE LA PENSÉE
Être et paraître
Andrieu Gilbert
Les mots ne sont qu'un pâle reflet de la réalité. Ils construisent l'homme, qui croit n'être que ce qu'il dit. Il en est de même de la pensée, qui ne peut dépasser un paraître dont nous ne soupçonnons pas les limites. Penser n'est certainement pas le propre de l'homme et rien ne nous dit que la pensée cesse d'exister après la mort. En cherchant à mieux comprendre l'amour et la mort, il est possible de saisir une origine de la pensée qui s'enracine dans la matière.
(23.00 euros, 230 p.)
ISBN : 978-2-343-00361-0, ISBN EBOOK : 978-2-296-53794-1

DEMI-DIEUX (LES)
Les enseignements cachés de la mythologie grecque
Andrieu Gilbert
Nous nous comportons souvent comme ces demi-dieux qui meurent devant Thèbes et devant Troie ou plus largement en recherchant une Toison d'or. Il est probable que nous puissions terrasser le Minotaure qui est en nous, mais il ne faudrait pas se comporter comme Thésée si nous voulons découvrir la Vérité. Si Héraclès reste le symbole de nos luttes permanentes pour échapper à notre destin, faut-il s'efforcer de lui ressembler ? Que représentent les demi-dieux encore aujourd'hui ?
(23.50 euros, 236 p.)
ISBN : 978-2-336-29361-5, ISBN EBOOK : 978-2-296-53795-8

POUR PENSER L'ÉDUCATION
Fullat i Genis Octavi – Traduit et adapté de l'espagnol par Mònica Guerrero-Rosset, avec la collaboration d'Anne-Marie Drouin-Hans
Octavi Fullat i Genís expose la structure fondamentale d'une anthropologie dualiste, dans laquelle prend sens un modèle d'éducation libératrice. Présentant la signification d'une anthropologie pédagogique, dans le cadre de l'anthropologie philosophique, le lecteur est invité à réfléchir sur la nature des savoirs sur l'éducation. Cet essai est construit par un discours philosophique, dans lequel O. Fullat utilise souvent la dérision et l'ironie, afin de signifier son positionnement au regard de la liberté et de l'éducation morale.
(Coll. La philosophie en commun, 16.50 euros, 156 p.)
ISBN : 978-2-336-29312-7, ISBN EBOOK : 978-2-296-53866-5

SARTRE ET BENNY LEVY
Une amitié intellectuelle, du maoïsme triomphant au crépuscule de la révolution
Repaire Sébastien - Préface de Jean-François Sirinelli
Mars 1980. Une série d'entretiens publiés par le *Nouvel Observateur* fait scandale. Jean-Paul Sartre, un mois avant sa mort, y révoque des pans entiers de son œuvre, dénigrant la notion d'angoisse et reléguant l'athéisme pour s'intéresser au messianisme juif et à la résurrection des corps. Face à lui, son dernier secrétaire, Benny Lévy. Accusé par Simone de Beauvoir de manipuler Sartre, Benny Lévy offre à l'écrivain une dernière occasion de revisiter son œuvre.
(Coll. Questions contemporaines, 25.00 euros, 260 p.)
ISBN : 978-2-343-00632-1, ISBN EBOOK : 978-2-296-53679-1

MICHEL FOUCAULT ET LA GÉNÉALOGIE DES SEXES
Rodriguez Magda Rosa Maria - Traduit de l'espagnol (Espagne) par Geoffroy Huard
Le champ de réception du travail de Michel Foucault n'en finit pas de s'élargir – tant sur le plan géographique que thématique. Les études de genre(s) ne font pas exception : la méthode archéologique foucaldienne stimule des approches originales de l'histoire des femmes, des questions d'identité, de la sexualité et des relations de pouvoir entre les sexes. Voici une réflexion parfaitement documentée sur l'apport de Foucault au féminisme et aux questions éthiques qui s'y lient.
(Coll. Esthétiques, série Culture et Politique, 28.00 euros, 280 p.)
ISBN : 978-2-336-29191-8, ISBN EBOOK : 978-2-296-53593-0

THÉORIE AUTOUR DE L'HOMME
Metaphysica theoria (Tome 7)
Stradda Paul-Emmanuel
Nous arrivons ici au terme de *Metaphysica theoria.* Nous avons conduit nos investigations en direction de la compréhension philosophique du réel. Il en ressort un point de convergence important et significatif : la compréhension de l'homme se fait à partir du rapport à la Totalité, à l'Être. *Metaphysica Theoria* est une vision des thèmes éternels : Dieu, l'être, l'homme. Une telle démarche demande souplesse intellectuelle et faculté de penser au-delà des formules toutes faites.
(Coll. Ouverture Philosophique, 33.00 euros, 326 p.)
ISBN : 978-2-343-00546-1, ISBN EBOOK : 978-2-296-53670-8

TOMBEAU POUR PIERRE RIVIERE
Sous la direction de Philippe Roy et Alain Brossat
Les auteurs de ce volume collectif entreprennent une relecture critique du travail effectué par Michel Foucault et ses collaborateurs autour du mémoire rédigé en prison par Pierre Rivière, après avoir assassiné sa mère, sa sœur et son frère. Ils montrent comment le geste et le nom de Rivière tendent avec cette entreprise à devenir l'étendard d'un combat engagé dans l'espace des savoirs et des disciplines. Ils insistent également sur les effets d'enchaînement produits par le petit livre publié par Foucault.
(Coll. Esthétiques, 20 euros, 192 p.)
ISBN : 978-2-343-00708-3 ISBN EBOOK : 978-2-296-53652-4

CAHIERS SIMONDON
Numéro 5
Sous la direction de Barthelemy Jean-Hugues
Les Cahiers Simondon fêtent leur cinquième anniversaire, en cette année 2013 où se tiendra la Décade internationale « Simondon et l'invention du futur » (Cerisy-la-salle). C'est pourquoi nous avons voulu revenir au « duo franco-italien » qui a marqué la naissance même, voici déjà plus de dix ans, du mouvement réellement collectif – et devenu, depuis, international – de redécouverte de l'œuvre de Simondon.
(Coll. Esthétiques, 15.00 euros, 152 p.)
ISBN : 978-2-343-00829-5, ISBN EBOOK : 978-2-296-53606-7

XAVIER ZUBIRI (Tome 2)
La solitude sonore (1931-1940)
Corominas Jordi, Vicens Albert - Traduit de l'espagnol par Vincent Pelbois
Le premier volume de cette biographie de Xavier Zubiri brossait un portrait de ce philosophe par vocation et prêtre malgré lui, qui s'était frotté aux plus grands courants de la pensée contemporaine. À partir de correspondance, documents personnels, témoignages, mémoires, études et interviews, ce livre ébauche ce que fut, au fond, la vie de Zubiri.
(Coll. Ouverture Philosophique, 29.00 euros, 286 p.)
ISBN : 978-2-343-00147-0, ISBN EBOOK : 978-2-296-53559-6

L'HARMATTAN ITALIA
Via Degli Artisti 15; 10124 Torino

L'HARMATTAN HONGRIE
Könyvesbolt ; Kossuth L. u. 14-16
1053 Budapest

L'HARMATTAN KINSHASA
185, avenue Nyangwe
Commune de Lingwala
Kinshasa, R.D. Congo
(00243) 998697603 ou (00243) 999229662

L'HARMATTAN CONGO
67, av. E. P. Lumumba
Bât. – Congo Pharmacie (Bib. Nat.)
BP2874 Brazzaville
harmattan.congo@yahoo.fr

L'HARMATTAN GUINÉE
Almamya Rue KA 028, en face du restaurant Le Cèdre
OKB agency BP 3470 Conakry
(00224) 657 20 85 08 / 664 28 91 96
harmattanguinee@yahoo.fr

L'HARMATTAN CAMEROUN
BP 11486
Face à la SNI, immeuble Don Bosco
Yaoundé
(00237) 99 76 61 66
harmattancam@yahoo.fr

L'HARMATTAN CÔTE D'IVOIRE
Résidence Karl / cité des arts
Abidjan-Cocody 03 BP 1588 Abidjan 03
(00225) 05 77 87 31
etien_nda@yahoo.fr

L'HARMATTAN MAURITANIE
Espace El Kettab du livre francophone
N° 472 avenue du Palais des Congrès
BP 316 Nouakchott
(00222) 63 25 980

L'HARMATTAN SÉNÉGAL
10 VDN en face Mermoz, après le pont de Fann
BP 45034 Dakar Fann
33 825 98 58 / 33 860 9858
senharmattan@gmail.com / senlibraire@gmail.com
www.harmattansenegal.com

L'HARMATTAN BÉNIN
ISOR-BENIN
01 BP 359 COTONOU-RP
Quartier Gbèdjromèdé,
Rue Agbélenco, Lot 1247 I
Tél : 00 229 21 32 53 79
christian_dablaka123@yahoo.fr

Achevé d'imprimer par Corlet Numérique - 14110 Condé-sur-Noireau
N° d'Imprimeur : 113654 - Dépôt légal : novembre 2014 - *Imprimé en France*